Diccionario Manual
Teológico

Diccionario Manual Teológico

Justo L. González

EDITORIAL CLIE
C/ Ferrocarril, 8
08232 VILADECAVALLS
(Barcelona) ESPAÑA
E-mail: libros@clie.es
http://www.clie.es

© 2010 Justo L. González
© 2010 Editorial CLIE

Diseño de cubierta: Samuel Garrofé

Justo L. González
DICCIONARIO MANUAL TEOLÓGICO
ISBN: 978-84-8267-962-4
Obras de referencia
General
Referencia: 224932

Impreso en USA / Printed in USA

Presentación

Frecuentemente se me pregunta, acerca de algún libro que he escrito, cuánto tiempo me tomó el escribirlo. Es una pregunta difícil de contestar, pues no se empieza a trabajar sobre un libro el día en que uno se sienta a escribirlo, sino mucho antes, cuando por primera vez se le concibe y empieza uno a organizar los pensamientos e investigar los temas. Empero, en el caso de este Manual, creo poder decir que he estado escribiéndolo, al menos mentalmente, por más de medio siglo.

Fue hace poco más de medio siglo, en septiembre del 1954, que comencé mis estudios teológicos. Comencé con gran entusiasmo, y una semana después me encontraba perplejo. En los libros que leía encontraba mucho de interés, y respecto a ello mi entusiasmo crecía. Empero en esos libros mismos encontraba también muchos términos desconocidos, y otros conocidísimos, pero que en el contexto en que se encontraban tenían un sentido diferente. Fueron muchas las oraciones que tuve que releer, y no pocas las que, tras leerlas y releerlas, dejé en suspenso mental hasta que el resto de la lectura me aclarase su sentido. Tampoco los diccionarios me ayudaban mucho, pues sus escuetas definiciones no disipaban la penumbra en que me encontraba. Lutero, por ejemplo, inició la Reforma protestante; ¡pero los luteranos no son reformados! ¿Cómo explicar tal anomalía? Otras veces me topaba con frases en latín: *simul justus et peccator, communicatio idiomatum*. Yo había estudiado bastante latín, y podía leerlo con relativa facilidad. Luego, no tenía dificultad alguna en traducir tales frases. ¡Pero con todo y eso no entendía lo que querían decir! ¿Qué es eso de ser a la vez justo y pecador? ¿Qué es eso del compartir de las propiedades? Así me topaba repetidamente con frases y palabras que habían ido adquiriendo nuevos y complejos significados a través de los siglos, y al tratar de entenderlas ni el Diccionario de la Academia ni mis diccionarios latinos me servían de mucho.

Por ello, una de mis primeras tareas en mis estudios teológicos fue empezar a desarrollar un diccionario mental. En ese diccionario había palabras antiguas con nuevos significados, y viejos significados expresados en palabras nuevas. Imagino que, aun sin percatarse de ello, son muchos los estudiantes y estudiosos de las disciplinas teológicas que se han visto obligados a emprender tareas semejantes. Una lengua viva es precisamente eso: una realidad viviente. Por ello cambia constantemente. Surgen nuevos temas o nuevas condiciones, y se requieren entonces nuevas palabras, o palabras viejas con nuevos significados. En otros casos, antiguos temas que por alguna razón habían quedado descuidados surgen de nuevo a la superficie, y hay que desempolvar viejas palabras que habían caído en desuso. De ahí mi necesidad, hace más de medio siglo, de confeccionar el diccionario mental a que me referí antes.

En esa tarea, no me faltaba ayuda. Mis maestros aclaraban muchas de mis perplejidades. Además encontré varios diccionarios y manuales de teología, algunos de varios volúmenes, y otros como de bolsillo, a los cuales aprendí a recurrir, y recurro todavía. Pero con ellos no basta. El lenguaje teológico, como todo lenguaje, evoluciona, de modo que cada uno de esos diccionarios refleja el tiempo y el lugar en que fue producido. Una simple comparación basta para comprobar tal hecho. Los manuales y diccionarios que yo mismo empleé al empezar mis estudios ya hoy no me sirven para entender nuevos términos y conceptos. La mayoría de ellos eran fuertemente denominacionales, al punto de ser exclusivistas. En los diccionarios católicos, nada bueno se decía de los protestantes. Y en los diccionarios protestantes la teología católica después del siglo dieciséis brillaba por su ausencia. Todos ellos, tanto católicos como protestantes, reflejan un tiempo cuando el centro numérico e intelectual del cristianismo se encontraba en las orillas septentrionales del Atlántico. Nada se dice en ellos de las muchas teología contextuales que han surgido en las últimas décadas; ni siquiera se habla acerca de la contextualidad misma.

Como historiador que soy, no me engaño: bien sé que el presente libro refleja mi tiempo y mis intereses, y que las generaciones venideras en vano buscarán en él nuevas palabras que reflejarán la teología de entonces. Empero se el presente Manual alivia en algo las perplejidades de la presente generación de estudiantes, con ello quedaré más que satisfecho.

Ahora se imponen unas breves palabras de aclaración sobre lo que el lector o lectora encontrará en las páginas que siguen. Allí se encontrarán cuatro clases de artículos. Algunos de ellos se refieren a palabras de uso exclusivo o casi exclusivo de la teología, como "nestorianismo" y "arrianismo". En tales casos, he intentado explicar el término lo suficiente como para que el lector pueda entender, no sólo su significado, sino también algo de su historia y de su importancia. En otros casos, se trata de palabras que se emplean en teología con sentidos diferentes a los del uso común. Ejemplos de ello son "reformado" y "creacionismo". En esos casos, he tratado de aclarar el sentido (o los sentidos) netamente teológico. Una tercera clase de artículos se refiere a palabras de importancia secundaria en la teología, pero que el estudiante puede encontrar en sus lecturas. Me refiero a palabras tales como "teopasquismo" e "hilomorfismo". Las he incluido con el propósito de que este Manual pueda servir también a estudiosos un poco más avanzados en el quehacer teológico. Por último, algunos artículos se refieren a palabras de uso relativamente común, pero con todo y ello de importancia primaria en las labores teológicas. Ejemplo de esto son "Dios" y "teología". En tales casos, he intentado ofrecer, más que una definición, un breve resumen de los principales temas que se debaten, así como de su importancia y su historia.

Esto nos lleva al tema de las referencias a otros artículos dentro del Manual mismo. Tales referencias está indicadas con una flecha: →. Tras la flecha sigue el título de otro artículo que pueda ayudar a aclarar lo que se discute. Respecto a esto, empero, es necesaria una aclaración: no siempre el título del artículo es exactamente la palabra que sigue tras la flecha, sino otra de la misma raíz. Así, al buscar la referencia a "→Hegel", el lector encontrará "hegelianismo". Esto se debe a que ese Manual no trata principalmente sobre personajes, sino sobre sus ideas. (Para encontrar más acerca de alguno de los personajes mencionados, referimos al lector al *Diccionario ilustrado de intérpretes de la fe*, publicado por esta misma casa editora.)

Por último, una breve palabra a algún lector o lectora que se acerque a este Manual con una perplejidad semejante a la que yo sentí hace ya medio siglo. No pierda la esperanza. ¿Quién sabe? ¡Quizá dentro de medio siglo estará usted escribiendo un nuevo manual o diccionario, y en él se incluirán palabras y temas que hoy yo ni siquiera sospecho! ¡Que Dios bendiga sus estudios, sus esfuerzos y su servicio!

Justo L. González

A

Absolución. La acción de absolver o dejar libre. En contextos teológicos se refiere al perdón del pecador. Desde fecha muy temprana, se acostumbraba que la iglesia orase por la absolución de los pecadores que confesaban sus pecados—que Dios les perdonase, les dejase libres. En los siglos octavo y noveno se hizo costumbre, en lugar de orar por la absolución del pecador, que el sacerdote le declarase libre. Así vino a ser parte del sacramento de la →penitencia, cuando el sacerdote declara: "Te absuelvo de tus pecados en el nombre del Padre, del Hijo y del Espíritu Santo".

Accidente. Aparte de su sentido común, con referencia a lo que sucede por azar o sin propósito premeditado, en el discurso filosófico y teológico un accidente es una →propiedad de una sustancia, cuando tal propiedad no es esencial a la naturaleza de la sustancia misma. La redondez de una bola no es un accidente, sino una propiedad sustancial de la bola misma. Por otra parte, su color sí es un accidente o una propiedad accidental, puesto que una bola de otro color puede existir. En el campo de la teología este término se encuentra con mayor frecuencia en dos contextos: primero, en la aserción de que no hay accidentes en Dios, puesto que los accidentes son por definición →contingentes, y en la naturaleza divina no hay contingencia. En segundo lugar, el término se usa frecuentemente en discusiones acerca de la presencia del cuerpo y sangre de Cristo en la →eucaristía, particularmente en explicaciones sobre la doctrina de la →transubstanciación.

Acomodación. Vocablo con dos sentidos muy diferentes, según su contexto. En tratados sobre la revelación se refiere a la necesidad de que la revelación de Dios se adapte (se acomode) a la capacidad humana de comprensión y recepción. Así, por ejemplo, al discutir la autoridad de las Escrituras, o las enseñanzas de Jesús, frecuentemente se utiliza este principio de acomodación para afirmar que las Escrituras, a pesar de ser infalibles, se ajustan a sus lectores, y que Jesús hace lo mismo respecto a su audiencia. Encontramos un ejemplo de tal acomodación cuando Calvino afirma que la razón por la cual se dice que Josué detuvo el sol y la luna, cuando de hecho es la tierra la que se mueve, es porque una descripción astronómicamente correcta de aquellos acontecimientos no hubiera sido comprensible cuando esas palabras se escribieron.

Hoy el mismo vocablo se utiliza con mayor frecuencia en contextos misiológicos, donde se refiere a los esfuerzos por parte de los misioneros de presentar sus enseñanzas tomando en cuenta la cultura a que se dirigen (→Aculturación). Los misioneros jesuitas Roberto de Nobili en la India y Matteo Ricci en China propusieron tal acomodación. Frente a ellos se levantó la resistencia de los elementos más tradicionales dentro del catolicismo romano, lo cual dio lugar a la "controversia de los ritos malabares" y a la "controversia de los ritos chinos".

Aculturación. El proceso mediante el cual quienes intentan comunicar la fe en otras culturas buscan construir puentes entre su fe y esas culturas (→Acomodación). Contrasta con la →enculturación. La principal diferencia entre ambas está en que, mientras en la aculturación es el misionero quien busca la adaptación, en la enculturación son los receptores de la fe quienes, al aceptar el evangelio, lo hacen en términos de su propia cultura, unas veces intencionalmente y otras inconscientemente.

Acto (acto puro; actualidad). En la filosofía aristotélica y medieval, una →potencialidad realizada. Una semilla es un árbol en potencia, aunque en acto sigue siendo semilla. Cuando la potencialidad de la semilla se realiza, entonces viene a ser un árbol en actualidad. La distinción entre acto y potencia se ha usado tradicionalmente para explicar el movimiento, así como todo otro cambio. Cuando algo se mueve de un lugar a otro, ello es posible porque potencialmente estaba ya en el segundo lugar. Los seres →contingentes pueden estar en potencia en diversos lugares, pero en acto solamente en uno. En contraste, Dios, quien es puro acto, está en todos los lugares.

Adiáfora. Literalmente, cuestiones indiferentes. En el contexto teológico, se refiere a aquello que la escritura ni manda ni prohíbe, así como también a opiniones teológicas que, sin formar parte de la doctrina ortodoxa, tampoco la contradicen. El tema de la adiáfora se volvió controversial entre los luteranos del siglo dieciséis, después de la muerte de Lutero, cuando Melanchthon y sus seguidores declararon que era lícito aceptar ciertas prácticas en aras de la paz y la unidad, mientras los luteranos más estrictos, dirigidos por Matías Flacio, insistían en que hacer tal cosa era negarse a ser testigos fieles de la verdadera fe. A la postre, la *Fórmula de Concordia* (1577), al tiempo que afirmaba la doctrina de Melanchthon sobre la adiáfora, también declaraba que en época de persecución, cuando se requiere un testimonio firme, lo que en otro caso pudo ser adiáfora se vuelve cuestión de obligación para todos los creyentes.

Adopcionismo. En el sentido más estricto, la opinion de algunos teólogos españoles en el siglo octavo (principalmente Félix de Urgel y Elipando de Toledo) quienes sostenían que, mientras la Segunda Persona de la Trinidad es eterna, el ser humano Jesús fue adoptado como hijo de Dios por gracia. Esto es en cierto modo la expresión medieval de la antigua teología →antioqueña, que buscaba preservar la humanidad de Jesús distinguiéndola claramente de su divinidad. Aunque las opiniones de los adopcionistas españoles fueron condenadas repetidamente por varios sínodos francos bajo Carlomagno, esta doctrina continuó existiendo en España, particularmente entre quienes vivían bajo el régimen moro y por tanto fuera del alcance de las autoridades carolingias.

Más comúnmente, el mismo vocablo se utiliza para referirse a cualquier doctrina que sostenga que Jesús fue un ser humano a quien Dios adoptó como hijo suyo. Los ebionitas (→Ebionismo) y muchos teólogos antioqueños de los siglos cuarto y quinto frecuentemente reciben el título de adopcionistas. Por las mismas razones, algunos acusan a la teología liberal del siglo diecinueve de tendencias adopcionistas (→Liberalismo).

Afusión. →Infusión.

Agape. La palabra que con mayor frecuencia se utiliza en el Nuevo Testamento para referirse al amor, y a veces a la fiesta de amor que los primeros cristianos celebraban (→Eucaristía). En el contexto de la historia del culto, se usa con mayor frecuencia en este último sentido. Cuando se le emplea en el contexto de la teología y la ética contemporáneas, su uso se deriva del importante libro del teólogo →lundense Anders Nygren (1890-1971), *Agape y eros.* Allí, Nygren intentaba clarificar el modo en que los cristianos han de entender el amor contrastando el término agape con otras dos palabras griegas que también pueden traducirse como "amor": *eros y filía.*Según Nygren, *eros* es el amor hacia lo deseable, lo bello, lo que es digno de ser amado. Aunque no siempre se refiere al deseo sexual—como al hablar de "erotismo"— es una forma de amor que de una manera u otra busca poseer al amado. Significativamente, el Nuevo Testamento nunca se refiere al amor cristiano como *eros.*En alguna ocasión sí se refiere a la *filia.* Esta es el amor que existe entre amigos. Incluye un atractivo que frecuentemente se basa en la admiración, o al menos en la compatibilidad—como en el caso del *filósofo,* quien es un amigo y seguidor de la sabiduría, *sofia.*Con todo y ello, es el *agape* la forma de amor a que el Nuevo Testamento se refiere con casi total unanimidad al hablar en primer lugar del amor de

Dios hacia la creación y hacia la humanidad y luego, como reflejo y respuesta a ese amor, del amor de los cristianos entre sí. El *agape*, en agudo contraste con el *eros* y también con el *filia*, no ama porque el amado sea digno de ello, ni tampoco porque desee poseer al amado. Es el amor inmerecido de Dios, un amor que, en lugar de tratar de poseer, busca mejorar, bendecir, hacer feliz.

Algunos teólogos, particularmente Paul Tillich y otros profundamente impactados por el →platonismo y el →neoplatonismo, han suavizado el contraste que Nygren estableció entre *agape* y *eros*, diciendo que hay un sentido en el cual es legítimo desear al amado, que ciertamente Dios desea poseernos, y que además es lícito para los cristianos amar a Dios porque es digno, bello y deseable.

Agnosticismo. Término que parece haber sido creado por T.H. Huxley en el 1869. Aunque en el uso popular es sinónimo de ateísmo, en el sentido estricto hay dos diferencias importantes entre ambos vocablos. En primer lugar, el ateo está convencido de que no hay Dios, mientras que el agnóstico no sabe si hay Dios, y su convicción es, no que no haya Dios, sino que es imposible saber si lo hay. En segundo lugar, mientras el ateísmo se refiere únicamente a la existencia de Dios, el agnosticismo se refiere a la convicción de que es imposible alcanzar verdadero conocimiento acerca de todo lo que se encuentre más allá del alcance de los sentidos y la experiencia, y por ello no solamente se niega a afirmar la existencia de Dios, sino también la vida tras la muerte, el libre albedrío, el sentido de la vida, etc.

Agustinianismo. La posición de quienes siguen las enseñanzas de Agustín de Hipona (354-430), más comúnmente conocido como "San Agustín" o sencillamente "Agustín". Puesto que Agustín fue sin lugar a dudas el teólogo más influyente en la iglesia de habla latina—a excepción de San Pablo—en cierto sentido prácticamente toda la teología occidental, tanto católica como protestante, es agustiniana. Empero el término "agustinianismo" normalmente se reserva para quienes prefieren las posturas de Agustín respecto a ciertos puntos que han sido objeto de duda o debate.

El propio Agustín pasó por un largo proceso de conversión y de maduración teológica en el que su teología fue moldeada por una serie de controversias o de opciones que a la postre rechazó y refutó. En su juventud, fue atraído por el →maniqueísmo, que a la postre abandonó porque no cumplía la promesa de resolver algunos de los problemas que más intrigaban a Agustín. Uno de ellos era la existencia del mal (→Teodicea), que los maniqueos explicaban diciendo que existen dos principios eternos y constantemente opuestos, el principio del bien y el principio del mal. Aunque en su juventud Agustín se inclinó hacia esa posición, pronto comenzó a tener dudas acerca de ella, y pidió más explicaciones de los más famosos maestros maniqueos. Cuando estos no lograron convencerle, Agustín encontró respuesta a sus dudas en el →neoplatonismo, que enseñaba que el mal no tiene existencia propia, sino que consiste más bien en la ausencia del bien. Mientras más se apartan las cosas del Uno, menos buenas son. Pero con todo y ello siguen siendo buenas, y no son realmente malas. Lo que llamamos "mal", particularmente el mal moral, es lo que sucede cuando una criatura se halla más distante del Uno de lo que debería estar, es decir, es menos buena de lo que debería ser. Dadas estas opiniones de Agustín, a veces el término "agustinianismo" se refiere a este modo de entender el mal como una carencia más bien que como una realidad.

También la naturaleza del alma le creaba dificultades a Agustín, hasta que su estudio de la filosofía neoplatónica le llevó a la conclusión de que el alma es incorpórea (lo cual no era noción común entre los cristianos de su tiempo). Inmediatamente después de la muerte de Agustín, por lo general se llamaba "agustinianos" a quienes afirmaban que el alma es incorpórea.

Por otra parte, el neoplatonismo y toda la tradición →platónica también atrajeron a Agustín por su teoría del conocimiento (→Epistemología). Para Agustín, como antes para Platón y sus seguidores, el verdadero conocimiento no puede llegarnos a través de los sentidos, que solamente son capaces de percibir realidades pasajeras y contingentes. Platón explicaba el conocimiento como el recuerdo que el alma tiene de su existencia previa en el mundo de las ideas puras y eternas—mundo del cual el alma ha caído para venir a morar en este mundo material. Por algún tiempo Agustín se inclinó hacia esa explicación, pero a la postre la abandonó porque implicaba la →preexistencia del alma. Su propia postura fue la teoría de la →iluminación, según la cual el verbo o →logos de Dios ilumina al alma dándole conocimiento—posición que antes habían sostenido otros cristianos de inclinación platónica tales como Justino, Clemente de Alejandría y Orígenes, pero que Agustín desarrolló y refinó.

Luego, en lo que se refiere a la teoría del conocimiento o epistemología, el "agustinianismo" es la posición de quienes afirman que el conocimiento nos viene a través de la iluminación. Esto vino a ser motivo de controversias en el siglo trece, cuando la reintroducción de →Aristóteles a Europa occidental vino a proveer una teoría del conocimiento alterna en la que los sentidos tenían un lugar importante.

Quienes rechazaban las nuevas teorías aristotélicas recibieron enton- ces el nombre de "agustinianos", en contraste con los aristotélicos, quienes eran vistos como innovadores. Puesto que Santo Tomás de Aquino (c.1225-74) fue es el más destacado e influyente de quienes buscaron reinterpretar la teología cristiana sobre el fundamento de la filosofía aristotélica, en ese sentido el →tomismo vino a ser lo opues- to al "agustinianismo"—aunque en realidad hay que señalar que lo que el propio Tomás intentaba hacer era reconciliar a Agustín con Aristóteles, y no colocarlos en contraposición mutua.

Como obispo, Agustín se involucró en dos grandes controversias que también le dieron forma a su teología, una contra los →donatistas, y la otra contra los →pelagianos. El debate con los donatistas tenía que ver con la validez de los →sacramentos administrados por personas in- dignas, y también con la naturaleza de la iglesia. Frente a los dona- tistas, Agustín afirmó que la validez de un sacramento viene de Dios, y no de quien lo administra, y que por tanto el sacramento es válido aun cuando se reciba de manos de un ministro indigno, o cuando se ofrezca irregularmente. En cuanto a la →iglesia, Agustín apeló a la dis- tinción entre la iglesia visible y la invisible. En la iglesia visible, el tri- go y la cizaña están mezclados, y no pueden los mortales distinguir el uno de la otra; pero Dios sí sabe dónde está el trigo y dónde la ci- zaña, y por lo tanto la iglesia verdadera es la invisible, la cual al pre- sente sólo Dios puede ver, pero que será revelada al fin de los tiem- pos. Por otra parte, esto no significa que la iglesia visible sea innecesaria o que debamos abandonarla, puesto que el único modo que tenemos de unirnos a la iglesia invisible es mediante la visible, a pesar de todas sus imperfecciones. En este contexto, el "agustinianis- mo" normalmente se refiere a una eclesiología que, al tiempo que dis- tingue entre la iglesia visible y la invisible, insiste todavía en el valor y la necesidad de la visible. Además, al referirse a los sacramentos, y en particular a la comunión, algunos protestantes se declaran agusti- nianos porque hay ciertos pasajes en los que Agustín habla de la pre- sencia de Cristo en la →Eucaristía como simbólica o "espiritual"—aun- que también hay otros pasajes en los que se refiere a la presencia física del cuerpo de Cristo en la comunión.

Por último, la teología de Agustín fue profundamente impactada por la controversia pelagiana, particularmente en lo que se refiere a la →gracia y la →predestinación. Agustín pensaba que Pelagio y sus se- guidores, al insistir en el esfuerzo moral y en la decisión personal co- mo el principio de la salvación, minaban la doctrina de la gracia (→Albedrío). En lugar de colocar el principio de la fe (→*Initium fidei*) en el albedrío humano, Agustín afirmó que ese inicio es el resultado de una acción soberana de Dios por la cual algunos han sido predestinados para recibir la gracia y ser salvos. En este contexto, muchos protestantes se declaran agustinianos, puesto que ellos también subrayan la salvación por la gracia—aunque en este caso también hay que notar que Agustín creía que la salvación se obtenía por los →méritos de las →obras realizadas con la cooperación de la gracia. Además, otros grupos y movimientos que han subrayado la primacía de la gracia en la salvación, como por ejemplo los →jansenistas, se han autodenominado agustinianos.

Albedrío. La libertad del ser humano para tomar decisiones. Algunos teólogos y filósofos consideran que para que haya libertad basta con que no haya coacción. Así por ejemplo, aunque por naturaleza un perro hambriento come cuando se le ofrece comida, su decisión de comer es libre, porque no se le obliga a ello. Para otros, la verdadera libertad existe únicamente cuando la voluntad es su propia causa. Según esta definición, quien hace algo sencillamente porque es su naturaleza hacerlo, no actúa en verdadera libertad. La verdadera libertad requiere opciones y la capacidad de decidir entre diversas alternativas.

El libre albedrío les interesa a los teólogos principalmente por dos razones. En primer lugar, los teólogos afirman casi unánimemente que la libertad es necesaria como requisito para la responsabilidad. En ese sentido, la libertad se opone al →determinismo, según el cual todas las cosas y todos los acontecimientos han sido determinados de antemano. En segundo lugar, los teólogos larga y repetidamente han discutido la relación entre la libertad humana y la →predestinación. En tal contexto, no se trata ya de que todo esté predeterminado, sino únicamente de la incapacidad por parte de la voluntad humana para aceptar la salvación por su propia iniciativa, aparte de la →gracia.

El tratamiento clásico del libre albedrío en el campo de la teología lo produjo San Agustín (354-430) en su debate primero contra los →maniqueos y luego contra los →pelagianos. Contra el determinismo de los maniqueos, Agustín defendió la libertad humana como don de Dios; pero es un don que, por su propia naturaleza, puede ser empleado para mal. La controversia pelagiana le forzó a clarificar en qué sentido la voluntad humana es libre, y para responder a esta cuestión distinguió entre cuatro condiciones diferentes, cada una de las cuales conlleva ciertos límites en cuanto a la libertad. En la primera condición, la que existía en Edén antes de la →caída, los humanos tenían libertad tanto para pecar como para no pecar (*posse peccare* y *posse non peccare*). Sin embargo, como resultado de la caída, hemos perdido la libertad de no pecar, y sólo nos queda libertad para pecar (*posse peccare*, pero *non posse non peccare*). Esto no significa que no tengamos libertad; quiere decir más bien que nuestras alternativas están limitadas, de tal modo que todas son pecaminosas en alguna medida. La redención y la santificación restauran en el creyente la libertad de no pecar (*posse non peccare*), mientras que la posibilidad de pecar (*posse peccare*) permanece. Por último, en la vida futura tendremos todavía libertad, pero únicamente para no pecar (*posse non peccare*, pero *non posse peccare*).

El punto en que todo esto llevó a serios debates es la cuestión de cómo se pasa del segundo estadio al tercero, es decir, lo que comúnmente se llama conversión. Según Agustín, la voluntad humana por sí misma no tiene la libertad para dar ese paso, puesto que el humano en su condición de pecado solamente puede escoger entre opciones pecaminosas, y la conversión no es una de esas opciones. Es aquí que intervienen la →gracia irresistible y la →predestinación, puesto que es la gracia de Dios la que mueve al pecador de su condición de pecado a la de redención, y esa gracia es dada, no en base a algo que la persona haga o decida, sino como resultado del decreto de →elección por parte de Dios, quien ha determinado quiénes han de recibir la gracia irresistible. Esta posición, que se origina en Agustín, es también la del →calvinismo ortodoxo. Frente a ella, el →arminianismo, al tiempo que concuerda en que los pecadores no tienen en sí mismos la capacidad de aceptar el don de la gracia salvadora, evita las consecuencias predestinistas de ese hecho, y defiende el papel de la libertad humana en la salvación declarando que hay una "gracia previniente" que nos es dada libremente a todos, y que nos da la capacidad, si así lo decidimos, de aceptar la gracia salvadora.

Albigenses. Una secta →dualista, también conocida como "cátaros" o los "puros", que tiene posibles conecciones históricas con el →maniqueísmo. Fue importada del Levante, al parecer por cruzados que retornaban a Europa, y alcanzó notable éxito en la ciudad de Albi—por lo que se les llama "albigenses". Como los maniqueos antes, los albigenses distinguían entre dos niveles de seguidores, los "perfectos" y los "creyentes". Rechazaban todo uso de elementos materiales en el culto, y acusaban a los cristianos ortodoxos de confundir lo espiritual con lo material. El movimiento se expandió por toda la Provenza, y en el 1208 Inocencio III promulgó una cruzada contra él, la cual resultó en miles de muertes y al parecer también en la desaparición del movimiento.

Alegoría (interpretación alegórica). Un modo de leer e interpretar textos que ve en ellos, no su sentido literal obvio, sino un sentido simbólico. Tal interpretación existía desde mucho antes del advenimiento del cristianismo, pues había eruditos helenistas que trataban de defender a Homero y a los antiguos escritores mediante la alegorización de algunos de sus pasajes más cuestionables. También la practicaban algunos judíos como un modo de mostrarles a sus críticos helenistas que el judaísmo no era una religión cruda y primitiva, sino una verdad filosófica al menos tan antigua como la filosofía griega. (De hecho, hubo muchos judíos así como cristianos que argumentaron que Moisés fue anterior que Platón, y que lo que Platón sabía lo había aprendido de las escrituras hebreas.)

Con el advenimiento del cristianismo, que decía ser el cumplimiento de las promesas hechas a Abraham, los cristianos se vieron en la necesidad de interpretar las escrituras hebreas de tal modo que fuesen compatibles con la fe cristiana; y, en sus debates con sus críticos paganos más educados, también se veían en la necesidad de mostrar que las escrituras no eran tan burdas como a veces parecían.

Un modo de responder a tales necesidades era la interpretación alegórica. Así, por ejemplo, si Dios les ordenó a los hijos de Israel matar a todos los habitantes en Jericó, esto quiere decir que cuando Dios entra al alma hemos de destruir todo vestigio de pecado que haya en ella.

Aunque tales interpretaciones eran relativamente comunes entre los cristianos, pronto se volvieron típicas de la teología →alejandrina, y en particular de Orígenes y sus seguidores. Según Orígenes, cada texto bíblico tiene varios sentidos, y tras el sentido literal hay siempre otro más profundo y "espiritual" que ha de descubrirse mediante la interpretación alegórica. Esto se logra conociendo el sentido oculto y espiritual de las palabras y de las cosas, de tal modo que cuando uno encuentra una palabra o una cosa en un pasaje cualquiera lo puede interpretar "espiritualmente".

En la Edad Media, la interpretación "espiritual" se hizo común, y muchos maestros se hicieron famosos y alcanzaron gran respeto precisamente porque podían extraer profundas enseñanzas de los textos al parecer más sencillos.

Aunque este método de interpretación tiene la obvia ventaja de que permite utilizar cualquier texto para la enseñanza y la contemplación, y aunque no cabe duda de que algunos pasajes son verdaderamente alegóricos—como por ejemplo, cuando Jesús dice que él es la vid verdadera—se le ha criticado severamente porque le da autoridad al intérprete por encima del texto, el cual pierde su otridad.

Por último, la interpretación alegórica no ha de confundirse con la →tipología, que también piensa que hay un sentido más allá de lo que resulta aparente en el texto—y particularmente en los acontecimientos a que el texto se refiere—pero que hace esto en base al sentido literal e histórico del texto.

Alejandrina, teología. La teología que se desarrolló en la ciudad de Alejandría, a partir del siglo segundo. Alejandría se destacaba por sus estudiosos, su biblioteca y sus filósofos. También se le reconocía por el encuentro enriquecedor y a veces confuso entre religiones y filosofías de diversas partes del mundo. Aun antes del advenimiento del cristianismo, el judaísmo alejandrino había entablado un diálogo activo con las corrientes filosóficas de la ciudad. La Biblia hebrea había sido traducida al griego (versión conocida como la *Septuaginta*). Y, poco antes del tiempo de Jesús, el filósofo judío Filón de Alejandría había intentado interpretar el judaísmo de tal modo que fuese compatible con la tradición platónica.

Lo que Filón había hecho para el judaísmo, los hicieron los teólogos cristianos de Alejandría respecto a su propia fe. El primer gran maestro alejandrino y cristiano fue Clemente de Alejandría. El y su discípulo Orígenes sentaron pauta para buena parte de la teología alejandrina por largo tiempo. Su propósito fue mostrar que el cristianismo era compatible con la tradición platónica por medio de la interpretación alegórica de las Escrituras (→Alegoría). Preferían hablar acerca de Dios en términos filosóficos (inmutable, impasible, infinito, etc.) más bien que en el lenguaje más antropomórfico de la Biblia. Como la mayoría de la tradición platónica, los cristianos de esta escuela valoraban el espíritu y la mente por encima de la materia—y algunos de sus primeros maestros pensaban que el propósito original de Dios incluía solamente una creación espiritual, y que la creación material fue parte de la respuesta divina al pecado humano. Para ellos, un elemento importante en la condición humana es que olvidamos quiénes somos—seres espirituales creados para la contemplación de la divinidad. Por ello subrayaban la obra de Cristo como maestro y como ejemplo, o como un recordatorio de nuestro verdadero ser y de nuestra vocación final.

Fue en el contexto de las controversias teológicas que explotaron en el siglo quinto que el contraste entre la teología alejandrina y su contraparte →antioqueña surgió a la superficie. Puesto que los alejandrinos centraban la atención sobre la obra del Salvador como maestro y como mensajero de Dios, tendían a prestarle mayor importancia a la divinidad de Jesús, al punto que a veces su humanidad parecía quedar en dudas. La función de esa humanidad era hacernos posible a los humanos recibir su mensaje, sus enseñanzas y su iluminación. El resultado fue lo que los teólogos llaman una cristología "unitiva"—es decir, una cristología que enfatiza la unión de lo divino y lo humano en Jesús aun cuando esto pueda eclipsar su verdadera humanidad—frente a la cristología "disyuntiva" de los antioqueños, que busca salvaguardar la plena humanidad del Salvador estableciendo una clara diferencia y a veces hasta distancia entre su divinidad y su humanidad. Principio fundamental de la cristología unitiva de los alejandrinos era la doctrina de la →*communicatio idiomatum*—el compartir de las propiedades, según la cual lo que se diga de la humanidad de Jesús también puede decirse de su divinidad, y vice versa.

El resultado de todo esto fue que los alejandrinos desarrollaron una cristología del tipo "logos-carne"—es decir, una cristología en la que el logos o Verbo divino se une, no a un ser humano en toda su plenitud, sino a un cuerpo humano sin alma racional humana (→Apolinarismo). Esto fue rechazado por el Concilio de Constantinopla en el 381.

Uno de los campeones de la cristología alejandrina en el siglo quinto fue Cirilo de Alejandría, quien propuso la "anhipóstasis" o unión →anhipostática en contraste con la cristología radicalmente disyuntiva de Nestorio (→Nestorianismo). La postura de Cirilo fue afirmada por el Concilio de Efeso en el 431, que además condenó a Nestorio.

Poco después, la tendencia unitiva de los alejandrinos llevó al →monofisismo—la teoría según la cual hay en Jesús solamente una naturaleza, la divina, puesto que la humanidad se absorbe o disuelve en la divinidad. Esto fue rechazado por el Concilio de Calcedonia en el 451, considerado generalmente como el fin de las controversias cristológicas.

Empero la lucha continuó. Para ese tiempo las tendencias monofisitas de los alejandrinos se habían unido al resentimiento en Egipto y en Siria contra el gobierno central en Constantinopla. Un resultado de todo esto fue una serie de intentos de reconciliación en los que las autoridades en Constantinopla propusieron soluciones moderadamente alejandrinas (→Monotelismo; →Monergismo). Empero todos esos intentos fracasaron. Otro resultado fue toda una serie de cismas que continúan hasta hoy en una serie de iglesias que no aceptan las decisiones de Calcedonia, las cuales les parecen no destacar suficientemente la divinidad de Jesús. Entre esas iglesias se cuentan la Iglesia Copta, la Iglesia de Etiopía, y la Iglesia Jacobita de Siria.

Alianza. Un voto o promesa que une a dos o más partícipes. Tales partícipes pueden pertenecer a diversos niveles sociales, en cuyo caso por lo general la alianza o pacto establece la naturaleza y los términos de su relación futura. El concepto de alianza o pacto aparece repetidamente en las escrituras, donde el pacto de Dios con Abraham y su descendencia, y "el nuevo pacto en mi sangre" de la →Eucaristía se destacan entre muchos otros. En ocasiones, particularmente en tiempos antiguos, estos diversos pactos de Dios con su pueblo reciben el nombre de →dispensaciones. La teología patrística y medieval frecuentemente ofrece listas de alianzas, como por ejemplo, con Adán, con Noé, con Abraham, y el pacto de gracia o del evangelio, entre otros.

La teología →reformada—siguiendo en esto a Zwinglio y a Bullinger— tradicionalmente ha subrayado la importancia de la alianza como acción de la gracia divina. Tal alianza no es un acuerdo entre partícipes iguales, sino una acción mediante la cual el Dios soberano se ata libremente a las promesas que hace con toda libertad. Desde tal perspectiva, los teólogos reformados han insistido en que toda alianza es una acción de la gracia de Dios—aunque se pueda distinguir entre la alianza con Adán, que podría describirse como un "pacto de obras", y la "alianza de la gracia", que comienza con Abraham.

La discusión del tema de la alianza dentro de la tradición reformada llevó en el siglo diecisiete a lo que se ha llamado "teología de la alianza", o también "teología →federal".

Alma. Aunque generalmente los cristianos han estado de acuerdo en que el alma existe, la iglesia cristiana nunca ha definido la doctrina del alma. En la lengua griega que se usaba durante los primeros siglos de la era cristiana, el "alma" frecuentemente era el principio que le da vida a un cuerpo, y por tanto todo ser viviente—incluyendo los animales y los vegetales—en cierto sentido tienen un "alma". Pablo y algunos de los antiguos escritores cristianos a veces se refieren al ser humano como "cuerpo, alma y espíritu", y otras veces como "cuerpo y alma", lo cual ha dado lugar a un debate entre teólogos posteriores en cuanto a si la criatura humana tiene dos o tres componentes. Los tricotomistas dicen que el ser humano consiste de cuerpo, alma y espíritu, mientras los dicotomistas afirman que el alma y el cuerpo son humanos, y que el "espíritu" a que Pablo se refiere es la presencia de Dios en el alma. Para complicar las cosas, esa ambigüedad en el idioma persiste a través de todo el período →patrístico, puesto que algunos autores hablan del "alma vegetativa"—lo que le da vida a todos seres vivientes—y el "alma racional"—donde residen la razón y la personalidad.

En cuanto al origen del alma, algunos cristianos en tiempos antiguos, como por ejemplo Orígenes hacia fines del siglo segundo y principios del tercero, creyeron en la →preexistencia del alma. El propio Agustín (354-430) durante algún tiempo consideró esa posibilidad. Sin embargo, por lo general el cristianismo ha rechazado tal preexistencia, lo cual deja entonces dos opciones que diversos teólogos han seguido: el →traduccionismo y el →creacionismo. Según la primera de estas opiniones, el alma se hereda de los padres, de igual modo que el cuerpo se hereda. Según la segunda, cada alma individual representa un nuevo acto de creación por parte de Dios.

En cuanto al destino final del alma (→Cielo; →Infierno, →Resurrección), la mayor parte de la tradición cristiana sostiene que, aunque el alma puede vivir sin el cuerpo, el alma por sí sola no es un ser humano completo, y que por lo tanto en la consumación final las almas se reunirán con sus cuerpos—aunque cuerpos resucitados, por lo tanto diferentes de los cuerpos presentes.

Amilenialismo. El rechazo de la teoría o expectación del →milenio. Mientras los milenialistas debaten el orden de los acontecimientos mencionados en Apocalipsis 20: 2-7, los amilenialistas sencillamente declaran que los mil años de que allí se habla no han de ser interpretados como un período de tiempo, sino más bien como una metáfora que se refiere a la victoria final de Cristo sobre el mal. Por tanto, para la mayoría de los amilenialistas la discusión acerca del milenio carece de interés, y por ello son principalmente los milenialistas quienes les llaman "amilenialistas".

Amor. La tercera y más elevada de las "→virtudes teologales". Como tal, es la regla suprema de acción para los cristianos, quienes han de imitar al Dios que "es amor". Agustín (354-430) expresó este principio declarando: "Ama a Dios, y haz lo que quieras". Otros han insistido en que el amor no es un simple sentimiento, puesto que implica acción—y a veces acción cuando el sentimiento no existe. Es por esta razón que a los cristianos se les manda a amar. Como sentimiento, es imposible hacer del amor un mandamiento; pero como acción sí lo es. Luego, "amar al prójimo" no se refiere principalmente a tener sentimientos positivos acerca del prójimo, sino más bien a actuar en amor aun cuando no exista el sentimiento, con la esperanza y la oración de que el sentimiento surgirá.

Para algunos teólogos, el amor es el principal atributo de Dios, quien es amor. En las discusiones acerca de la →Trinidad, los teólogos repetidamente han afirmado que la Trinidad misma es expresión del amor de Dios dentro de sí mismo. Agustín declaró que el →Espíritu Santo es el vínculo de amor entre el Padre y el Hijo—opinión que se ha vuelto tradicional en la teología occidental.

Uno de los escritos teológicos más influyentes del siglo veinte fue el libro →*Agape* y *Eros*, por Anders Nygren (1890-1971), que explora los diversos términos griegos que se pueden traducir por "amor", y sus diversos sentidos.

Anabaptismo. Nombre que sus enemigos le dieron a un movimiento que surgió en el siglo dieciséis, cuyos seguidores sostenían que el bautismo requiere fe, y que por lo tanto el bautismo de párvulos no es válido. La palabra "anabaptista" quiere decir "rebautizador", y por lo tanto los anabaptistas mismos no pensaban que describía su postura, puesto que según ellos no estaban rebautizando a nadie, sino sencillamente bautizando a aquellos cuyo supuesto bautismo anterior no era válido.

Empero el anabaptismo representa mucho más que una postura acerca del bautismo. Por lo general, los anabaptistas proponían un regreso radical al Nuevo Testamento y sus prácticas. Sostenían que en el Nuevo Testamento el llegar a ser cristiano no era cuestión de nacimiento, sino de decisión personal, y que por tanto la práctica de dar por sentado que toda persona nacida en una sociedad cristiana es por ello cristiana—opinión generalizada desde tiempos de Constantino—debía rechazarse.

Esto implica a su vez que hay una diferencia radical y claramente discernible entre el cuerpo civil y el cuerpo de los creyentes. En cierto modo, esto era lo que más les molestaba a los cristianos tradicionales, puesto que implicaba que los gobiernos y las naciones no son realmente cristianos ni pueden serlo, y hacía de la iglesia un pequeño núcleo de verdaderos creyentes en contraste con la amplia masa de personas que sencillamente eran miembros tanto del estado como de la iglesia por nacimiento. Por estas razones tanto los católicos como los principales reformadores protestantes rechazaron y hasta persiguieron a los anabaptistas, quienes se refugiaron en posturas cada vez más extremas. Algunos llegaron a decir que la batalla final entre el bien y el mal había llegado, y se volvieron revolucionarios militantes y hasta violentos—lo cual a su vez acrecentó la persecución y la crueldad contra ellos.

Por otra parte, mientras algunos anabaptistas se radicalizaban cada vez más, otros insistían en que la enseñanza del Nuevo Testamento en el sentido de no devolverles mal por mal a los enemigos era fundamental, y por tanto se declaraban →pacifistas (→Guerra). Aunque también esto se veía como subversivo por parte de gobiernos amenazados por una posible invasión turca, y por lo tanto los anabaptistas pacifistas también fueron perseguidos, persistieron en su postura. Este es el origen de los varios grupos →menonitas.

Más tarde, cuando algunos disidentes ingleses, en su mayoría pertenecientes a la tradición →reformada o →calvinista, fueron impactados por el anabaptismo, surgió entre ellos el movimiento bautista moderno y las iglesias que hoy son parte de él.

Anakefalaiosis. →Recapitulación.

Analogía. La semejanza entre cosas diferentes, que sirve de base para buena parte del idioma humano. Un león es fuerte, el acero es fuerte, y un argumento puede ser fuerte. En cada uno de estos casos, la palabra "fuerte" tiene un sentido diferente, pero semejante a los demás. El tema de la analogía como un modo de hablar acerca de Dios ha sido ampliamente discutido por teólogos y filósofos. En el campo de la filosofía, la discusión se remonta a tiempos de Platón y Aristóteles. En la teología, aunque se le usó ampliamente desde los mismos inicios, la analogía se volvió tema de estudio y discusión en el →escolasticismo, particularmente con Santo Tomás de Aquino y sus intérpretes (→Tomismo). (Después de la muerte de Santo Tomás, cuando su teología prevaleció, se discutió mucho acerca de los detalles de su doctrina sobre la analogía. Hoy la mayor parte de los eruditos concuerda en que las opiniones de Santo Tomás al respecto evolucionaron, y que esta es la principal razón por la cual se pueden interpretar de diversos modos.) Según Santo Tomás y otros teólogos, la analogía no es solamente un modo conveniente y necesario de hablar acerca de Dios. Si podemos usar la analogía para referirnos a Dios, esto es porque existe una analogía fundamental del ser—*analogia entis*—que hace que todas las criaturas sean análogas al Creador. Luego, en el sentido estricto, el fundamento de la analogía no es que Dios sea como las criaturas, sino más bien que las criaturas son como Dios.

La frase "analogia de fe"—*analogia fidei*—aparece repetidamente en la literatura patrística, refiriéndose por lo común a la relación entre el Antiguo Testamento y el Nuevo. Es gracias a esta analogía de la fe que existe continuidad entre la promesa y su cumplimiento.

En el siglo veinte el teólogo →reformado Karl Barth (1886-1968) comenzó a utilizar la frase *analogia fidei* como alternativa a la *analogia entis*, que según él se fundamenta en una continuidad entre el Creador y la creación que no le parecía aceptable, y que en su opinión se encontraba a la base misma de la diferencia entre el catolicismo romano y el protestantismo. Según Barth, no existe ninguna analogía del ser, no hay continuidad ontológica alguna, ni siquiera semejanza, entre Dios y los seres creados. Todo lo que existe es una analogia de fe, y esta es resultado de la gracia y se conoce mediante la revelación.

Anatema. Una maldición o prohibición. En el uso teológico más común, es una condenación formal por parte de la iglesia o sus autoridades, que por lo general involucra →excomunión, y se les aplica a quienes son declarados herejes. A veces, por implicación, algo que ha de evitarse, como cuando se dice que una doctrina o teoría es "anatema".

Angelología. La disciplina teológica que se ocupa de los ángeles—y que frecuentemente incluye no solamente los ángeles "buenos", sino también los demonios y todo otro ser semejante. Aunque los ángeles y los demonios aparecen repetidamente en la Biblia, ni en el Antiguo Testamento ni en el Nuevo se pretende explicar lo que son, ni tampoco clasificarlos. Aparecen en el Antiguo Testamento en fecha relativamente reciente, y se trata de ellos como de algo que se da por sentado, como lo hace también el Nuevo Testamento. Lo que resulta claro a través de todas las escrituras es que los ángeles, así como los demonios, son parte de la creación de Dios. Son criaturas, y por tanto no se les ha de adorar—como se hacía en buena parte de la cultura circundante.

Luego, la Biblia acepta este elemento de la cosmovisión circundante, pero la corrige en términos de su monoteísmo radical.

Fue sólo a principios de la Edad Media que los cristianos comenzaron a desarrollar una angelología en el sentido estricto. Los pioneros en ese sentido fueron, en el Oriente de habla griega, el cristiano de convicciones →neoplatónicas que escribió bajo el seudónimo de Dionisio de Areopagita; y, en el Occidente de habla latina, Gregorio el Grande (c.540-604). Luego, la angelología cristiana surge aproximadamente por el siglo sexto. Por lo general en tal angelología se consideraba a los ángeles como seres puramente espirituales e incorpóreos, y por tanto superiores a los humanos—lo cual se debía en parte a la perspectiva neoplatónica, que consideraba al espíritu como algo intrínsecamente superior a la materia. (En contraste con esto, algunos de los teólogos anteriores, tales como el autor de Hebreos e Ireneo, pensaban que los ángeles servían de tutores para los humanos, quienes a la postre reinarían sobre ellos.)

Según la angelología se fue desarrollando, combinó el intento de sistematizar todo lo que la Biblia dice acerca de los seres celestiales con la concepción jerárquica de la realidad que proponía el falso Dionisio el Areopagita, quien organizaba los ejércitos celestiales a modo que una jerarquía tripartita, cada una de ellas con tres coros, dando un resultado de nueve coros o niveles de ángeles. Aun cuando las opiniones del falso Dionisio fueron abandonadas, el principal interés de la angelología ha sido clasificar a los seres celestiales, y determinar la relación entre ángeles, arcángeles, serafines y querubines. En tiempos más recientes ha habido bastante especulación popular en la literatura de ficción sobre los ángeles, y esto ha llevado a varios teólogos a volver a tratar sobre el tema, buscando el modo de colocarlo una vez más dentro del contexto del monoteísmo estricto y de una visión cristocéntrica de la historia y de la creación.

Anglicanismo. Una de las principales tradiciones surgidas de la Reforma del siglo dieciséis. (→Luteranismo; →Reformada, tradición; →Anabaptismo; →Tridentino). La Iglesia de Inglaterra, que se separó de la de Roma con motivo de la anulación del matrimonio entre Enrique VIII y Catalina de Aragón, fue fuertemente impactada por la teología protestante—particularmente la teología reformada. Aunque ese impacto representó un largo y complicado proceso, buena parte de él se debió a aquellas personas de inclinaciones protestantes que se vieron obligadas a partir al exilio durante el reinado de María Tudor. Muchos de ellos fueron influidos por el →calvinismo mientras residían en el continente europeo, y al regresar a su patria durante el reinado de Isabel llevaron esa teología consigo. La obra de estas personas le dio a la Iglesia de Inglaterra un sello reformado. Mientras algunos miembros de la Iglesia de Inglaterra se volvieron calvinistas estrictos, y lograron prevalecer durante la Revolución →puritana, a la postre la Iglesia de Inglaterra optó por un calvinismo más moderado que permitía una diversidad de posturas—desde los calvinistas estrictos que insistían en la →predestinación, en la →depravación total, y otros puntos semejantes, hasta los →arminianos, que rechazaban esas expresiones más extremas del calvinismo. Esto es lo que comúnmente recibe el nombre de la "vía media" anglicana.

Dentro de esta gran diversidad de opiniones, lo que preservó la unidad de la Iglesia de Inglaterra, más bien que una ortodoxia estrictamente definida, fue su forma de gobierno—sus obispos—, su relación con el gobierno y todo el sistema político, y sus prácticas litúrgicas, establecidas mediante el *Libro de oración común*.

Cuando el imperio colonial británico se desmembró, la Iglesia de Inglaterra en cada una de las naciones recién fundadas también se volvió independiente, surgiendo así varias iglesias anglicanas que no son parte de la Iglesia de Inglaterra. A estas se añadieron otras iglesias que fueron el resultado de la labor misionera anglicana allende los límites del imperio británico. Todas estas juntas constituyen la Comunión Anglicana o el anglicanismo. Al tiempo que son independientes, sus dirigentes se reúnen cada diez años en la conferencia de Lambeth, bajo la presidencia del Arzobispo de Canterbury. Estas conferencias no tienen autoridad legislativa sobre las iglesias que son parte de la Comunión Anglicana.

Anhipóstasis (unión anhipostática). La teoría, propuesta principalmente por Cirilo de Alejandría (? – 444), según la cual la divinidad y la humanidad de tal modo se unen en Jesús, que al tiempo que hay en él tanto una naturaleza humana como una naturaleza divina, la primera subsiste únicamente en la →hipóstasis de la segunda. Luego, la humanidad de Jesús no tiene hipóstasis propia, y por ello se le llama a esta teoría la "unión anhipostática" (puesto que "anhipostático" quiere decir que carece de hipóstasis).

La ambigüedad del término "hipóstasis" hace difícil determinar exactamente qué es lo que Cirilo quería decir con esta teoría. Algunos intérpretes piensan que según Cirilo en la persona de Jesús la naturaleza divina tomó una naturaleza humana general, y que por tanto, en lo que a su humanidad se refiere, Jesús no era un individuo. Lo más probable es que Cirilo quería decir sencillamente que la naturaleza humana de Jesús no tiene subsistencia propia, sino que subsiste gracias a su unión con la divina. Para Cirilo, esta unión es el fundamento de la →*communicatio idiomatum*, que era uno de sus principales puntos de desacuerdo con la teología →antioqueña. →Unión hipostática.

Anomoeanos. El partido extremo dentro del →arrianismo. Sostenían que el Hijo difiere tanto del Padre que lo mejor es referirse a él como "diferente"—en griego, *anomoios*, de lo cual se deriva el nombre de este partido. Según ellos, el Hijo solamente puede recibir el título de "dios" porque participa del poder de Dios; pero no cabe duda de que el Hijo es criatura y obra de Dios. El principal teólogo de este partido fue Eunomio, contra quien varios teólogos ortodoxos escribieron tratados importantes.

Anticristo. Término que aparece solamente cinco veces en el Nuevo Testamento—cuatro en 1 de Juan y una 2 de Juan—pero que sin embargo ha sido tema de amplia discusión, particularmente en el contexto de la →escatología. Aunque el término mismo aparece únicamente en estos cinco casos, el concepto de poderes personales que se oponen a Dios sí aparece repetidamente en las Escrituras. Puesto que en el Apocalipsis se habla de una confrontación final entre Dios y el Cordero de una parte, y los poderes del mal—el dragón y la bestia—de otra, la idea del Anticristo pronto se asoció con el jefe de las fuerzas del mal en este conflicto final. Por ello, a través de la historia algunos cristianos han identificado al Anticristo con cualquier poder, institución o individuo que se les ha opuesto o les ha perseguido. Así, por ejemplo, ya en la iglesia antigua hubo quien pensó que el Anticristo era Nerón. Algunos de los reformadores del siglo dieciséis identificaban al papado, o a algún papa particular, como el Anticristo. En tiempos más recientes, particularmente en los Estados Unidos, muchos sostenían que el Anticristo era el comunismo. Respecto a todo esto, es importante señalar que en las epístolas juaninas el Anticristo no es el enemigo final, sino cualquiera que se oponga a la verdad de Dios—por lo cual 1 de Juan 2:18 afirma que: "Ahora han surgido muchos anticristos". También es importante señalar que lo que hace a esta figura particularmente maligna no es que se oponga abiertamente al verdadero Cristo, sino más bien que se hace pasar por Cristo. Se asemeja a Cristo, y esa decepción le hace más peligroso que cualquier enemigo abierto.

Antinomianismo. Del griego *anti*, contra, y *nomos*, ley. Palabra creada por Martín Lutero en sus controversias contra Juan Agrícola, quien objetaba primero al uso de la →Ley de Israel—principalmente el →Decálogo—para instruir a los fieles acerca de sus obligaciones, y luego también objetaba a su uso como medio de llamar a los pecadores al arrepentimiento, diciendo que la predicación del evangelio mismo bastaba para ese propósito. Lutero respondió con un tratado *Contra los antinomianos*, en el cual defendía el uso de la ley tanto en la enseñanza como en la predicación. A la postre, la *Fórmula de Concordia* declaró que la ley tiene tres usos: mostrarnos nuestro pecado, gobernar la vida de la sociedad, y guiar las vidas de aquellos a quienes Dios ha salvado mediante la gracia (→Ley, tercer uso de la).

Aunque al principio se refería específicamente a la posición de Agrícola y sus seguidores, el término "antinomianismo" por extensión se le aplica a toda oposición o negación del valor de la ley en la vida cristiana. En ese sentido, el antinomianismo ha aparecido en varios momentos de la historia. En la iglesia temprana, los conflictos de Pablo con algunos grupos acerca de la ley y su insuficiencia para la salvación llevó a algunos a establecer una oposición radical entre la ley y el evangelio. El principal de ellos fue Marción (→Marcionismo), quien llegó a enseñar que la ley había sido dada por un dios inferior al Padre de Jesucristo, quien es Dios de amor y de gracia y no de ley. Varios gnósticos (→Gnosticismo) sostuvieron posiciones semejantes. Durante la Edad Media, algunos utilizaron las palabras de Agustín, "ama a Dios y haz lo que quieras" como excusa para rechazar la ley como principio de vida. En tiempos de la Reforma, la controversia entre Lutero y Agrícola fue sólo una de muchas semejantes. Calvino escribió un tratado *Contra la fantástica y furiosa secta de los libertinos que se dan a sí mismos el nombre de espirituales.* Otros grupos semejantes surgieron en Inglaterra durante la revolución →puritana. En Nueva Inglaterra, los grupos puritanos más tradicionales acusaron a Anne Hutchinson de ser antinomiana. Más recientemente, aquellas teorías éticas que subrayan la importancia del contexto de una decisión o la supremacía del principio de amor por sobre todo otro principio también han sido acusadas de antinomianismo.

Antioqueña, teología. Escuela teológica que surgió en torno a la ciudad de Antioquía y en algunas regiones de Asia Menor, y que contrastaba radicalmente con la teología →alejandrina. Mientras los alejandrinos hacían amplio uso de la interpretación →alegórica, los antioqueños preferían el sentido literal e histórico del texto, y utilizaban la alegoría con mayor moderación que los alejandrinos. Y, mientras los alejandrinos pensaban que el problema de la condición humana era tal que la principal tarea de Cristo era como mensajero que nos recuerda nuestra realidad espiritual, los antioqueños pensaban que la condición humana era de esclavitud al pecado y al Diablo, y que por lo tanto la principal obra de Cristo era venir a ser la cabeza de una nueva humanidad libre, y hacer esto conquistando los poderes del mal a través de la encarnación, la cruz y la resurrección (→Expiación). Luego, mientras los alejandrinos subrayaban la divinidad de Jesús, los antioqueños subrayaban su humanidad, su carácter de "nuevo Adán".

Aunque algunos de los primeros antioqueños—como por ejemplo Pablo de Samosata (tercer siglo)—al parecer trataron de asegurar la completa humanidad de Jesús limitando su divinidad, tales soluciones pronto fueron abandonadas. Por lo tanto los teólogos antioqueños desarrollaron lo que se ha llamado una cristología "disyuntiva"—es decir, una cristología en la que la completa humanidad de Jesús se conserva principalmente distinguiéndola, y a veces hasta aislándola, de su divinidad. Por ello los primeros antioqueños rechazaron el principio de la →*communicatio idiomatum,* y a través de toda su historia la escuela de Antioquía trató de limitar las consecuencias de esa *communicatio.*

Entre los principales maestros de la teología antioqueña se cuentan Diodoro de Tarso (c.350-c.392) y Teodoro de Mopsuestia (350-428), así como uno de los más grandes predicadores de todos los tiempos, Juan Crisóstomo (c.347-407). Todos ellos eran famosos por sus estudios bíblicos, y por su énfasis en el sentido literal de los textos.

Empero, el más famoso teólogo de esta escuela fue Nestorio, patriarca de Constantinopla cuyas opiniones fueron rechazadas por el Concilio de Efeso en el año 431 (→Nestorianismo). Nestorio insistía—como a la postre la cristología ortodoxa llegó a sostener—que en Cristo hay dos naturalezas, una divina y otra humana. Pero también insistía en la integridad por separado de cada una de estas dos naturalezas afirmando que en Cristo había dos personas, una divina y otra humana. Nestorio rechazaba la *communicatio idiomatum*, afirmando que Jesús hizo ciertas cosas como ser humano, y otras como Dios. Lo que hizo estallar la controversia fue el rechazo por parte de Nestorio del título de →*Theotokos*—paridora de Dios—que se le daba a la virgen María. Nestorio insistía en que quien nació de María fue Cristo, y no Dios, y que por tanto debería dársele a ella el título de *Christotokos*. Sus opositores, bajo la dirección de Cirilo de Alejandría, respondían que en tal caso uno debería decir que fue Cristo, y no Dios, quien caminó en Galilea, y Cristo, y no Dios, quien sufrió en la cruz.

Aunque las enseñanzas de Nestorio fueron rechazadas por el Concilio de Efeso, la controversia no terminó. Muchos de los seguidores de Nestorio llegaron a ser maestros influyentes en Persia, donde la mayoría de los cristianos se volvieron entonces "nestorianos", rechazando las decisiones del Concilio de Efeso. Hasta el día de hoy, hay un pequeño número de cristianos cuyas raíces se remontan a ese cisma. En cuanto a Nestorio, todavía vivía cuando el Concilio de Calcedonia (451) moderó la posición alejandrina extrema del Concilio de Efeso, y Nestorio comenzó a insistir en que las decisiones de Calcedonia reinvindicaban sus opiniones. Empero pocos le prestaron atención.

Antropología. Etimológicamente, la doctrina que estudia a los seres humanos. En el contexto teológico, el término normalmente se refiere al modo en que un teólogo o escuela teológica entienden la naturaleza y el destino humanos. Aunque en cuestiones de detalle hay en las escrituras diversas perspectivas antropológicas, hay algunas aseveraciones que constituyen el fundamento de la antropología bíblica. Así, por ejemplo, resulta claro en las escrituras que la humanidad se origina en Dios, su Creador. También se nos dice que los humanos llevan la →imagen de Dios, aunque el sentido exacto de esa frase no se define. El ser humano, creado por Dios según la imagen divina, ha de gobernar sobre el resto de la creación y es por tanto mayordomo de Dios en la administración de la creación. Luego los humanos son parte de la creación al mismo tiempo que en cierto sentido se encuentran por encima de ella. Esto se relaciona con la capacidad que tiene esta criatura de trascenderse a sí misma, de verse a sí misma, por así decir, desde fuera. Además, el propósito de Dios en la creación de la humanidad es que estos seres vivan en comunidad, y por ello la Biblia se refiere repetidamente y mucho más a pueblos, tribus, familias y naciones que a individuos. Esta criatura, criada libre por Dios, ha decidido desobedecer a Dios y seguir su propio camino, el pecado. Al hacer esto, ha rendido su libertad y su destino a las fuerzas del mal, y por tanto está necesitada de redención. Finalmente, por gracia de Dios y a través de Jesucristo, se le promete a esta criatura humana la vida abundante y eterna.

A partir de estas premisas, y frecuentemente reflejando la cultura circundante, la antropología cristiana se ha ocupado de una serie de cuestiones. Algunas de ellas se encuentran constantemente al centro del discurso teológico, como son el libre →albedrío y su relación con la →predestinación, además del →pecado y la →salvación.

Un tema que ha aparecido repetidamente en el discurso teológico acerca de la criatura humana, especialmente en los círculos más conservadores, es la composición del ser humano. Aunque la Biblia normalmente se refiere al ser humano como una entidad una e indivisible, resulta claro que estos seres son cuerpos, pero son también cuerpos con ciertos atributos y capacidades que la realidad corpórea no agota. Así, en los salmos la frase "mi alma" normalmente quiere decir sencillamente "yo"; y lo mismo significa la frase "mi cuerpo", aunque cada una de estas dos frases tiene connotaciones diferentes. Otras palabras, tales como "corazón", "hígado", etc. se utilizan en la Biblia para hablar del ser humano como un todo. Cada una de ellas tiene ciertos énfasis particulares. Por otra parte, en el pensamiento griego frecuentemente se contraponía el alma al cuerpo, como dos partes constitutivas y a veces en conflicto dentro del ser humano. Por ello desde fecha muy temprana hubo diferencias entre los cristianos, así como también entre los filósofos paganos, debates tanto en cuanto a la naturaleza como al número de partes constitutivas del ser humano. Los pasajes bíblicos en que se mencionan tales temas han llevado a algunos cristianos a optar por la postura "dicotómica", según la cual el ser humano se compone de alma y cuerpo, mientras otros prefieren la "tricotomía", refiriéndose al cuerpo, alma y espíritu. (→Alma)

Otro tema que a veces se ha discutido en la antropología teológica es el origen del alma. Respecto a esto, algunos sostienen que el alma se deriva de los padres, así como se deriva el cuerpo (→Traducionismo), mientras otros piensan que cada alma individual es una nueva creación por parte de Dios (→Creacionismo).

En tiempos más recientes, la antropología teológica ha vuelto a enfocar su interés sobre el tema fundamental de qué es lo que significa ser auténticamente humano, más bien que en cuestiones tales como la composición del ser humano o el origen del alma.

Antropomorfismo. La tendencia de describir a Dios–o a los dioses—en términos humanos. Dentro del cristianismo, algunos han interpretado la →imagen de Dios en el ser humano en ese sentido, y por tanto han concluido que Dios tiene un cuerpo como el nuestro, y se asemeja en mucho a nosotros. Por lo general, la teología cristiana ha rechazado tal antropomorfismo.

Sin embargo, la cuestión es más complicada. El único lenguaje que tenemos para referirnos a Dios es lenguaje humano, y en ese sentido todo discurso acerca de Dios es antropomórfico. Aunque algunos teólogos han subrayado que tal lenguaje es metafórico o analógico (→Metáfora; →Analogía), algunos—particularmente aquellos que han sido más impactados por la filosofía griega, y más tarde por diversas formas del →racionalismo—han afirmado que el lenguaje más abstracto es más apropiado para hablar acerca de Dios, y por tanto han preferido referirse a Dios como "inmutable", "impasible", etc. (→Atributos de Dios). Aunque no cabe duda del valor de tal lenguaje, que nos recuerda la naturaleza analógica del lenguaje más antropomórfico, hay que recordar que aun ese modo de hablar sigue siendo antropomórfico por cuanto se ciñe todavía a los límites de la experiencia y el lenguaje humanos, con la sola excepción de que lo hace ahora en términos más abstractos, y por lo tanto no es necesariamente mejor que un lenguaje más antropomórfico, como por ejemplo, cuando decimos que Dios ama.

Por último, en toda esta discusión es necesario recordar que la afirmación fundamental de la fe cristiana es que Dios se hizo humano, lo cual implica que en cierto sentido, en la →encarnación misma, Dios se ha hecho antropomórfico.

Año litúrgico. El ciclo anual en el que la iglesia celebra y centra su atención sobre momentos específicos en la historia de la →redención. Antes de que hubiese un año litúrgico, existía ya un ciclo semanal de celebración y memoria. Este giraba en torno al primer día de la semana, el día de la →resurrección de Jesús, que por tanto se llamaba frecuentemente el "día del Señor"—de donde viene el término latino *dominica*, y el castellano domingo. El domingo era día de celebración centrado en la resurrección de Jesús y en su →parusía y su →reino venidero. El servicio de domingo, que normalmente tenía lugar temprano en la madrugada, culminaba en la celebración →eucarística. El viernes era entonces el día en que se recordaba el costo de la redención, es decir, la crucifixión, y era por tanto día de →penitencia y ayuno. Al menos en algunas iglesias, el sábado era también día de ayuno y meditación—y también de descanso en aquellos casos en que las autoridades y el orden social lo permitían.

Fue de esta semana litúrgica que surgió el año litúrgico. Aunque cada domingo era una celebración de la resurrección, desde fecha muy temprana, al menos ya a principios del siglo segundo, comenzó a apartarse un domingo especial cada año, una especie de gran domingo de la resurrección, y este a la postre vino a ser uno de los dos focos centrales en torno a los cuales se desarrolló el año litúrgico.

Ya en el siglo segundo, sin embargo, hubo desacuerdo entre las iglesias en Asia y las del occidente acerca de la fecha de este gran domingo de la resurrección, y cómo debería determinarse. Al tiempo que ambos afirmaban que originalmente había una relación entre esta fecha y la pascua judía, el desacuerdo surgía en cuanto a cómo debía fijarse la fecha para celebrar la resurrección en una iglesia que era cada vez más gentil. El desacuerdo continúa hasta el día de hoy, de modo que la celebración del domingo de resurrección en las iglesias orientales rara rez coincide con la misma celebración en las occidentales, tanto la católica romana como las protestantes.

La víspera del domingo de resurrección era también el día en que normalmente se bautizaba a los neófitos (→Bautismo). Al tiempo que se celebraba ese bautismo, el resto de la iglesia también renovaba sus votos bautismales. Como preparación para ese gran acontecimiento se apartaba un período de varias semanas que se dedicaba a la instrucción final de los catecúmenos que habían de ser bautizados, y durante el cual el resto de la iglesia se preparaba para renovar sus propios votos. Este es el origen de la cuaresma, que a la postre se fijó en cuarenta días, aunque sin contar los domingos, que aun en tiempos de cuaresma se supone que sean días de celebración de la resurrección de Jesús.

Para completar este ciclo litúrgico que se desarrolló en torno a la resurrección, se añadieron primero la celebración de Pentecostés y más tarde la de la ascensión de Jesús.

El otro foco principal en torno al cual se desarrolló el año litúrgico fue el nacimiento de Jesús. Mucho antes de que se llegase a celebrar ese nacimiento el 25 de diciembre, las iglesias orientales celebraban el 6 de enero como la "Epifanía" o manifestación de Jesús y su misión, y por lo tanto también como el día del bautismo de Jesús. Aunque en diversos lugares se sugirieron y practicaron diversas fechas para celebrar el nacimiento de Jesús, en el siglo cuarto la iglesia occidental comenzó a celebrar ese nacimiento el 25 de diciembre, al parecer en un intento de contraponerse a los ritos paganos en torno al solsticio invernal y el nacimiento del dios Mitras. A la postre, la observación oriental de la Epifanía pasó al Occidente, y la celebración occidental de la Navidad fue aceptada en el Oriente, excepto en la iglesia de Armenia, que todavía celebra el nacimiento de

Jesús el 6 de enero. De este modo quedaron fijadas las dos fechas principales del ciclo navideño: el 25 de diciembre como fecha del nacimiento, y el 6 de enero como el día de la Epifanía o manifestación de Jesús en su bautismo—a lo que posteriormente se añadió también su manifestación a los paganos en la venida de los magos, y su manifestación en su primer milagro en las bodas de Caná.

El adviento, es decir el período inmediatamente anterior a la Navidad, parece haber sido al principio un período de preparación, no para el nacimiento de Jesús, sino para su segunda venida o →parusía. Por esa razón se le colocó al final del año inmediatamente antes del comienzo del nuevo año, como recordatorio de la nueva era venidera. Empero, cuando se comenzó a celebrar la Navidad el 25 de diciembre, el adviento vino a ser un período de preparación para la venida de Jesús, no sólo al fin de los tiempos, sino también en su nacimiento en Navidad. Más tarde, imitando la cuaresma, el adviento cobró también un carácter penitencial.

Puesto que la Navidad se celebra en una fecha fija, y la fecha del domingo de resurrección varía, el tiempo entre cada uno de estos dos ciclos también varía, y se le ha dado el nombre de "tiempo ordinario". A fin de ayudar a la iglesia a centrar la atención sobre el tema de cada una de las estaciones y fechas del año litúrgico, surgieron los →leccionarios, de tal modo que los textos asignados para cada día particular iluminan el tema o temas de ese día.

Aparte de los ciclos navideño y de resurrección, cada iglesia tiene otras fechas especiales que a veces tienden a eclipsar las celebraciones del año litúrgico. Así, desde fecha muy temprana se acostumbró conmemorar el martirio de Esteban el 27 de diciembre, y la muerte de los inocentes el 28—con el extraño resultado de que la muerte de los inocentes tiene lugar antes de la llegada de los magos. Aparte del martirio de Esteban, pronto surgieron celebraciones en memoria de otros mártires, apóstoles y santos—a tal punto que en algunas tradiciones cada día del año es día dedicado por lo menos a un santo, y normalmente a más de uno. Las iglesias protestantes en general tienen menos celebraciones, pero hay que notar que muchas celebran el 31 de octubre como "día de la Reforma", y que los →metodistas y otros de tradición →wesleyana observan el día de "Aldersgate" como día de la experiencia de la salvación personal por parte de Juan Wesley.

Apocalíptica (apocalipticismo). En griego, el término *apokalypsis* sencillamente quiere decir "revelación" y es en ese sentido que se emplea en el Apocalipsis de Juan, que empieza precisamente con esa palabra: "Apocalipsis (o revelación) de Jesucristo ..." Sin embargo, precisamente debido a su uso en este libro particular, el término "apocalíptico" ha venido a tener dos usos en el lenguaje presente.

Primeramente, en su uso más común, sencillamente se refiere a algo catastrófico, como cuando alguien se refiere a "una visión apocalíptica del desastre económico que se avecina".

Sin embargo, más específicamente en el discurso teológico y en los estudios bíblicos, lo "apocalíptico" se refiere a cierta perspectiva particular y a la literatura que la refleja. En este sentido, el apocalipticismo parece haber surgido primeramente en Persia, entre los zoroastrianos, y haber pasado de allí al judaísmo durante los tiempos exílicos, para por último pasar del judaísmo a ciertos sectores del cristianismo primitivo. La principal característica del apocalipticismo es una visión dualista de la historia, y la expectativa de que ese dualismo se resolverá en tiempos escatológicos inminentes mediante la victoria del bien sobre el mal. Esta visión dualista de la historia, en la que el principio del bien se impone al principio del mal, resulta en la división de la humanidad entre aquellos—normalmente la mayoría—que sirven a los poderes del mal, y que por lo tanto gozan actualmente de poder y privilegios, y una minoría al presente oprimida y perseguida que a la postre participará de la victoria final del bien, mientras los malos son destruidos o condenados al sufrimiento eterno. Dentro de tal perspectiva, no ha de sorprendernos el hecho de que el apocalipticismo por lo general surge y florece entre aquellas minorías que se sienten oprimidas y perseguidas—tales como los primeros cristianos o los →anabaptistas del siglo dieciséis.

Además de esta perspectiva fundamental, la literatura apocalíptica muestras otros rasgos comunes. Afirma basarse en visiones, tiende a utilizar términos simbólicos, con bestias extrañas, abundante numerología, y lenguaje críptico que frecuentemente sólo los que son parte del grupo pueden entender. Buena parte de la literatura apocalíptica es seudónima, pues pretende haber sido escrita por alguna figura respetada en el pasado. Tal es el caso del *Apocalipsis de Abraham*, el *Apocalipsis de Elías*, el *Apocalipsis de Pedro*, etc.

Apocatástasis. Término griego que significa salud, restauración plena, regreso al estado original. Así se utiliza en el Nuevo Testamento, por ejemplo, en Hechos 3:21. En su uso más específico en círculos teológicos, se refiere a la restauración final de todas las cosas a su estado original. Fue así que primero Orígenes (c.135-c.254) y más tarde Gregorio de Nisa (c.335-394) utilizaron el término. En ese sentido, la apocatástasis se refiere a la culminación del círculo entero de la historia, de tal modo que la creación queda restaurada a su perfección inicial. Esto contrasta con una visión más lineal de la historia, en la que lo que comienza en un huerto en el Génesis termina en una ciudad en Apocalipsis.

Por lo general teorías de la apocatástasis involucran la expectativa de que al final todos, incluso Satanás, serán salvos (→Universalismo) y por lo tanto a veces hay teólogos que se refieren a cualquier posición universalista como apocatástasis. Hay, sin embargo una diferencia importante entre estos dos elementos, puesto que es posible sostener posturas universalistas sin creer que toda la creación retornará a su estado original.

Apócrifa. Los libros que no se incluyen en el →canon. Desafortunadamente, el término "apócrifo" tiene un sentido original de algo escondido, y por tanto ha dado lugar al error común de pensar que todos los libros apócrifos fueron escondidos o prohibidos, mientras en realidad esto es cierto sólo de unos pocos de ellos. Lo que es más, el término mismo tiene sentidos muy diferentes cuando se le aplica al Nuevo Testamento que cuando se le aplica al Antiguo.

En el contexto del Antiguo Testamento, el término "apócrifa" fue empleado primeramente por Jerónimo (347-419) como un título colectivo para todos aquellos escritos que formaban parte de la Septuaginta (y también de la Vulgata del propio Jerónimo), pero que no eran parte del canon hebreo. Jerónimo pensaba que estos libros, aunque tenían valor para la edificación de los creyentes y su devoción, no eran parte del canon en el sentido estricto, y por lo tanto no deberían utilizarse, como el resto de la escritura, para determinar doctrina. Empero, puesto que a partir del tiempo de Jerónimo y a través de toda la Edad Media la iglesia normalmente no utilizó la Biblia hebrea, sino más bien la Vulgata de Jerónimo y, en el caso de los cristianos de habla griega, la Septuaginta, y puesto que tanto la Vulgata como la Septuaginta incluían estos libros, la distinción que Jerónimo había hecho pronto se nubló y a la postre se olvidó.

En tiempos de la Reforma, Lutero y otros volvieron a la recomendación de Jerónimo, declarando que estos libros eran buenos, pero no eran parte del canon ni tenían autoridad canónica. El propio Lutero los puso al fin de su traducción del Antiguo Testamento. Otros traductores a otras lenguas siguieron su ejemplo, frecuentemente con una nota explicativa acerca del carácter no estrictamente canónico de estos libros. En el siglo dieciséis se comenzó a imprimir biblias sin la apócrifa, y a principios del siglo diecinueve esto se hizo política normal de las Sociedades Bíblicas Británica y Americana.

En reacción contra Lutero y contra otros protestantes que dudaban de la autoridad canónica plena de la apócrifa, el Concilio de Trento

(1545-63) declaró que todos estos libros son plenamente inspirados, y declaró hereje a quien sostuviese lo contrario. Empero con el correr del tiempo los católicos romanos comenzaron a reconocer el status particular de estos libros refiriéndose a ellos como "deuterocanónicos", es decir, como un "segundo canon". Esto no quiere decir que no tengan autoridad, sino sencillamente que no son parte del canon hebreo.

Hay además otra literatura hebrea antigua que nunca fue parte de ningún canon, y que frecuentemente pretende haber sido escrita por alguna figura destacada del Antiguo Testamento. Tales libros reciben el nombre, no de "apócrifos", sino de "pseudoepigráficos". Entre ellos se cuentan, por ejemplo, *Los testamentos de los doce patriarcas, Los salmos de Salomón, Jubileos,* el *Apocalipsis de Baruc,* y muchos otros.

En el caso del Nuevo Testamento, el uso de los términos es muy diferente, puesto que los "apócrifos del Nuevo Testamento" no son paralelos a los apócrifos del Antiguo. La mayor parte de estos libros apócrifos del Nuevo Testamento nunca formaron parte de canon alguno, excepto entre las sectas o movimientos que los produjeron. La excepción más notable es el *Apocalipsis de Pedro,* que algunos alejandrinos del siglo segundo consideraron como parte del canon. La contraparte de esto también es cierta: los libros que en un momento u otro fueron parte de algún canon cristiano y hoy no lo son, como por ejemplo el Pastor de Hermas, la *Epístola de Bernabé,* etc. , no son parte de los "apócrifos del Nuevo Testamento".

Entre los apócrifos del Nuevo Testamento se incluyen dos clases de libros: unos que fueron escritos sencillamente en base a un deseo pío de añadirle a lo que se dice en el Nuevo Testamento, y otros compuestos por algún grupo o secta con el propósito de promover y sustentar sus propias doctrinas mediante la publicación de algún libro, frecuentemente bajo el pseudónimo de un apóstol. Entre los primeros se incluyen, por ejemplo, toda una serie de historias acerca de Jesús durante su niñez y juventud, leyendas acerca de los milagros y viajes de algunos de los apóstoles, etc. Estos libros nunca fueron suprimidos ni prohibidos, sino sencillamente se les excluyó del canon al tiempo que muchos continuaban circulando y sus leyendas se hicieron populares durante la Edad Media.

Entre los libros de la segunda categoría se cuentan libros tales como el *Evangelio de la verdad,* por el →gnóstico Valentín. Todos ellos son bastante posteriores a los evangelios canónicos. Estos sí fueron suprimidos, y han sobrevivido principalmente en citas de autores que los refutan o, como en el caso de una serie de papiros descubiertos en Egipto en el siglo veinte, en bibliotecas olvidadas que de algún modo han sobrevivido los embates del tiempo.

Apolinarismo. La doctrina cristológica de Apolinario de Laodicea, rechazada por el Concilio de Constantinopla en el 381, y después por otros concilios y autoridades eclesiásticas. Según Apolinario en Cristo la naturaleza divina ocupaba el lugar del alma racional humana. En otras palabras, la humanidad de Jesús no era una humanidad completa y racional. Jesús era humano porque su cuerpo era humano, y ese cuerpo vivía y funcionaba como cualquier cuerpo humano. Pero no era humano en el sentido de que tuviese mente humana, puesto que en su caso el →Logos o →Palabra de Dios ocupaba el lugar de la mente humana. Esto es una expresión típica de la primera cristología →alejandrina, en la que el logos se une, no a un ser humano completo, sino únicamente a un cuerpo humano.

La gran objeción al apolinarismo vino de quienes sostenían que Jesús había asumido la naturaleza humana a fin de salvarla. Si tal fue el propósito de la encarnación, se sigue que "lo que no es asumido por Cristo no es salvado". Luego, si Cristo no asumió una mente humana, la mente humana no se salva. Y sin embargo, es precisamente en la mente que el pecado muestra todo su poder y su principal acción. A fin de salvar al ser humano integral, la Palabra de Dios debía encarnarse en un ser humano integral.

Apologética. La defensa racional de la fe cristiana, de sus doctrinas y prácticas. Desde fecha muy temprana, se les dio el título de "apologistas" a quienes escribían en defensa del cristianismo, tratando de mostrar que no había razón para perseguir a los cristianos, que el cristianismo era la "verdadera filosofía", y que de hecho las prácticas morales de los cristianos contribuían al bienestar de la sociedad. Los primeros apologistas cristianos escribieron en el siglo segundo y, aunque algunas de sus obras se han perdido, estos apologistas—en particular Justino Mártir—fueron los primeros teólogos cristianos en el sentido de ofrecer una visión racional del cristianismo. Muchos de los más distinguidos pensadores cristianos de las próximas generaciones, y hasta que la persecución terminó, también escribieron obras apologéticas. Entre ellos se cuentan Tertuliano, Clemente de Alejandría, Orígenes, Cipriano, y otros.

Una vez que el cristianismo llegó a ser la religión oficial del Imperio Romano, y a través de toda la Edad Media, la teología apologética pareció ser mucho menos necesaria. Donde más se le practicó fue en el encuentro con las tribus paganas del norte, donde los misioneros buscaban probar la validez de la fe cristiana a los sajones, frisios y otros, y en el encuentro en el sur con el islam, donde hubo amplios debates entre musulmanes y cristianos acerca de sus respectivas creencias. Es muy posible que la *Suma contra gentiles* de Santo Tomás haya sido concebida inicialmente como un manual para tales debates. Con el creciente racionalismo y escepticismo del Renacimiento y de los siglos subsiguientes, la teología apologética cobró nueva importancia, particularmente en esfuerzos filosóficos que intentaban probar o apoyar la doctrina cristiana. Cuando la filosofía de Descartes (→Cartesianismo) se hizo popular, hubo católicos que trataron de mostrar la racionalidad de su fe sobre principios cartesianos. Lo mismo hicieron varios calvinistas, particularmente en los países bajos, quienes intentaban probar sobre principios del racionalismo cartesiano las posturas del →calvinismo estricto. En Inglaterra, durante la hegemonía del →empirismo de Locke, varios autores trataron de mostrar que el cristianismo era eminentemente racional, al mismo tiempo que sostenían también que lo que la razón no pudiese demostrar no era parte de la verdadera religión. Tal fue el propósito, por ejemplo, de la obra de John Toland, *El cristianismo no es misterioso* (1696), y de la Matthew Tindal, *El Cristianismo es tan antiguo como la creación* (1730). Esta tradición continuó con Kant (1724-1804), quien tras argumentar que los principios fundamentales de la religión—la existencia de Dios, la existencia del alma, y la vida tras la muerte—no pueden probarse mediante la "razón pura", intentó demostrar el valor de tales doctrinas mediante lo que él llamaba la "razón práctica". Durante el siglo diecinueve, cuando las doctrinas cristianas tradicionales se vieron repetidamente retadas por nuevos descubrimientos científicos, muchos teólogos pensaron que su tarea consistía en defender el valor racional del cristianismo. El primer libro famoso de Schleiermacher, publicado poco antes de comenzar el siglo (1799), lleva el título apologético de *Sobre la religión: Discursos a las personas cultas que la desprecian*. Poco después, cuando el sistema de Hegel alcanzó popularidad, hubo varias interpretaciones hegelianas de la fe cristiana. En el siglo veinte, la tradición apologética continuó en la obra de Paul Tillich (1886-1965) y de varios otros teólogos famosos.

Por otra parte, hay también una larga lista de quienes han pensado que la empresa apologética es en sí misma un error, puesto que la fe se encuentra al centro mismo del cristianismo, y la fe no puede ser el resultado de argumentos racionales. Tal fue la postura de Søren Kierkegaard (1813-55) en el siglo diecinueve, y de Karl Barth (1886-1968) en el veinte.

Hacia fines del siglo veinte y principios del veintiuno, con el surgimiento de la →postmodernidad, la apologética comenzó a tomar nuevas direcciones, puesto que ahora las ideas mismas de la objetividad y de la universalidad, que habían constituido el fundamento de la filosofía moderna y por lo tanto también de la apologética moderna, estaban en dudas. En este contexto, probablemente lo más que la apologética puede hacer es mostrar que las doctrinas cristianas no son absurdas o irracionales.

Apostasía. Acción de abandonar la fe. Desde fecha temprana, se le consideraba un pecado serio, a tal punto que algunos sostenían que los tres pecados imperdonables eran el homicidio, la fornicación y la apostasía, la cual incluía también toda forma de idolatría. Más tarde, según diversas iglesias y tradiciones cristianas comenzaron a competir entre sí, quienes abandonaban una iglesia por otra—por ejemplo, los católicos que se hacían protestantes y viceversa—frecuentemente eran considerados apóstatas por la comunidad que habían abandonado. En algunos casos, el término "apostasía" se usa también para quienes abandonan un voto o promesa que han hecho, como cuando un sacerdote decide abandonar el sacerdocio. Sin embargo, tal no es el sentido estricto del término.

Apostolicidad. Característica o marca que la iglesia comenzó a reclamar para sí durante el siglo cuarto al incluirla en varios credos, con lo cual señalaba que la iglesia había sido fundada por los apóstoles, cuya doctrina continuaba enseñando, y cuyos sucesores los dirigentes actuales decían ser (→Sucesión apostólica).
En otros contextos, la apostolicidad significa sencillamente que algo se remonta a tiempos de los apóstoles. Tal es el caso cuando decimos, por ejemplo, que "la apostolicidad de esa doctrina no puede negarse".
Más recientemente, en diversas partes del mundo, pero particularmente en la América Latina, algunas iglesias independientes han comenzado a unirse en lo que llaman "redes apostólicas", las cuales les dan el título de "apóstoles" a algunos de sus dirigentes, entonces certificándose unas otras como "apostólicas". Se trata de un fenómeno nuevo, sin base en la tradición cristiana anterior.

Apropiaciones. En la teología trinitaria, el principio que permite afirmar una relación particular de una de las →personas de la →Trinidad a una acción. Por ejemplo, es la segunda persona de la Trinidad quien se ha encarnado. Empero esto no significa que las otras personas estén ausentes en la acción que se le apropia a una persona. Así, aunque es el Hijo quien se encarna, el Padre y el Espíritu Santo siempre están presentes con el Hijo encarnado.

Aristotelismo. La tradición filosófica fundada por Aristóteles en el siglo cuarto a.C. Discípulo que fue de Platón (→Platonismo), Aristóteles escribió sobre una amplia gama de temas: lógica, →metafísica, →ética, el →alma y sus funciones, la naturaleza, etc. Difería de su maestro en cuanto al modo en que se alcanza el conocimiento (→Epistemología).

Mientras Platón pensaba que los sentidos y sus percepciones no pueden llevar al verdadero conocimiento, Aristóteles sostenía que la percepción de los sentidos, aunque en sí misma no es conocimiento, sí es fuente del conocimiento, y por lo tanto no ha de abandonarse en beneficio de fuentes puramente "intelectuales". Este hecho en sí mismo hizo que Aristóteles se interesase sobre una amplia variedad de temas, puesto que desde su perspectiva todos ellos conducían al verdadero conocimiento, y por tanto no se les podía desconocer o dejar a un lado como si solamente pudiesen proveer un conocimiento ilusorio.

Al tiempo del advenimiento del cristianismo, la filosofía de Platón estaba mucho más difundida que la de Aristóteles. El impacto mayor de este último era principalmente indirecto, a través del modo en que había influido sobre escuelas teológicas tales como el →estoicismo. Por ello, en su labor →apologética la mayoría de los cristianos se esforzó en relacionar su fe con el platonismo, y no con el aristotelismo, y esto a su vez produjo un entendimiento cada vez más platónico del cristianismo mismo, y el abandono de las enseñanzas de Aristóteles. Durante las controversias →cristológicas de los siglos cuarto y quinto, la mayor parte de quienes participaron en ellas usaban principios platónicos para apoyar sus posturas. Fueron principalmente los →antioqueños—y en realidad sólo los más extremos entre ellos—quienes insistieron en el valor de la contribución de Aristóteles como medio de entender la realidad, y consideraron la posibilidad de emplear su metafísica para referirse a la →encarnación. Como resultado de todo esto, esa postura cristológica fue rechazada por los concilios ecuménicos de Éfeso (431) y Calcedonia (451). Entonces algunos de quienes la sostenían partieron hacia el exilio allende las fronteras del Imperio Romano con Persia, donde llevaron consigo las obras de Aristóteles. Aunque en el Oriente bizantino todavía se le conocía bastante bien, en el Occidente de habla latina Aristóteles quedó prácticamente olvidado. Su lógica se empleó durante el renacimiento del siglo doce por quienes defendían el uso de la →dialéctica en la teología, como por ejemplo Pedro Abelardo (1079-1142); pero la metafísica de Aristóteles y sus obras acerca de la naturaleza y de su conocimiento eran generalmente desconocidas.

Esta situación cambió cuando eruditos latinos comenzaron a viajar hacia la España musulmana y hacia Sicilia, también profundamente impactada por la cultura islámica. Allí encontraron los escritos de Aristóteles así como de su gran comentarista musulmán, Averroes. Las obras de Aristóteles, que los musulmanes habían encontrado y traducido cuando conquistaron el Imperio Persa, ahora comenzaron a abrirse paso dentro de la Europa de habla latina, frecuentemente unida a las de Averroes y de otros escritores musulmanes y judíos. El resultado fue un caluroso debate entre los teólogos occidentales, especialmente en la Universidad de París, acerca del valor y el uso del aristotelismo en el campo de la teología. Mientras la inmensa mayoría insistía en las posturas tradicionalmente platónicas, tal como habían sido reinterpretadas y adaptadas por Agustín y el →agustinianismo, y otros se iban al extremo opuesto al aceptar todo cuanto la nueva filosofía decía aun a riesgo de negar la doctrina cristiana (→Averroísmo), Tomás de Aquino (c.1225-74) y su maestro Alberto el Grande (1206-80) dieron el paso atrevido de emplear la filosofía aristotélica para reinterpretar la teología tradicional, incluso la agustiniana. Este fue el genio del →tomismo, que a la postre vino a ser la teología dominante dentro del catolicismo romano.

Arminianismo. La posición de Jacobo Arminio (1560-1609) y sus seguidores—frecuentemente conocidos como →remonstrantes—en cuanto a la →gracia, el libre →albedrío, la →predestinación, y la →perseverancia de los creyentes. Arminio era un teólogo calvinista holandés quien, en todos aquellos puntos en los que la tradición →reformada difería de la católica o de la →luterana, siempre continuó siendo calvinista. Es importante recordar esto, puesto que frecuentemente se dice que el arminianismo es lo contrario del →calvinismo, cuando en realidad tanto Arminio como sus seguidores eran calvinistas en todos los puntos excepto los que se debatían. Además, es necesario notar que el debate involucró también el interés de uno de los bandos en subrayar el calvinismo estricto a fin de salvaguardar la recién ganada independencia del país, mientras el otro buscaba posiciones que le hiciesen más fácil al país comerciar con quienes no fuesen estrictamente calvinistas. En parte por esta razón, los calvinistas estrictos fundamentaban sus argumentos sobre las escrituras y el principio de la justificación por la sola gracia, construyendo sobre ellos un sistema rígidamente lógico y racional, mientras sus opositores desarrollaron argumentos igualmente coherentes fundamentados sobre los principios generalmente aceptados de la religión—por lo cual en cierto modo fueron precursores del →racionalismo.

Arminio se involucró en el debate cuando resolvió refutar las opiniones de quienes rechazan la doctrina calvinista estricta de la predestinación. Pero entonces se convenció de que eran ellos quienes tenían razón, y se volvió el principal defensor de esa posición. Los calvinistas estrictos que se le opusieron y a la postre condenaron sus enseñanzas eran →supralapsarianos. Sostenían que Dios había decretado ante todo la →elección de algunos y la reprobación de otros, y luego había decretado la →caída y sus consecuencias, de tal modo que el decreto inicial de la elección y reprobación pudiese cumplirse. También sostenían que las consecuencias de la caída son tales que toda la naturaleza humana está totalmente depravada, y que el decreto de predestinación es tal que Cristo murió únicamente por los electos, y no por toda la humanidad. Al principio, Arminio trató de responder a estas opiniones adoptando una posición →infralapsaria; pero pronto se convenció de que con esto no bastaba. Criticó entonces a sus contrincantes argumentando, en primer lugar, que su discusión de los decretos de predestinación no era suficientemente cristocéntrica, puesto que el verdadero gran decreto de la predestinación es aquel "por el cual Cristo ha sido señalado por Dios para ser el salvador, la cabeza y el fundamento de quienes serán herederos de la salvación"; y, en segundo lugar, que la predestinación de los fieles por parte de Dios se basa en su →presciencia de su futura fe.

Puesto que la doctrina de la predestinación de sus opositores se fundamentaba en la primacía de la gracia, y de una gracia irresistible, Arminio respondió proponiendo una gracia "previniente" o "preventiva", que Dios les da a todos, y que les capacita para aceptar la gracia salvadora si así lo deciden. Y, puesto que la gracia no es irresistible, esto implica que resulta posible que un creyente, aún después de haber recibido la gracia salvadora, caiga de ella. Fue contra todas estas propuestas de los arminianos que el Sínodo de Dordrecht, o de Dort (1618-19) afirmó los cinco puntos principales del calvinismo estricto: la →depravación total de la humanidad, la elección incondicional, la →expiación limitada por parte de Cristo, la gracia irresistible, y la perseverancia de los fieles.

Las teorías de Arminio fueron adoptadas por varios teólogos de tradición reformada que no estaban dispuestos a llevar su calvinismo a las consecuencias a donde Dordrecht las había llevado. El más conocido entre ellos fue Juan Wesley (1703-91). Entre los bautistas ingleses, quienes aceptaron el arminianismo recibieron el nombre de "bautistas generales", por cuanto insistían en que Cristo murió por todos, mientras que quienes enseñaban la expiación limitada fueron llamados "bautistas particulares".

Arrepentimiento. El hecho de reconocer, rechazar y odiar el pecado propio. En el sentido estricto, el arrepentimiento requiere la →contrición, aunque algunos teólogos han afirmado que basta con la →atrición. El término griego en el Nuevo Testamento que por lo general se traduce como "arrepentimiento" en realidad quiere decir abandonar el pecado, volverse en otra dirección, y por tanto puede traducirse también como "conversión". Puesto que la Vulgata lo traducía como *poenitentia*, estos textos se utilizaron para explicar el sacramento de la →penitencia, con su énfasis sobre el arrepentimiento y sobre la pena que sigue al pecado y su →confesión.

Arrianismo. La doctrina de Arrio, que llevó a la primera gran controversia teológica después de terminadas las persecuciones, y fue rechazada primero en el Concilio de Nicea (325), y luego en el de Constantinopla (381). Arrio era un presbítero de la iglesia de Alejandría quien chocó con su obispo, Alejandro, sobre el modo en que ha de entenderse la divinidad de Cristo. Mientras Arrio estaba dispuesto a afirmar que el Salvador es divino, insistía en que no lo es por naturaleza, sino por adopción. El Verbo de Dios que se encarnó en Jesús no existía desde toda la eternidad con Dios, sino que es una criatura. Es ciertamente la primera de todas las criaturas, existente antes de la encarnación, y a través de quien Dios hizo el resto de la creación; pero con todo y ello sigue siendo criatura. Tal opinión confligía con las enseñanzas de Alejandro, quien insistía en la divinidad completa y eterna del Hijo.

El debate se volvió virulento. Arrio era un predicador popular y pronto hubo en las calles multitudes cantando lemas tales como "hubo cuando no lo hubo" (refiriéndose al Hijo).

Por otra parte, Alejandro empleó su autoridad episcopal para disciplinar y para silenciar a Arrio, y a la postre tanto Arrio como sus doctrinas fueron rechazados por un sínodo de los obispos de Egipto.

Arrio apeló a un círculo de amigos a quienes llamaba sus "compañeros lucianistas", porque todos habían estudiado bajo el famoso teólogo Luciano de Antioquía. Partió entonces de Alejandría y se refugió con el más influyente de sus amigos lucianistas, Eusebio de Nicomedia. Esto amplió la controversia, y por fin el emperador Constantino decidió que era tiempo de convocar a un gran concilio de todos los obispos de toda la iglesia, que se reuniría en Nicea en el año 325. Tras amplio debate, este concilio produjo un credo que dejaba bien claro que el arrianismo no era aceptable, pues se refería al Hijo como "unigénito, es decir, de la sustancia del Padre, Dios de Dios, luz de luz, Dios verdadero de Dios verdadero, engendrado no hecho, de una sustancia [→*homousios*] con el Padre ..." A esto el concilio le añadió una serie de →anatemas contra Arrio y sus enseñanzas: "Empero a quienes dicen que hubo cuando no lo hubo, y que antes de nacer no existía, o que ha sido creado de la nada, o afirman que el Hijo de Dios es de una →hipostasis o →sustancia diferente, o es creado, o está sujeto a alteración o cambio, a todos ellos la iglesia católica anatematiza".

Empero esto no le puso fin a la controversia. Muchos sentían la preocupación de que las decisiones tomadas en Nicea tendían a borrar la distinción entre el Padre y el Hijo. Eusebio de Nicomedia y varios de sus colegas comenzaron a usar su influencia, y cinco años después del Concilio de Nicea existía una reacción fuerte contra él. Varios de los obispos que habían participado activamente en aquellas discusiones fueron depuestos. Otros comenzaron a buscar fórmulas que no pareciesen tan extremas como las de Nicea. Después de la muerte de Alejandro de Alejandría, su sucesor, Atanasio (c.295-373), vino a ser el campeón de la ortodoxia nicena, y por esta razón tuvo que sufrir repetidos exilios.

Según la controversia se desarrolló, el término *homousios* ("de la misma sustancia" que el Padre) vino a ser la marca distintiva de los defensores de Nicea. Pero pronto surgieron otras alternativas. Una de ellas, que resultaba de gran atractivo para los obispos moderados, sería el término →*homoiusios* (término que mediante la inclusión de una *i* significaba que el Hijo era "de *semejante* sustancia" al Padre). Mientras que quienes sugerían tal solución no eran verdaderamente arrianos, sino sencillamente personas que querían asegurarse que la distinción entre el Padre y el Hijo se conservara, los más firmes defensores de lo decidido en Nicea les consideraban casi arrianos, por lo que se les dio el nombre inexacto de "semiarrianos". Los verdaderos arrianos, quienes insistían en que el Hijo es una criatura, y no ha de considerársele plenamente divino, recibieron el nombre de →anomoeanos, puesto que insistían en que el Hijo era *anomoios*, es decir, diferente, del Padre. Había entonces quienes evitaban tomar partido declarando que el Hijo era "semejante"—*homoios*, por lo que se les denominó "homoeanos"—al Padre, sin aclarar el carácter de esa semejanza.

En el curso de la controversia, primero Atanasio y luego los "grandes capadocios"—Basilio de Cesarea, Gregorio de Nazianzo, y Gregorio de Nisa—aclararon el sentido de varios términos, y así alcanzaron el apoyo de la inmensa mayoría de los dirigentes de la iglesia. Por ello, en el Concilio de Constantinopla, en el 381, las decisiones de Nicea fueron reafirmadas. El credo que resultó de todas estas controversias—que comúnmente se conoce como el Credo Niceno, aunque en realidad no corresponde exactamente al credo promulgado en aquel concilio—vino a ser el credo más cómunmente usado en toda la iglesia.

Aunque con esto terminó la controversia arriana, el arrianismo no desapareció. Durante el período en que fue fuerte, algunos misioneros arrianos habían ido a las tribus germánicas allende las fronteras del Imperio. Cuando más tarde esas tribus invadieron el Imperio, ya eran cristianas, pero de confesión arriana. El resultado fue que en el Occidente, donde el arrianismo nunca fue fuerte, ahora reapareció gracias a las conquistas de esos pueblos germánicos—particularmente los vándalos en el norte de África y los godos en Italia y en España. A la postre, sin embargo, el arrianismo desapareció también en el Occidente.

Ascensión. La acción final de Jesús sobre la tierra, mediante la cual ascendió al cielo, y a partir de la cual, según varios credos afirman, está sentado a la diestra de Dios Padre todopoderoso. La doctrina de la ascensión frecuentemente ha recibido escasa atención por parte de los teólogos cristianos, para quienes no parece ser más que el modo en que Jesús abandona la tierra. Empero el *Catecismo de Heidelberg* (1562) señala tres puntos cruciales que marcan la importancia de esta doctrina: primero, es el Cristo después de la ascensión quien es nuestro abogado ante el trono de Dios. En segundo lugar, gracias a su ascensión y al hecho de que está sentado en el cielo, Dios ha tomado consigo a la humanidad llevándola al cielo, desde donde la atrae, como cabeza que es del cuerpo de la nueva creación. En tercer lugar, es Cristo desde el cielo quien envía al Espíritu Santo, de modo que el Espíritu está ahora presente entre nosotros como no era posible antes de la ascensión.

De estos tres puntos, el segundo es el que por lo general ha despertado menos atención, pero en cierto modo es el de mayores consecuencias. En él se escuchan ecos de la aseveración de Ireneo, que "Dios se ha hecho humano para que los humanos podamos ser hechos como Dios", y de opiniones semejantes en Atanasio, Ambrosio y otros. (→Teopoiesis).

Ascetismo. Disciplina de renunciamiento en pro de un discipulado más fiel, relacionada frecuentemente con la imitación de Cristo como norma para la vida. En sus mejores expresiones, incluye también la práctica del amor cristiano—y es por esta razón que varios de los pioneros de la vida ascética llegaron a la conclusión de que el verdadero discipulado no se puede practicar en completa soledad, lo cual le dio inicio al monaquismo comunitario o cenobítico. Durante la Edad Media, la vida ascética se identificó con la monástica como camino de →perfección cristiana que no se requería de todos los creyentes.

Tras la Reforma, varios grupos—particularmente dentro del movimiento de →santidad—han intentado restaurar la práctica ascética como responsabilidad común de todos los creyentes. En muchos casos, empero, el ascetismo ha reflejado una actitud negativa hacia el cuerpo como malo, o al menos como inclinado hacia el mal, y por lo tanto ha llevado a prácticas de autocastigo o de "mortificación" del cuerpo mediante el ayuno extremo, posiciones incómodas, los azotes, etc.

Aseidad. Del latín *aseitas,* la característica de un ser que existe en y por sí mismo, sin derivar su existencia ni depender de otro ser alguno. Este término fue usado frecuentemente en la filosofía y teología medievales para referirse a la primacía absoluta de Dios por sobre todos los seres. Un término semejante, aunque con connotaciones ligeramente distintas, es *perseidad,* que se refiere a la característica de un ser de existir por sí solo. Ambos términos se han usado frecuentemente en el contexto de los argumentos tradicionales para probar la existencia de Dios. (→Cosmológico, argumento; →Ontológico, argumento).

Aspersión. Acción de rociar. Se usa a veces como método para el →bautismo, cuando sencillamente se rocía agua sobre la cabeza. Tradicionalmente, casi todas las iglesias han criticado tal práctica, y han preferido o bien la →infusión o bien la →inmersión.

La aspersión sí se practica tradicionalmente en relación a la renovación de los votos bautismales, que tiene lugar en la víspera de resurrección, cuando se rocía agua sobre la congregación para recordarle de su propio bautismo.

Asunción. Normalmente se refiere a la asunción corporal de María al cielo, al fin de su vida terrena, lo cual es dogma de la Iglesia Católica Romana proclamado por Pío XII en el 1950—pero por largo tiempo sostenido por muchos teólogos y creyentes católicos. Se usa el término "asunción" (en contraste con "→ascensión") para señalar que, mientras Jesús ascendió al cielo por su propia autoridad y acción, María fue asumida al cielo por el poder de Dios. Fue principalmente en el siglo quinto y a partir de entonces que circuló generalmente la tradición según la cual hacia el fin de la vida de María, los apóstoles fueron milagrosamente transportados a Jerusalén por ángeles, y al colocar el cuerpo de la madre de Jesús en su tumba, este fue llevado al cielo. A partir de entonces, esta tradición fue haciéndose cada vez más popular. A principios del siglo octavo, ya era tradición oficial de la Iglesia Bizantina, la cual celebraba la asunción de María el 15 de agosto. En el Occidente, aunque no era todavía dogma oficial de la iglesia, fue generalmente aceptado durante la Edad Media. Luego, la importancia de la proclamación por parte de Pío XII es que lo que hasta entonces fue considerado "probable", pero no artículo de fe, ahora se volvió dogma, y quien lo rechace será por tanto considerado hereje por parte del catolicismo romano. En cierto modo, el dogma de la asunción de María es corolario del dogma de su inmaculada →concepción, puesto que si la muerte es consecuencia del pecado, tal pena no debe aplicársele a María, quien según el dogma de la inmaculada concepción fue concebida sin pecado.

Atributos de Dios. Aquellas características o cualidades que se le pueden atribuir a Dios. Tradicionalmente, las discusiones en cuanto a cómo es posible hablar acerca de Dios—es decir, cómo podemos conocer y hablar acerca de sus atributos—han seguido uno de tres caminos: la *via eminentiae*, la *via analogiae*, la *via negativa*.

La *via eminentiae* se basa sobre la presuposición de que todo cuanto hay de bueno en el mundo se origina en Dios—es decir, que todo lo bueno es vestigio del Creador visible en la criatura. Sobre esta base, se puede afirmar que Dios posee todo el bien en el grado sumo—es decir, eminentemente. Luego, si es bueno conocer, y mientras más conocemos mejor, entonces Dios ha de conocer y saberlo todo—Dios ha de ser →omnisciente.

De igual modo, si es bueno tener poder (siempre que se use correctamente), entonces Dios tiene todo poder—es →omnipotente. Si estar presente en algún lugar es mejor que estar ausente, entonces Dios está presente en todo lugar—es →omnipresente.

La *via negativa* se ha entendido de dos maneras diferentes. En el sentido estricto, quiere decir que es imposible atribuirle a Dios cualquier atributo humano o de criatura alguna—que todo cuanto podemos decir es "Dios no es como ..." Llevado a sus últimas consecuencias esto implica que es imposible hablar acerca de Dios. Todo cuando podemos hacer ante la divina presencia es quedar sobrecogidos en silencio. Tal ha sido la opinión de muchos místicos inspirados por el falso Dionisio el Areopagita.

En un sentido menos estricto, sin embargo, la *via negativa* es sencillamente la contraparte de la *via eminentiae*. Si es posible aplicarle a Dios en grado sumo todos los atributos positivos, también es necesario negarle todos los atributos negativos o limitaciones. Surge entonces toda una serie de atributos de carácter negativo: Dios es infinito, pues no tiene fin; es →impasible, pues no es capaz de sufrir la acción de un agente externo, excepto si Dios mismo así lo determina; Dios es inmutable, puesto que no está sujeto a cambio o variación alguna; Dios es simple, puesto que no puede dividírsele ni hay en Dios contradicción interna. Siguiendo el mismo razonamiento, se argumenta también que puesto que existir gracias a otro es una imperfección, Dios existe en y por sí mismo (→Aseidad).

Por otra parte, algunos han señalado que la mente humana no tiene una idea muy clara de lo que significa el prefijo "omni"—como en "omnipotente" u "omnisciente". Lo mismo se puede decir respecto a los atributos negativos, puesto que en realidad no podemos concebir ni entender la infinitud ni la inmutabilidad absoluta. Esto lleva entonces a la *via analogiae* (→Analogía), que afirma que la relación entre el Creador y las criaturas es tal que existe entre los dos un vínculo, una analogía del ser—*analogia entis*. Cuando hablamos analógicamente, lo que queremos decir es que una cosa es "como" otra, lo cual a su vez implica que son diferentes. Luego, el camino de la analogía les permite a los creyentes hablar acerca de Dios usando lenguaje e imágenes puramente humanas (→Antropomorfismo), y al mismo tiempo declarar que ese lenguaje, con todo y ser apropiado, tiene sus limitaciones. Esto es lo que nos permite decir, por ejemplo, que Dios ama, es justo, fiel, etc. Podría argüirse además que, en última instancia, todo discurso acerca de Dios es analógico, puesto que los atributos a los que llegamos mediante la *via eminentiae*, así como aquellos que provienen de la *via negativa*, en realidad son casos de analogía.

Atrición. El arrepentimiento por el pecado que surge, no de la verdadera →contrición, es decir, de dolerse por el pecado mismo, sino más bien del temor al castigo. Durante la Edad Media hubo amplios debates entre los teólogos acerca de si el arrepentimiento que no pasa de la mera atrición basta para alcanzar el perdón, o si la verdadera contrición es necesaria. En tiempos más recientes, muchos han llegado a la conclusión que la atrición puede llevar a la contrición, y que en todo caso las dos están comúnmente presentes y tan entremezcladas que no se les puede distinguir.

Autonomía. Aparte su uso en la política, este término se utiliza más corrientemente en el discurso moral, donde se refiere a la capacidad de actuar según la propia voluntad e integridad personal, sin dejarse llevar por estímulos accidentales o por fuerzas o regulaciones externas (→heteronomía). En la obra de Kant (1724-1804), y después de él en buena parte del discurso moral, no se refiere a la libertad absoluta para hacer lo que uno guste—lo cual es en realidad una forma velada de esclavitud dominada por los estímulos, deseos, y otros factores semejantes—sino más bien a la capacidad de seguir reglas de conducta universalmente válidas, y de hacerlo por razón de la propia voluntad, y no por coacción o por temor a las consecuencias.

Averroísmo. El título que se le da a la posición de quienes, especialmente en el siglo trece, llevaban su →aristotelismo mucho más allá de la posición moderada de Tomás de Aquino (→Tomismo), y fueron por tanto acusados de negar varios puntos de la fe cristiana. Se les dio el nombre de "averroístas" porque muchos de sus críticos—incluso Santo Tomás—decían que no eran verdaderamente seguidores de Aristóteles, sino de su comentarista musulmán Averroes.

Fue principalmente en la Facultad de Artes de la Universidad de París que este "averroísmo latino" floreció. Allí, maestros tales como Sigerio de Brabante (c.1230-c.1282) y Boecio de Dacia insistían en la independencia de la filosofía, que debía considerarse libre de seguir su propio curso aun cuando esto la llevase a conclusiones que contradijesen las verdades filosóficas. También se les acusó de sostener una teoría de la "doble verdad", según la cual lo que es cierto en el campo de la filosofía puede ser falso en la teología. Al parecer, tales acusaciones resultaban de una lectura demasiado simplista de sus posturas, puesto que los averroístas no pretendían que hubiese dos verdades contradictorias, sino sencillamente que la filosofía debía seguir su propio método, aun cuando a la postre algunas de sus conclusiones tuviesen que ser corregidas por la teología. En todo caso, tal posición parecería implicar que al menos algunas de las enseñanzas de la teología se oponen a la razón, y esto bastó para que el averroísmo fuese repetidamente refutado y hasta suprimido por las autoridades eclesiásticas y académicas.

Los puntos específicos de conflicto entre los averroístas y los teólogos, aparte de la cuestión fundamental de la libertad de la filosofía, eran varios. En primer lugar, los averroístas sostenían que la →razón filosófica lleva a la consecuencia de la eternidad del mundo, o al menos de la materia—lo cual se opone a la doctrina de la →creación *ex nihilo*, es decir, de la nada. Sostenían además que el movimiento de los astros se refleja en el movimiento de los acontecimientos sobre la tierra, y en base a esto proponían una visión cíclica de la historia. Por último, el punto que más oposición despertó fue su teoría de la "unidad del intelecto agente", lo cual quiere decir que el →alma racional de todos los seres racionales es una sola, y que por lo tanto no hay vida individual tras la muerte.

Aunque el averroísmo fue repetidamente condenado por obispos, sínodos y profesores universitarios, continuó existiendo en París al menos hasta el siglo catorce. Para esa fecha había surgido en Italia un averroísmo más extremo, que floreció particularmente en Padua. Para el siglo dieciséis, muchos de estos averroístas italianos estaban listos a rechazar toda la doctrina cristiana en pro de sus posturas filosóficas.

Axiología. La disciplina que estudia la naturaleza de los valores. En contraste con la →ética, la axiología se ocupa, no sólo de los valores morales, sino también de los estéticos y prácticos. Normalmente no se ocupa tampoco de valores específicos, sino más bien de la cuestión de los valores en general—su formación, explicación e interrelación. A veces se utiliza el término para referirse a un sistema de valores, como cuando se habla por ejemplo de la axiología de alguna persona.

B

Barthianismo. →Neoortodoxia.

Bautismo. El rito tradicional de iniciación al cristianismo. Su nombre se deriva de un verbo griego que significa bañar, sumergir, y a veces sobrecoger, como en el caso de una inundación. Dada la función purificadora del agua, no ha de sorprendernos el que diversas religiones practiquen ritos de de purificación en los que se emplea el agua. En el siglo primero, una de las ceremonias en la admisión de los gentiles al judaísmo era el "bautismo de prosélitos", el cual marcaba la purificación del converso de toda su inmundicia previa. Luego, cuando Juan el Bautista urge a los judíos a bautizarse está implicando que su pecado es tal que han quedado inmundos, y por tanto deben pasar ahora por un arrenpentimiento y purificación semejantes a los que se requerían de los conversos gentiles.

En el Nuevo Testamento resulta claro que la iglesia practicó el bautismo desde sus mismos inicios—según Hechos, inmediatamente después del Pentecostés. Se le menciona, discute o alude en casi todos los libros del Nuevo Testamento—aunque se dice poco acerca de cómo ha de administrarse, y unas veces parece ser "en el nombre de Jesús" mientras otras se practica "en el nombre del Padre, del Hijo y del Espíritu Santo".

La más temprana discusión acerca del bautismo fuera del Nuevo Testamento aparece en la Didajé, donde se indica que el bautismo ha de tener lugar en "agua viva"—es decir, agua corriente—al mismo tiempo que se provee para el caso en que no haya agua corriente. En ese caso se puede bautizar a la persona en agua estancada. Y cuando no hay tal posibilidad, también se le puede bautizar vertiéndole agua sobre la cabeza tres veces en el nombre del Padre, del Hijo y del Espíritu Santo. (→Inmersión; →Aspersión; →Infusión)

A partir de entonces, las referencias al bautismo y las instrucciones acerca de cómo administrarlo se vuelven frecuentes. Tal es el caso de los escritos de Tertuliano (c.155-c.220) e Hipólito (c.170-c.235), gracias a los cuales es posible describir el rito del bautismo tal como se practicaba en el siglo segundo, y posiblemente un poco antes. En esa fecha, se acostumbraba que los bautismos tuviesen lugar en la víspera del domingo de resurrección. Se bautizaba a los catecúmenos (→Catecismo) desnudos, los hombres separados de las mujeres. Al parecer las personas que se iban a bautizar se arrodillaban en el agua, y entonces se les vertía agua sobre la cabeza tres veces. Según el testimonio de Hipólito, en esa fecha se bautizaba también a los hijos de los creyentes. Normalmente el bautismo incluía también un rito de renuncia "al diablo y todas sus obras", una declaración de fe (en la cual se halla el origen de lo que ahora llamamos el Credo de los Apóstoles; →credos), ser vestido de vestiduras blancas, ungido con aceite y luego unirse al resto de la congregación para recibir la comunión por primera vez. En esa primera comunión se les daba también agua de beber, como señal de lavacro interno, y otro cáliz con leche y miel, como señal de su herencia en la tierra prometida.

El significado del bautismo es múltiple, lo cual se simboliza en las varias formas que toman los bautisterios y las pilas bautismales. Frecuentemente se le entiende como una acción de dar testimonio de la fe del nuevo creyente, y también como una acción o símbolo de limpieza. En tal caso la forma del bautisterio no tiene gran importancia. También el bautismo se relaciona con la muerte y nueva vida del creyente en Cristo, lo cual se simboliza en fuentes bautismales en forma de sarcófago o de cruz. El bautismo como señal de la nueva creación se simboliza frecuentemente mediante una fuente octagonal, lo cual señala al día de la resurrección como el primer día de la nueva creación, tras los siete de la vieja. Por otra parte, una fuente o bautisterio en forma circular o de pera simboliza la matriz, y el bautismo como nuevo nacimiento. Por último, un modo bastante común de entender el bautismo, pero difícil de simbolizar en la forma de la fuente, es el bautismo como la acción de injertar a la persona en la vid verdadera, Jesús, haciéndole miembro de su cuerpo, la iglesia.

La práctica del bautismo ha evolucionado a través de los siglos. En algunas ocasiones la idea de que el bautismo lava todos los pecados anteriores, pero tiene poco que ver con la vida después de recibirlo, llevó a algunas personas a posponerlo tanto como fuera posible, de modo de haber cometido la mayoría de sus pecados antes de ser bautizadas. Esto llegó a tal punto que había quien esperaba a recibir el bautismo en su lecho de muerte. Cuando el Imperio Romano se hizo cristiano, se hizo costumbre bautizar poco después de nacida a toda persona nacida dentro del Imperio—con la excepción de los niños judíos—con lo cual se indicaba que la iglesia se había vuelto prácticamente coextensiva con la sociedad en general. La inmersión, o al menos el entrar al agua y arrodillarse, siguió siendo la forma más común del bautismo hasta que la conversión de gran número de personas de los climas frígidos del norte llevó a la práctica de verter agua sobre la cabeza. Al menos hasta el siglo once la iglesia en Roma continuó la práctica de bautizar a todos, incluso los niños, mediante la inmersión. Tal es la práctica de las iglesias ortodoxas hasta el día de hoy. La mayoría de las iglesias protestantes— →luteranas, →reformadas, y →anglicanas—cambiaron poco en los ritos bautismales, con la excepción de practicarlos en el lenguaje vernáculo. Lutero sí subrayó el hecho de que el bautismo no es válido solamente al inicio de la vida cristiana, sino a través de toda ella – así como un injerto sigue siendo válido por largo tiempo después de su inicio.

Aunque otros habían cuestionado la práctica de bautizar niños, fue durante la época de la Reforma que tal cuestión llevó a divisiones permanentes dentro de la iglesia cristiana. Los →anabaptistas sostenían que el bautismo requiere fe por parte de quien lo recibe, que por tal razón solamente los creyentes han de recibirlo, y que por ello quienes fueron bautizados en su infancia han de ser bautizados de nuevo. Este principio del bautismo de los creyentes se ha difundido desde entonces, no sólo entre los primeros grupos anabaptistas tales como los →menonitas, sino también como doctrina fundamental de las muchas iglesias bautistas, de los Discípulos de Cristo, de algunos grupos pentecostales y otros.

Dos hechos recientes respecto a la práctica del bautismo merecen mención. En primer lugar, dado el contexto "postconstantiniano" en el que viven la mayoría de las antiguas iglesias de Europa y América, así como los contextos misioneros en los cuales la iglesia está creciendo a un ritmo nunca antes visto, el bautismo de adultos se ha vuelto más común, no sólo en aquellas denominaciones que siempre han practicado únicamente el bautismo de creyentes, sino a través de toda la iglesia. Teológicamente, esto se relaciona con la creciente conciencia de que hay una diferencia entre la iglesia y la sociedad en que vive, y la consiguiente negativa a bautizar a los hijos de padres quienes no son partícipes activos en la vida de la iglesia. Resultado de esto ha sido un énfasis creciente en la preparación de adultos para el bautismo, incluso en aquellas iglesias que practican el bautismo de párvulos.

Otra serie de cambios en las prácticas bautismales se relaciona con intentos de restaurar el bautismo tal como se practicaba en tiempos preconstantinianos, viendo en algunas de esas prácticas paradigmas que pueden ser valiosos en tiempos postconstantinianos. Esto ha llevado a la revisión de muchos ritos bautismales, y a la restauración de varias prácticas antiguas que habían caído en desuso, tales como los renunciamientos antes del bautismo, la renovación anual de los votos bautismales, y otras.

Beatificación. La acción de declarar "beato" o bienaventurado a un creyente difunto, y por lo tanto digno de veneración. Aunque no se le usa comúnmente, el título que se les da a tales personas beatificadas es el de "venerable", como en el caso del venerable Juan Duns Escoto y el venerable Beda. El título de "venerable" resulta entonces inferior al de "santo". Desde el año 1634, por acción de Urbano VIII, el proceso de la beatificación sigue ciertas reglas establecidas en Roma, y se ha vuelto un paso en el proceso de la →canonización de los santos.

Biblicismo. Término que por lo general tiene connotaciones despectivas, y se le aplica a quienes insisten en la →inerrancia de las Escrituras, rechazando las conclusiones de la crítica histórica y literaria. Frecuentemente se les aplica tal término a quienes sostienen que la suya es la única interpretación correcta de las Escrituras.

Blasfemia. Cualquier palabra, gesto, acción o pensamiento que tenga el propósito de ofender a Dios—o en algunos casos, a la religión o a la iglesia. En el Antiguo Testamento, se le castiga mediante la muerte. A Jesús se le acusó de blasfemia por hablar contra el templo—y lo mismo aconteció con Esteban. Durante la Edad Media, se le castigó severamente, a menudo con pena de muerte. Tras la Reforma, la blasfemia continuó siendo considerada un crimen, no sólo en los países tradicionalmente católico-romanos, sino también en otras tierras donde el protestantismo era oficial, tales como Inglaterra y Escocia. Según fueron delineándose los límites de separación entre la iglesia y el estado, la blasfemia fue perdiendo su carácter de acción criminal en muchos países cristianos—aunque todavía no en todos. En varias denominaciones se le castiga mediante la →excomunión o algún otro modo de apartar a la persona blasfema de la comunidad de los creyentes.

C

Cábala. Término derivado del hebreo que significa "tradición." Originalmente se refería a toda la tradición hebrea más allá de la Ley, tanto escrita como oral. A la postre, especialmente después del siglo doce, vino a referirse específicamente a cierto método de interpretación bíblica que descubre sentidos secretos en los textos, frecuentemente mediante la numerología y la interpretación mística y →alegórica. Diciendo ser una tradición secreta que se remonta a los tiempos de Moisés, gozó de amplia popularidad dentro del judaísmo medieval y del Renacimiento. Algunos cristianos fueron profundamente impactados por ella, y llegaron a emplear los métodos hermenéuticos de la Cábala como medios para encontrar en las Escrituras Hebreas ciertas doctrinas cristianas tradicionales, tales como la Trinidad y la encarnación.

Caída. Lo que se narra en el capítulo tres de Génesis, y se emplea tradicionalmente en la teología cristiana como explicación—ya sea literal, ya metafórica—de la distancia innegable entre la voluntad de Dios para la →creación y para la humanidad, y la presente condición de ambas. En este sentido, no cabe duda de que la nuestra es una creación "caída", en la que dominan la violencia y la muerte, y en la que por lo tanto las cosas no son como Dios lo desea.
Hasta aquí, existe un consenso general entre los teólogos cristianos. Donde hay frecuentes desacuerdos es en lo que se refiere al carácter de la caída. En primer lugar, hay quienes insisten en una caída literal, afirmando que existió un tiempo "antes de la caída", cuando la creación era todo lo que Dios se proponía, mientras otros afirman que la caída, así como toda la narración acerca del Edén original, es una metáfora valiosa para referirse a las verdades paradójicas de que este mundo es la buena creación de Dios, y sin embargo no es todo lo que Dios se propone. Hay además desacuerdos en cuanto a cómo se manifiestan las consecuencias de la caída en los seres humanos (→Pecado original), en cuanto a qué es lo que se perdió en la caída (→*Donum superadditum*) y en cuanto a la presente necesidad humana como resultado de la caída (→Enajenamiento; →Antropología; →Expiación, →Existencia; →Existencialismo; →Recapitulación; →Redención).

Caídos, restauración de los. El proceso de devolver los caídos a la plena comunión de la iglesia, particularmente permitiéndoles participar una vez más de la →Eucaristía. Desde sus inicios, la iglesia cristiana tuvo que enfrentarse al hecho innegable de que los cristianos bautizados continúan pecando. A mediados del siglo segundo, esa realidad gravitaba sobre la conciencia de Hermas, quien se arrepentía de haber codiciado a una mujer, y se mostraba preocupado por otros miembros de la iglesia en Roma que habían pecado. Llegó a la conclusión de que, después del →bautismo, hay una oportunidad más para que el creyente se arrepienta y sea restaurado. Esto se hacía entonces mediante un acto formal de confesión pública, de arrepentimiento y de restauración. Tras esa segunda oportunidad, según Hermas creía, la única esperanza que le quedaba al creyente que pecaba de nuevo era que Dios le escogiese para la gloria del →martirio. Naturalmente, todo esto se refería únicamente a los pecados particularmente serios, puesto que los pecados cotidianos de los creyentes se confesaban regularmente en la adoración pública, donde se les declaraba perdonados (→Confesión).

Una preocupación de mayor importancia para los primeros cristianos era la de la restauración de quienes habían caído en uno de los tres pecados principales, el homicidio, la fornicación y la apostasía. La cuestión del perdón de los fornicarios se volvió eje del debate en el siglo trece entre Calixto (murió c.223), el Obispo de Roma, e Hipólito (c.170-c.235), uno de los más distinguidos teólogos de su tiempo. Este último era riguroso en cuestiones de moral, y se escandalizó al enterarse de que Calixto estaba readmitiendo a la comunión de la iglesia, tras pasar por un proceso de arrepentimiento, confesión y penitencia, a algunos cristianos que habían cometido adulterio. Calixto e Hipólito chocaron, y a la postre la posición de Calixto prevaleció, con lo cual quedó reafirmado que quienes se hacían culpables de fornicación no se encontraban por ello allende el alcance de la gracia y la restauración.

Apenas se había resuelto la cuestión de la restauración de los adúlteros, cuando se planteó la cuestión de la restauración de quienes habían caído en apostasía al negar su fe en tiempos de persecución. Surgió entonces un debate en Roma en el que Novaciano tomó el partido rigorista, mientras el obispo Cornelio (murió 253) insistía en que la iglesia tiene que estar dispuesta a perdonar a los pecadores. En Cartago surgió un debate semejante entre el obispo Cipriano (c.210-58) y algunos de los "confesores"—personas que habían confesado su fe y permanecido firmes en tiempos de persecución a pesar de las cárceles y torturas. En el caso de este debate en Cartago, ambos bandos concordaban en que los caídos podían ser restaurados tras mostrar arrepentimiento y hacer penitencia; pero Cipriano insistía en que esto debía ser hecho mediante la autoridad eclesiástica establecida, mientras los confesores declaraban que sus propios sufrimientos y su firmeza les habían ganado el derecho de declarar la restauración de los caídos. Aunque a la postre Cipriano ganó esta batalla, esto no puso fin a las controversias acerca de la restauración de quienes habían caído durante tiempos de persecución. No fue sino en el Concilio de Nicea (325), ya pasadas las persecuciones, que la iglesia en general comenzó a establecer reglas uniformes para la restauración de los caídos.

Todos estos debates en torno a la restauración de los caídos, y el acuerdo final de establecer normas para ella, pueden verse como paso decisivo en el desarrollo del sistema penitencial de la iglesia medieval (→penitencia), puesto que la pregunta de qué hacer con los pecados cometidos tras el bautismo siempre ha sido difícil cuestión teológica y pastoral.

Calvinismo. La tradición teológica que surge de Juan Calvino (1509-64). Como protestante que era, Calvino concordaba con todos los principios fundamentales del protestantismo, tales como la →justificación por la fe, la autoridad de las Escrituras, el sacerdocio universal de los creyentes, la santidad de la vida común (es decir, no monástica), etc. Siempre se consideró fiel exponente de las enseñanzas de Lutero, quien a su vez se refirió favorablemente a la obra teológica del joven Calvino.

Había, sin embargo, ciertas diferencias entre Calvino y Lutero, y éstas a la postre le dieron origen a la tradición calvinista o →reformada. Una de esas diferencias puede verse en el énfasis de Calvino sobre el proceso de santificación como parte de la vida cristiana y meta de la salvación—en contraste con Lutero, quien temía que hablar demasiado de la santificación pudiera llevar de nuevo a la justificación mediante las obras. Además, Calvino insistía más que Lutero sobre el valor de la Ley como guía para el cristiano aún tras haber recibido el Evangelio, y no sólo como un medio para mostrarnos nuestra pecaminosidad. La Ley, que ciertamente condena al pecador, también le dirige hacia una vida más santa. En tercer lugar, Calvino se inclinaba mucho más que Lutero a esperar y requerir de los magistrados y del gobierno en general que se ajustasen a la Ley de Dios—lo cual es una de las razones por las que la revolución de tipo religioso ha sido mucho más común en tierras calvinistas que en las luteranas. Por último, había diferencias entre Calvino y Lutero acerca de la presencia de Cristo en la →Eucaristía. Mientras ambos creían que Cristo está verdaderamente presente en el sacramento, Lutero insistía en la presencia física del cuerpo y sangre de Cristo en los elementos, y Calvino declaraba que la presencia de Cristo, aunque real, es espiritual, y que lo que sucede en la comunión es que, en virtud del poder del Espíritu Santo, somos llevados a la presencia de Cristo en el cielo, en lugar de que el cuerpo de Cristo descienda al altar (→Virtualismo).

Estas eran las principales diferencias entre el luteranismo y el calvinismo durante el siglo dieciséis—diferencias que llevaron a algunos de los teólogos luteranos más estrictos de la segunda y tercera generación a atacar a Calvino y sus enseñanzas.

Empero en el siglo diecisiete tuvieron lugar otros acontecimientos que cambiaron el sentido del término "calvinismo". Tanto en Holanda como en Gran Bretaña, surgieron diferencias entre los calvinistas acerca de la →predestinación y toda una serie de temas relacionados con ella. En Gran Bretaña, la *Confesión de Westminster*, y en Holanda los Cánones del Sínodo de Dordrecht (1618-19), dictaminados contra Arminio y sus seguidores (→Arminianismo) vinieron ahora a definir el calvinismo ortodoxo mucho más estrictamente de lo que el propio Calvino lo había hecho, y con mayor énfasis en la doctrina de la predestinación y sus consecuencias últimas. A partir de entonces, el término "calvinismo" se ha reservado para una posición que no solamente concuerda con los puntos en que Calvino difería de Lutero, sino también con el calvinismo ortodoxo del siglo diecisiete.

Los énfasis principales del calvinismo ortodoxo pueden resumirse mediante los cinco cánones doctrinales de Dordrecht: (1) la →depravación total de toda la humanidad, de tal modo que como resultado de la →caída no hay nada bueno en nosotros que nos permita volvernos hacia Dios; (2) la elección incondicional, de tal modo que Dios predestina a unos a la salvación y otros a la perdición, no en base a lo que hayan hecho o creído, ni tampoco porque Dios sepa lo que van a hacer o creer, sino sencillamente mediante un decreto soberano; (3) una →expiación u →obra de Cristo cuya eficacia se limita a los elegidos; (4) la imposibilidad de resistir a la →gracia, que les es dada a los elegidos sin que puedan resistirla; (5) la →perseverancia de los santos, quienes, porque están predestinados a la salvación, no pueden a la postre perderse.

En tiempos más recientes ha habido ciertas corrientes dentro de la tradición reformada que, tomando conciencia de las diferencias entre Calvino mismo y el calvinismo estrictamente ortodoxo, buscan volver a Calvino, y hacer una nueva lectura de su teología que no esté encadenada por los acontecimientos y controversias del siglo diecisiete.

Canon. Término griego que originalmente quiere decir "regla" o "medida". Se le usa en contextos teológicos con diversos sentidos. El "canon de la Escritura" es la lista de libros que se consideran parte de la Biblia. En temas de ley y gobierno eclesiásticos, la "ley canónica" se refiere a la ley eclesiástica, en contraste con la civil. En la liturgia católica romana, el "canon de la misa" es la oración de consagración. En las liturgias orientales, se refiere a ciertas series de himnos (normalmente nueve, en forma de acróstico) prescritos para ser cantados en la oración matutina. La lista de santos aprobados por la iglesia es el "canon de los santos" (→Canonización). Como título, un "canónico" es normalmente un miembro del capítulo de una catedral o una iglesia colegiada.

Canonización. En los estudios bíblicos, el proceso mediante el cual un libro o grupo de libros viene a ser parte del →canon. En otros contextos, la declaración de que un cristiano difunto es digno de veneración como santo.

Desde fecha muy temprana los cristianos han venerado la memoria de sus santos más distinguidos, en particular de los apóstoles y luego de los mártires. El aniversario de su muerte frecuentemente se celebraba como el día de su victoria final y, cuando era posible hacerlo, se celebraban servicios especiales en esa fecha en la tumba del difunto. Pronto algunas personas comenzaron a conservar reliquias que de algún modo se relacionaban con algún santo particular, y a colocarlas en lugares especiales en las iglesias.

Todo esto tuvo lugar espontáneamente. En algún lugar se veneraba la memoria de un santo particular, y poco a poco esa devoción se iba esparciendo por otras regiones, hasta que llegaba a ser cuestión de práctica y aceptación general.

En la iglesia occidental ya en el siglo doce los papas estaban reclamando para sí la autoridad de canonización, y declarando que no debía considerarse santo quien no tuviese el endoso apropiado por parte de la Santa Sede. Este principio a la postre vino a ser parte de la ley canónica, que ahora establece el procedimiento mediante el cual quien antes ha sido beatificado (→Beatificación) puede ser declarado santo oficial de la iglesia. Este proceso incluye elementos semejantes a los de un juicio, en el que se le encarga a un oficial de la iglesia investigar y sostener toda posible objeción a la canonización de la persona. En los círculos ortodoxos orientales, normalmente es el Santo Sínodo o algún cuerpo semejante quien hace tal determinación.

Una vez canonizada, la persona se añade a la lista de los santos oficiales de la iglesia, cuyas fiestas se celebran por toda la iglesia, y a partir de entonces es lícito nombrar iglesias en su honor.

Caridad. En textos teológicos tradicionales, el término no tiene el mismo sentido que en el uso común. No se refiere principalmente a la práctica de hacer limosnas o de ayudar a los necesitados. Se refiere más bien al amor cristiano, y proviene del latín *caritas*, la traducción más común del →*agape*. Como tal, es la mayor de las tres →virtudes teologales: fe, esperanza y amor o caridad.

Cartesianismo. El sistema filosófico de René Descartes (1596-1650), cuyo nombre latino era Cartesius. Por extensión, el cartesianismo es también el sistema de sus seguidores. Los elementos del cartesianismo que más han impactado la teología cristiana son su racionalismo y su modo de entender la relación entre el alma y el cuerpo. El racionalismo cartesiano, que comenzaba en la duda absoluta, y sólo se mostraba dispuesto a aceptar lo que la mente no pudiese concebir como falso, fue severamente criticado por las autoridades eclesiásticas, quienes lo veían como un ataque a la fe. Empero a la postre hubo muchos teólogos que valoraron los métodos de Descartes y sus pruebas de la existencia de Dios y del alma, declarando que tales pruebas eran irrefutables y que por tanto eran una gran ayuda a la iglesia.

En cuanto a la relación entre el alma y el cuerpo, Descartes nunca ofreció una solución satisfactoria. Sus seguidores ofrecieron diversas soluciones, incluso el →ocasionalismo, que hacía de Dios el puente que relaciona al alma con el cuerpo.

Casuística. En su sentido positivo, se refiere al arte y la práctica de aplicar principios generales, particularmente principios morales, a casos específicos. Esto se desarrolló durante la Edad Media según los pastores sentían la necesidad de aplicar la →penitencia de manera responsable, y por lo tanto muchos de los manuales penitenciales para los confesores eran de hecho libros de casuística. En su sentido peyorativo, actualmente más común, la casuística se refiere a la práctica de racionalizar una decisión a fin de poder seguir el curso que se desea pretendiendo que se trata de un caso particular en el cual no se han de aplicar los principios morales.

Cátaros. →Albigenses.

Catequesis. El proceso de instrucción y preparación para el →bautismo. Quienes son parte de él se llaman "catecúmenos". En la iglesia antigua, la catequesis incluía la instrucción tanto doctrinal como moral, y frecuentemente duraba hasta tres años, con énfasis al principio sobre las cuestiones morales, y mayor hincapié en la doctrina según se acercaba la fecha para el bautismo.

Cuando el Imperio Romano se declaró cristiano, y se comenzó a bautizar a la mayoría de la población durante los primeros días de su vida, la catequesis se asoció cada vez más, no ya con la preparación para el bautismo, sino con la instrucción de los niños, frecuentemente como preparación para la →confirmación. Los libros y manuales escritos con ese propósito reciben el nombre de "catecismos".

En tiempos recientes, con la descristianización del Occidente y el enorme crecimiento de las iglesias en territorios antiguamente de misiones, y con el consiguiente aumento en el número de bautismos de adultos, muchas de las antiguas prácticas catequéticas comienzan a restaurarse.

Catolicidad. Una de las →notas o señales de la iglesia, frecuentemente interpretada como sinónimo de universalidad. En tal caso, la catolicidad se refiere a la vocación de la iglesia de estar presente en todo lugar, así como su continuidad a través del tiempo. Empero la catolicidad también puede tener la connotación de una unidad que existe dentro de una diversidad de perspectivas y contribuciones. En tal caso puede contrastarse con la universalidad, que tiene connotaciones de uniformidad.

Causalidad. La relación mediante la cual un acontecimiento resulta en otro. Según Aristóteles, había cuatro formas de causalidad: causa material, causa formal, causa eficiente y causa final. Las dos primeras se refieren, una a la materia de la que las cosas están hechas, y la segunda a lo que les da forma o estructura. El latón es la causa material de una lata, y su causa formal es su forma cilíndrica, que hace del latón una lata. La tercera, la causa eficiente, es lo que hoy entendemos comúnmente por "causa": una cosa mueve a otra, o un acontecimiento lleva a otro, como cuando una bola de billar mueve la próxima, o cuando el prejuicio lleva a la guerra. En tales casos, decimos que un evento o realidad ha causado al otro. La causa teleológica o final es el propósito o meta que atrae a las cosas y acontecimientos hacia su propósito. El acontecer no tiene lugar solamente debido a que las causas eficientes, por así decir, lo "empujan", sino también porque su propósito lo "atrae".

Muchos de los argumentos tradicionales que intentan probar la existencia de Dios se fundamentan en la existencia del mundo y en sus causas. En tiempos más recientes casi todos esos argumentos se fundamentan en las causas eficientes de la realidad existente. Empero en tiempos más antiguos se apelaba con frecuencia a la causa teleológica o propósito de toda la creación. Luego, cuando se habla de Dios como la "primera causa" de todo lo que existe nos referimos a Dios como la causa eficiente o primordial; y cuando se habla de Dios como la "causa final" o "causa teleológica" nos referimos a Dios como meta a la cual toda la creación se dirige.

La idea misma de causalidad como realidad objetiva fue profundamente cuestionada en los tiempos modernos, primero por David Hume (1711-76), y luego por Emmanuel Kant (1724-1804). Como resultado de ello, los argumentos fundamentados en la causalidad son considerados convincentes sólo dentro de ciertas presuposiciones que no son indubitables.

Celibato. El estado de no ser casado, que se requiere en todas las tradiciones cristianas de los monjes y monjas, en la tradición oriental de los obispos, y en el rito romano de la Iglesia Católica Romana de todos los sacerdotes. En la Ortodoxia Oriental, se les permite a los sacerdotes casarse, pero solamente antes de la ordenación.

El llamado al celibato normalmente se ha fundamentado en cuatro consideraciones diferentes, pero frecuentemente entremezcladas. En primer lugar, siempre ha existido dentro de la iglesia cristiana una fuerte tendencia a denigrar los apetitos físicos, y particularmente los apetitos sexuales, con el corolario de que la actividad sexual contamina a quien la practica, y que tales personas contaminarían también la adoración en caso de dirigirla. En segundo lugar, frecuentemente se ha tomado en consideración la cuestión práctica de que los obreros y misioneros célibes pueden tomar riesgos que no son debidos para personas con familias, y que por lo tanto un clérigo célibe es particularmente útil en la misión de la iglesia, tal como se ha demostrado, por ejemplo, en la labor misionera de los franciscanos, dominicos y jesuitas. En tercer lugar, particularmente durante la Edad Media, existía una situación en la que la iglesia era poseedora de amplias propiedades, y si los obispos y otros dirigentes eran casados tendrían mayor interés en proveerles herencia a sus hijos que en las cuestiones de la iglesia como institución. Por último, el celibato frecuentemente se ha inspirado en la expectativa escatológica, como esfuerzo de anticipar la vida en el cielo, donde ni se casan ni se dan en matrimonio. En algunos grupos, la expectativa del retorno inminente de Jesús también ha llevado al celibato, puesto que ante tal inminente retorno todas las actividades normales de la vida han de dejarse a un lado.

Aunque hay abundantes casos de pastores y obispos célibes desde fecha temprana, siempre fue común el que los pastores y obispos contrajesen matrimonio. Empero, con el correr del tiempo, fue creciendo la tendencia a favor del celibato eclesiástico. Esto llegó a un punto culminante durante las reformas de León IX (1049-54) y Gregorio VII (1073-85), cuando se obligó a los sacerdotes casados a abandonar a sus familias. A partir de entonces, aunque con notables excepciones, el celibato clerical se volvió la norma en Occidente. En tiempos de la Reforma, el Concilio de Trento insistió en el celibato eclesiástico, y tal ha sido la posición oficial del catolicismo romano a partir de entonces.

Cielo. Tanto en griego como en hebreo, así como en el castellano, existe sólo un término para el cielo, tanto como patria celestial como en el sentido del firmamento. Luego, la frase "los cielos" se refiere a todo lo que se encuentra por encima de la tierra, es decir, la atmósfera, el sol, la luna y las estrellas. De igual modo, en el Nuevo Testamento y en la primera literatura cristiana, la frase "cielo y tierra" se refiere a todo lo que hoy llamaríamos el universo. Tal es el caso de la frase "Creador del cielo y de la tierra" en el →Credo de los Apóstoles. También, puesto que en el judaísmo se evita referirse a Dios por nombre, a veces la palabra "cielo" se usa como sustituto en lugar de "Dios". Tal es el caso, por ejemplo, en el evangelio de Mateo, donde el "Reino de Dios" de Marcos se vuelve el "Reino de los cielos".

El trasfondo de tal vocabulario se encuentra en la antigua visión del universo como una realidad de varios niveles. Normalmente estos son tres, con el cielo encima, la tierra en medio, y los "lugares inferiores", el →infierno, debajo. En tal cosmovisión, los cielos y sus esferas no son siempre lugares hospitalarios, y por tanto leemos a veces de espíritus malignos en los cielos, y en muchos sistemas →gnósticos las esferas celestiales son otros tantos obstáculos que el alma tiene que atravesar en su regreso a la plenitud.

La antigua →esperanza cristiana original respecto a la vida futura (→Escatología) no se centraba en ir al cielo, sino más bien en "un cielo nuevo y una tierra nueva" que serían establecidos al final del presente siglo. Empero, en parte como resultado de la empresa →apologética, y en parte como resultado de su contacto con otras religiones que circulaban en el Mediterráneo para entonces, la esperanza cristiana frecuentemente se redujo a la expectativa de que el alma inmortal subiese al cielo, y allí viviera eternamente (→Inmortalidad). Luego, el cielo vino a ser la totalidad de la esperanza cristiana, y la expectativa de una "nueva tierra" fue generalmente abandonada. Junto a este proceso, se llegó a concebir el cielo como un lugar en que las almas incorpóreas flotan, a veces en las nubes.

En resumen, mientras el "cielo" es una buena metáfora para la esperanza cristiana, es necesario recordar siempre que tal esperanza incluye toda la creación, física tanto como espiritual, y por ello la metáfora del "cielo" ha de completarse con otras metáforas que reflejen el amor e interés de Dios hacia toda la creación.

Circumincesión. Término de origen latino, la circumincesión equivale al griego *perichoresis*, y se refiere a la interpenetración entre las tres divinas →personas de la →Trinidad. Puesto que la *perichoresis* se asemeja a un término que pudiera utilizarse para una danza coreográfica, a veces se emplea este término para hablar de la Trinidad como una coreografía en la que las tres personas actúan conjunta, pero distintamente, como si cada una danzase en torno a las otras dos. En todo caso, el principio de la circumincesión, *perichoresis* o interpene-

tración es la base para la afirmación de que en toda acción de una Persona de la Trinidad las tres están presentes—utilizando la frase latina clásica, *opera Trinitatis ad extra indivissa sunt.*

Communicatio idiomatum. Literalmente, la "participación de las propiedades". Se trata de un principio de la →cristología clásica según el cual lo que se predique de la naturaleza humana de Cristo también puede predicarse de la divina. Por ejemplo, si la humanidad de Jesús caminó en Galilea, también puede decirse que Dios caminó en Galilea. Tal participación de las propiedades fue un énfasis particular de los teólogos →alejandrinos como modo de rechazar la teología disyuntiva de los →antioqueños. Cobró importancia particular en los debates en torno al →nestorianismo y el Concilio de Éfeso (431), puesto que era en virtud de la *communicatio idiomatum* que los adversarios de Nestorio insistían que es necesario afirmar que Dios nació del vientre de María, y que por lo tanto María es →*Theotokos*—paridora o madre de Dios.

Comunión. →Eucaristía.

Comunión de los santos. Frase tomada del →Credo de los Apóstoles (*communio sanctorum*), que parece haberla incorporado en el siglo quinto. Existe cierto desacuerdo en cuanto a su sentido original al ser añadida al Credo. No cabe duda de que en este contexto el término *communio* todavía tenía el sentido original de compartir. La ambigüedad de encuentra principalmente en el sentido de *sanctorum*, que puede referirse tanto a "los santos", como normalmente se le traduce, como a "las cosas santas". En el primer caso, se refiere a la participación que tiene lugar entre los santos o creyentes, al parecer tanto vivos como muertos. En el segundo, se refiere al compartimiento de las cosas santas, y bien puede haber sido introducida en el Credo como afirmación de la unidad de los cristianos en la →Eucaristía y en otras "cosas santas" como las órdenes. En tal caso, todo esto iría dirigido contra cismáticos tales como los →donatistas.
Dada su traducción común como la comunión de los santos, esta frase se volvió importante en tiempos de la Reforma, cuando los protestantes la entendían como una explicación de la cláusula anterior, "la santa iglesia católica". En tal caso, lo que el Credo dice es que "la santa iglesia católica" que los cristianos confiesan no es una institución sujeta a una jerarquía única, sino que es más bien la "comunión de los santos".

Conciliarismo. La posición que sostiene que un concilio que represente a la iglesia en su totalidad es la suprema autoridad eclesiástica, y que por lo tanto es capaz de juzgar y deponer papas. Aunque tuvo precedentes en controversias previas, el conciliarismo alcanzó prominencia hacia fines de la Edad Media, cuando la "cautividad babilónica" del Papado en Aviñón, el Gran Cisma de Occidente—cuando hubo dos papas rivales, y a veces tres—y la corrupción general de los papas del Renacimiento llevaron a muchos a la conclusión de que el único modo de lograr la tan necesitada reforma sería mediante la convocación de un concilio. Entre los dirigentes de este movimiento se encontraban eruditos tales como Dietrich de Niem (c.1340-1418), Jean Gerson (1363-1429), y Pierre d'Ailly (1350-1420). Una serie de concilios (Pisa, 1409; Constanza, 1414-18; Basilea, 1431-49; Ferrara-Florencia, 1438-45) lograron subsanar el cisma, pero no fueron capaces de eliminar los abusos y la corrupción en la iglesia. A la postre, el conciliarismo mismo se dividió, de modo que ahora había dos concilios y solamente un papa, lo cual significó la rápida decadencia del movimiento. Empero, aún en tiempos de la Reforma, varios de los reformadores insistían en que el modo de resolver las cuestiones que se debatían era convocar un concilio general de la iglesia. Cuando al principio se reunió el Concilio de Trento (1545-63), algunos protestantes asistieron a su primera sesión porque creían que el concilio discutiría y refrendaría sus opiniones—lo que pronto resultó ser una vana esperanza.

Concupiscencia. Un deseo desordenado en el que los fines o propósitos temporales ocupan el lugar de los eternos, y en el que las facultades inferiores—en particular los sentidos y sus apetitos—no están bajo el debido control de la razón. Aunque comúnmente se refiere a cuestiones sexuales, la concupiscencia en realidad tiene mucho mayor alcance, pues se refiere a todo apetito desordenado. Agustín (354-430) explica que es en parte a través de la concupiscencia que se ejercen las consecuencias de la →caída, afirmando que Adán y sus descendientes han perdido el control sobre los deseos desordenados de la carne mediante el uso adecuado de la razón. Según la teología escolástica medieval la concupiscencia misma no es pecado, sino que es más bien la consecuencia del →pecado original—interpretación declarada oficial por el Concilio de Trento (1545-63). La concupiscencia ofrece también oportunidad para la virtud, que se alcanza cuando la mente y la voluntad resisten los impulsos de la concupiscencia. Pero la concupiscencia es también ocasión de pecado. En la teología protestante, y particularmente en la de la →ortodoxia protestante, el pecado no es una acción, sino una condición, y por lo tanto la presencia misma de la concupiscencia es señal de nuestra condición pecaminosa y corrupta.

Confesión. Una afirmación o declaración, y por lo tanto un término que tiene dos sentidos muy diferentes en el discurso teológico, puesto que es posible confesar tanto los pecados como la fe.

La confesión de pecados es práctica antiquísima en la iglesia cristiana, y se incluye todavía en los servicios de casi todas las denominaciones. Tuvo un lugar central en el sistema penitencial de la iglesia medieval, y todavía lo tiene en el catolicismo romano (→Penitencia; →Satisfacción).

Una confesión de fe es tanto la acción en que se declara la fe de la iglesia como el documento que puede resultar de tal acción. Por ello se dice que los mártires confesaron su fe en las más difíciles circunstancias. Por ello también se les da el título de "confesor" a quienes confesaron la fe aun a riesgo de sus propias vidas, o bajo tortura.

Cuando tales acciones de confesar la fe resultan en un documento escrito, este frecuentemente recibe el título de "confesión". Tal es el caso de la Confesión de Augsburgo, presentada por un grupo de nobles como acción de confesión de fe ante Carlos V, y a partir de entonces documento central de la tradición luterana. Fue por ambas razones que aquella porción de la iglesia que se opuso al régimen de Hitler en Alemania recibió el nombre de "Iglesia Confesante": porque produjo la Confesión de Barmen y también porque confesó la fe aun a pesar del alto riesgo y costo.

Por extensión, otros documentos que expresan la fe de una iglesia o denominación particular también son llamados confesiones. Tales son, por ejemplo, la Confesión de Westminster, la Primera y Segunda Confesiones Helvéticas, y otras. Aquellas iglesias cuyas doctrinas fundamentales se encuentran plasmadas en tales documentos—en particular las →luteranas y las →reformadas—reciben el nombre de "iglesias confesionales".

Confirmación. Rito que sigue al →bautismo, en el cual la persona es ungida y sellada en la fe. En el catolicismo romano, se le cuenta como uno de los siete sacramentos. En los antiguos ritos bautismales se acostumbraba ungir al recién bautizado, frecuentemente como señal de que ahora era parte del sacerdocio real de Dios. Con el correr del tiempo, y particularmente después de la conversión de Constantino, el bautismo vino a conferírseles a los niños poco después de su nacimiento, casi como resultado automático de haber nacido en una sociedad cristiana. Se hizo entonces necesario proveer una oportunidad para que los jóvenes, tras haber recibido instrucción, fuesen confirmados en la fe. En el Occidente surgió la tradición según la cual este rito solamente podía ser administrado por un obispo. El resultado de todo esto fue que la unción que antes se había practicado junto al bautismo ahora vino a ser un rito aparte, que por lo común tiene lugar varios años después del bautismo.

La doctrina acerca de la confirmación nunca se ha aclarado. En las iglesias orientales la unción o "crisma" todavía tiene lugar inmediatamente tras el bautismo, la practica el sacerdote que bautiza, y no es un rito aparte en el que los creyentes reafirman su fe. En muchas de las iglesias protestantes que practican el bautismo infantil, se tiende a unir la confirmación con la ceremonia mediante la cual la persona anteriormente bautizada viene a ser miembro votante de la iglesia.

Conocimiento, Teoría del. →Epistemología.

Consejos de perfección. Según la teología monástica medieval, aquellas directrices o sugerencias que Dios les ofrece a quienes deseen alcanzar un nivel más alto de discipulado que quienes sencillamente obedecen los mandamientos. La principal referencia bíblica que se empleó para establecer esta distinción fue la historia del encuentro entre Jesús y el joven rico. Allí, una vez que el joven declara que ha obedecido todos los mandamientos, Jesús le dice que si quiere "ser perfecto" ha de vender sus posesiones y darles el dinero a los pobres (Mateo 19:21). Esto se interpreta entonces en el sentido de que obedecer los mandamientos basta para la salvación, pero la pobreza voluntaria es un consejo para quienes deseen ser perfectos. De manera semejante, se afirma que el celibato es un consejo de perfección basándose en la afirmación de Pablo, que aunque es bueno casarse, es mejor no hacerlo (I Corintios 7:38).

Consubstanciación. Término que frecuentemente se emplea para expresar el modo en que Lutero interpretaba la presencia de Cristo en la comunión, pero que el propio Lutero nunca empleó. El sentido de este vocablo se entiende mejor en contraste con la doctrina católica romana de la →transubstanciación. Lutero sostenía que el cuerpo de Cristo estaba físicamente presente en y con el pan y el vino eucarísticos. También sostenía que el pan no dejaba de ser pan, ni el vino dejaba de ser vino. Esto contrasta con la doctrina de la transubstanciación, en la que la substancia del cuerpo de Cristo viene a ocupar el lugar de la substancia del pan, y por lo tanto llevó a que se describiese la posición de Lutero como "consubstanciación", lo cual mostraba la diferencia entre Lutero y el catolicismo romano en lo que a la presencia de Cristo en la comunión respecta.

Contextuales, teologías. Durante la segunda mitad del siglo veinte, según se fue ampliando el círculo de las personas involucradas en los estudios teológicos, resultó cada vez más claro que el contexto social y económico del teólogo imprime su sello sobre la teología de cada cual. Surgió así toda una serie de teologías que, en lugar de negar su carácter contextual, lo afirman, declarando que esto les provee con nuevas y valiosas perspectivas en cuanto al sentido de las Escrituras, del Evangelio, y de las doctrinas en general. En conjunto, se les da a estas corrientes teológicas el título de "teologías contextuales", aunque en realidad según estas teologías reclaman toda teología es necesariamente contextual, y aquella que pretende ser universal y libre de su contexto sencillamente es una teología prejuiciada que no puede ver su propia contextualidad. Frecuentemente se acusa a las teologías contextuales de relativizar la verdad. Empero la mayoría de ellas afirma que lo que están haciendo es reconocer el modo en que el contexto determina la perspectiva teológica, y afirmar ese hecho sin pretender ocultarlo tras pretensiones de universalidad. Además, las teologías que se declaran a sí mismas contextuales frecuentemente establecen paralelismos entre su propia condición y la de los autores bíblicos, y por ello afirman tener una visión particularmente valiosa en cuanto al sentido y propósito del texto sagrado.

Aunque pueden existir tantas teologías contextuales como hay contextos humanos, varias de ellas han impactado el diálogo teológico, promoviendo conversaciones entre sí así como con las formas teológicas más tradicionales. Entre ellas vale mencionar la teología →negra, la teología →latinoamericana, la teología →feminista, la teología →"womanist", la teología →mujerista, la teología →Minyung y, en los Estados Unidos, la teología →latina o hispana.

Contingencia. La característica propia de todo ser, existente o no, cuya existencia no sea necesaria ni imposible. Los seres imposibles no son contingentes, por el sencillo hecho de que no pueden existir. Un ser necesario es que el tiene que existir, aquel cuya no existencia no puede concebirse, y cuya existencia no depende de otro. Por tanto, de entre todos los seres posibles, sólo Dios no es contingente. Otro modo en que los teólogos y filósofos han expresado esto es afirmando que Dios es el único ser cuya esencia implica la existencia. Tal identidad entre esencia y existencia se encuentra al centro mismo del argumento →ontológico de Anselmo para demostrar la existencia de Dios. Por otra parte, los diversos argumentos →cosmológicos comienzan con los seres contingentes, y a partir de su existencia se mueven hacia la demostración de la existencia de un primer ser no contingente, sino necesario, el cual es la causa que hace que los seres contingentes puedan existir (→Aseidad).

Contrición. El dolor sincero y profundo por haber pecado. Este dolor no se basa en el temor al castigo o a ser descubierto, sino que es un verdadero arrepentimiento. Los teólogos medievales frecuentemente comparaban la contrición con la →atrición, y debatían si esta última bastaba para alcanzar el perdón. Se sostenía comúnmente que la diferencia entre la atrición y la contrición es que esta última se basa en el amor hacia Dios, lo cual lleva a un corazón verdaderamente penitente. El Concilio de Trento (1545-63) estipuló que la verdadera contrición requiere dolor y odio hacia el pecado cometido, y el deseo de no pecar más.

Correlación, método de. Método teológico que se usa frecuentemente en la →apologética, y empleado con claridad y consistencia particular en el siglo veinte por Paul Tillich (1886-1965). El método de correlación, según Tillich lo proponía, consiste en estudiar las preguntas existenciales más profundas que se plantean tanto los individuos como una sociedad, y entonces responder a ellas en términos del Evangelio. La existencia humana se caracteriza por la ruptura, por la perplejidad, por la ausencia. Nuestra tendencia natural es negar esta condición, tanto ante nosotros mismos como ante los demás. A veces pretendemos hacerlo afirmando nuestra propia suficiencia—lo que Tillich llama "→autonomía". En otras ocasiones buscamos la paz y la seguridad fundamentando nuestra existencia en la de otros, ya sean instituciones o individuos—"→heteronomía". Ambas opciones fracasan, pues producen una vida inauténtica construida sobre cimientos falsos. Por lo tanto, según Tillich, nuestra única alternativa es la "→teonomía"—es decir el permitir el que "fundamento de todo ser", Dios, sea también el fundamento de nuestra existencia. El Evangelio responde entonces a nuestra profunda y frecuentemente escondida nostalgia de teonomía, de una existencia auténtica que verdaderamente descanse sobre el fundamento de todo ser.

Cosmogonía. Una explicación del origen del universo, normalmente mítica.

Cosmología. Un modo de ver el universo, su estructura y funcionamiento. La cosmología de la iglesia cristiana en sus inicios era la misma del común de las gentes en su tiempo, según la cual por encima de este nivel intermedio que es la tierra existe un nivel superior, el →cielo, y otro inferior, el →infierno. La cosmología de la época también había recibido el impacto de las perspectivas platónicas y neoplatónicas, así como del sistema ptolemaico que describía la relación entre los distintos cuerpos celestiales. Según la cosmología cambia con el tiempo y la cultura, la fe cristiana se ha expresado dentro del contexto de diversas cosmologías (→Cultura).

Cosmológicos, argumentos. Una serie de argumentos que tratan de demostrar la existencia de →Dios a partir del mundo (*cosmos*), moviéndose entonces de la existencia del mundo creado a la del Creador. Esto contrasta con los argumentos que tratan de probar la existencia de Dios mostrando que la naturaleza misma de Dios implica la existencia (→Ontológico, argumento). La formulación más sencilla y común del argumento cosmológico es la de quien argumenta, por ejemplo, que si uno encuentra un reloj en medio del desierto llega a la conclusión inevitable de que alguien lo ha dejado allí, y que de igual manera cuando se observa esta complicada maquinaria que es el universo, es necesario concluir que alguien la ha creado.

Empero el argumento cosmológico toma también otras formas, como lo muestra Tomás de Aquino (c.1225-74) en sus clásicas "cinco vías"—que en realidad son cinco maneras diferentes de plantear el mismo argumento. La primera comienza con el movimiento, que requiere quien lo inicie, y que por lo tanto nos lleva a un primer "motor inmóvil". El segundo se basa en la →causalidad eficiente: si toda realidad es creada por otra, debe existir tras todas ellas una primera causa eficiente. La tercera vía parte de la existencia de los seres contingentes (→Contingencia) y de ella se mueve a la del ser necesario que se encuentra tras ellos. La cuarta comienza con los grados de perfección—es decir, que algunas cosas son mejores que otras, y siempre hay otra mejor—tras los cuales se encuentra el ser perfecto, que es la medida de toda perfección. Finalmente, la quinta vía también comienza con la causalidad, pero en este caso la causalidad final o teleológica, argumentando que todo se mueve hacia un fin o propósito, su causa final, y que por tanto debe haber una causa final de todo, así como hay también una causa eficiente de todo.

Creación. La doctrina que constituye el fundamento de la visión cristiana de la relación entre Dios y el mundo. Desde fecha muy temprana el cristianismo, siguiendo en esto al judaísmo, insistió en que Dios es creador de todo cuanto existe. Esto se expresa en el →Credo Apostólico mediante la frase "Creador del cielo y de la tierra", y en el →Niceno afirmando que Dios es "creador de todas las cosas visibles e invisibles".

La doctrina de la creación rechaza dos opiniones que repetidamente la han retado a través de los siglos: el →dualismo y el →monismo. El primero sostiene que hay dos principios eternos, Dios y otro que por lo general se le opone. Tal opinión era relativamente común en el mundo antiguo, y se encuentra en religiones antiguas tales como el mazdeísmo, así como en algunas corrientes filosóficas griegas, en el →gnosticismo y en el →maniqueísmo. A veces este otro principio, aunque no se opone directamente a Dios, tiene una existencia independiente. En algunos antiguos sistemas se pensaba que existía una materia primordial y caótica, de la cual Dios o los dioses hicieron el mundo. Al otro extremo del espectro ideológico, el monismo afirma que, puesto que Dios es la fuente de todas las cosas, no hay distinción ontológica alguna entre la creación y el creador. Tales opiniones eran comunes en tiempos antiguos entre algunos seguidores de la corriente filosófica platónica (→Neoplatonismo), quienes sostenían que todo cuanto existe emana de Dios como una serie de círculos concéntricos sobre la superficie de una laguna, y que por lo tanto todo es divino. A través de la historia, este monismo se ve en las diversas formas de →panteísmo que afirman que todo cuanto existe es divino.

Frente a tales opiniones, a través de las edades los cristianos han afirmado que todo cuanto existe le debe su existencia a Dios. No hay principio independiente de existencia aparte de Dios—ni el diablo, ni la materia, ni siquiera el caos. La creación incluye todo cuanto hay en el cielo y en la tierra. La iglesia temprana afirmó este principio contra quienes pretendían que Dios amaba únicamente la realidad espiritual, y que la creación material, incluso el cuerpo, era por tanto mala. Durante la Edad Media, cuando la filosofía →aristotélica hizo una nueva entrada en Europa Occidental, hubo quienes plantearon la existencia de una materia preexistente, y contra ellos la iglesia insistió en la creación *ex nihilo*—es decir, de la nada.

En tiempos más recientes, y en algunos círculos cristianos conservadores, la doctrina de la creación se ha propuesto como una hipótesis científica para explicar el origen del mundo, frecuentemente en competencia o contraposición con la hipótesis evolucionaria (→Creacionismo). En ese debate, tiende a perderse buena parte del sentido de la doctrina de la creación, puesto que el énfasis recae sobre la cuestión de si la Biblia ha de interpretarse literalmente o no, y sobre cuál de las dos historias de la creación en Génesis (o quizá alguna combinación de ambas, haciendo caso omiso de las diferencias irreconciliables entre ellas) ha de tomarse por literalmente cierta.

Empero la doctrina de la creación tiene importancia mucho más allá de la cuestión de infalibilidad de la Biblia, y no depende de si Dios hizo la creación literalmente en seis días, ni de que se acepte o recha-ce alguna teoría de la →evolución.

Más allá de todo esto, la doctrina de la creación indica, ante todo, que todo cuanto existe es resultado de la voluntad de Dios, y que por ello tanto el mundo físico como el espiritual ("todas las cosas visibles e in-visibles") es bueno.

En segundo lugar, al afirmar que cuanto existe es el resultado de la vo-luntad divina, y no una emanación de la esencia divina, esta doctri-na afirma que hay una diferencia ontológica entre el creador y la cria-tura, que el único ser necesario es Dios, y que toda la creación es →contingente. Es por esto que durante la controversia →arriana los arrianos insistían en que el Verbo o Hijo de Dios es el resultado de la voluntad divina, y por lo tanto es una criatura, mientras que el Credo Niceno respondió declarando que el Hijo es "de la misma substancia" que el Padre y no es resultado de la voluntad divina, como lo es toda la creación, sino que es de la esencia misma de Dios.

En tercer lugar, al afirmar la →contingencia de toda la creación, y su existencia debido a la voluntad de Dios, esta doctrina afirma que to-do cuanto existe tiene un propósito en la mente divina, que todo sub-siste por la gracia sostenedora de Dios (→Preservación), y que todo se mueve hacia los propósitos divinos (→Providencia; →Escatología).

Por último, el principio de que todo el universo es producto de una sola mente y un solo propósito es el fundamento para la inteligibili-dad del mundo. El universo puede estudiarse y comprenderse (siem-pre dentro de los límites de la razón humana) únicamente porque no ha sido creado por una diversidad de principios opuestos, ni es tam-poco el resultado del azar.

Creacionismo. La respuesta de algunos cristianos conservadores a la teoría de la →evolución, que les parece ser una amenaza a la doc-trina cristiana de la creación. El creacionismo ha de distinguirse de la doctrina cristiana de la creación, que no es ni pretende ser una teoría científica, ni tampoco un intento de describir el origen de las especies. Según los creacionistas, la narración bíblica (en realidad, las narraciones bíblicas) de la creación es científicamente defensi-ble, y hay una diferencia irreconciliable entre la doctrina de la cre-ación y la teoría científica de la evolución en todas sus formas, por lo cual la enseñanza de la evolución en las escuelas es una prácti-ca impía.

En un contexto diferente y más tradicional, el "creacionismo" se refie-re a la teoría de que cada alma individual es el producto de una acción divina de creación. En ese sentido se opone al →traducionismo.

Credos. Fórmulas en las que la iglesia intenta resumir sus enseñanzas, por lo general frente a retos específicos cuando el credo en cuestión se formula. El origen de lo que ahora llamamos el Credo Apostólico se encuentra en la antigua fórmula que los eruditos llaman el "Antiguo Símbolo Romano", y que generalmente se denota mediante el símbolo "R". Esta fórmula se empleaba originalmente en el bautismo, y de allí se deriva su estructura trinitaria: "Creo en Dios Padre ... y en su Hijo Jesucristo, nuestro Señor ... y en el Espíritu Santo".
Cuando se les bautizaba, se invitaba a los neófitos a afirmar su fe respondiendo a esta fórmula, que se les presentaba a modo de una serie de preguntas: "¿Crees en Dios Padre ... ?" Puesto que en el siglo segundo, cuando este credo se empleaba en Roma, Marción y otros cuestionaban la doctrina de la →creación, de la verdadera humanidad de Jesús, y del juicio final, estos puntos se subrayan en R, y todavía se enfatizan en el Credo Apostólico.
Ni el Antiguo Símbolo Romano (R) ni el Credo Apostólico fueron nunca credos de toda la iglesia. Al parecer, en otras ciudades y regiones se utilizaban otras fórmulas, todas trinitarias. El credo más universalmente aceptado en toda la iglesia es el Niceno, que fue promulgado por el Concilio de Nicea (325), y luego modificado y refrendado por el Concilio de Constantinopla (381). Este fue el credo más comúnmente empleado tanto en el Oriente de habla griega como en el Occidente de habla latina hasta el siglo noveno, cuando la controversia en torno al →*Filioque* colocó a los papas en la difícil posición de tener que tomar partido cada vez que recitaban el Credo Niceno. A fin de evitarlo, reintrodujeron el antiguo credo romano, diciendo que provenía de tiempos apostólicos, y por ello se le llama "Credo Apostólico".
En diversos lugares y regiones se han utilizado otros credos. (→Regla de fe).

Cristología. La rama de la teología que trata sobre Cristo. Sus dos temas tradicionales han sido la persona de Cristo (quién él es) y su obra (cómo nos salva; →Expiación; →Soteriología).
Desde fecha muy temprana, los cristianos han debatido cómo entender y cómo expresar quién es este Jesús que significa tanto para ellos. En el Nuevo Testamento se le llama Hijo del Hombre, Mesías, Señor, Palabra de Dios, Verdadero Pastor, Cordero de Dios, etc. También resulta claro que los más antiguos testimonios que tenemos acerca del →culto cristiano colocan a Jesús en su centro. A principios del siglo segundo, el escritor pagano Plinio le informa al emperador que los cristianos se reúnen "para cantarle himnos a Cristo como Dios".

Empero pronto lo que tenía lugar en la adoración tendría que encontrar expresión en la teología y la doctrina, y de ello surge la pregunta" ¿Quién es este Jesús? ¿Es divino? ¿Es humano?

Varias de las primeras respuestas que se les dieron a estas preguntas fueron rechazadas por la iglesia en general por considerarlas demasiado simplistas y negar algún aspecto esencial de la verdad de Jesucristo. Luego, a un extremo del espectro hubo quien creyó que Jesús era un ser puramente celestial, un mensajero extranjero y extraño que era humano solamente en apariencia. Tal opinión recibió el nombre de →docetismo, por razón de un verbo griego que significa "aparentar". Esa fue la postura de muchos →gnósticos así como de otros. Vemos ecos de su rechazo en Primera de Juan 4:2, donde la prueba de la ortodoxia es la afirmación de que Jesús "ha venido en carne". El extremo opuesto, frecuentemente llamado →ebionismo, sostenía que Jesús era un puro hombre, nacido como todos los humanos, cuya pureza fue tal que Dios le dio una función y dignidad especiales. También esto fue rechazado por la iglesia en general. Luego, desde muy temprano resultaba claro que los cristianos deseaban afirmar que Cristo es tanto divino como humano; pero no parece habérsele prestado mucha atención a la cuestión de cómo expresar o entender esa dualidad.

También desde muy temprano, en parte en base al Evangelio de Juan, se hizo costumbre referirse a Jesús como el →Verbo de Dios hecho carne, y también referirse a ese Verbo como el "Hijo". Aunque esto era útil, todavía dejaba una serie de temas sin resolver, particularmente cómo y en qué sentido puede decirse que el Verbo o Hijo de Dios es divino. En el siglo segundo, Justino Mártir llamó al Verbo "segundo dios"—una expresión dudosa que pronto fue rechazada. Fue en el siglo cuarto que todo esto surgió a la superficie en el →arrianismo, y el proceso de refutar esa doctrina y de clarificar en qué sentido es que el Verbo o el Hijo es divino llevó al desarrrollo y definición de la doctrina de la →Trinidad. Luego, ya hacia fines del siglo cuarto se había llegado a un consenso según el cual Jesús es divino porque es el Verbo o Hijo eterno de Dios hecho carne.

A partir de ese momento se hizo necesario aclarar también cómo se ha de entender la relación entre el Verbo divino y la humanidad de Jesús. Si es cierto que Jesús, puesto que es el Verbo o Hijo eterno de Dios, es plenamente divino, ¿será también plenamente humano? ¿Cómo ha de concebirse la relación entre la divinidad y la humanidad en Jesús?

Sobre este tema había dos tendencias teológicas que chocaron repetidamente. Una de ellas, la →alejandrina, subrayaba la unidad de la divinidad y la humanidad en Cristo de tal modo que podría pensarse que la humanidad quedaba eclipsada o sofocada por la divinidad. De ser necesario, los alejandrinos estaban dispuestos a dejar a un lado algo de la humanidad de Cristo a fin de afirmar la unión plena de lo divino y lo humano en él. Esto llevó a posiciones tales como el →apolinarianismo, que negaba que Jesús tuviese un →alma racional humana, y que fue rechazado por el Concilio de Constantinopla en el 381. La escuela teológica opuesta, la →antioqueña, tenía interés particular en salvaguardar la plena humanidad de Jesús, aunque esto en veces resultase en limitar la plenitud de su unión con la divinidad. Tal fue la posición de los →nestorianos, quienes declaraban que en Jesús hay dos naturalezas y dos personas, y que la unión entre ambas es "voluntaria" más bien que de naturaleza o de persona. Esta posición fue rechazada por el Concilio de Efeso en el 431. Como parte de esa acción del Concilio, los alejandrinos subrayaron la importancia de la →*communicatio idiomatum*—la transferencia de los predicados de la humanidad a la divinidad—en la persona de Jesucristo, de modo que todo lo que se diga acerca de él como humano, también puede decirse de él como divino.

En el año 451 el Concilio de Calcedonia (generalmente llamado Cuarto Concilio Ecuménico) llevó por fin a la fórmula que a la postre fue aceptada por la mayoría de los cristianos: que en Cristo hay "dos naturalezas en una persona". Aunque esto no resolvió la cuestión, sí asentó bien claro que es necesario afirmar la plena divinidad de Cristo, su plena humanidad, y la plena unión de ambas.

Aunque la fórmula de Calcedonia fue aceptada por la mayoría de los cristianos, algunos la rechazaron. Los antioqueños más extremos, generalmente llamados "nestorianos", se refugiaron en Persia, y hasta el día de hoy existe en el Medio Oriente una pequeña iglesia cuyos orígenes se remontan a aquel cisma. Otros que seguían la posición alejandrina en su forma extrema recibieron el nombre de "→monofisitas", es decir, defensores de la doctrina de una sola naturaleza en Jesús. Tal es todavía la postura de la Iglesia Copta, la Iglesia de Etiopía, la Iglesia Jacobita Siria, y otras.

Aunque por lo general se dice que el Concilio de Calcedonia fue el punto final de estos debates, en realidad la controversia duró por siglos, pues surgió una y otra vez cuando diversos teólogos—y algunos emperadores por motivos políticos—sugirieron soluciones que el resto de la iglesia no aceptó. (→Monergismo; →Monoteletismo; →Hipóstasis; →Unión hipostática; →Enhipóstasis; →Diofisismo; →Dioteletismo) La mayoría de los reformadores protestantes aceptó la fórmula cristológica de Calcedonia y las decisiones de los primeros concilios sobre estas cuestiones, puesto que les interesaba más la obra salvadora de Jesús que la cuestión de cómo el Salvador puede ser a la vez divino y humano, y una sola persona. Entre los principales reformadores, Calvino tendía a subrayar la distinción entre la divinidad y la humanidad de Jesús, al estilo de los antiguos teólogos antioqueños. Lutero se inclinaba en el sentido contrario, subrayando la unión de lo divino y lo humano—aunque difería radicalmente de los antiguos alejandrinos por cuanto subrayaba la realidad de la humanidad de Jesús, e insistía que sólo podemos ver la divinidad de Jesús tal como se nos revela en su humanidad, su debilidad y sus sufrimientos. En tiempos más recientes, muchos teólogos han tratado de dejar estos debates a un lado y centrar su atención en la obra de Cristo más bien que en las cuestiones metafísicas en torno a su persona. (→Expiación)

Cuáqueros. El nombre que más comúnmente se les da a los miembros de la "Sociedad de los Amigos de la Verdad", fundada en Inglaterra por George Fox (1624-91). Tras una larga búsqueda espiritual, Fox descubrió lo que llamó la "luz interna", que él consideraba que era Cristo viviendo en el creyente. Fox afirmaba que, una vez que uno ha recibido esa luz interna, los medios externos de la →gracia, tales como la iglesia y los →sacramentos, ya no son necesarios. Es mucho más importante comer y beber espiritualmente del cuerpo y sangre de Cristo que participar de la →Eucaristía física, que de hecho puede ser un obstáculo a la verdadera comunión con Dios. Las iglesias eran para él "casas con campanarios". Tras mucha persecución, que incluyó azotes y encarcelamiento, Fox alcanzó cierto reconocimiento y tolerancia, y su movimiento se esparció por toda Inglaterra y a la postre a la América, donde uno de sus miembros, William Penn, fundó una colonia que se suponía se gobernase según los principios quáqueros (Pennsylvania). Desde sus mismos inicios, la Sociedad de los Amigos ha permanecido firme en sus ideales →pacifistas y egalitarios, negándose a participar en la violencia, y permitiéndoles a todos quienes sean movidos por el →Espíritu, incluso las mujeres, hablar en sus reuniones. El gobierno ha de ser por consenso, más bien que por mayoría de votos, de modo que cuando hay un desacuerdo la sociedad completa debe esperar la dirección del Espíritu para llegar al consenso que Dios desea. Todos han de gozar de libertad religiosa, incluso quienes están en desacuerdo con los principios cuáqueros o aun con los principios cristianos. A través de su historia, los quáqueros se han mantenido activos en causas sociales, practicando la caridad y promoviendo justicia.

Culto. Término que normalmente traduce el griego *latreia* y *leitourgia*, o el latín *adoratio*. Adorar significa esencialmente reconocer, celebrar y ensalzar la majestad divina, y como resultado de ello significa también reconocer nuestro propio pecado e incapacidad ante Dios. Luego, el culto es ante todo el reconocimiento de la majestad y la →gracia divinas.

Desde fecha muy temprana, el culto cristiano se centró en la →Eucaristía, que normalmente se celebraba el primer día de la semana, puesto que este era el día de la →resurrección de Jesús. La Eucaristía, más bien que un servicio lúgubre centrado en la cruz, era una celebración de la victoria de Jesús a través de la cruz y la resurrección, y un anuncio de su retorno en gloria en el día final. En ese sentido también, el celebrarla el primer día de la semana era importante, puesto que el primer día es también el octavo, y existía una antigua tradición según la cual el día llegaría cuando el ciclo semanal se interrumpiría, y toda la creación alcanzaría su consumación. Esta sería la fecha de la celebración de la Eucaristía final y perpetua, el banquete de las bodas del Cordero. Aunque en la iglesia primitiva la Eucaristía consistía en una comida completa, ya para el siglo segundo esa comida se había apartado de la Eucaristía, y doscientos años más tarde desaparecería por completo—al parecer porque, ahora que la asistencia al culto había crecido de una manera sorprendente, era muy difícil evitar los abusos y desórdenes en tales comidas.

La Eucaristía o "servicio de la mesa" era precedida por el "servicio de la Palabra", en el que se leía la Escritura, al tiempo que se le explicaba y aplicaba a las vidas de los creyentes. Al terminar esta primera parte del servicio se despedía a todas las personas que no estaban todavía bautizadas (respecto a las antiguas prácticas bautismales, →Bautismo), y a todas aquellas otras personas que por alguna razón no podían participar de la comunión (→Excomunión).

Al parecer aquellos servicios eran bastante sencillos, y hasta espontáneos, aunque siempre se seguía cierto orden. Empero, tras el tiempo de Constantino comenzó una tendencia creciente a ajustar el culto cristiano a los protocolos y la pompa de la corte imperial y de sus celebraciones, y por tanto el culto se fue volviendo cada vez más elaborado. Además, en parte a fin de evitar los desórdenes ahora que era una muchedumbre quien asistía a la adoración, el orden de culto se volvió mucho más estructurado, de lo cual resultó toda una serie de tradiciones litúrgicas típicas de cada zona geográfica, aunque todas ellas con mucho en común. Todo esto también fue llevando a la disminución en la participación activa del laicado en la adoración, de modo que llegó el momento en que el pueblo sencillamente asistía al culto, mientras otros cantaban, dirigían el servicio, y llevaban a cabo otros actos rituales.

Los primeros siglos de la Edad Media en el Occidente, envueltos en caos y destrucción, llevaron a una preocupación excesiva con la muerte y con la posible condenación, y ello a su vez resultó en una adoración, y particularmente una celebración eucarística, con tonos marcadamente penitenciales. La Reforma Protestante no cambió esto, puesto que sencillamente continuó las prácticas litúrgicas de la misa latina, y se contentó con eliminar de ellas aquellos elementos que resultaban incompatibles con la doctrina protestante o con la Biblia según los protestantes la entendían—por ejemplo, la Eucaristía como sacrificio, la práctica de celebrar misas privadas, la adoración únicamente en latín, etc. Luego, a pesar de los cambios introducidos por la Reforma, la Eucaristía, que siguió siendo el centro de la vida cúltica de la iglesia, no perdió sus tonos lúgubres que parecían ser más adecuados al viernes que al domingo, a la crucifixión que a la resurrección. Un elemento que la Reforma sí reintrodujo fue la importancia de la predicación, que vino a ser entonces el equivalente moderno del antiguo "servicio de la Palabra".

En todo caso, tanto antes como durante e inmediatamente después de la Reforma, la mayoría de las iglesias continuaron centrando su culto en la Eucaristía, que normalmente se celebraba al menos una vez a la semana, los domingos. Aunque algunos grupos protestantes se adelantaron a ese proceso, fue principalmente durante los siglos dieciocho y diecinueve, y particularmente en los nuevos territorios de las Américas, donde los ministros ordenados eran escasos, que comenzó a perderse la práctica de la comunión frecuente. Entre los protestantes, esto se debió en parte a los grandes avivamientos de la época, que se centraron en la predicación y despertaron la fe de muchos, pero no siempre les proveían la oportunidad o el estímulo para participar de la comunión. Pronto se hizo costumbre entre protestantes en regiones tales como los Estados Unidos ver el sermón como el centro del culto, y limitar la comunión a un servicio ocasional, celebrado quizá una vez al mes, trimestralmente o menos frecuentemente. Entre católicos romanos, particularmente en las colonias españolas y portuguesas, la escasez de sacerdotes ordenados llevó a un énfasis sobre aquellos servicios que el laicado podía dirigir, tales como el rosario, mientras que el uso del latín en la misa continuó haciendo de los creyentes meros espectadores pasivos de los santos misterios.

Durante el siglo veinte hubo un movimiento de "renovación litúrgica" que se esparció por diversas denominaciones. Este movimiento surgió en parte del descubrimiento de antiguos documentos que describen el culto en la iglesia antigua, en parte de la necesidad de un culto que fuese más pertinente para la vida diaria de los creyentes, y en parte de un esfuerzo por hacer del culto un medio de fortalecer y dirigir la vida de los creyentes en medio de una sociedad cada vez más secular. El Segundo Concilio Vaticano (1962-1965) propuso e inició toda una serie de cambios en la liturgia de la iglesia católica romana, entre ellos el volver a la antigua práctica de celebrar la misa en el lenguaje del pueblo. La perseverancia de la ortodoxia rusa tras más de ocho décadas de hostilidad por parte del gobierno y hasta de persecución, y el hecho de que uno de los elementos que la apoyó en tal perseverancia fue su culto, centrado en una liturgia bastante estructurada y fija, convenció a muchos protestantes de que hay en el culto, y particularmente en el orden litúrgico, un poder que va más allá del de los sermones más elocuentes o persuasivos. Entre los protestantes, y particularmente entre los →pentecostales, hubo también un sentido de que era necesario renovar el culto para darle más libertad al →Espíritu Santo. Aunque esto llevó al pentecostalismo en direcciones muy diferentes del resto del movimiento de renovación litúrgica, en cierto sentido también esto es parte del mismo movimiento, pues busca un culto que tenga mayor profundidad y sentido. Luego, aunque a principios del siglo veintiuno varias de estas tendencias parecen oponerse entre sí, y compiten por el favor de los fieles, es de esperarse que, según transcurra el tiempo y se vaya mostrando el valor de cada uno de los elementos que estos diversos movimientos ofrecen, el resultado neto será una renovación del culto en toda la iglesia, y que esa renovación reafirme algunos de los elementos más tradicionales que algunos hoy quieren descartar e incorpore algunas de las innovaciones introducidas más recientemente.

Cultura. Un sistema de símbolos, actitudes, comportamientos, relaciones, creencias y respuestas al medio ambiente de que un grupo humano participa en contraste con otros. Puesto que todos los humanos viven en tales sistemas, todos participamos al menos de una cultura, y a veces de varias culturas que se entremezclan, y por tanto nadie puede pretender carecer de perspectivas culturales. Luego, el cristianismo, como toda otra religión, siempre existe dentro de un contexto cultural y da muestras del impacto de esa cultura en su vida, sus doctrinas, su interpretación de los textos sagrados, etc. Por ello la cuestión de la relación entre el cristianismo y la cultura (o las culturas) es crucial y ha de plantearse continuamente, según van cambiando los contextos culturales.

La discusión clásica de este tema es el libro de H. Richard Niebuhr *Cristo y cultura* (1951), donde el autor desarrolla una tipología de cinco actitudes de los cristianos hacia la cultura. Las llama: "Cristo contra la cultura", "el Cristo de la cultura", "Cristo por encima de la cultura", "Cristo y la cultura en paradoja", y "Cristo como transformador de la cultura".

Aunque esta tipología tiene todavía cierta validez, la expansión numérica del cristianismo en el mundo no occidental poco después de que Niebuhr lo escribiera muestra hasta qué punto ese mismo libro manifiesta el contexto cultural en que fue escrito, puesto que escasamente trata del tema más allá de los límites de la civilización occidental y de la historia del cristianismo dentro de ella.

No sólo en tiempos antiguos según se fue abriendo paso en el mundo helenista, y a principios del medioevo cuando fue impactado por las culturas germánicas, sino a través de toda su historia y en todas partes del mundo, el cristianismo ha echado raíces en una gran variedad de culturas, y todas ellas le han dado forma a su vida y sus doctrinas. Por largo tiempo el movimiento misionero estuvo consciente de la necesidad de presentar el Evangelio en términos que fuesen comprensibles dentro de un contexto cultural particular, e intentó hacerlo al tiempo que permanecía fiel a sus convicciones (→Acomodación; →Aculturación). La conciencia creciente durante la segunda mitad del siglo veinte del impacto de la cultura sobre el cristianismo puede verse en el surgimiento de varias teologías →contextuales. Por ello hubo mucha discusión misiológica sobre el tema de la →enculturación— el proceso mediante el cual el Evangelio se encarna en una cultura particular, y que normalmente no es tanto el resultado de la adaptación y reflexión misioneras como de la apropiación del Evangelio por personas de la nueva cultura.

D

Decálogo. Los Diez Mandamientos (del griego *deka*, diez, y *logos*, palabra). El modo en que se les numera difiere. Tanto la tradición judía como la mayoría de los protestantes cuentan el mandamiento contra tener otros dioses y el mandamiento contra los ídolos o imágenes como dos, mientras el catolicismo romano y la mayoría de los luteranos los cuentan como uno. En este último caso los mandamientos resultan ser diez dividiendo la lista de prohibiciones contra la codicia en dos. En muchas iglesias el decálogo se lee frecuentemente en el culto como resumen de la Ley. Su lugar en el orden de adoración, unas veces antes de la confesión de pecados, y otras como respuesta al Evangelio, refleja diferentes énfasis sobre la función de la Ley—en el primer caso, la función principal de la Ley es convencer al creyente de su pecado, y en el otro, esa función es servir de guía a los creyentes (→Ley, tercer uso de la).

Decretos eternos. Los decretos—que según algunos son en realidad uno solo—mediante los cuales Dios ha determinado eternamente el resultado de la creación, y en particular la salvación de unos y la condenación de otros. Aunque esta cuestión se discutió anteriormente por los escolásticos (→Escolasticismo), fue tema característico de la tradición →reformada, y particularmente del →calvinismo ortodoxo, donde se ha discutido mucho acerca del orden de los decretos divinos (→Infralapsarianismo; →Supralapsarianismo; →Predestinación). Más recientemente algunos teólogos reformados, siguiendo en ello a Karl Barth (1886-1968), afirman que el decreto eterno de Dios es aquel mediante el cual ha decidido que la salvación será ofrecida gratuitamente por medio de Jesucristo.

Deificación. →Teopoiesis.

Deísmo. Movimiento que surgió en Inglaterra hacia fines del siglo diecisiete y principios del dieciocho, cuya afirmación principal era que la religión debía reducirse a sus elementos más razonables y universalmente aceptados, y debería basarse en la →razón más bien que en la →revelación. Su principal precursor fue Lord Herbert de Cherbury (1538-1648), quien decía que todas las religiones tienen ciertos elementos en común, tales como la existencia de Dios, la obligación de adorarle, la necesidad de arrepentimiento, y una vida tras la muerte en la que habrá recompensas y castigos. Según él, todo esto se sabe no por revelación, sino por la razón natural. Expresiones clásicas del deísmo son el libro de John Toland (1670-1722) *El cristianismo no es misterioso*, y el de Matthew Tindal (1655-1733) *El cristianismo es tan antiguo como la creación*, cuyos títulos sugieren la naturaleza de su contenido.

Aunque el deísmo surgió en Inglaterra, impactó a muchos de los dirigentes filosóficos y políticos de otros países, tales como Voltaire, Thomas Jefferson y Benjamin Franklin.

Hoy, algunos usan el término "deísmo" de un modo más general, para referirse a la postura de quienes, al tiempo que afirman la existencia de Dios y posiblemente su obra inicial en la creación, rechazan la idea de que Dios esté todavía activo en el mundo.

Demonios. El término "demonio" es de origen griego, y en la literatura griega clásica no tiene necesariamente connotaciones malignas.

Así, por ejemplo, Sócrates se refería frecuentemente al "demonio" que le inspiraba. Empero en la literatura cristiana en lengua griega el término se utiliza casi universalmente para poderes malignos y sobrenaturales. Es así que se habla de ellos en los Evangelios Sinópticos, donde frecuentemente la enfermedad se entiende como posesión por parte de los demonios, y donde Jesús repetidamente echa fuera demonios. Más tarde, al igual que sucedió con los ángeles, hubo mucha especulación acerca de los diversos niveles de demonios, su poder, etc.

La teología cristiana tradicional frecuentemente discute el origen de los demonios en el contexto del origen de →Satanás, quien es visto como el jefe de los demonios. Aunque se dan otras explicaciones, la ortodoxia cristiana siempre ha insistido en que, como parte de la creación, el Diablo y todos los demonios le deben su existencia a Dios, y por tanto son originalmente buenos. Lo que se discute entonces es la cuestión de la naturaleza y origen de su maldad, que normalmente se atribuye al mal uso de la libertad de que fueron dotados.

El →empirismo moderno, y las explicaciones científicas de la enfermedad como resultado de microbios, hormonas, etc. ha llevado a muchos a rechazar la idea de los demonios como producto de un tiempo pasado e ignorante. Sin embargo, en tiempos más recientes otros insisten en que tales explicaciones modernas no resuelven el misterio del →mal, sino sencillamente lo posponen, y que por tanto la idea misma de poderes malignos no es completamente anacrónica.

Deontología. Sistema ético que se fundamenta, no sobre los fines que una acción busca, ni tampoco sobre las recompensas y los castigos, sino sencillamente en lo que es correcto porque se ajusta a la voluntad de Dios.

Depravación total. Uno de los principios del →calvinismo ortodoxo, particularmente según lo definieron los cánones de Dordrecht (1618-19). Según esta doctrina, las consecuencias del pecado son tales que toda la humanidad queda depravada, y por tanto incapaz de toda acción, intención o pensamiento puramente buenos, puesto que el pecado ofusca y corrompe toda facultad humana. Esto no quiere decir que no quede ningún bien en los seres humanos tras el pecado, puesto que el Sínodo de Dordecht todavía afirmó que "los vestigios de la luz natural, que permiten cierto conocimiento de Dios, cierto entendimiento de la realidad natural, y cierto sentido de diferencia entre el bien y el mal" todavía permanecen en el pecador.

Desmitologización. El procedimiento, propuesto principalmente por Rudolf Bultmann (1884-1976), de reinterpretar el mensaje del Nuevo Testamento para una época en que ya no se piensa en los términos mitológicos de los antiguos (→Mito), y cuando ya el mundo no se concibe como una estructura en tres niveles, como se concibió antes— con la tierra en el medio, el cielo por encima y el infierno debajo. Según Bultmann, la filosofía →existencialista de Martin Heidegger provee el marco apropiado para entender el mensaje del Evangelio hoy. Sin embargo, es posible entender el proyecto de Bultmann, no como de verdadera desmitologización, sino más bien de remitologización, puesto que reinterpreta el Evangelio dentro del contexto de los mitos de la →modernidad.

Determinismo. La opinión según la cual todos los acontecimientos y los hechos están predeterminados. Tales opiniones pueden aparecer en diversos sistemas. Los antiguos →estoicos creían que la historia era un proceso cíclico, que todos los acontecimientos se repetían, y que por tanto estaban predeterminados. En la →modernidad, una visión mecanicista del universo como sistema cerrado de causas y efectos ha llevado a muchos a abrazar el determinismo. En algunos sistemas filosóficos y teológicos se argumenta que puesto que Dios conoce todas las cosas, incluso los acontecimientos futuros, esto implica el determinismo. Es necesario distinguir entre el determinismo y la →predestinación, que no pretende que todo esté decidido con anterioridad, sino sólo el destino eterno de los electos y de los réprobos—aun cuando ha habido algunos predestinistas que en su celo por defender su posición han caído en el determinismo. (→Albedrío)

Deus absconditus. Literalmente, "Dios escondido". Frase comúnmente usada por teólogos tales como Lutero y Barth como modo de subrayar que hasta en su misma revelación Dios sigue siendo soberano, y nunca se le conoce completamente. Lutero sostenía que a Dios se le conoce mejor en lo que no parece majestuoso, sino en su ocultamiento en la cruz. (→*Theologia crucis*)

Deus ex machina. Frase alusiva a los antiguos dramas paganos, en los que los dioses se presentaban en momentos apropiados, frecuentemente mediante el uso de aparatos mecánicos, y que se emplea todavía para referirse a la solución de cualquier trama por medios inverosímiles. En el discurso teológico y filosófico, se refiere a la práctica de utilizar a Dios como explicación o recurso cuando todo lo demás fracasa.

Deuterocanónicos. →Apócrifa.

Diablo. →Satanás.

Dialéctica. Término cuyo sentido ha cambiado drásticamente, y que por lo tanto ha de entenderse siempre dentro de su propio contexto. En la filosofía griega, Platón escribió diálogos en los que se buscaba encontrar la verdad mediante la conversación, y por lo tanto los historiadores de la filosofía se refieren al método de Platón como "dialéctico". En la Edad Media, el uso de la razón en la investigación teológica frecuentemente se llamaba "dialéctica", porque la razón se mueve de manera semejante a un diálogo interno. Así, por ejemplo, San Bernardo (1090-1153) criticó y hasta persiguió a Abelardo (1079-1142) porque se atrevía a emplear la "dialéctica" en cuestiones religiosas. Poco después, siguiendo el ejemplo del libro de Abelardo *Sic et non*—Sí y No—, los escolásticos desarrollaron su discurso teológico de manera dialéctica, ofreciendo primero una serie de argumentos tanto en pro como en contra de una posición dada, y luego buscando una solución a las dificultades planteadas. En tiempos modernos, Hegel (1770-1831) desarrolló una "dialéctica" que era toda una filosofía de la historia como desenvolvimiento del pensamiento de la mente universal. Según tal dialéctica, la historia se mueve, de manera semejante al pensamiento humano, a partir de una tesis que confronta una antítesis que la niega, y llega por fin a una síntesis que incluye tanto la antigua tesis como su antítesis, y que a su vez viene a ser una nueva tesis en la continuación del proceso. Algo más tarde, Karl Marx (1818-83) rechazó el idealismo de Hegel, pero retuvo mucho de su dialéctica, llegando así a lo que llamó el "materialismo dialéctico" (→Marxismo). A principios del siglo veinte, cuando la →neoortodoxia comenzaba a desarrollarse, algunos la llamaron "teología dialéctica"—aunque no muy exactamente, puesto que era una teología de la paradoja más bien que una en la que las tensiones se resolvían en una síntesis superior. Esta teología, bajo la dirección de Karl Barth (1886-1968), Emil Brunner (1889-1965), Friedrich Gogarten (1887-1968) y otros, pronto vino a llamarse teología →neoortodoxa. La razón por la cual se le dio el nombre de "dialéctica", normalmente por quienes no formaban parte de ella, era por su insistencia en describir la relación entre Dios y el mundo en términos frecuentemente contradictorios, hablando al mismo tiempo de la gracia y el juicio de Dios, de su "sí" y su "no".

Dios. La doctrina cristiana de Dios surgió de la doctrina judía tal como se expresa en las Escrituras hebreas. Por ello el cristianismo siempre ha subrayado la unicidad de Dios (→Monoteísmo), así como su santidad y amor—que requieren respuesta humana en el amor y en la conducta ética. En este contexto, aun tomando en cuenta los límites del pensamiento y lenguaje humanos, Dios se describe como un ser personal, y el lenguaje acerca de Dios tiende a emplear expresiones tomadas de las relaciones humanas interpersonales: Dios ama, es fiel, compasivo, justo, etc.

Por tanto, lo primero que ha de decirse acerca de Dios según la doctrina cristiana es que Dios es uno. Empero la doctrina cristiana más característica acerca de Dios es la →Trinidad, que sostiene que este Dios que es único existe como tres, y que estos tres, al tiempo que han de distinguirse entre sí, son un solo Dios. Aunque la doctrina de la Trinidad no fue expresada en su fórmula definitiva sino en el siglo cuarto, aparece desde mucho antes en los antiguos documentos cristianos, y desde fecha muy temprana se le asociaba con el →bautismo, mediante el cual el creyente se unía al cuerpo de Cristo.

Cuando el cristianismo comenzó a abrirse paso en el mundo helenista, muchos criticaban sus enseñanzas como burdas o irracionales. Puesto que los cristianos hablaban de un Dios a quien los ojos humanos no pueden ver, y rechazaban los dioses tradicionales, se les acusaba de ateos. La idea misma de que existía un solo Dios parecía extraña, particularmente en un mundo en que las tensiones interculturales se habían aliviado mediante la práctica de la aceptación mutua de los dioses de cada cual.

Ante tales críticas, muchos cristianos acudieron a las tradiciones filosóficas griegas que hablaban de un Ser Supremo. Hicieron uso particular de la tradición eleática y platónica, con su visión de un mundo de ideas puras por encima de este mundo de los sentidos, y de una Idea Suprema del Bien y de lo Bello que se encontraba por encima de toda otra idea. Los cristianos les recordaban a sus opositores que sabios tales como Parménides y Platón habían hablado desde mucho antes acerca de un Ser Supremo, y decían entonces que ese Ser Supremo no es otro que el Dios uno, santo e invisible del cristianismo.

Aunque tales argumentos tenían gran valor →apologético, también introducían en el pensamiento cristiano una serie de elementos que confligían con el lenguaje más personal acerca de Dios que se encontraba en las Escrituras. Según esta forma de pensar, los →atributos de Dios eran esencialmente una negación de todo límite—Dios es infinito, impasible, inmovible—y una proyección de elementos positivos tales como el poder, el conocimiento y otros a su máximo grado—Dios es omnipotente, omnisciente, omnipresente. Una vez dado ese paso, se volvió caso común el que los teólogos prefiriesen el lenguaje más abstracto y al parecer más racional acerca de Dios por encima de las imágenes y metáforas más→antropomórficas que aparecen en las Escrituras. Al parecer, resultaba más apropiado hablar de Dios como lo hacían los filósofos que como lo hace la Biblia. El entrejuego entre estos dos modos de entender a Dios ha continuado a través de toda la historia de la teología cristiana.

En algunos momentos esta tensión ha llevado a especulaciones acerca del alcance del poder y la libertad de Dios. Por ejemplo, algunos teólogos hacia fines del Medioevo se preguntaron si Dios siempre hace lo que es bueno, o si por el contrario cualquier cosa que Dios haga es buena. En el primer caso, parecería que la bondad se encuentra por encima de Dios, pues Dios está sujeto a ella. En el segundo, parecería que la bondad es asunto completamente caprichoso, determinado solamente por la voluntad libre de Dios. Como modo de salir de estas dificultades, algunos de estos teólogos propusieron una distinción entre el poder absoluto de Dios (→*potentia Dei absoluta*), y el poder ordenado de Dios, limitado por la decisión soberana de Dios (*potentia Dei ordinata*). Así, aunque el poder absoluto de Dios determina lo que es bueno, Dios decide libremente limitarse a esa determinación, y por lo tanto es cierto tanto que cualquier cosa que Dios haga es buena como que Dios siempre hace lo que es bueno. Al tiempo que rechazaban buena parte de la especulación medieval sobre los atributos de Dios, Lutero y la mayoría de los reformadores subrayaban la soberanía y el amor de Dios. Estos dos elementos han de mantenerse siempre en tensión, como se ve en la afirmación de Lutero en el sentido de que le resultaba imposible amar al Dios soberano, que le parecía un juez implacable y sobrecogedor. Conocer a Dios es conocer el amor de Dios. Conocer a Dios es sentirse sobrecogido por la grandeza de Dios. Siguiendo a Lutero, Calvino trató de mantener estos dos elementos en tensión, y esa tensión es todavía una de las características de la tradición →reformada—tradición que en sus mejores momentos ha insistido en que el propósito de la religión no es la salvación propia, sino el servicio y la gloria de Dios.

Otro tema importante para la teología cristiana ha sido el modo en que los humanos tienen conocimiento de Dios. ¿Puede conocerse a Dios mediante la razón, o solamente mediante la →revelación? Aunque unos pocos teólogos han sostenido que la razón humana basta para el verdadero conocimiento de Dios, muchos otros sostienen que, mientras la razón nos dice que hay un Dios, no puede decirnos de su actitud de amor hacia nosotros (→Gracia), o de su voluntad para nuestras vidas.

¿Puede probarse la existencia de Dios por medios puramente racionales? ¿Cómo? Los argumentos más comunes parten de la existencia del mundo, y sobre esa base sostienen que ese mundo requiere una causa primera (→Cosmológico, argumento; →Causalidad). Otros argumentan que la naturaleza de Dios es tal que la idea misma de Dios incluye la existencia, de tal modo que es imposible pensar de Dios como no existente (→Ontológico, argumento). Naturalmente, la preferencia de cada teólogo por uno u otro de estos argumentos está ligada estrechamente a su →epistemotología. Por otra parte, algunos teólogos sostienen que, aun si tales argumentos fuesen verdaderamente irrefutables, solamente probarían la existencia de una Primera Causa o de un Ser Necesario, pero no del Dios de amor de la fe cristiana.

Dispensación. El nombre que frecuentemente se le da a cada uno de los pactos que Dios establece con la humanidad en las Escrituras. Ireneo, por ejemplo, se refiere a cuatro dispensaciones: el pacto con Adán, que llega hasta el diluvio; el pacto con Noé, que llega hasta el Exodo; el pacto con Moisés, que llega hasta la encarnación; y el pacto con Cristo, que perdurará hasta el fin. Aunque la idea de una serie de dispensaciones sucesivas ha sido relativamente común a través de la historia de la teología cristiana, en el siglo diecinueve tal idea le dio origen a una manera (o más bien a varias maneras semejantes) de interpretar la historia conocida como →dispensacionalismo. Empero no toda referencia a las dispensaciones es en realidad un endoso de las ideas dispensacionalistas.

Dispensacionalismo. Un método de interpretación bíblica que fue creado en la Gran Bretaña por John Nelson Darby (1800-82), y popularizado en los Estados Unidos y luego en otras partes del mundo por las notas y referencias de la Biblia de Scofield, publicada por primera vez en el 1909. Aunque hay varias interpretaciones dispensacionalistas de la historia, todas concuerdan en que la historia se compone de una serie de →dispensaciones en las que Dios le revela algo a la humanidad, y que la humanidad no logra cumplir, con lo cual surge una nueva dispensación y una nueva revelación. Tales interpreptaciones también concuerdan en que la Escritura, y en particular los libros de Daniel y Apocalipsis, son un anuncio profético de acontecimientos por venir, y que por lo tanto mediante una correcta lectura de las profecías es posible determinar en qué estadio nos encontramos y qué acontecimientos están por venir, así como su orden. En los esquemas de Darby y de Scofield, hay un total de siete dispensaciones, y estamos actualmente en la sexta, llamada "dispensación de la iglesia" la cual, como toda otra dispensación anterior, conlleva una gran →apostasía. Todo esto terminará con el retorno de Cristo, que marcará el inicio de su reino sobre la tierra por mil años (→Milenialismo), antes de pasar al Reino eterno de Dios.

Al tiempo que la mayoría de los estudiosos bíblicos descuentan el dispensacionalismo como una interpretación errónea y mal informada de las Escrituras, sí tiene muchos seguidores entre las masas. También debe señalarse que, aunque muchos dispensacionalistas insisten en que los judíos son un pueblo apóstata, también creen que Jesús vendrá cuando el estado de Israel sea plenamente restaurado a sus fronteras bíblicas. A ello se debe el fenómeno de que muchos cristianos conservadores de tendencias dispensacionalistas que dicen que Dios no escucha las oraciones de los judíos siguen sin embargo políticas en pro de Israel en cuestiones internacionales.

Divinización. →Teopoiesis.

Docetismo. Término que se deriva del griego *dokein*, parecer o aparentar. El docetismo es la doctrina según la cual Jesús no tuvo cuerpo físico humano, sino sólo la apariencia de tal. Tales doctrinas fueron muy populares en la iglesia antigua, y frecuentemente iban unidas a posturas →dualistas, según las cuales sólo lo puramente espiritual puede ser bueno, mientras que la materia es intrínsecamente mala. Si la materia es mala, Jesús no pudo haber tenido cuerpo humano, sino sólo la apariencia de tal. Al parecer tales doctrinas circularon desde muy temprano, puesto que en Primera de Juan 4:2 encontramos su rechazo explícito, y es muy posible que las constantes referencias a Jesús en el acto de comer, aún después de su resurrección, sean un intento de refutar tendencias docéticas. Tales tendencias eran comunes entre los →gnósticos, y también Marción las sostuvo, pues aparentemente decía que Jesús no nació, sino que sencillamente apareció como hombre maduro durante el reino de Tiberio (→Marcionismo). Buena parte del Antiguo Símbolo Romano, así como de su versión posterior, el Credo Apostólico (→Credos), parece haberse formulado como barrera contra las tendencias docéticas a negar el nacimiento y los sufrimientos de Jesús. De aquí la afirmación de que Jesús "nació de la virgen María, sufrió bajo el poder de Poncio Pilato, fue crucificado, muerto y sepultado". Siempre ha habido en la comunidad cristiana tendencias docéticas, aunque el verdadero docetismo nunca logró aceptación en la iglesia. Por una extensión de significado, a veces una doctrina que en realidad no niega la realidad física de Jesús, pero que sí parece disminuir su completa humanidad recibe el calificativo de "docética".

Doctrina. Literalmente, "enseñanza". El término "doctrina" tiene diversos niveles de significado según su contexto. Al nivel inferior, sencillamente puede referirse a la opinión o enseñanza de alguna persona sobre un tema cualquiera, y en tal caso es sinónimo de "opinión"—como por ejemplo, cuando se habla de la "doctrina platónica de la inmortalidad del alma". Otras veces se le usa para referirse a todo un acápite en el discurso teológico—como cuando se habla, por ejemplo, de la "doctrina de la salvación", refiriéndose a la →soteriología, o a la "doctrina de la iglesia", para referirse a la →eclesiología. A un nivel más estricto, la "doctrina" se refiere a aquellas enseñanzas que consciente y consideradamente caracterizan a un grupo cualquiera dentro de la iglesia—como por ejemplo, cuando hablamos de "la doctrina →reformada de la →predestinación" o de la "doctrina wesleyana de la →santificación". Por último, en el sentido estricto una "doctrina" es una enseñanza de tal autoridad que rechazarla implica sobrepasar los límites de la ortodoxia. En este último sentido, la doctrina es sinónimo del dogma.

Aun cuando se les emplea como sinóminos, "doctrina" y "dogma" tienen distintas connotaciones. Para llegar a serlo, un dogma tiene que ser promulgado por un cuerpo oficial y autorizado de la iglesia. Así, la mayoría de las iglesias cristianas—tanto la católica romana como las ortodoxas orientales y las protestantes—aceptan las decisiones doctrinales de los primeros concilios ecuménicos (en algunos casos los primeros cuatro, y en otros los primeros siete) como materia de dogma, mientras que el catolicismo romano le da esa autoridad a toda una serie de doctrinas y decisiones de concilios y papas posteriores. Por ello, el término "dogma" tiene connotaciones autoritarias de que muchos protestantes modernos no gustan, y por lo tanto prefieren referirse a las "doctrinas oficiales" de la iglesia más bien que a sus "dogmas". Aunque tales "doctrinas oficiales" o "dogmas" de la iglesia no han de tomarse a la ligera, tampoco se les ha de considerar descripciones detalladas de la verdad que se esconde tras ellos. La doctrina de la →Trinidad, por ejemplo, no es una descripción del ser interno de Dios. Es más bien una serie de fronteras o bordes que ayuda a los creyentes a evitar una serie de peligros al pensar o hablar acerca de Dios—peligros tales como el triteísmo, el →subordinacionismo, el →arrianismo, el →modalismo, etc.

Dogma. →Doctrina.

Dogmática. Otro modo de referirse a la teología, particularmente a aquella que considera que su tarea consiste en estudiar las →doctrinas o dogmas de la iglesia, más bien que en construir sistemas especulativos personales. Como título, el término se utiliza frecuentemente como forma abreviada del título de la obra de Karl Barth (1886-1968) *Dogmática eclesiástica.*

Donatismo. Movimiento que surgió en el norte de África temprano en el siglo cuarto, cuya posición fundamental éra que las consagraciones llevadas a cabo por obispos que habían caído en tiempos de persecución no eran válidas. En consecuencia, los donatistas rechazaban la autoridad de Ceciliano, a la sazón obispo de Cartago, quien había sido consagrado por un obispo que supuestamente había caído en tiempos de persecución. Esto llevó a un cisma cuyos partícipes recibieron el nombre de donatistas porque uno de sus dirigentes se llamaba Donato. Cuando el resto de la iglesia y luego las autoridades imperiales comenzaron a oponérseles, algunos de los donatistas más radicales, conocidos como "circunceliones", acudieron a la violencia. Aunque fuertemente presionado por sus enemigos, y desacreditado por sus crímenes más violentos, el movimiento persistió hasta tiempos de la invasión musulmana cuatro siglos más tarde. La cuestión teológica planteada por el cisma, así como por otros semejantes (→Novacianismo), es la pureza de la iglesia y la validez de los →sacramentos y ritos administrados por personas indignas. Fue contra los donatistas que San Agustín y otros insistieron en que la validez del sacramento no depende de la dignidad del ministro, sino del sacramento mismo (→*ex opere operato*). Fue también contra ellos que Agustín desarrolló la distinción entre la iglesia invisible, que es la compañía de todos los predestinados, y la visible, en la que el trigo y la cizaña permanecen mezclados. (→Eclesiología)

Donum superadditum. En la teología medieval, el "don extra" que se suponía que Adán y Eva tenían cuando fueron creados, y que perdieron con la →caída. Según esta teoría, Adán y Eva tenían todo cuanto era necesario para abstenerse del pecado—en términos de San Agustín, *posse non peccare.* En opinión de algunos, el *donum superadditum* incluía también una excelencia en los poderes intelectuales y físicos que se ha perdido a consecuencia del pecado.

Dualismo. La noción de que hay dos fuentes del ser. En los casos más extremos, el dualismo ve estos dos principios como eternamente opuestos entre sí. La expresión clásica de tal dualismo es el →maniqueísmo, según el cual la luz y las tinieblas han coexistido eternamente, y ninguna de ellas puede destruir a la otra. Según tal sistema, nuestro mundo presente es una mezcla de estos dos principios, y la lucha por la salvación es el proceso por el cual se van separando, hasta que cada uno de ellos quede confinado a su propio sitio.

Una forma más moderada de dualismo ve a Dios como creador del mundo, pero a partir de una "materia informe" o caos preexistente independientemente de Dios. Fue contra tal dualismo, propuesto por algunos durante la reintroducción del →aristotelismo en los siglos doce y trece, que la doctrina de la →creación →*ex nihilo* vino a ser dogma de la iglesia.

Una tercera forma de dualismo, propuesta por muchos →gnósticos en el siglo segundo, comienza con un solo principio, pero afirma que entonces el error o el mal de alguna manera entraron en la ecuación, y que el resultado del tal error o mal es el presente mundo material. Esto resulta en una visión dualista del mundo según la cual lo espiritual es bueno y lo material malo.

El cristianismo ortodoxo ha tenido que hilar fino en cuanto a este tema, insistiendo en que todo cuando existe—incluso Satán y todos los demonios—es creación de Dios, y por tanto originalmente bueno, pero afirmando al mismo tiempo que la lucha con tales poderes del mal es real (→Satanás; →Mal).

Duofisismo. Término derivado de raíces griegas que significan "dos naturalezas". Se emplea principalmente en el contexto de la →cristología, como opuesto al →monofisismo. Según la →ortodoxia cristiana tal como fue definida por el Concilio de Calcedonia en el 451, hay en el Salvador dos naturalezas, una divina y otra humana, y estas dos existen en la →persona de Jesucristo, "sin confusión, sin cambio, sin división, sin separación". Lo que esto significa es que Jesús es plenamente humano y plenamente divino, y que su divinidad no disminuye su humanidad, ni viceversa.

Duoteletismo (también duotelismo). Término derivado de raíces griegas que significan "dos voluntades". Se le emplea en la →cristología como modo de rechazar el →monoteletismo. El Sexto Concilio Ecuménico, reunido en Constantinopla en el 681, rechazó el monoteletismo y afirmó el duoteletismo. Esto era sencillamente una extensión del principio según el cual Jesús ha de ser plenamente humano y plenamente divino, y por lo tanto ha de tener tanto una voluntad humana como una voluntad divina, aun cuando ambas coinciden en cuanto a su contenido.

E

Ebionismo. Movimiento que surgió en fecha muy temprana entre cristianos judíos, y del cual se sabe únicamente a través de quienes escribieron contra él. Por tanto, sus enseñanzas no resultan del todo claras. El nombre del movimiento se deriva del término hebreo para los "pobres", y al parecer los ebionitas llevaban una vida sencilla. Se les criticó sobre todo por su →cristología, puesto que aparentemente sostenían que Jesús fue un gran profeta—el más grande de todos los profetas, pero con todo y eso no más que profeta—cuya fidelidad hizo que Dios le adoptase como hijo (→Adopcionismo). Más tarde, el término "ebionita" se ha usado a veces para referirse a cualquier cristología "baja", es decir, que no declare que Jesús es plenamente divino.

Eclesiología. Aquella parte de la teología que se refiere a la iglesia y su naturaleza. (En algunos círculos, se usa el mismo término para referirse al arte de diseñar y decorar iglesias.) La palabra "eclesiología" se deriva del griego *ekklesia* y de su transliteración latina, *ecclesia*. El término griego originalmente se refería a cualquier asamblea que fuese convocada—como por ejemplo la asamblea de los ciudadanos atenienses—pero en círculos cristianos comenzó a utilizarse únicamente para el cuerpo de los creyentes.

En el Nuevo Testamento no existe una eclesiología como tal. Pero sí se utilizan muchas imágenes para describir la iglesia, y cada una de ellas subraya uno de los varios aspectos de la realidad eclesiástica—cuerpo de Cristo, esposa de Cristo, pueblo de Dios, arca de salvación, edificio de Dios, real sacerdocio, viña del Señor, etc. Todas estas referencias, así como el testimonio todo del Nuevo Testamento, indican que la iglesia es elemento fundamental del evangelio cristiano, cuya proclamación queda incompleta si no invita a las personas a unirse al cuerpo de los creyentes. Durante la era patrística, las muchas controversias teológicas, y particularmente la necesidad de responder a los retos del →gnosticismo y del →marcionismo, llevaron a un énfasis creciente sobre la autoridad de la iglesia. De allí surgió la doctrina de la →sucesión apostólica, y el énfasis sobre la →apostolicidad, →unidad y →catolicidad como →señales o marcas de la iglesia. Así, en el siglo tercero Cipriano declaró que no hay salvación fuera de la iglesia, y que no es posible tener a Dios por padre sin tener a la iglesia por madre—afirmaciones que tanto Lutero como Calvino más tarde citaron y aprobaron. Ya por aquella fecha, había debates entre los cristianos acerca de la pureza de la iglesia, y esos debates se volvieron más virulentos en el siglo cuarto (→Novacianismo; →Donatismo). Como resultado de ellos, la →santidad también quedó definida y declarada como una de las señales esenciales de la iglesia. Luego, mientras el Credo original de Nicea afirmaba sencillamente la fe "en el Espíritu

Santo", el texto que fue enmendado en Constantinopla en el 381 añade "y en la iglesia una, santa, católica y apostólica".

Uno de los temas constantes en la eclesiología ha sido la relación entre la iglesia como cuerpo de creyentes en un lugar particular—como en el caso de "la iglesia de Laodicea" o la "Primera Iglesia Metodista"— la iglesia como cuerpo nacional o internacional—como en "la Iglesia de Inglaterra" o "la Iglesia Presbiteriana"—y la iglesia como cuerpo de todos los creyentes—la "una, santa, católica y apostólica". Resulta claro que esa iglesia una, santa, católica y apostólica existe en la tierra solamente en su encarnación en congregaciones locales, en organizaciones eclesiásticas, denominaciones, etc. Empero sólo unas pocas de las denominaciones más dogmáticas y exclusivistas pretenden que ellas, y solamente ellas, son la iglesia de Jesucristo. ¿Cómo entonces se relacionan estos diversos "niveles" o "encarnaciones" de la iglesia entre sí y con el cuerpo de Cristo, que obviamente es uno solo?

Una opinión que ha sido bastante común desde tiempos de San Agustín (354-430), y que sirve de respuesta parcial a esta última pregunta, es la distinción entre la iglesia visible y la invisible. En esta distinción, la iglesia invisible, que según la mayoría de los teólogos sólo Dios conoce, es la compañía de todos los que han de ser salvos. La iglesia visible es la comunidad terrena en la que los miembros de la iglesia invisible son convocados por el Espíritu Santo, pero en la que el trigo y la cizaña permanecen mezclados. En el caso de Agustín mismo, esta distinción no pretendía disminuir la importancia de la iglesia y de sus estructuras, sino todo lo contrario: lo que se pretendía era sostener la autoridad e importancia de la iglesia visible aun en medio de sus imperfecciones. Empero en tiempos posteriores otros han utilizado la misma distinción para declarar que la iglesia visible tiene poca o ninguna importancia, que es posible abandonarla sin temor alguno, puesto que en fin de cuentas ellos son miembros de la iglesia invisible.

Otro punto de desacuerdo en cuestiones eclesiológicas ha sido la relación entre la naturaleza de la iglesia y su gobierno. Desde fecha muy temprana, hubo en la iglesia dirigentes que recibían los títulos de →obispos, presbíteros o ancianos (→sacerdocio) y diáconos. Aunque al parecer durante algún tiempo un presbítero fue lo mismo que un obispo, ya en el siglo segundo existía la jerarquía tripartita de obispos, presbíteros y diáconos. Empero, esto no quiere decir que la iglesia fuese una jerarquía, sino sencillamente que tenía un sistema de gobierno jerárquico. Durante la Edad Media, una visión altamente jerárquica de toda la creación llevó también a una visión jerárquica de la iglesia, de tal modo que la iglesia consistía ella misma en una →jerarquía. Como en cualquier jerarquía, los miembros inferiores derivan su autoridad y hasta su existencia de los superiores. Esto llevó a tal punto que resultaba común hablar de "la iglesia" como el clero, y particularmente los altos niveles del mismo, como si el laicado no fuese la iglesia. En el siglo veinte, esos extremos fueron moderados por el Segundo Concilio Vaticano al referirse a la iglesia como el pueblo peregrino de Dios y al afirmar el →sacerdocio de todos los creyentes. En contraste con tal visión jerárquica de la iglesia, otros han afirmado que la iglesia es el cuerpo de los creyentes, y que es en ellos que la autoridad reside. Tal fue la postura del →conciliarismo de fines del medioevo, y ha sido la posición prevaleciente en muchas iglesias protestantes, donde se afirma que en última instancia la autoridad reside en los creyentes. En el siglo dieciséis, los reformadores—particularmente Lutero y Calvino—insistieron en que lo que constituye a la iglesia no es ni la jerarquía ni sus miembros, sino la →Palabra de Dios, con lo cual querían decir la palabra predicada desde el púlpito y demostrada en los →sacramentos. Por ello la afirmación de Calvino, que "doquiera vemos la Palabra puramente predicada y escuchada, y los sacramentos administrados según la institución de Cristo, allí sin duda alguna existe una iglesia de Dios".

Ecumenismo. Término que se le deriva del griego *oikoumene*, "toda la tierra habitada". Luego, originalmente lo "ecuménico" era sencillamente lo "universal". Es en ese sentido que se habla de los grandes concilios de la iglesia durante los primeros siglos, tales como el de Nicea en el 325, como "concilios ecuménicos".

Existe desacuerdo entre las iglesias orientales y la de Roma en torno a cuántos concilios han sido verdaderamente ecuménicos: el Oriente acepta únicamente los primeros siete, terminando con el Segundo Concilio de Nicea en el 787, y la Iglesia Católica Romana acepta veinte, hasta llegar al Segundo Concilio Vaticano.

Empero en tiempos más recientes los términos "ecumenismo" y "ecuménico" se han asociado más directamente con el intento de establecer relaciones más estrechas, y quizá hasta unidad, entre las diversas iglesias en todo el mundo. Este movimiento ecuménico moderno tiene varias raíces. Una de ellas se encuentra en lo que antes se llamó el "campo misionero", donde los misioneros pronto descubrieron que las diferencias, divisiones y competencia entre diversas denominaciones eran un obstáculo en la evangelización del mundo. Por ello, ya a principios del siglo diecinueve Guillermo Carey proponía que tuviese lugar una gran conferencia misionera internacional que debía reunirse en Capetown en 1810, a fin de promover la colaboración entre las diversas empresas misioneras protestantes.

Otras raíces del movimiento ecuménico moderno son el estudio reno-vado de la Biblia, que ha creado puentes entre estudiosos procedentes de diversas tradiciones, la necesidad de responder en conjunto a retos tales como el totalitarianismo, el secularismo y el hambre mundial, y las comunicaciones más rápidas a partir del siglo veinte, que facilitaron el contacto y el diálogo entre personas en distintas partes del mundo.

Este movimiento ecuménico moderno, que se originó entre protestantes y pronto involucró a varias iglesias orientales, se desarrolló originalmente siguiendo tres líneas de interés: "fe y orden", "vida y obra", y la empresa misionera. El primero de estos movimientos buscaba acercar a las iglesias entre sí en aquellas cuestiones que tienen que ver con la doctrina y la forma de gobierno. El segundo fomentaba la colaboración en asuntos prácticos, proyectos caritativos, y otras cosas semejantes. Estos dos movimientos a la postre cristalizaron en el Consejo Mundial de Iglesias, que se organizó en una asamblea mundial en Amsterdam en 1948. Los intereses misioneros llevaron a la Conferencia Misionera Mundial que se reunió en Edinburgo en 1910—exactamente cien años después de la conferencia que Carey había proyectado—y cristalizaron en el Consejo Internacional Misionero, organizado en el 1921. Este último organismo se unió al Consejo Mundial de Iglesias en la asamblea de Nueva Delhi en 1961, y vino a ser entonces la Comisión de Misión Mundial y Evangelismo del Consejo Mundial.

Entre protestantes de tendencias más conservadoras, hubo muchos que cuestionaron las decisiones, estructuras y teología del Consejo Mundial de Iglesias y de los cuerpos que se relacionan con él. Para muchos, el término mismo "ecuménico" vino a ser anatema, pues se le veía como la disposición a abandonar algunos puntos fundamentales de doctrina en pos de la unidad. Empero aun entre esos grupos hubo también una tendencia hacia la mayor unidad y colaboración. El resultado de esto fue el "Movimiento de Lausana"—el Comité de Lausana para la Evangelización Mundial—que se inició en el 1974, en el Congreso sobre la Evangelización Mundial.

En el entretanto, en 1962-65, el Segundo Concilio Vaticano de la Iglesia Católica Romana se había reunido. Al convocar a este concilio, el papa Juan XXIII declaró que sería "ecuménico". Según el proyecto fue evolucionando, resultó evidente que se esperaba que este concilio tuviese dimensiones ecuménicas tanto en el sentido tradicional como en el más moderno. En el sentido tradicional, sería el vigésimo en la serie de concilios que la Iglesia de Roma considera ecuménicos o universales. En el sentido moderno, el Concilio incluiría la presencia de representantes de las iglesias orientales y protestantes, aunque sólo como observadores, y no como participantes. Al mismo tiempo, en parte gracias a la apertura de Juan XXIII, la Iglesia Católica Romana se involucró más en el movimiento ecuménico moderno, y desarrolló colaboración y vínculos más estrechos con el Consejo Mundial de Iglesias y varios cuerpos semejantes en diversas partes del mundo.

Por último, según el diálogo interreligioso se fue volviendo cada vez más activo hacia fines del siglo veinte y principios del veintiuno, algunos comenzaron a referirse a ese diálogo como una nueva forma de "ecumenismo". Empero, esto no ha de confundirse con el movimiento ecuménico moderno.

Elección. La acción o decreto por el cual Dios predestina a algunos para la salvación. →Predestinación.

Emanación. Un modo particular de entender la relación entre el Uno (Dios) y "los muchos"—el mundo. Según esta idea, sostenida por muchos →gnósticos y →neoplatónicos, el Uno irradia su propia sustancia, de manera semejante a una serie de círculos concéntricos en un estanque, o a la manera en que el fuego irradia calor. Mientras más próximo se encuentre algún ser al Uno, mejor será. Así, por ejemplo, el intelecto es mejor que la materia, y la materia formada es mejor que la diversidad caótica. La mayoría de los teólogos cristianos rechaza esta opinión, insistiendo que hay una diferencia ontológica entre Dios y la creación, y que esta última no es sencillamente un nivel inferior de lo divino. Un modo de expresar esto es decir que según la teoría de la emanación el mundo es producto de la esencia de Dios, de la cual participa, mientras que en la doctrina de la →creación el mundo es resultado de la voluntad de Dios.

Aunque la teoría de la emanación ha sido generalmente rechazada por los teólogos cristianos, sí impactó a buena parte de la teología medieval que tendía a ver la creación toda como un orden jerárquico (→Jerarquía), según cada ser estuviese más próximo o más distante de lo divino. También esta visión ayudó a Agustín (354-430) a desarrollar su teoría del →mal, que según él no es una substancia, sino un apartarse del Uno y moverse hacia la multiplicidad.

Empirismo. Teoría del conocimiento (→Epistemología) que sostiene que todo conocimiento se deriva de la experiencia, ya sea la experiencia de los sentidos, o ya la experiencia interna, y que por tanto se opone al →idealismo.

El empirismo floreció particularmente en Gran Bretaña en los siglos diecisiete y dieciocho, bajo el impulso filosófico de John Locke (1632-1704). Encontró expresión teológica en el →deísmo, y finalmente llegó a un callejón sin salida con la obra de David Hume (1711-1776), quien arguía que ideas tan fundamentales como la de →causalidad y la de →substancia nunca se experimentan, y no pueden probarse mediante la experiencia. En un sentido más popular, se habla del "empirismo" como la actitud de quienes dicen que sólo creerán lo que puedan ver o puedan demostrar mediante la experimentación.

Enajenación. Separación o distanciamiento. El término se emplea comúnmente en la filosofía a partir de tiempos de Hegel, y sobre todo de Feuerbach y Marx—y en la teología en los escritos de aquellos teólogos que han sido más impactados por esos filósofos. Hoy se le emplea con mayor frecuencia en los escritos de los teólogos →existencialistas. Se refiere comúnmente a la enajenación o distanciamiento de uno mismo, de otros y de Dios. La auto-enajenación es tanto la distancia que separa al yo de su verdadero ser como la incapacidad del yo de aceptarse tal como es. En algunos teólogos contemporáneos se tiende a hablar de enajenación más bien que de pecado.

Encarnación. Acción de Dios de tomar carne (en-carnarse) en Jesucristo. La encarnación es el centro de la fe cristiana, y uno de los puntos que la distingue de otras religiones monoteístas.
Desde fecha muy temprana los cristianos estaban convencidos de la presencia especial de Dios en Jesús. Pablo se refiere a él como el "Señor", el término que se utilizaba en la Septuaginta, la versión griega de la Biblia Hebrea que Pablo cita en sus cartas, para referirse a Dios. Mateo le hace hablar en un monte, donde establece los principios de conducta de sus seguidores, de igual manera en que Dios le habló a Moisés y a los hijos de Israel en el Monte Sinaí. Juan nos le muestra reclamando para sí una unidad única con el Padre. A principios del siglo segundo, Ignacio de Antioquía se refiere a la pasión de Cristo como "los sufrimientos de mi Dios". Luego, aunque hubo debates acerca del sentido y modo de la encarnación que continuarían hasta el día de hoy, la presencia única de Dios en Cristo era cuestión generalmente aceptada desde los primerísimos tiempos.
Por otra parte, lo que no estaba claro era el modo preciso en que esa presencia debía describirse. A un extremo del espectro teológico había quienes creían que Jesús era un profeta único, pero con todo y eso no más que un ser humano a quien Dios había inspirado como inspiró antes a los profetas, o a quien Dios había adoptado como hijo en algún

momento durante su vida—según algunos, en el bautismo, cuando Dios le declaró su hijo bienamado (→Ebionismo; →Adopcionismo). Al otro extremo del espectro, había quienes decían que Jesús no era verdaderamente humano, sino que en realidad era un ser celestial que aparentaba tener cuerpo (→Docetismo; →Gnosticismo; →Marcionismo). Ambos extremos fueron pronto rechazados por la mayoría de la iglesia. De los dos, fue el segundo el que siempre pareció tener más atractivo para algunos creyentes, y que por lo tanto fue una amenaza para el cristianismo ortodoxo por más tiempo.

Entre estos dos extremos, había toda una variedad de opiniones en cuanto a la presencia de Dios en Jesucristo, todas ellas concordando en que Jesús es divino y humano, pero difiriendo en cuanto a cómo interpretar o referirse a ese hecho. En el Occidente, Tertuliano utilizó lenguaje legal para aclarar que en Jesús hay "dos subtancias", la divina y la humana, en una persona. Al parecer en este contexto entendía los términos "substancia" y "persona" como los entendía la ley romana. En esa ley, la substancia es la propiedad u oficio que determina el carácter o status de un individuo, y la persona es quien tiene tal propiedad u oficio. Aunque los escritos de Tertuliano sobre este tema no fueron generalmente empleados en el curso de las controversias durante los próximos dos siglos, es interesante notar que a la postre la ortodoxia cristiana se definió en términos semejantes a los de Tertuliano, afirmando que hay dos "naturalezas", la divina y la humana, en una persona.

En el Oriente de habla griega, había dos escuelas de pensamiento. Una de ellas, la escuela →alejandrina, tendía a subrayar la unidad entre lo divino y lo humano, a veces a tal punto que parecía que la humanidad de Jesús quedaba absorbida o eclipsada por la divinidad. La otra, la tendencia →antioqueña, tomaba el camino opuesto, insistiendo en la necesidad de afirmar la plena humanidad de Jesús, aunque esto requiriese limitar su divinidad, o limitar la unión entre ambas naturalezas, para asegurarse de que la divinidad no eclipsara la plena humanidad de Jesús. Los historiadores frecuentemente se refieren a la primera de estas tendencias como una →cristología "unitiva", y a la segunda como "disyuntiva".

La cristología unitiva de los alejandrinos encontró temprana expresión en lo que los historiadores llaman la cristología del "logos-sarx" (es decir, logos-carne), que afirma que lo que Dios asumió en Jesús, más bien que un ser humano completo, fue el cuerpo o carne humana. Tal fue la postura de los →apolinaristas, quienes sostenían que en Jesús el →Logos o Palabra de Dios tomó un cuerpo humano, de tal modo que en Jesús no hay "alma racional" humana, puesto que el lugar de tal alma lo ocupa el Logos. Esta postura pronto fue declarada inaceptable, porque negaba la plena humanidad de Jesús.

La teología disyuntiva de los antioqueños vino a ser el centro del debate cuando Nestorio (→Nestorianismo) propuso referirse a Jesús como "dos naturalezas" en "dos personas", y ambas unidas en lo que él llamaba "una unión moral", de tal modo que fuese posible hablar de algunas cosas que Jesús hizo como humano, y otras que hizo como Dios. Así, por ejemplo, Jesús nació de María, pero Dios no. Es por esto que el término →*Theotokos* se volvió el centro de la controversia. La posición de Nestorio fue rechazada por la iglesia en el Concilio de Éfeso en el 431.

Frente a Nestorio, Cirilo de Alejandría (murió 444) insistía en la necedad de entender la unión de tal manera que todo lo que se diga de Jesús se diga tanto de su humanidad como de su divinidad, puesto que el sujeto de toda predicación no es la divinidad ni la humanidad, sino la persona única de Dios encarnado (→*communicatio idiomatum*). Por ello Cirilo hablaba acerca de una "unión hipostática", con lo cual quería decir que en Jesús las dos naturalezas, divina y humana, existen en una sola →hipóstasis, una persona, la Segunda Persona de la →Trinidad. Otros teólogos de la escuela alejandrina iban más lejos, declarando que una vez que la unión tiene lugar ya no es posible hablar de una naturaleza humana en Cristo, sino sólo de la naturaleza divina que ha absorbido a la humanidad. Los tales recibieron el nombre de →monofisitas, es decir, sostenedores de una naturaleza, y sus enseñanzas también fueron rechazadas por la iglesia, esta vez en el Concilio de Calcedonia, que en el año 451 declaró que en Cristo hay dos naturalezas en una sola persona o hipóstasis.

Como resultado de estas controversias surgieron las primeras divisiones permanentes en la iglesia cristiana, de tal modo que hasta el día de hoy hay algunos cristianos, principalmente en los antiguos territorios del antiguo Imperio Persa, que se declaran seguidores de las doctrinas de Nestorio, y otros, en Egipto, Etiopía, Siria y hasta la India quienes se dicen "monofisitas"—aunque muchos sostienen que la diferencia se ha vuelto puramente verbal y tradicional.

Aún entonces, la controversia no terminó. Frecuentemente complicada por consideraciones de índole política, continuó en torno a nuevas formulaciones tales como el →monergismo y el →monoteletismo. De hecho, a través de toda la historia los teólogos que aceptan las decisiones de Calcedonia tienden a diferir inclinándose en una dirección u otra. Así se ha dicho, por ejemplo, que al tiempo que Lutero se inclina más hacia una cristología unitiva, Calvino tiende hacia una teología disyuntiva.

En tiempos más recientes, el →liberalismo resucitó la idea de que Jesús fue un maestro excepcional, hombre santo, o profeta, pero no Dios encarnado. Aunque tal opinión acerca de Jesús se ha vuelto común en la sociedad secular, vale la pena tomar en cuenta el comentario de Bonhoeffer (1906-45) en el sentido de que tales opiniones, aun cuando parezcan más razonables que la doctrina tradicional de la encarnación, en realidad hacen de Jesús una especie de fenómeno sobrehumano, y por lo tanto no son más creíbles que el viejo docetismo. Las diversas opiniones acerca del modo de la encarnación se relacionan estrechamente con diversas opiniones acerca de su propósito. Por lo común, todos afirman que el propósito de la encarnación fue nuestra salvación; pero aun respecto a esto hay diversas opiniones (→Expiación). En el Occidente, la interpretación más común de la expiación es que Jesús vino a pagar por los pecados humanos en la cruz. En su ensayo clásico sobre este tema, Anselmo de Canterbury (1033-1109) sostiene que esto requiere que Jesús sea humano, puesto que era la humanidad quien había pecado, y que sea divino, puesto que lo que se requiere es un pago infinito. Estas opiniones ven menos importancia salvífica en la encarnación misma, que queda casi reducida a un modo de llegar a la cruz. Si, por otra parte, lo que los humanos necesitan no es alguien que pague por su pecado, sino alguien que les muestre el camino hacia Dios, entonces la humanidad de Jesús se vuelve un mero instrumento mediante el cual la divinidad nos habla, y esto es perfectamente compatible con la cristología de tipo alejandrino. Si el propósito de la intervención es abrir el camino para que los cristianos puedan unirse a Dios (→Teopoiesis), alzar a la humanidad a la comunión con Dios, entonces resulta de suprema importancia que Jesús sea plenamente humano, como insistían los antioqueños, y la encarnación misma se vuelve un acto redentor del cual la cruz es sólo un aspecto. Lo que es más, a través de los siglos ha habido algunos teólogos (entre ellos Ireneo en el siglo segundo, Alejandro de Hales en el trece, y Teilhard de Chardin en el veinte) que han visto la encarnación, no principalmente como la respuesta y solución de Dios al pecado humano, sino como el propósito mismo de Dios al crear la humanidad. En tal caso la cristología no comienza, como lo hace la mayor parte de la cristología traidicional, con el contraste o distancia entre la humanidad y la divinidad, sino con la compatibilidad entre ambas.

Enculturación. Término que se hizo común en la teoría misiológica durante la segunda mitad del siglo veinte, para referirse a los procesos mediante los cuales el cristianismo echa raíces en una nueva →cultura. Frecuentemente se le contrasta con la →aculturación y con la →acomodación, el método según el cual los misioneros adaptan su predicación, enseñanzas y prácticas a las diversas culturas, porque la enculturación, más que un método misionero, es el resultado de la práctica actual de la vida cristiana dentro de una cultura. En otras palabras, los agentes de la enculturación no son misioneros u otras personas fuera de la cultura en busca de "puntos de contacto" con esa cultura, sino más bien los cristianos dentro de la cultura misma quienes, muchas veces inconscientemente, interpretan y viven el Evangelio según las tradiciones y patrones de su propia cultura. En cuanto al contenido, la enculturación es mucho más amplia que la aculturación, puesto que la última se refiere a la cultura receptora sólo en término de aquellos puntos en los que es posible construir un puente, mientras que en la enculturación quienes son parte de la nueva cultura tienen que tratar con toda ella según se relaciona con el cristianismo. Algunos misiólogos usan el modelo de la →encarnación como paradigma para la enculturación, sosteniendo que el único modo de conocer la fe cristiana es a través de su encarnación en una cultura, y que todo intento de separar las doctrinas eternas e inmutables de la cultura en la cual existen ha de fracasar—de igual modo que la ortodoxia cristológica siempre ha sostenido que la divinidad de Cristo no puede separarse de su humanidad. En la enculturación, no sólo se cristianiza la cultura, sino también se "culturaliza" el Evangelio—interpretado y vivido ahora de una manera específica en esa cultura particular. Esto quiere decir que el proceso misionero, además de una expansión geográfica, es la constante reinvención del cristianismo.

Enhipóstasis. La teoría →cristológica propuesta por Leoncio de Bizanzio (siglo sexto) para defender la postura ortodoxa, según la cual es posible que dos naturalezas se unan en una sola →hipóstasis y continúen siendo diferentes. Así, por ejemplo, el alma y el cuerpo se unen en la hipóstasis de un solo ser humano, pero cada uno de ellos puede existir separadamente. Cuando están unidos, subsisten en una sola hipóstasis, la del ser humano. Cuando están separados, cada cual tiene su propia hipóstasis. En el caso del Salvador, su naturaleza humana subsiste en la hipóstasis de la divina, aunque normalmente una naturaleza humana podría existir por sí misma, en su propia hipóstasis. Es por esto que este modo de entender la unión en Jesús se llama "unión enhipostática".

Entusiasmo. Término que originalmente significaba ser poseído por Dios o los dioses, y que por lo general tuvo connotaciones positivas en la teología cristiana hasta el siglo diecisiete, cuando se le empleó para referirse a quienes pretendían tener una comunicación privada con Dios, y en base a tal comunicación decían haber recibido instrucciones especiales para sí mismos o para otros. Juan Wesley (1703-91) fue acusado repetidamente de "entusiasta"—acusación que rechazó constante y repetidamente.

Epiclesis. La oración eucarística en que se invoca la presencia del Espíritu Santo, por lo general para consagrar el pan y el vino, pero también en ocasiones sobre todo el pueblo, de modo que puedan recibir el Espíritu de igual que lo reciben los elementos consagrados. La epiclesis siempre ha sido un elemento importante en todas las liturgias eucarísticas orientales. En el Occidente, cayó en desuso durante la Edad Media, pero ha sido introducida más recientemente tanto por protestantes como por católicos romanos. Tradicionalmente, ha habido un desacuerdo entre las iglesias orientales y el catolicismo romano, puesto que mientras éste último piensa que la consagración de los elementos eucarísticos tiene lugar cuando el sacerdote pronuncia las palabras de institución, aquéllas sostienen que la consagración tiene lugar con la venida del Espíritu Santo en la epiclesis.

Episcopal. Lo que se refiere al →obispo—en latín, *episcopus*—o los obispos. Es también parte del nombre oficial de la iglesia que representa a la Comunión Anglicana en los Estados Unidos y algunos otros países, llamada Iglesia Episcopal.

Epistemología. La rama de la filosofía que ocupa de la teoría del conocimiento. Desde tiempos antiguos, hubo desacuerdo entre los filósofos griegos en cuanto a cómo es que la mente humana adquiere conocimiento. Platón (→Platonismo) sostenía que, puesto que todo cuanto los sentidos perciben es pasajero y por lo tanto no real en el sentido último, los sentidos no pueden ser fuente del verdadero conocimiento. Por ello sugirió la →preexistencia de las almas, sosteniendo que fue en esa existencia previa que las almas han tenido ocasión de conocer las ideas eternas, y que todo conocimiento verdadero en la existencia presente es recuerdo de ese conocimiento pasado. Esto implica que la función del maestro no es plantar nuevos conocimientos en la mente del estudiante, sino más bien hacer surgir el conocimiento que ya se encuentra allí, de manera semejante a como una comadrona ayuda a una madre a tener un hijo. Frente a Platón, su discípulo Aristóteles proponía una teoría según la cual el conocimiento comienza con los datos de los sentidos, de los cuales entonces la mente destila la esencia común que se encuentra tras los seres de la misma especie.

En la teología cristiana temprana, estas dos opiniones lucharon por la supremacía. Por lo general, la →escuela alejandrina prefería la opción de Platón, y la →antioqueña se inclinaba hacia de la Aristóteles. A la postre, empero, el platonismo resultó vencedor, y durante siglos la mayoría de los teólogos cristianos eran platónicos en lo referente a cuestiones epistemológicas.

Esto requirió ciertos ajustes, puesto que desde fecha bastante temprana los teólogos cristianos rechazaron la noción de la preexistencia de las almas. Así surgió la teoría de la →iluminación, propuesta por Agustín y otros, según la cual, puesto que los sentidos no pueden ser el origen del verdadero conocimiento, ese conocimiento le llega al intelecto mediante una iluminación directa por parte del Verbo o →Logos eterno de Dios.

No fue sino en el siglo trece, con la reintroducción de la filosofía aristotélica en Europa Occidental, que los teólogos medievales comenzaron a considerar de nuevo la posibilidad de que los sentidos tuviesen una función básica en el conocimiento de la verdad. Esta fue una de las principales contribuciones de Tomás de Aquino (→Tomismo) y en cierto modo se encuentra en la raíz de la ciencia, la experimentación y la tecnología occidentales.

Este énfasis en los sentidos y su experiencia llegó a su punto culminante en el →empirismo británico de los siglos diecisiete y dieciocho, según el cual todo conocimiento viene de los sentidos—ya sea de los cinco sentidos externos, o ya del sentido de la experiencia interna—y a la postre llevó al →deísmo. En el entretanto, en el continente europeo, Descartes (1596-1650) y sus seguidores (→Cartesianismo) propusieron un regreso a una epistemología que no se fundamentase en la percepción sensoria. A la postre, primero en la obra de David Hume (1711-76), y definitivamente en la filosofía de Emmanuel Kant (1724-1804), tanto el empirismo británico como el →idealismo cartesiano fueron reemplazados por la conciencia de que las estructuras de la mente tienen un lugar importante en lo que nos es dable conocer y cómo podemos conocerlo, puesto que el conocimiento no es un mero proceso de introducir ideas en la mente, sino que es un proceso activo en cual los datos que los sentidos nos dan se organizan según las capacidades y estructuras de la mente.

Erastianismo. Doctrina tradicionalmente atribuida a Tomás Erasto (1524-83), profesor de medicina de origen suizo quien enseñó en la Universidad de Heidelberg, y defendió el poder de la autoridad civil en asuntos eclesiásticos. En un tratado sobre la →excomunión publicado póstumamente, Erasto argumentaba que la iglesia no tiene poder de excomunión, y que el castigo de los pecadores debe quedar en manos del estado. Sobre la base de ese tratado, toda opinión según la cual el estado se encuentra por encima de la iglesia, aun en asuntos de disciplina y orden eclesiásticos, recibe el nombre de "erastianismo".

Escatología. La doctrina de las "últimas cosas"—del griego *eschata*, últimas cosas, y *logos*, tratado, doctrina o palabra. Frecuentemente la escatología se ocupa de temas tales como la →parusía de Jesús, el →juicio final, la vida →eterna, el →milenio, el →rapto, la →resurrección de los muertos, etc. Puesto que mucha especulación vana se ha dedicado a la tarea de determinar el orden de tales acontecimientos (→Dispensacionalismo, →Milenialismo), y todo esto se ha empleado como medio de atemorizar a las gentes para que acepten la fe, la escatología ha sido frecuentemente postergada por teólogos que piensan que tales asuntos deben quedar en las manos de Dios. Algunos han llegado a la conclusión de que la escatología no es sino una metáfora para referirse al encuentro del individuo con Dios, ya sea en esta vida o en la venidera.

Empero hay otro sentido en el que la escatología es de importancia fundamental para la teología cristiana. En este sentido, la escatología, en lugar de ser cuestión de miedo, es el fundamento de la esperanza y el gozo cristianos. La escatología es la expectativa y la seguridad de que a la postre Dios y el amor de Dios han de prevalecer. En este sentido, la escatología, en lugar de ser un apéndice al resto de la teología, se vuelve uno de los pilares sobre los cuales se ha de construir la teología (→Esperanza, teología de la). Sin una expectativa del fin, toda la historia y toda la vida parecen perder sentido y esperanza.

Por otra parte, mucha de la especulación tradicional acerca del fin de los tiempos se olvida de que según el testimonio del Nuevo Testamento en cierto sentido el fin ya ha llegado. En la encarnación y resurrección de Jesucristo, el fin de la historia se ha introducido en ella. Repetidamente, el Nuevo Testamento se refiere a los acontecimientos de la vida, muerte y resurrección de Jesús, y a la dádiva del Espíritu en Pentecostés como "los postreros días". Por ello muchos teólogos han sugerido que se debe hablar acerca de la escatología cristiana en términos paradójicos afirmando tanto el "ya" como el "todavía no". Jesús vino; y sin embargo, Jesús ha de venir. El Reino de Dios ya está entre nosotros, y sin embargo oramos a diario por su venida.

Por último, es importante señalar que la expectativa escatológica genuina tiene consecuencias para la vida presente. Quien verdaderamente espera cierto resultado al fin de sus vidas y de la historia ha de vivir según esa esperanza. Quien verdaderamente espera que su oración sea contestada, "Venga a nos tu reino", vivirá como quien de veras espera la venida del Reino. Por lo tanto, la expectativa escatológica tiene una importante dimensión ética que a menudo se olvida.

Escolasticismo. El método y tradición teológica que surgieron en las escuelas medievales, particularmente en las universidades, a partir del siglo doce, pero alcanzando su punto culminante en los siglos trece y catorce. El nombre mismo de "escolasticismo" le fue dado posteriormente por humanistas quienes pensaban que esta clase de teología era pura teología sin pertinencia alguna, que debía relegarse a las escuelas—de igual modo que pensaban que todo el período entre la antigüedad y ellos mismos no tenía importancia, y por ello le dieron el nombre de "Edad Media".

El escolasticismo surgió en el momento en que las ciudades comenzaban a crecer, tras un largo declive durante los primeros siglos de la Edad Media. Como resultado de ello, las antiguas escuelas monásticas fueron eclipsadas por las escuelas catedralicias, y a la postre por las universidades que surgieron de ellas. Por ello, los dos principales precursores del escolasticismo, Pedro Abelardo (1079-1142) y Pedro Lombardo (-1160), ambos enseñaron en relación a la Catedral de París, mientras que Tomás de Aquino (c.1225-1274), quien se considera la cima del escolasticismo, enseñó en la Universidad de París.

Como la mayoría de la teología anterior, el escolasticismo fundamentaba su trabajo sobre la autoridad de textos escritos, a los cuales aplicaba entonces la →razón, particularmente la lógica →aristotélica. Estos textos escritos eran ante todo la Biblia, pero pero también los escritos de los "Padres" de la iglesia (→Patrística), y los filósofos—especialmente, tras su reintroducción en la Europa Occidental, Aristóteles. El libro de texto fundamental para los teólogos eclesiásticos fue las *Sentencias* de Pedro Lombardo, que era una recopilación ordenada de textos sobre cada uno de los principales temas de la teología.

Empero tales textos no siempre estaban de acuerdo. Pedro Abelardo había mostrado esto en su libro *Sic et non*—Sí y no—en el cual planteaba 158 preguntas y luego ofrecía una serie de citas de diversas autoridades que parecían responder contradiciéndose mutuamente. Al parecer el propósito de Abelardo no era cuestionar la autoridad de tales textos, sino más bien señalar la necesidad de interpretarlos cuidadosamente. En todo caso, esta obra no fue bien recibida, y fue una de las principales razones de lo que Abelardo llamó sus "calamidades".

Los escolásticos aceptaron el reto de Abelardo. Esto resultó en el método típico del escolasticismo, que consiste en plantear una pregunta, luego ofrecer una serie de argumentos y citas que parecen inclinarse en un sentido, y otra serie en el sentido opuesto, entonces ofrecer una respuesta o solución, y terminarlo todo respondiendo a las objeciones que aparecen en los argumentos y citas que parecen probar la solución contraria. Esto se hacía frecuentemente en el ejercicio llamado *quaestiones disputatae*, en las que por lo general el maestro planteaba una cuestión, los alumnos más adelantados ofrecían argumentos en ambas direcciones, y luego el maestro presentaba su solución y su respuesta a lo que parecerían ser objeciones. Frecuentemente en tales ejercicios se seguían las *Sentencias* de Pedro Lombardo, y por lo tanto la lista de obras de la mayoría de los maestros escolásticos incluye un *Comentario a las Sentencias*. O en otros casos el maestro desarrollaba su propia perspectiva teológica, también siguiendo el método escolástico, y el resultado de esto fue las grandes "sumas" de la Edad Media, de las cuales la más famosa e influyente es la *Suma teológica* de Tomás de Aquino.

En el siglo catorce, y más todavía en el quince, el escolasticismo se movió hacia la discusión de distinciones cada vez más sutiles, con lo cual se apartó de la vida de los creyentes, y se ganó la burla de los humanistas que vinieron después y que le dieron nombre.

En el siglo diecisiete surgió entre los protestantes una teología que, por sus intentos de clasificarlo todo y discutirlo todo en un orden completamente lógico y con atención minuciosa a los detalles, así como por su relación con las universidades y por su uso de la filosofía clásica, se ganó el nombre relativamente despectivo de "escolasticismo protestante". (→Ortodoxia)

Escrituras. La mayoría de las grandes religiones del mundo tienen escritos sagrados que les ayudan a definirse y a mantener su continuidad a través de los siglos. En algunos casos se pretende que tales escritos han venido directamente del cielo, o han sido dictados por Dios o por un ángel. En otros, esos escritos normativos son sencillamente los dichos e historias de los antiguos sabios de la fe.

Las Escrituras cristianas incluyen tanto los escritos sagrados de los hebreos, que los cristianos denominan Antiguo Testamento, como los específicamente cristianos, el Nuevo Testamento. Al tiempo que ha habido entre los cristianos un consenso general acerca de cuáles libros han de ser considerados escriturarios, siempre ha habido diferencias en algunos puntos específicos.

Respecto al Antiguo Testamento, los cristianos por lo general aceptan la autoridad del →canon judío, con sus tres divisiones principales de ley, profetas y escritos. Empero, puesto que este canon fue establecido oficialmente en el año 90, después que ya el cristianismo había aparecido, no incluye algunos libros que algunos judíos antes habían considerado como Escrituras, y que los cristianos también usaban como tales. De aquí surge la diferencia entre el canon protestante del Antiguo Testamento, que coincide con el canon judío, y el católico romano, que incluye estos libros "→deuterocanónicos", también conocidos como →apócrifos del Antiguo Testamento. La Iglesia Católica Romana definió su canon, que ya llevaba largo tiempo en uso, en el año 1546, en el Concilio de Trento (→Tridentino). Las iglesias orientales por lo general siguen las decisiones del Sínodo de Jerusalén del 1672, que incluye en el canon del Antiguo Testamento además de los libros del canon judío, cuatro de los deuterocanónicos: Judith, Tobías, Sabiduría y Eclesiástico.

En cuanto al canon del Nuevo Testamento no hay diferencia entre los principales cuerpos cristianos. Desde fecha muy temprana, se leían en los cultos de la iglesia los evangelios →sinópticos así como Hechos y las epístolas de Pablo. Aunque hubo alguna resistencia en algunos sectores hasta bien avanzado el siglo segundo, también en la mayoría de las iglesias se leía el evangelio de Juan. La parte posterior del canon neotestamentario siguió siendo relativamente fluida por algún tiempo, pues hay listas antiguas que excluyen algunas de las epístolas universales, y otras que incluyen escritos tales como el *Pastor de Hermas*. Aunque diversos grupos heréticos tenían cada cual su propio evangelio, ninguno de ellos fue jamás considerado allende los límites de la secta o grupo en que se originó. Por algún tiempo, una porción importante de la iglesia en Siria utilizaba el *Diatessaron*, una compilación de los cuatro evangelios producida en el siglo segundo por Taciano.

En tiempos de la Reforma hubo un gran debate respecto a la autoridad de la Escritura en comparación con la →tradición. Por lo general los protestantes insistían en que la iglesia y sus doctrinas habían sido corrompidas por una falsa tradición que había surgido a través de los siglos, y que era necesario regresar a la Biblia como la fuente pura de la cual extraer la doctrina y práctica correctas. Al tiempo que había cierto acuerdo general sobre este punto entre los protestantes, había también entre ellos gran diversidad de posiciones respecto a cuánto de la tradición debía conservarse y cuánto rechazarse. Algunos estaban dispuestos a retener todas las prácticas tradicionales que no contradijesen a las Escrituras, mientras que otros insistían en que todo lo que no se encontrase directamente en la Biblia debía rechazarse. Frente a tales posturas, los católicos romanos argumentaban que, puesto que fue la iglesia quien determinó el canon de la Escritura, la iglesia y su tradición tienen autoridad por encima de la Biblia, y por lo tanto cualquier interpretación de la Escritura que contradiga a la tradición y su autoridad es errónea. Con el correr del tiempo, ambas posturas se han suavizado, puesto que los católicos romanos reconocen que los siglos de tradición necesitan ser corregidos y purificados mediante el estudio de las Escrituras, y los protestantes reconocen que las Escrituras también han sido conservadas y transmitidas a través de la tradición.

En cuanto a la autoridad de las Escrituras y cómo esa autoridad funciona, hay una gran diversidad de opiniones. Algunos sostienen que el verdadero autor de la Biblia es el →Espíritu Santo, quien dictó o inspiró a los escritores lo que deberían escribir, y que por lo tanto la Biblia es →infalible (→Inerrancia). Otros sostienen que las Escrituras dan testimonio de una "revelación progresiva" de Dios, y que por lo tanto los textos más antiguos han de leerse bajo la corrección de los más recientes—y, en la opinión de algunos, aun bajo la corrección de la revelación continuada de Dios tras el fin del Nuevo Testamento. Otros sostienen que la Biblia es el testimonio de las grandes acciones de Dios en la salvación, y que la →revelación no se encuentra en las palabras de las Escrituras, sino en los acontecimientos a que se refiere. Otros señalan que, según la Biblia misma, Jesucristo es la →Palabra o Verbo de Dios, y que por lo tanto la Biblia es Palabra de Dios en sentido derivado, puesto que señala a la Palabra eterna, la Segunda Persona de la Trinidad.

Por último, es necesario recordar que la acción misma de leer las Escrituras es un acto de interpretación. Ningún texto nos llega en toda su pureza, como si fuésemos lectores pasivos de lo que el texto dice. Leemos los textos desde nuestra propia posición, dentro de nuestras experiencias, nuestras tradiciones y nuestras perspectivas. Esto hace que la disciplina →hermenéutica sea particularmente importante, y por ello buena parte de los estudios bíblicos contemporáneos se centran, no sobre debates acerca de la "autoridad" de la Biblia en sí, sino sobre cuestiones hermenéuticas.

Esencia. Lo que hace que algo sea lo que es, frecuentemente en contraste o en juxtaposición con lo que lo hace ser una entidad particular, su →existencia (→Existencialismo). Luego, podría decirse que la esencia se refiere a lo que algo es, mientras la existencia se refiere al hecho de que es. →Accidente; →Substancia; →Hipóstasis.

Esperanza, teología de la. Escuela teológica relacionada estrechamente con el teólogo alemán Jürgen Moltmann (1926-), quien publicó en el 1964 el libro *Teología de la esperanza*. Teológicamente, Moltmann ha sido profundamente impactado por Barth y todo el despertar de la teología →neoortodoxa. Filosóficamente, recibió el influjo del filósofo →marxista Ernst Bloch, cuyo libro *El principio esperanza* llevó a Moltmann a considerar el grado en que la teología cristiana ha abandonado un tema que debió haber estado en su mismo centro. Esto le llevó a un redescubrimiento de la →escatología como tema central de la fe cristiana, pero no de la escatología como sencillamente la "doctrina de las últimas cosas", sino más bien como la esperanza por la cual la iglesia vive. La esperanza cristiana es la certeza del futuro de Dios para la creación, y por tanto libra a los creyentes de la necesidad de buscar su propia redención, y hace posible la entrega propia. Empero esta entrega propia no es el →misticismo o el →ascetismo tradicional, puesto que tiene dimensiones políticas claras. Puesto que la promesa del reino se encuentra en el corazón mismo de la esperanza cristiana, la política y la participación en ella son parte necesaria de una fe verdaderamente escatológica. En un libro posterior, *El Dios crucificado*, Moltmann dejó bien claro que no se trata del triunfalismo político de las cruzadas, ni de la contemplación sentimentalista de la cruz de buena parte de la religiosidad tradicional, sino de un verdadero involucrarse en el mundo en que hay injusticia, y en el que la muerte de Jesús es resultado y señal del poder del pecado político. La cruz implica que la participación cristiana en la política debe encontrar a Dios en aquellos lugares de la historia que llevan la señal de la cruz, es decir en los oprimidos, los desposeídos y los afligidos.

Dado su rechazo de varias formas de opresión basadas en cuestiones de género, raza, clase, etc., la teología de la esperanza ha influido sobre muchas teologías →contextuales y de →liberación. Esto es particularmente cierto de la teología →latinoamericana, donde el libro de Rubem Alves *Teología de la esperanza humana* (1969) ha ejercido importante influencia.

Espíritu humano. →Alma

Espíritu Santo. La Tercera Persona de la →Trinidad. En el Antiguo Testamento, el Espíritu de Dios se encuentra presente en el acto mismo de la creación, y se le atribuye también el fortalecer a los guerreros, inspirar a los profetas y guiar a los gobernantes. En el Nuevo Testamento se ve la actividad del Espíritu en la concepción, bautismo, tentación y los milagros de Jesús. El Cuarto Evangelio se refiere al Espíritu como "el otro Consolador" o "el Paracleto"—término que se deriva de la palabra griega que se emplea allí. Jesús les promete a sus discípulos que han de recibir el Espíritu después de su partida, y esto sucede en el Pentecostés. Allí, la presencia del Espíritu se manifiesta en lenguas de fuego sobre todos los presentes y en la comunicación a través de las barreras del idioma. En el caso de Ananías y Safira, el mentirle a la iglesia resulta equivalente a mentirle al Espíritu. Uno de los criterios para la elección de los siete que han de administrar la distribución de recursos en la iglesia es que han de ser "llenos del Espíritu Santo y de sabiduría". En la iglesia primera, los dones del Espíritu se manifiestan de diversos modos: hablar en lenguas (→Glosolalia), presidir, profetizar, enseñar, sanar, etc. Al parecer tal diversidad de dones dio ocasión a celos y divisiones, y es para sobreponerse a tales tensiones que Pablo insiste en que el principal de todos los dones es el amor (I Corintios 13).

A pesar de esta larga tradición, los primeros teólogos cristianos no pretendieron decir mucho acerca del Espíritu. Fue en la segunda mitad del siglo cuarto, en medio de la controversia →arriana, que la naturaleza del Espíritu vino a ser tema de discusión y de división. Los →macedonios o pneumatomacos estaban dispuestos a afirmar que el Padre y el Hijo son de la misma substancia, pero no a decir lo mismo acerca del Espíritu Santo. Esto produjo una serie de escritos acerca del Espíritu Santo, de los cuales los más influyentes fueron los de Basilio de Cesarea y Ambrosio. En el 381 el Concilio de Constantinopla (Tercer Concilio Ecuménico), afirmó la plena divinidad del Espíritu, junto a la del Padre y del Hijo.

A partir de entonces, la próxima gran controversia acerca del Espíritu Santo, que a la postre llevó al cisma definitivo entre el Oriente de habla griega y el Occidente de habla latina, tuvo que ver con la inserción de la palabra →*Filioque* en el Credo Niceno. Esta añadidura, que afirma que el Espíritu procede del Padre *y del Hijo*, fue rechazada por el Oriente, donde se sostenía que el Espíritu procede del Padre *a través del Hijo*.

La doctrina agustiniana de la →gracia, que la hacía aparecer como un poder que Dios infunde al creyente, hacía difícil distinguir entre tal poder y el Espíritu Santo, y el resultado de ello fue que uno de los temas que se debatió durante la Edad Media fue si la gracia es creada o increada. En el caso de no ser creada, la gracia es divina, y esto parece querer decir entonces que la gracia no es sino otro nombre para el Espíritu Santo.

En tiempos de la Reforma, algunos grupos radicales pretendían que, porque tenían el Espíritu Santo, no tenían necesidad de someterse a autoridad alguna. En la mayoría de los casos esto quería decir que se consideraban libres de las autoridades civiles y eclesiásticas, pero en otros casos implicaba también que la presencia del Espíritu subvierte la autoridad de las Escrituras, que ya no son necesarias. La insistencia de Juan Wesley (1703-91) en que el Espíritu Santo estaba haciendo "una gran obra" a través de su movimiento llevó a muchos de sus contemporáneos a acusarle de "→entusiasmo"—acusación que el propio Wesley rechazó fervientemente, pero que nunca pudo dejar atrás. En todo caso, fue a principios del siglo veinte, principalmente de raíces →wesleyanas, que surgió el →pentecostalismo moderno, primero en los Estados Unidos y luego en todo el mundo. El crecimiento enorme de ese movimiento ha llevado a un nuevo interés en la doctrina del Espíritu Santo, no sólo por parte de los pentecostales, sino de toda la iglesia.

Estado. En tiempos antiguos, era inconcebible el que un estado no tuviese un fundamento religioso. En algunos casos se les permitía a los pueblos conquistados retener sus dioses, pretendiendo que eran los mismos dioses de los conquistadores. En otros casos sencillamente se añadían los nuevos dioses a los de los vencedores. Tal fue el caso del Imperio Romano, que por lo general toleraba y absorbía las religiones de la mayoría de los pueblos que conquistaba, y entonces buscaba promover la unidad del Imperio estableciendo una identidad entre unos dioses y otros (→Sincretismo), y también mediante el culto al Emperador y a Roma.

En el Nuevo Testamento, repetidamente se toma en cuenta el gobierno y su poder—tanto el gobierno romano como su gobierno títere en Jerusalén. A veces se implica que Dios usa tales gobiernos para sus propios fines, como en el caso del censo promulgado por Augusto César, que llevó a la Sagrada Familia a Belén. Otras veces se recomienda la obediencia y la sujeción al gobierno y sus autoridades, como lo hace Pablo en Romanos 13. En otros casos, como sucede en todo el Apocalipsis, se estimula a los creyentes a resistir contra el gobierno. Tal ambivalencia se entiende si recordamos que el Imperio Romano proveía cierta medida de orden y seguridad, y que esto era de valor positivo, pero que al mismo tiempo ese mismo imperio hacía requerimientos sobre los cristianos que eran contrarios a su fe. La ambivalencia continuó a través de todo el período de las persecuciones, puesto que la mayoría de los cristianos insistía en la necesidad de resistir a las demandas ilícitas del estado, y sin embargo continuaba orando por los emperadores y otras autoridades imperiales.

Una vez que Constantino y la mayoría de sus sucesores se declararon cristianos, y dada la tradición de que todo estado debía tener un fundamento religioso, resultó inevitable que el cristianismo se volviese la religión oficial del Imperio. Aunque esto tomó varias décadas, ya a fines del siglo cuarto el cristianismo era la religión oficial, y en el mejor de los casos cualquiera otra religión—particularmente el Judaísmo—solamente era tolerada.

El rápido declive del poder imperial en el Occidente, mayormente debido a las invasiones germánicas, produjo un vacío de poder que fue llenado por la →jerarquía de la iglesia, y particularmente por los obispos de Roma o papas. Cuando el Imperio Occidental fue restaurado en la persona de Carlomagno, fue la iglesia la que lo restauró, y el Papa quien coronó al Emperador (800). Luego, la Iglesia Occidental desarrolló una existencia y una jerarquía independientes del gobierno secular, con el que a menudo chocó. Papas poderosos tales como Gregorio VII (c.1020-85) chocaron con los emperadores sobre la cuestión del nombramiento e investidura de los obispos; algunos emperadores intervinieron en las elecciones pontificias; hubo papas que declararon depuestos a reyes y emperadores. A la postre surgió la teoría según la cual hay "dos espadas": la civil y la eclesiástica. Dios le ha dado una al papa y la otra al emperador. En la cumbre del poder papal, en el siglo trece, se llegó a decir que Dios había propuesto la iglesia y el estado como dos luces para alumbrar en el cielo: el estado para iluminar a los cuerpos como la Luna en la noche, y la iglesia para iluminar a las almas como el Sol durante el día. Empero, así como la Luna deriva su luz del sol, así también en última instancia la autoridad del estado se deriva de la iglesia. Hacia fines de la Edad Media, cuando muchos buscaban reformar la iglesia y el papado se resistía a tales reformas, hubo fuertes críticas contra el papado y estas ideas excesivas de su autoridad, al punto que algunos teólogos llegaron a decir que el orden debía invertirse, de tal modo que la "espada secular" estuviese sobre la religiosa.

En el entretanto, en el Oriente, el Imperio Bizantino duró mil años más que el occidental, y por lo tanto la jerarquía eclesiástica quedó casi siempre bajo el control de la autoridad imperial.

La Reforma no le puso fin inmediato a esta clase de relación entre la iglesia y el estado, que había existido por más de mil años. Algunos de los reformadores más radicales propusieron la separación entre la iglesia y el estado. Empero muchos, cuando tuvieron la oportunidad, crearon sus propias teocracias efímeras. Entre los principales reformadores, Lutero creía que Dios había establecido "dos reinos", el orden civil y el eclesiástico, y relacionaba estos dos órdenes con la →Ley y el →Evangelio. Así como la ley es válida para todos, así también todos han de sujetarse al reino terrenal. Los creyentes, quienes han sido justificados por la gracia, son súbditos del reino espiritual. Pero, puesto que con todo y eso todavía siguen siendo pecadores (→*Simul justus et peccator*), esto no les exime de sus obligaciones civiles. Por su parte, Calvino desarrolló sus opiniones acerca del estado en el contexto de sus relaciones con el Consejo de la ciudad de Ginebra. Tales relaciones no siempre fueron cordiales y por lo tanto no es correcto decir que Calvino estableció una teocracia. Lo que Calvino creía era que el estado es necesario, no sólo para detener el mal o para limitar las consecuencias del pecado, sino como institución creada y deseada por Dios. En sí misma, la existencia del estado y del gobierno es buena. Empero esto también coloca al gobierno bajo la obligación de someterse a la →Ley de Dios—y fue por esto que Calvino chocó repetidamente con el gobierno de Ginebra. Llevados por tales principios, los calvinistas posteriores frecuentemente se han sentido en el derecho y la obligación de requerir justicia y rectitud por parte de sus gobiernos, y por ello no ha de sorprendernos el que el →calvinismo haya resultado en varias rebeliones y revoluciones—por ejemplo, la de los holandeses contra los españoles, la de los →presbiterianos de Escocia, la de los →puritanos de Inglaterra contra la corona, y la de los colonos norteamericanos contra Inglaterra. El impacto del calvinismo también puede verse en la constitución norteamericana, cuyo sistema en el que cada rama del gobierno limita los poderes de las demás se basa sobre la noción calvinista de que todos han sido corrompidos por el pecado (→Depravación total), y que por tanto cualquier rama del gobierno que tenga demasiado poder necesariamente hará mal uso de él.

La presencia actual de grandes minorías cristianas en países tradicionalmente no cristianos, así como el creciente secularismo en los países tradicionalmente cristianos, están llevando a muchos teólogos y estudiosos de la ética a volver a plantear la cuestión del papel del estado y el modo en que los cristianos han de relacionarse con él.

Estoicismo. Escuela filosófica de fuerte impacto sobre el mundo grecorromano durante los primeros siglos de la Era Cristiana, y por tanto también sobre el cristianismo mismo. Los estoicos sostenían que en última instancia el universo es racional. Esa razón que se encuentra subyacente a todas las cosas es el →*logos*, y por lo tanto las doctrinas estoicas acerca del logos influyeron sobre la →cristología, cuando los cristianos intentaron interpretar la persona de su Salvador en términos de la encarnación del Logos o Verbo divino en Jesús.

Puesto que esta racionalidad última permea toda la realidad, para los estoicos la moral consistía en ajustarse al orden natural y racional de las cosas. Toda la naturaleza se encuentra sometida a esa razón, la cual los sabios también descubren dentro de sí mismos. Esta →ley natural, fundamento de la vida sabia, fue para muchos cristianos también la base sobre la cual construir una ética cristiana racional. Así, por ejemplo, Tomás de Aquino (c.1225-1274) defendía la monogamia sobre la base de la ley natural.

Por último, los estoicos también sostenían que la verdadera sabiduría se manifiesta en la *apatheia*—apatía. Puesto que toda la realidad es gobernada por una razón ordenada, la sabiduría consiste en la moderación y en aceptar ese orden de la realidad, aun cuando nos resulte doloroso. Un espíritu de rebeldía o de dolerse ante el sufrimiento es señal de falta de sabiduría. Como resultado de tales opiniones, mucha literatura cristiana →ascética y →mística promovió la *apatheia*, y llegó a considerar que la pasión y el sentimiento se oponen a la vida cristiana. Por otra parte, el énfasis de los estoicos sobre la moderación racional sirvió para moderar las tendencias radicales de algunas prácticas ascéticas, lo cual le dio al →monaquismo un tono más moderado.

Eternidad. Término relativamente ambiguo, que normalmente se refiere a lo que no tiene límites en el tiempo. Agustín (354-430) sostenía que, en el sentido estricto, sólo Dios es eterno, puesto que Dios creó el tiempo, y todo lo demás ha sido colocado dentro del marco del tiempo. En un sentido menos restrictivo, se dice que es "eterno" lo que no tiene fin, como en la frase "→vida eterna". A fin de distinguir entre estos dos sentidos, a veces los teólogos medievales se refieren al primero como "eternidad" y al segundo como "→sempiternidad". Dentro de los términos de tal distinción, Dios es eterno, mientras que la vida del creyente es sempiterna.

En algunos casos se le da el título de "eterno" a lo que no es afectado por el tiempo. Así sucede cuando se habla de "verdades eternas" como las verdades matemáticas y, en la opinión de algunos teólogos, las verdades teológicas. Empero en el sentido estricto siempre queda la pregunta de si tales verdades son realmente eternas o si son parte del orden creado por Dios (→*Potentia Dei*).

Por último, también existe la cuestión de si es posible concebir la eternidad. Si, como dice Kant (1724-1804), el tiempo mismo es parte de la estructura de la mente, la mente no puede concebir cosa alguna fuera de esa estructura.

Etica. A veces este término se refiere a un código moral o serie de prácticas que se consideran moralmente aceptables—como por ejemplo en la frase "ética profesional". Con mayor frecuencia, en el contexto teológico, se trata del estudio de los principios, reglas, etc. mediante los cuales la conducta cristiana se ha de guiar, y de su aplicación a casos específicos. Frecuentemente, se trata del estudio de principios y su aplicación en campos específicos de la vida—como en la "ética social", la "ética sexual", etc.

Los diversos sistemas éticos pueden clasificarse según el carácter de sus principios fundamentales. Así, una ética axiológica fundamenta sus decisiones en un sistema de valores (→Axiología); un sistema deontológico (→Deontología) las fundamenta sobre la voluntad de Dios—que a su vez puede verse como una serie de leyes, lo cual lleva al legalismo, o como el principio de amor, en cuyo caso la ética deontológica se vuelve ética contextual; y en un sistema teleológico (→Teleología) esa conducta se basa en los fines para los cuales hemos sido creados. A pesar de tales clasificaciones, rara vez se encuentra un sistema ético que sea ejemplo puro de uno de estos tipos. Así, por ejemplo, al tiempo que Tomás de Aquino (c.1225-74) basa su ética en el propósito de la vida humana, que es la visión →beatífica, también ofrece una serie de principios de conducta no derivados de esa perspectiva teleológica, sino de su concepto de la →ley natural. La ética de Lutero se fundamenta en la relación dialéctica entre →Ley y →Evangelio; pero también tiene dimensiones teleológicas y axiológicas. Los proponedores de la ética contextual insisten en que las leyes y los principios morales se emplean con mucha frecuencia a fin de evadir la responsabilidad moral y la carga de tomar decisiones, y sin embargo en muchos casos su aplicación del principio de amor se acerca a la →casuística.

También se pueden clasificar los sistemas éticos según su principal preocupación. Por largo tiempo, la ética sexual ha ocupado un lugar preponderante en las discusiones éticas—y vuelve a ocuparlo de nuevo al surgir discusiones sobre temas tales como la homosexualidad, el control de la natalidad, etc. La ética social siempre ha sido preocupación de muchos cristianos, y se ha centrado principalmente sobre cuestiones políticas (por ejemplo, si el tiranicidio es justificable) y económicas (por ejemplo, qué ha de hacerse sobre el desempleo, la pobreza, etc.). En tiempos más recientes, el surgimiento de nuevas posibilidades médicas tales como los trasplantes de órganos, la prolongación artificial de la vida, la clonación y otros procedimientos ha hecho que la ética biomédica cobre gran urgencia.

En todos estos casos, resulta claro que la ética nunca existe por sí sola. La ética sexual tradicional del catolicismo romano se basa en ciertas opiniones acerca del sexo y su función (→Sexualidad). Cuando esas opiniones cambian, el sistema mismo resulta insostenible. De igual modo, la ética social contemporánea lleva el sello profundo de los nuevos métodos de análisis social, político y económico, así como de nuevos sistemas políticos tales como la democracia secular, y por lo tanto se relaciona estrechamente con las posturas teológicas que se encuentran tras ella—como en el caso, por ejemplo, de las teologías de la →liberación.

Eucaristía. El nombre que más comúnmente se le da a la comida compartida que tradicionalmente ha estado al centro mismo de la adoración cristiana. También se le conoce como Comunión, Cena del Señor, Santa Cena, o Misa. El término mismo "eucaristía" se deriva de la palabra griega que significa dar gracias, y surge de los testimonios del Nuevo Testamento acerca de la institución de este rito o →sacramento, donde se nos dice que Jesús "dio gracias" sobre el pan. Su origen en la cena final de Jesús con sus discípulos antes de la crucifixión se cuenta en los tres evangelios →sinópticos, así como en la Primera Epístola de Pablo a los Corintios. Aunque el Cuarto Evangelio no habla de su institución, sí incluye varias referencias eucarísticas. También en el libro de Hechos se nos dice que una de las actividades regulares de la primitiva iglesia cristiana era reunirse para compartir el pan. Lo mismo vemos en otros antiguos documentos cristianos tales como la *Didache*, las epístolas de Ignacio de Antioquía y la primera *Apología* de Justino.

A partir de todos estos documentos y de otros semejantes, parece poderse afirmar que la primitiva práctica eucarística cristiana incluía toda una cena, pero que desde el principio el pan y el vino se encontraban al centro del rito mismo. Empero pronto la cena se redujo al pan y al vino, y éstos en cantidades tan pequeñas que ya no eran una cena completa, sino más bien un símbolo o recordatorio de una cena. Esta celebración era el punto central de la adoración semanal, y tenía lugar normalmente muy temprano el domingo por la mañana, en celebración de la resurrección de Jesús. El culto mismo se dividía claramente en dos partes, el servicio de la Palabra y el servicio de la Mesa. Durante el primer período, estando presentes todos los creyentes, tanto bautizados como todavía no, se leían y explicaban las Escrituras, y también se enseñaba acerca de su aplicación a la vida de la iglesia y de los creyentes. Entonces quienes no podían participar de la eucaristía—ya fuese porque todavía no habían sido bautizados, o porque sus pecados habían llevado a excluirles de la cena—eran despedidos, y se pasaba a la celebración eucarística.

Como el nombre mismo indica, la eucaristía era un servicio gozoso. Es por ello que todavía se habla de "celebrar la eucaristía". Este servicio celebraba la presencia y victoria del Señor resucitado, y era también anticipación del banquete final en el Reino.

Puesto que la eucaristía era el centro del culto cristiano, no ha de sorprendernos el que se le tuviese en alta estima. Pablo declara que quien come y bebe indignamente, no discerniendo el cuerpo de Cristo, juicio come y bebe para sí. Si esto se refiere a no discernir que el cuerpo de Cristo está en el pan, o a no discernir que la comunidad es el cuerpo de Cristo, queda sujeto a diversas interpretaciones. A principios del siglo segundo, Ignacio de Antioquía se refiere a la eucaristía como "la carne de Cristo" y como "la medicina de inmortalidad y antídoto contra la muerte", y declara que quien se aparta de la eucaristía se aparta de Cristo.

A pesar de tales aseveraciones, no hay unanimidad entre los primeros escritores cristianos acerca de cómo es que Cristo está presente en la comunión, o acerca del papel del pan y del vino en esa presencia. Hay muchos pasajes que centran la atención sobre el pan y el vino, y que parecerían indicar que se pensaba que éstos eran en realidad el cuerpo y sangre de Jesús. Pero hay también muchos otros pasajes que centran la atención sobre la comunidad reunida, y que parecerían indicar que, aunque el pan y el vino son parte central del rito, la presencia de Cristo está en la comunidad misma que se reúne, y que el pan y el vino siguen siendo pan y vino. De igual modo, hay pasajes que se refieren al pan como "el cuerpo de Cristo", mientras otros se refieren al pan como símbolo de ese cuerpo.

Tras la conversión de Constantino, los servicios cristianos se fueron volviendo cada vez más elaborados, en imitación de la pompa de la corte imperial. Como era de esperarse, en medio de tales ceremonias el pan y el vino vinieron a ser objeto de gran veneración y hasta superstición. (San Ambrosio declara que su hermano Sátiro se salvó de ahogarse cuando naufragó porque llevaba atado al cuello un pedazo de pan consagrado.) Con todo y ello, las nuevas liturgias seguían siendo actos de celebración, centrados en la resurrección de Jesús y en la resurrección final de los creyentes en el día del Gran Banquete. Fue a principios de la Edad Media, cuando el orden civil comenzó a desplomarse y la muerte se volvió compañera constante, que la eucaristía comenzó a adquirir los tonos fúnebres que retuvo por lo menos hasta el siglo veinte. Lo que se recordaba ahora no era ya la resurrección de Jesús, ni el día de la resurrección de los creyentes, sino el Viernes Santo y la cruz. Aunque ya en tiempos patrísticos hubo quien se refirió a la eucaristía como sacrificio, ahora se hizo común pensar que la eucaristía era una repetición del sacrificio de Cristo en la cruz, y que como tal ganaba méritos para quienes participaban en ella, y hasta para quienes sin estar presentes se recordaban en ella. (Según Gregorio el Grande, después que se dijeron misas por un monje difunto durante treinta días, uno de los hermanos tuvo una visión en la cual el difunto le dijo que había quedado libre del →purgatorio.)

Para el siglo noveno, surgen las primeras controversias acerca de si el cuerpo de Cristo presente en la eucaristía es el mismo cuerpo que está en el cielo, a la diestra del Padre, o si el pan solamente lo representa. Otras controversias semejantes tuvieron lugar en el siglo once. Por último, en el Cuarto Concilio Laterano, en 1215, la →transubstancia-ción fue proclamada doctrina oficial de la iglesia.

Cada vez se hizo más común la práctica de no darles el cáliz de vi-no a los laicos, quienes recibían sólo el pan. Devolver el cáliz a los laicos fue una de las principales reformas propuestas por Juan Huss en el siglo quince. A quienes sostenían que debía devolvérsele el cáliz a los laicos se les dio el nombre de "→utraquistas".

La Reforma volvió a abrir el debate, no sólo de si la comunión debe dárseles a todos en ambos elementos, sino también acerca de la pre-sencia de Cristo en la eucaristía. Todos los principales reformadores concordaban en que el cáliz debía restaurársele al laicado, mientras que el catolicismo romano continuó resistiendo tal reforma hasta el si-glo veinte. Fue sin embargo respecto a la cuestión de la presencia de Cristo en la eucaristía que los principales reformadores discreparon unos de otros. Lutero insistía en la presencia real del cuerpo resuci-tado de Cristo en el pan (→Ubicuidad), aunque no estaba de acuerdo con la doctrina romana de la transubstanciación, y declaró que, aun-que el cuerpo de Cristo está físicamente presente en él, el pan sigue siendo pan (→consubstanciación). Según Zwinglio el pan y el vino son meros símbolos del cuerpo y sangre de Cristo. Calvino creía en la pre-sencia real de Cristo en la eucaristía, pero sostenía que esa presencia es espiritual, que el cuerpo físico de Cristo está en el cielo y no pue-de estar presente en varias iglesias al mismo tiempo. También decla-ró que en la eucaristía, en virtud de la presencia del Espíritu (→Virtua-lismo), los creyentes son transportados a la presencia de Cristo en el cielo.

Una consecuencia inesperada y no intencional de la Reforma Protes-tante fue la escasa frecuencia de la comunión en muchas tradiciones protestantes. Todos los principales reformadores creían que la comu-nión era la acción suprema de adoración cristiana, y debía celebrar-se al menos cada domingo. (En la Ginebra de Calvino se descontinuó la comunión semanal, pero esto fue decisión del gobierno contra los deseos de Calvino.) Empero, el énfasis de los reformadores sobre la importancia de la predicación, y su lucha por restaurarla a su justo lu-gar, a la postre llevaron a otros protestantes a considerar la predica-ción como el centro del culto y a relegar la comunión a una celebra-ción infrecuente.

En el siglo veinte, como parte de la renovación →litúrgica, se recupe-ró el antiguo carácter celebratorio de la eucaristía, y se le volvió a cen-trar sobre la resurrección más bien que sobre la cruz. También como resultado de la misma renovación muchas iglesias protestantes co-menzaron a restaurar la práctica de la comunión frecuente.

Evangelicalismo. Término de origen norteamericano que se refiere a un movimiento no claramente definido que aparece en todas las denominaciones protestantes, subrayando la autoridad de las →Escrituras, una experiencia personal de →regeneración o segundo nacimiento, la obra de Cristo como →expiación en la cruz por los pecados de la humanidad, la necesidad de predicarles el Evangelio a los no creyentes, particularmente en misiones internacionales, y valores morales tradicionales, especialmente en lo que se refiere a la →sexualidad. En cuanto a la autoridad de las Escrituras muchos de los seguidores de este movimiento sostienen su infalibilidad, y todos insisten en que la Biblia ha sido inspirada por Dios de manera única. Se subraya la doctrina de la salvación mediante la →gracia de Dios y no mediante los →méritos o las →obras. A pesar de que hay una fuerte influencia calvinista sobre el movimiento, pocos de sus seguidores son calvinistas ortodoxos, pues muchos se inclinan hacia el →arminianismo, rechazando las posturas tradicionales calvinistas respecto a la expiación limitada, la →predestinación y la gracia irresistible. Aunque el movimiento a veces se confunde con el →fundamentalismo, hay ciertas diferencias de énfasis entre ambos. El fundamentalismo se preocupa más por la letra de la Escritura y por la ortodoxia doctrinal, mientras el evangelicalismo, al tiempo que afirma esos mismos puntos, tiende a subrayar la experiencia de la obra del Espíritu en el creyente a través del nuevo nacimiento, y la necesidad de comunicarles a otros el gozo del Evangelio.

En lo que se refiere a las cuestiones sociales y políticas, hay posiciones diversas dentro del movimiento. Tradicionalmente la mayoría de sus seguidores se ha ocupado principalmente de cuestiones de fe y moral personal, pero en tiempos más recientes muchos de ellos insisten en que la fe bíblica requiere que se involucren en los procesos políticos y económicos de la sociedad, para allí trabajar en pro de la justicia y la paz.

Evangelio. Palabra que se deriva del griego *euangelion*, buenas nuevas. Se refiere tanto a los libros que cuentan la historia de Jesús (el Evangelio según San Mateo, el Evangelio según San Marcos, etc.) como a las buenas nuevas de Jesús mismo. Aparentemente fue usado desde tiempos muy tempranos para describir el mensaje de Jesús, puesto que Pablo lo emplea frecuentemente, y Marcos (que según casi todos los eruditos es el primero de los cuatro evangelios) comienza el libro diciendo que se trata del "principio del evangelio de Jesús". Mateo usa el término de la misma manera en que lo usa Marcos. Lucas usa varias palabras derivadas de él, aunque con menos frecuencia. Juan no lo usa del todo.

Cuando Marcos escribió su libro, estaba empleando el término "evangelio", no en el sentido de un libro, sino más bien refiriéndose a las buenas nuevas de Jesús. Empero Marcos estaba también creando un nuevo género literario, y puesto que la palabra "evangelio" aparecía al principio mismo de su libro, todos los libros del mismo género escritos posteriormente reciben también el nombre de "evangelios". Esto incluye los cuatro evangelios del →canon del Nuevo Testamento así como un número de otros libros (la mayoría de ellos mucho más tardíos) que también dicen contar la historia de Jesús—libros tales como *El evangelio de Tomás, El evangelio de la verdad,* y *El evangelio según los hebreos,* entre muchos otros. A los tres primeros evangelios canónicos, Mateo, Marcos y Lucas, se les da el nombre de →sinópticos.

Empero en su sentido literal, el evangelio es el mensaje de Jesús. En Mateo y Marcos, Jesús repetidamente se refiere a su propio mensaje como el evangelio, las buenas nuevas—en Mateo, la frase más común es "el evangelio del reino". Tradicionalmente, la teología cristiana ha entendido el "evangelio" como el mensaje de Jesús, no sólo en el sentido de que es el mensaje que Jesús proclamó, sino también en el sentido de que es el mensaje acerca de Jesús. Jesús no es sólo el mensajero, sino también el contenido del mensaje. Esto ha sido puesto en duda desde tiempos del Renacimiento por quienes afirman que el mensaje original de Jesús no era sobre sí mismo, y que fue sólo posteriormente que la iglesia centró su atención sobre Jesús mismo como contenido de las buenas nuevas. Aunque todavía hay muchos que sostienen que el Jesús →histórico no se consideraba a sí mismo parte del mensaje, también hay muchos que insisten que Jesús y su obra son el corazón mismo del evangelio—que las buenas nuevas que Jesús proclamó eran las nuevas de que en su persona el reino de Dios se había acercado. Particularmente tras la obra de Karl Barth (1886-1968) y su movimiento →neoortodoxo, los teólogos cristianos han insistido en que el evangelio es las buenas nuevas, no sólo de Jesús como mensajero, sino también de Jesús como el mensaje mismo.

Evolución. En su sentido más común, es el nombre que se le da a la teoría de Charles Darwin (1809-82), según la cual las especies han evolucionado a través de un largo proceso en que las mutaciones y la sobrevivencia de los que mejor se adaptan al ambiente han llevado al surgimiento de nuevas especies. Aunque el propio Darwin era cristiano, y contribuyó significativamente con sus recursos económicos a la labor misionera, su teoría fue vista por muchos como una contradicción de lo que la Biblia dice acerca de la →creación. Por esta razón, al surgir el →fundamentalismo protestante, la creación en siete días se volvió punto esencial de sus enseñanzas. Por diversas razones, aún ya adentrado el siglo veintiuno, hay quienes contraponen la evolución al →creacionismo. Hay sin embargo teólogos cristianos que han propuesto sus propias versiones de la evolución. El más notable entre ellos es Pierre Teilhard de Chardin (1881-1955), famoso paleontólogo que aceptó la idea de la evolución como el proceso mediante el cual Dios crea, pero insistiendo siempre en que el principio que guía la evolución no es la sobrevivencia del más fuerte, sino también lo que él llama la "ley de complejidad y conciencia", según la cual toda la realidad está evolucionando hacia una complejidad y conciencia cada vez mayores, y así se mueve hacia Dios.

Ex nihilo. Frase latina que quiere decir "de la nada". La →creación *ex nihilo* significa entonces creación de la nada.

Ex opere operato. Frase que expresa el modo en que los →sacramentos son eficaces en y por sí mismos, completamente aparte de las actitudes o pensamientos de quienes los administran. Según la doctrina católica romana reafirmada por el Concilio de Trento (1545-63), los sacramentos confieren gracia *ex opere operato*. Esto quiere decir, por ejemplo, que una eucaristía o un matrimonio celebrados por un sacerdote indigno son todavía válidos. Aunque la frase misma no aparece sino hasta bastante tarde en la Edad Media, ya en la antigüedad los teólogos habían argumentado que la validez del sacramento no puede depender de la disposición de quien lo celebra, puesto que en tal caso los creyentes quedan en constante duda acerca de los sacramentos recibidos.

Excomunión. La acción oficial de prohibirle a un creyente participar en la comunión. En la práctica católica romana tradicional, la "excomunión mayor" implica, no sólo exclusión de la comunión, sino también de todo otro contacto con los fieles, y hasta asistir a cualquier forma de adoración, mientras la "excomunión menor" sencillamente excluye al creyente de la →Eucaristía. Aunque a veces se les da otros nombres, existen prácticas semejantes en diversas tradiciones protestantes, especialmente entre algunos grupos →anabaptistas y →pentecostales.

Exégesis. La interpretación de un texto, analizándolo a fin de aclarar su sentido. Dada la importancia de las Escrituras para la fe cristiana, la tarea exegética siempre ha sido de primordial importancia en la teología. En algunas ocasiones la palabra "exégesis" se usa como sinónimo de interpretación, y por lo tanto se habla a veces de la "exégesis →alegórica" o de la "exégesis →tipológica". El uso común en el día de hoy, sin embargo, tiende a limitar la "exégesis" a tareas tales como el análisis gramatical, lexicográfico y estructural, y a hablar de los pasos posteriores en el proceso de entender un texto y su pertinencia como "→interpretación" o "→hermenéutica".

Existencia. En la teología antigua y medieval, la actualización (→acto) de una →esencia. La existencia se contrasta o compara entonces con la esencia, de tal modo que mientras esta última se refiere a lo que hace que algo sea, lo que es—en el caso de una manzana, su "manzanidad"—la existencia se refiere al hecho de que es. En otras palabras, mientras la esencia tiene que ver con el qué de una realidad, la existencia tiene que ver con el hecho de que es. En la mayor parte de la filosofía y teología tradicionales, se considera que la esencia es anterior a la existencia, puesto que en última instancia todas se encuentran eternamente en la mente de Dios. El argumento →ontológico de Anselmo para probar la existencia de Dios se fundamenta en la presuposición de que en Dios la esencia y la existencia coinciden, de tal modo que la esencia misma de Dios incluye la existencia—lo cual no es cierto de ningún ser →contingente.

Más recientemente, particularmente en el →existencialismo, la existencia ha venido a significar la vida humana como lucha y como proyecto—como en la frase "mi existencia". Es sobre esta base que los existencialistas frecuentemente afirman, oponiéndose a la filosofía clásica, que la existencia es anterior a la esencia.

Existencialismo. Movimiento filosófico iniciado por Søren Kierkegaard (1813-55) en el siglo diecinueve, pero no reconocido generalmente sino hasta el siglo veinte. El existencialismo subraya la primacía de la →existencia humana sobre las →esencias abstractas. En tiempos en que la filosofía de Hegel era aceptada entusiastamente, y se buscaba el modo en que todo, incluso la teología, encajase dentro de ese sistema, Kierkegaard protestó que el sistema hegeliano (de hecho, cualquier sistema) no explica la realidad, sino que la ofusca, porque se desentiende de la primacía de la existencia, la realidad subjetiva en la cual toda otra realidad o pensamiento supuestamente objetivo tiene lugar. Lo que es más, Kierkegaard estaba convencido de que el intento hegeliano de construir un sistema que lo explicase todo era una usurpación de la soberanía de Dios, y por lo tanto era un error, no tan sólo filosófico, sino también teológico. Insistía en que el propósito de la existencia humana no es conocer toda la verdad, sino más bien luchar constantemente en busca de la verdad. Esto marcó la pauta para buena parte del existencialismo posterior, que insiste que la existencia nunca es algo dado, sino que es más bien una lucha constante en pos de la verdad y la autenticidad. Como postura filosófica, el existencialismo tuvo muchos seguidores en el siglo veinte. Muchos de ellos eran filósofos seculares, tales como Jean-Paul Sartre y Martin Heidegger. El más distinguido existencialista judío fue Martin Buber (1878-1965). Entre los filósofos cristianos, Nicolay Berdyayev (1874-1948), Karl Jaspers (1883-1969), y Gabriel Marcel (1889- 1973) fueron los de mayor impacto. Entre los teólogos, la huella del existencialismo fue casi universal. Karl Barth (1886-1968), quien a la postre lo rechazó, comenzó a desarrollar su teología como una →dogmática existencialista. Rudolph Bultmann (1884-1976) hizo uso de la filosofía de Heidegger en su intento de →desmitologizar el Nuevo Testamento. También puede verse el sello del existencialismo en Paul Tillich (1886-1965) y en el teólogo católico romano Karl Rahner (1904-84).

Expiación. El pago por una ofensa contra Dios o contra otros mediante un sacrificio, castigo, o alguna otra acción semejante. La idea de expiación es elemento central en la teoría "substitucionaria" o "jurídica" de la →redención, que ve a Jesús como quien hace expiación por los pecados de todo el mundo. También es un elemento importante en el sistema penitencial de la Iglesia Católica Romana medieval y moderna (→Penitencia; →Satisfacción).

Éxtasis. Experiencia de los profetas y →místicos en la que al parecer la persona se encuentra fuera del cuerpo, cuyas funciones físicas se suspenden. Es de esto que se deriva la palabra misma "éxtasis", que quiere decir estar fuera. Tal experiencia varía según los individuos y las tradiciones. Entre los místicos cristianos, algunos sostienen que la visión extática es la meta de la vida, que se logra solamente en la vida futura, mientras otros dicen que han tenido repetidas experiencias extáticas. Frecuentemente la persona que sale de un éxtasis recuerda visiones, instrucciones o palabras de consuelo que ha recibido durante esa experiencia. En otras ocasiones, se dice que lo que se ha visto es tal que es imposible expresarlo en palabras. Según algunos teólogos, el estado final del alma en la presencia divina es semejante a un éxtasis permanente. (→Visión beatífica)

Extra calvinisticum. La afirmación, común en la teología tradicional, de que en su encarnación la Segunda Persona de la Trinidad, el Hijo o →Verbo de Dios, no queda confinada a la humanidad de Jesús. Ciertamente, el Verbo se hizo carne, empero el Verbo siguió siendo Señor soberano de todas las cosas, y estando presente en todos lugares. Tal especulación, relativamente común durante la Edad Media, salió otra vez a la superficie en los debates entre luteranos y →calvinistas acerca de la presencia de Jesús en la →Eucaristía. Mientras los luteranos insistían en la →ubicuidad del cuerpo de Jesús como resultado de la encarnación, sus contrincantes declaraban que aun en la encarnación el Verbo siguió teniendo esa ubicuidad, mientras que el cuerpo de Jesús no la tuvo. Los luteranos le dieron a esta opinión de los calvinistas según la cual la humanidad de Jesús nunca circunscribió su divinidad el nombre de *extra calvinisticum* A la postre, los calvinistas mismos lo aceptaron.

F

Fe. El término "fe" tiene diversos significados, incluso en el contexto religioso y teológico. Algunas veces se refiere al cuerpo de creencias, como cuando se dice que "la fe cristiana sostiene que ..." o "la fe reformada", "la fe católica", etc. Con mayor frecuencia se refiere a una actitud por parte del creyente, como cuando se dice "si tienes fe" o "mi fe es firme". Pero aun en este último sentido hay gran divergencia en cuanto al significado de la palabra.

Una antigua y frecuentemente olvidada distinción de los escolásticos puede ayudarnos en esto. Los escolásticos hablan de la fe, *fides*, en dos sentidos. El primero es la fe como acción de creer: *fides qua creditur*. El segundo, lo que se cree, *fides quae creditur*. En el primero de estos sentidos, lo que es importante es la confianza, el entregarse a aquel en quien uno cree (→*Fiducia*). En el segundo sentido, la fe involucra la aceptación de lo que se cree. Ciertamente, estos dos van aparejados, puesto que la confianza requiere un objeto, y lo que se cree determina el carácter de la confianza que se tiene. Empero en diversos lugares y momentos el énfasis ha recaído sobre una u otra de estas dos dimensiones de la fe.

En la teología patrística, la fe se contaba comúnmente entre las tres →virtudes teológicas: fe, esperanza y amor. Cuando así se le considera, la fe es sólo un elemento de la vida cristiana, y ha de llevar tanto a la esperanza como al amor. En tal caso el énfasis cae sobre la fe como asentimiento o aceptación de ciertas doctrinas o creencias—lo cual no quiere decir que sea un mero asentimiento intelectual, porque la voluntad tiene un lugar en la fe, y ésta no puede existir sin llevar a la esperanza y el amor.

La mayoría de los teólogos medievales siguió el mismo camino, refiriéndose a la fe como asentimiento. Puesto que no todos los creyentes conocen todas las doctrinas de la iglesia, la teología escolástica estableció una distinción entre fe explícita e implícita. La primera existe cuando el creyente conoce y afirma lo que la iglesia enseña. La segunda es la fe de quienes, aun sin conocer todos los puntos de doctrina, están dispuestos a aceptar lo que la iglesia enseñe.

La experiencia de Lutero, y su defensa de la →justificación por la fe, le llevaron a subrayar la fe como confianza (*fiducia*), y a insistir en que el único objeto propio de la fe es Dios. La fe no es asentimiento a una doctrina o sistema de doctrinas. No es aceptar las enseñanzas de la iglesia o de alguna otra autoridad, ni siquiera las enseñanzas de la Biblia. La fe es confianza en Dios, y solamente en Dios. Calvino concordaba, y veía la fe como "un conocimiento firme y cierto" del amor de Dios; pero el uso mismo de la palabra "conocimiento" en este contexto muestra que la fe no es sólo cuestión del corazón o de la voluntad. La fe involucra a toda la persona, y por lo tanto incluye los elementos cognitivos, el conocer quién es este Dios en quien se cree, y los afectivos, donde la fe se manifiesta en la piedad. Sobre todo esto, hubo acuerdo general entre los reformadores.

Los →escolásticos protestantes del siglo diecisiete tendían a regresar a la visión de la fe como asentimiento, y por lo tanto subrayaban la fe como acción de aceptar ciertas verdades más bien que como confianza en Dios, y solamente en Dios—aunque en última instancia la razón por la cual se debían aceptar tales verdades era el hecho de haber sido reveladas por el Dios en quien se confía. Este modo de ver la fe continuó existiendo hasta el siglo veiniuno entre algunos protestantes para quienes la fe es aceptar principios tales como la →infalibilidad de las Escrituras; la creación en siete días, etc.

En el siglo dieciocho, con el auge del →racionalismo y del →deísmo, muchos pensaban que la fe no era sino la ciega aceptación de lo que la →razón no podía probar, o de lo que contradecía a la razón. En ese contexto, el término "fe" se usaba frecuentemente como sinónimo de →fideísmo, con las connotaciones despectivas de este último término. En reacción tanto contra el escolasticismo protestante como contra el racionalismo de los deístas, el →pietismo buscó recobrar las dimensiones afectivas de la fe, y por ello frecuentemente entendía la fe como la experiencia de la presencia y el amor de Dios. En esto le siguió buena parte de la teología liberal del siglo diecinueve (→Liberalismo), cuyos principales portavoces se referían a la fe como "un sentimiento de dependencia absoluta" (Schleiermacher) o como el fundamento de la vida moral (Ritschl), y aun más tarde en buena parte de la teología →existencialista que tiende a hablar de la fe como "encuentro", como la "presencia del Otro", etc.

En el siglo veinte, la →neoortodoxia regresó al énfasis de los reformadores en la fe como confianza en Dios, pero continuó insistiendo, como Calvino, en los elementos cognitivos de esa confianza.

Fe y razón. →Razón.

Febronianismo. Doctrina →eclesiológica que deriva su nombre de Justino Febronio (1701-90). Según Febronio, el papa deriva su autoridad
de la iglesia, y no viceversa. Lo que es más, la jurisdicción del papa
no se extiende más allá de su propia diócesis, Roma, y el único pri-
vilegio de que ha de gozar sobre los demás →obispos le viene por razón de su función como guardián de los →cánones de la iglesia, los
cuales ha de ejecutar como representante de todo el episcopado. Por
último, el papa no tiene autoridad alguna sobre los gobiernos seculares. Naturalmente, esto le dio al febronianismo gran popularidad entre los nuevos gobiernos seculares.

Federal, teología. También llamada "teología del pacto". Aunque la noción
del pacto o alianza se encuentra en el centro mismo del mensaje bíblico, y los primeros reformadores se referían a ella repetidamente, fue
Heinrich Bullinger (1504-75), el sucesor de Zwinglio en Zurich, quien desarrolló este tema hasta llegar a hacer de él un esquema de toda la historia de la salvación. Según Bullinger, la relación entre Dios y la humanidad es una relación de →pacto. Desde el principio, Dios ha hecho con la
humanidad un pacto de salvación mediante la gracia. Empero tal pacto
no ha de entenderse como si Dios y la humanidad hubiesen hecho un
acuerdo bipartita. La iniciativa estuvo y sigue estando de parte de Dios,
quien es el hacedor y la garantía del pacto. Por la misma época, Ursino
(1534-83) propuso un esquema que constaba de dos pactos, uno de las
obras y el otro de la gracia. Pronto las ideas de Bullinger y de Ursino se
combinaron para producir una historia de la salvación como historia del
pacto. Según este esquema, Adán era la cabeza "federal" de la humanidad—de lo cual se deriva el nombre de "teología federal". El hecho de
que Adán no cumplió el pacto de las →obras requirió un nuevo pacto, el
de la →gracia, en el que la cabeza federal de la nueva humanidad es Cristo (→Recapitulación). Este nuevo pacto no abolió el viejo pacto de las
obras, sino que lo suplementó, y por lo tanto los creyentes y las sociedades cristianas quedan todavía sujetas a la obediencia al primer pacto aun
cuando la salvación sea mediante el pacto de la gracia y mediante la
unión con Cristo como la nueva cabeza (→Ley, tercer uso de la).
El impacto de la teología federal puede verse tanto en el gobierno de
muchas iglesias →reformadas como en las estructuras políticas de so-

ciedades y gobiernos profundamente influidos por la tradición reformada.

Feminista, teología. El nombre que se le da a toda una variedad de teologías que florecieron a partir de la segunda mitad del siglo veinte, y cuya característica común es la reflexión teológica que toma en cuenta la experiencia de las mujeres—en particular, su experiencia de opresión en sociedades e iglesias dominadas por los varones. Luego, las teologías feministas se cuentan entre las teologías →contextuales que surgieron por la misma época. Han aparecido en diversas partes del mundo, como expresión del movimiento mundial feminista de los siglos veinte y veintiuno. Al tiempo que centran su atención sobre la experiencia de las mujeres, la mayoría de las teólogas feministas busca la liberación, no sólo de las mujeres, sino de todos los oprimidos—y en cierto sentido también de sus opresores. Particularmente, insisten en liberar a la teología del dominio de los varones y de la perspectiva masculina que la han tenido por siglos. Todas las teólogas feministas concuerdan en que su experiencia como mujeres en una iglesia y sociedad dominada por los varones es importante. Como otros teólogos contextuales, su método normalmente incluye un compromiso con la acción liberadora (→*Praxis*), así como la reflexión sobre esa acción y su relación con los temas y prácticas principales de la iglesia y la sociedad. Por otra parte, las teólogas feministas cristianas también pertenecen a diversas confesiones y tradiciones cristianas, y esto puede verse reflejado en su labor. Así, por ejemplo, las teólogas feministas protestantes tienden a ocuparse mayormente de la reinterpretación y recuperación de las Escrituras (aun cuando a veces declaran que algunos textos son irremisiblemente machistas), mientras hay teólogas feministas católicas romanas para quienes las Escrituras no tienen el mismo lugar de importancia, y hasta algunas para las cuales el problema no está únicamente en la interpretación bíblica, sino en la Biblia misma.

Por otra parte, estas teólogas también pertenecen a otros sub-grupos dentro de la sociedad, y esto ha llevado a algunas a la conclusión de que la mayor parte de la teología feminista se ha dejado dominar demasiado por las mujeres de raza blanca y clase media, con las cuales no pueden estar en total acuerdo. Esto es cierto, por ejemplo, de algunas teólogas negras (→Womanist) y de algunas latinas en los Estados Unidos (→Mujerista).

Fenomenología. La escuela filosófica fundada por Edmund Husserl (1859-1938), quien buscaba un método de investigación que pudiese ser completamente objetivo y libre de todo influjo por parte del investigador mismo o de sus prejuicios. Para hacer esto, según Husserl, el investigador ha de centrar la atención sobre los fenómenos, es decir, sobre los hechos tales como se llegan a nosotros, sin interpretación alguna. Como resultado de este método, debe ser posible llegar a la esencia del asunto, sin dejarse llevar por prejuicios o juicios de valor. El método fenomenológico fue muy influyente sobre la →filosofía de la religión durante la primera mitad del siglo veinte, cuando los estudiosos de los sistemas religiosos buscaban analizarlos como fenómenos que aparecen en la sociedad humana, sin pretender evaluarlos ni decidir acerca de la verdad o falsedad de sus doctrinas, opiniones o prácticas. En tiempos más recientes, con la crítica postmoderna de toda pretensión de objetividad y universalidad, el método de Husserl ha sido fuertemente criticado, pues se dice que el método mismo se fundamenta en un prejuicio semejante a los que el investigador dice evadir.

Fideísmo. Del latín *fides*, fe. Término usualmente despectivo, que se refiere a la actitud de quienes sostienen que el verdadero cristiano ha de aceptar las doctrinas "por fe", sin cuestionar su origen, importancia o racionalidad. →Razón.

Fiducia. Confianza. En el contexto teológico, confianza en Dios. Para Martín Lutero y la mayoría de los reformadores, la *fiducia* es la esencia misma de la →fe, que consiste en confiar en Dios y en sus promesas.

Filiación. Literalmente, el hecho de ser hijo. El término se emplea en la teología trinitaria clásica (particularmente después de una serie de aclaraciones en el siglo cuarto por parte de los capadocios Basilio de Cesarea, Gregorio de Nisa y Gregorio de Nacianzo) para referirse a la relación eterna que existe entre la Primera y la Segunda Persona de la →Trinidad. Esto es lo que significa afirmar que el Hijo es "eternamente engendrado" por el Padre—a diferencia de su nacimiento de la virgen María. Puesto que el Hijo es "eternamente engendrado" la fuente del Hijo es el Padre, y sin embargo el Hijo no tiene comienzo. Los capadocios también insistían en que, mientras la →creación es una acción de la voluntad de Dios, y por lo tanto resulta en una realidad que no es Dios, la filiación es de la esencia misma de Dios, y por tanto el Hijo es Dios.

Filioque. Literalmente, "y del Hijo". Término que fue añadido en el Occidente al Credo Niceno en el siglo octavo. Cuando el Oriente de habla griega protestó contra esta añadidura al Credo, surgió una larga controversia. Lo que en realidad estaba en juego era ante todo la autoridad de los antiguos concilios, y en segundo lugar si la añadidura misma era ortodoxa o no. Sobre este último punto, el →*Filioque* expresaba una diferencia sutil, pero antigua entre el modo en que los occidentales entendían la →Trinidad y la visión de los orientales. En el Oriente, la tradición insistía en que hay sólo una fuente de toda la divinidad, y que esa fuente es el Padre. Por ello, los griegos estaban dispuestos a afirmar que el Espíritu "procede del Padre, *a través* del Hijo". En el Occidente, por otra parte, desde tiempos de Agustín se había acostumbrado referirse al Espíritu como el vínculo de amor entre el Padre y el Hijo, y por tanto decir que el Espíritu procede del Padre "y del Hijo"—*Filioque*. Cada una de las dos ramas de la iglesia insistió en su posición, y el desacuerdo acerca del *Filioque* fue una de las razones que se dieron para la ruptura final entre Oriente y Occidente en el año 1054.

Filosofía de la religión. Disciplina que surgió en el siglo dieciocho con el propósito de aplicarle los métodos filosóficos al estudio de la religión. Por ello, hay prácticamente tantas filosofías de la religión como hay sistemas filosóficos. Algunos entienden la filosofía de la religión como la disciplina que estudia las experiencias, doctrinas y fenómenos religiosos, mientras otros piensan que el propósito de esta disciplina es proponer un modo de referirse a Dios y al mundo sobre bases puramente filosóficas. En el primero de los casos, durante la primera mitad del siglo veinte la filosofía de la religión predominante era la →fenomenología, y poco después el análisis lógico y lingüístico, que se concentraba en el estudio de categorías tales como el →mito y la →metáfora. Dentro de ese modo de entender la disciplina, se han producido varios estudios del →misticismo tal como aparece en diversas tradiciones religiosas, con el propósito de dilucidar las características comunes del misticismo, no importa su contexto cultural, religioso o doctrinal. En el segundo sentido, la filosofía de la religión se ha interesado en convalidar algunas perspectivas religiosas que tradicionalmente dicen basarse en la →revelación.

Así, durante los siglos dieciocho y diecinueve la filosofía de la religión se ocupó principalmente de intentos de fundamentar la religión sobre el imperativo categórico de Kant o sobre la dialéctica de Hegel, y en el siglo veinte el énfasis cambió hacia la lógica analítica, el →existencialismo, y la filosofía del →proceso.

Forma y materia. Distinción que se remonta a tiempos de Aristóteles, quien afirmó que las cosas consisten de dos elementos: aquello de lo que están hechas (materia), y lo que las hace ser lo que son (forma). Esto implica que la forma es el principio de individuación de la materia. Lo que hace que la materia sea, no sólo cierta clase de cosa, sino una cosa en particular, es la forma. Hay empero una jerarquía de formas, tal como puede verse en el ejemplo clásico del ladrillo, cuya materia es barro que ha sido "formado" para llegar a ser un ladrillo; pero los ladrillos mismos se vuelven entonces la materia organizada por la forma "casa"; las casas pueden ser la materia que al recibir una forma se vuelve una ciudad; y así sucesivamente. En la filosofía aristotélica es este impulso →teleológico lo que hace que lo que está en potencia se mueva hacia el →acto—es decir, que pase de la posibilidad a la realidad.

Durante el despertar de la filosofía aristotélica en el siglo trece, uno de los puntos que se debatían era la teoría →averroísta sobre la preexistencia de una materia absolutamente informe, de la cual Dios creó el mundo dándole formas. Fue contra esas opiniones que los teólogos del siglo trece subrayaron la doctrina tradicional de la →creación →*ex nihilo*.

Otro tema de debate teológico, particularmente en el siglo trece, fue si los seres racionales (por ejemplo, los ángeles y las almas) también se componen de materia y forma. Esto es lo que se llama técnicamente la composición "hilomórfica" (del griego *hyle*, materia y *morfe*, forma) de los seres. En términos generales, la escuela →agustiniana afirmó tal composición hilomórfica de todas las criaturas, al tiempo que insistía en la distinción entre la materia en el sentido filosófico y el cuerpo, a fin de poder decir entonces que el alma es una realidad incorpórea. Frente a ellos, los →tomistas rechazaban tal composición hilomórfica de los seres intelectuales.

Formas, crítica de las. (En alemán, *Formgeschichte.*) Método que se emplea en el estudio de documentos, y en particular en el estudio de la Biblia y las tradiciones que se encuentran tras su texto. Se fundamenta sobre la idea de que las tradiciones populares se conservan y transmiten siguiendo ciertos patrones o "formas". Esos patrones tienen que ver normalmente con la función de las historias en la comunidad. Según quienes defienden este método, esas formas todavía pueden discernirse en los documentos de que han llegado a formar parte. Mediante el estudio de tales formas, el erudito puede entonces determinar qué clase de tradición se encuentra tras un texto, y la función de esa tradición particular en medio de la comunidad que la transmitió y a la postre la incorporó en el texto.

Fundamentalismo. En el sentido estricto, el fundamentalismo es un movimiento que surgió dentro del protestantismo norteamericano, y su nombre se deriva de los cinco puntos "fundamentales" que los fundadores del movimiento promulgaron en una conferencia que tuvo lugar en Niágara en 1895. Estos cinco puntos eran la →infalibilidad de las Escrituras; el nacimiento virginal de Jesús, su muerte en substitución y pago por los pecados humanos, su resurrección física y su pronto retorno. Por extensión, se ha llegado a llamar "fundamentalismo" a cualquier posición que insista en la infalibilidad de las Escrituras y rechace muchos de los resultados de la investigación moderna sobre la historia y desarrollo de la Biblia. Por una extensión aun mayor, el mismo término se les aplica ahora a los extremistas en cualquier religión—como cuando se habla, por ejemplo, del "fundamentalismo islámico".

G

Galicanismo. La posición de quienes, particularmente en Francia, se oponían a la autoridad papal absoluta y a los reclamos de los →ultramontanos. Desde tiempos del papado en Aviñón, los papas habían hecho un número de concesiones a la iglesia francesa, sus obispos y su rey. Aquellas concesiones, a las que se añadieron después otros privilegios, fueron llamadas las "libertades galicanas" de la iglesia. Es por ello que se le da el nombre de "galicanismo" al movimiento que insistía en conservar esos derechos. Después del Concilio de Trento en el siglo dieciséis, tanto el Rey de Francia como los obispos franceces se resistieron a promulgar sus decretos en territorio francés, porque las tendencias centralizantes de Trento se oponían a las "libertades galicanas". A partir de entonces, la corona francesa hizo uso del galicanismo para asegurar su autoridad por encima de la iglesia, lo cual le dio al movimiento un tono cada vez más secular.

Generación. →Filiación.

Geschichte. →Historie.

Gloria Patri. Las primeras palabras, y por tanto también el título, del antiguo himno doxológico "Gloria sea al Padre ..." Aunque ese himno existió con algunas variantes desde bastante antes, su forma presente apareció en el siglo cuarto, cuando se le utilizó como salvaguarda contra el →arrianismo. Lo que el himno afirma es que la gloria, que le pertenece sólo a Dios, le ha pertenecido siempre al Padre, al Hijo y al Espíritu Santo. Es por eso que termina diciendo "como [la gloria] era al principio, es hoy y habrá de ser."

Glosolalia. Nombre que se le da desde el siglo diecinueve a la práctica de hablar en lenguas. Aparece en el Nuevo Testamento en lo que parecen ser dos formas. En el relato de Pentecostés en Hechos, los discípulos hablan en las lenguas de otras personas que están presentes. En las epístolas paulinas, el don de lenguas es ciertamente don del Espíritu, pero aquí parece suceder dentro de la comunidad de creyentes, aun cuando nadie entienda lo que se está diciendo, y sirve para la edificación de quien habla en lenguas, más bien que de otros o de la comunidad (Primera Corintios 14:4). En tales casos, Pablo prefiere la "profecía", es decir, la predicación, y sugiere que cualquier discurso en lenguas ha de ser traducido para que la iglesia sea edificada. Ambas dimensiones de la glosolalia han aparecido en distintos momentos en la vida de la iglesia. Durante el siglo segundo, la glosolalia parece haber sido bastante común, no sólo entre los →montanistas, sino también en toda la iglesia. Aunque tendió a desaparecer en la iglesia occidental, reapareció esporádicamente en la iglesia oriental, particularmente en comunidades monásticas. Se dice que en el siglo dieciséis, cuando San Francisco Javier predicaba en Asia, le era posible hablar en los diversos lenguajes que encontraba. Entre protestantes, hay pocos casos de glosolalia antes de que se hiciera común en el movimiento →pentecostal a principios del siglo veinte, y de allí se expandiera hacia otras comunidades cristianas.

Uno de los puntos que se discute respecto a la glosolalia es que, aunque todos estén de acuerdo en que es un don del Espíritu, unos dicen que es señal necesaria del "bautismo del Espíritu Santo", mientras otros afirman que es sólo uno de muchos signos posibles. Sobre este punto hay desacuerdo entre diversos grupos pentecostales.

Gnosticismo. El nombre que se les da en conjunto a toda una variedad de sistemas religiosos que florecieron en el siglo segundo, y cuyo denominador común era la promesa de salvación mediante un conocimiento secreto o *gnosis*. Aunque los eruditos no concuerdan en cuanto a los orígenes exactos del gnosticismo, parece ser el resultado de la confluencia de muchas religiones y tradiciones filosóficas que se entremezclaron en el mundo mediterráneo a principios de la era cristiana: el →dualismo persa y griego, la astrología babilónica, el →apocalipticismo judío, varias religiones de →misterio, etc. Puesto que el gnosticismo era →sincretista, muchos de sus sistemas incorporaban elementos del cristianismo, y en particular de las historias acerca de Jesús. Esto le dio origen al gnosticismo cristiano, que por algún tiempo le hizo competencia seria a la iglesia. La mayoría de los sistemas gnósticos explicaba la existencia del mundo y la condición humana a través de una →cosmogonía elaborada que normalmente incluía toda una serie de seres puramente espirituales o "eones", hasta que uno de estos, quizá por error o quizá por mala voluntad, creó el mundo físico. Las →almas humanas son parte de aquel mundo espiritual que de alguna manera han quedado atrapadas en este mundo físico, y su salvación consiste en ascender una vez más al mundo puramente espiritual, que normalmente se llama "plenitud" o *pleroma*. En ese ascenso, el alma tiene que pasar a través de las esferas celestiales, y en algunos sistemas gnósticos el conocimiento secreto de los iniciados consistía precisamente en las palabras secretas que le permitirían al alma atravesar cada una de las esferas.

Debido a su visión de la materia física y del cuerpo como resultado de un error o del mal, el gnosticismo cristiano rechazaba las doctrinas cristianas de la →creación, la →encarnación y la →resurrección del cuerpo. Particularmente en cuanto a la encarnación, los gnósticos frecuentemente sostenían posturas →docéticas, declarando que el cuerpo de Jesús no fue real, o que estaba hecho de una substancia puramente espiritual. Aunque la iglesia en su generalidad lo rechazó, el gnosticismo ha mostrado su atractivo cada vez que, por una razón u otra, las gentes se sienten inclinadas hacia lo esotérico y misterioso. Durante el siglo diecinueve, el surgimiento del →trascendentalismo y de la "Ciencia Cristiana" fueron ejemplo de ello. De igual manera, durante los últimos años del siglo veinte y principios del veintiuno, se ha visto un renacer del gnosticismo, que a veces pretende basarse en conocimientos ocultos de la antigüedad.

Gobierno. →Estado.

Gracia. El inmerecido amor de Dios por el cual perdona y transforma al pecador. Bien podría decirse que las buenas nuevas del →Evangelio no son otras que el mensaje de la gracia de Dios. Aunque la palabra misma aparece más frecuentemente en los escritos de Pablo, el tema es hilo común a través de toda la Escritura. El primer gran debate acerca de la gracia tuvo lugar en el siglo quinto entre Agustín y Pelagio (→Pelagianismo). Este último era un monje británico que se escandalizó al encontrar en las *Confesiones* de Agustín la petición a Dios: "Da lo que mandes, y manda lo que desees." Al leer esas palabras, Pelagio vio en ellas una especie de →quietismo, que no pedía nada del creyente, sino sólo aguardar la gracia de Dios. Según fue aprendiendo más acerca de las enseñanzas de Agustín, llegó a temer que destruyesen el sentido de responsabilidad y el deseo de una vida justa en los pecadores. Por lo tanto Pelagio insistió en que todos los humanos, aun después de la →caída, no han perdido la libertad para evitar el pecado—*posse non peccare* (→Libre albedrío). Los individuos pecan, no a causa de la caída, sino por su propia libertad. Pelagio estaba de acuerdo con Agustín y con todo el resto de la tradición cristiana en que para la salvación es necesaria la gracia. Pero lo que Pelagio entendía por esto era una "gracia original" o "gracia de la creación" que Dios les ha dado a todos, y que les hace posible a los pecadores, por su propia libre voluntad, arrepentirse y buscar deshacer el mal que han hecho. A quienes siguen tal camino, Dios les da la "gracia del perdón", mediante la cual son salvos.

Agustín estaba en desacuerdo total. Estaba convencido de que los pecadores son incapaces de tomar la decisión de aceptar la gracia de Dios. La única libertad que los pecadores tienen todavía es la libertad de pecar o, como diría Agustín, *posse peccare*. Para pasar de la condición de pecador irredento a la próxima etapa, cuando se restaura la libertad para no pecar, *posse non peccare*, se requiere una intervención de la gracia divina que no se debe en modo alguno a la voluntad o decisión del pecador. El pecador que se convierte no puede reclamar que lo ha hecho por razón de alguna virtud, acto o decisión especial que le han hecho merecedor de la gracia. La gracia siempre es dada gratuitamente—*gratia gratis data*. Luego, Agustín diría que antes de que creamos la gracia opera en nosotros para que creamos, y que una vez que hemos creído la gracia coopera con nosotros para que hagamos buenas obras. De aquí surge la distinción, que luego se volvió común, entre la "gracia operante" y la "gracia cooperante". Lo que es más, la voluntad humana, que no puede aceptar la gracia por sí misma, tampoco puede rechazarla, lo cual implicaría una virtud particular en quienes la aceptan, virtud superior a la de quienes no la aceptan. Por lo tanto, la gracia es irresistible, y les es dada únicamente a los →electos, a quienes Dios ha →predestinado para la salvación.

A la postre la iglesia rechazó oficialmente las doctrinas de Pelagio y tomó el partido de Agustín. Pero con todo y eso siempre siguió existiendo una forma mitigada de pelagianismo tanto en la teología como en la religiosidad cristianas (→Semipelagianismo). Pronto se impuso la idea de que hay una "gracia previniente" que les es dada a todos, y que por tanto es muy semejante a la "gracia de la creación" de Pelagio. Es por esto que más tarde Lutero declaró que prácticamente todos los teólogos medievales habían sido pelagianos.

Es importante notar que la controversia misma entre Agustín y Pelagio llevó a un cambio sutil, pero importante, en el modo en que se entendía la gracia. Aunque Pelagio y Agustín estaban en profundo desacuerdo, tácitamente concordaban en que la gracia es un poder que Dios les da a los humanos. La gracia, más bien que un modo de referirse al amor constante e inmerecido de Dios, vino a ser entonces una substancia o un poder que Dios les da a los humanos. Ese entendimiento de la gracia se conoce como "gracia infusa". Por razón de esa visión, los teólogos medievales comenzaron a discutir la diferencia entre la "gracia increada", que no es sino Dios mismo, y la "gracia creada" que es ese poder que Dios les da a los creyentes.

Según Lutero fue desarrollando las implicaciones teológicas de su doctrina de la →justificación por la fe, llegó a la conclusión que la gracia no es "algo" que Dios le infunde al pecador, sino que es más bien la actitud de Dios de amor y de perdón. Tanto él como los primeros reformadores rechazaron la idea de una "gracia infusa". Para Lutero y Calvino, la gracia no es otra cosa que Dios actuando para nuestro bien.

Con el desarrollo del →escolasticismo protestante en el siglo diecisiete, hubo la tendencia de volver al entendimiento de la gracia como un poder infundido por Dios. Por ello, al leer los documentos del Sínodo de Dordrecht (1618-19), que definió el →calvinismo ortodoxo, resulta claro que para ambas partes del debate la gracia se había vuelto un poder que Dios le da al creyente. Tanto la propuesta →arminiana de una "gracia previniente" universal, como el argumento en pro de la "gracia irresistible" de sus opositores, implican que la gracia no es Dios mismo, sino algo que Dios da.

En el siglo veinte, el despertar de la teología →reformada en la →neoortodoxia, y de la →luterana en la escuela →lundense, llevaron a un regreso a la visión de la gracia como Dios mismo actuando en amor, no como una substancia o poder que Dios introduzca en el alma.

Más tarde en ese mismo siglo, la relación entre la naturaleza y la gracia fue tema de discusión entre los teólogos protestantes. Barth insistía en que cualquier sentido de continuidad entre la naturaleza y la gracia no era verdaderamente protestante, puesto que la diferencia entre el protestantismo y el catolicismo romano se encuentra en que éste último afirma, y el primero niega, que "la gracia no destruye la naturaleza, sino que la perfecciona". En este punto, Brunner y otros se apartaron de Barth, afirmando que siempre hay un "punto de contacto" para la gracia, y que plantear una discontinuidad radical entre la naturaleza y la gracia equivale a negar la bondad de la →creación. Tillich fue aun más lejos, declarando que la "gracia de la creación" es lo que mantiene todas las cosas en existencia.

Guerra. Aunque en el Antiguo Testamento se habla de varias guerras ordenadas por Dios, los primeros cristianos se abstenían de participar en la guerra por razón de la predicación de Jesús acerca del perdón y del amor hacia los enemigos, y también por su rechazo de la violencia como respuesta a la violencia. Mientras el cristianismo se limitó a una ínfima proporción de la población, en la cual en todo caso el estado no confiaba y hasta perseguía, esta postura pacifista fue sostenible. En el siglo segundo, el pagano Celso criticaba a los cristianos diciendo que si toda la población del Imperio se volviese cristiana pronto el Imperio caería en manos de los bárbaros. A ello respondió Orígenes diciendo sencillamente que si toda la población fuese cristiana también los bárbaros lo serían, y no sería necesario defenderse contra ellos. Pero más tarde ese mismo siglo, aun a pesar de los deseos de muchos de los dirigentes cristianos, había ya soldados en el ejército. Probablemente los primeros de ellos fueron soldados que se convirtieron y tenían que cumplir su servicio militar.

Después de Constantino, según una proporción cada vez mayor de la población se fue volviendo cristiana, el →pacifismo original fue modificándose. Algunos se unían al ejército y posponían el →bautismo hasta después de cumplir con su servicio militar, para el caso de que tuviesen que matar a alguien. A la postre, la posición pacifista fue generalmente abandonada. Durante ese proceso, Agustín (354-430) produjo la teoría de la "guerra justa", y los principios para determinarla. Al tiempo que prefería la no violencia, y deploraba la necesidad de tener que acudir a la guerra, Agustín ofreció una serie de criterios que son necesarios para que una guerra sea justa. En cuanto a su propósito, una guerra es justa cuando su meta es promover la justicia y restaurar la paz. En cuanto a quienes la dirigen, una guerra es justa cuando es ordenada por la autoridad debida (principio este que después se usaría contra diversos grupos revolucionarios). En cuanto a su conducta, una guerra justa debe conducirse sin crueldad y sin odio hacia el enemigo, sin hacerles violencia a quienes no combaten, sin saqueos y sin destrucción en masa.

Aunque el propósito de Agustín no era que estos principios se empleasen para la fácil justificación de la guerra y de la violencia, esto fue lo que sucedió. Agustín murió precisamente cuando los pueblos germánicos invadían el viejo Imperio Romano. Se trataba de sociedades belicosas, con una larga tradición de violencia y de guerras de venganza. El resultado fue que los principios de Agustín, cuyo propósito era hacer de la guerra una opción excepcional y de último recurso, se volvieron la justificación de constantes guerras. Hacia fines del siglo once este proceso llevó a las cruzadas. En aquel momento, los principios de Agustín en cuanto a establecer la paz, y los límites que Agustín había propuesto en cuanto a las actividades de los sacerdotes, fueron generalmente descontados. Se demonizó al enemigo, y se llegó a pensar que la crueldad y las matanzas eran acciones de valor y hasta de virtud. Aunque originalmente se pretendía que las cruzadas se dirigiesen contra los musulmanes en Tierra Santa, a la postre los principios de la cruzada se aplicaron también a otras guerras contra los →albigenses en el sur de Francia, y más tarde contra los nativos del Hemisferio Occidental cuando fueron conquistados por las potencias europeas. Actitudes semejantes de crueldad y de demonización del enemigo existieron en Europa durante las guerras de religión en el siglo diecisiete.

En respuesta a todo esto, varios grupos han vuelto al pacifismo como la única alternativa cristiana. Tal es el caso, por ejemplo, de los →menonitas y de los →cuáqueros. Tras sufrir persecuciones a manos de los estados que temían que tales enseñanzas debilitaran sus capacidades de defensa, esos cristianos pacifistas han logrado cierto reconocimiento en varios países. Empero todavía la mayor parte de los cristianos, particularmente de aquellos que viven en naciones tradicionalmente cristianas, aceptan alguna versión de la teoría de la guerra justa, o están tan comprometidos con el nacionalismo que ni siquiera se preguntan si la guerra es justa. Un factor que complica la aplicación de los principios de la guerra supuestamente justa es que las armas modernas hacen casi imposible excluir de entre las bajas a quienes no combaten.

H

Hábito. En la teología →escolástica tradicional, y a partir de entonces en buena parte de la teología →moral del catolicismo romano, un hábito es la inclinación de una facultad de la mente a actuar de cierto modo. Esto incluye tanto hábitos de la voluntad como hábitos del intelecto, cuando tendemos a actuar o a pensar de una manera dada. Como inclinaciones, los hábitos no destruyen el →libre albedrío, sino que sencillamente lo guían en una dirección particular. Luego, la idea teológica del "hábito" incluye buena parte de lo que se entiende por esa palabra en el uso común, y los hábitos pueden ser buenos o malos, según inclinen al alma hacia su propio fin (las virtudes), o la aparten de él—en cuyo caso el hábito se vuelve vicio. Tales hábitos se conocen técnicamente como "hábitos adquiridos", en contraste con otra suerte de hábito creada por la acción de la →gracia. Estos últimos también son inclinaciones a actuar de cierto modo, pero no se producen por la simple práctica y repetición, sino que requieren la intervención sobrenatural de la gracia. Cuando se les desarrolla adecuadamente, los hábitos son el fundamento de la vida moral, puesto que los buenos hábitos adquiridos llevan a la práctica de las virtudes cardenales, y el hábito sobrenatural o infuso lleva a las virtudes teologales (→Virtud).

Hades. Término griego que se refería originalmente al dios de los lugares inferiores. A la postre vino a ser el término que se utilizaba para ese lugar, y por lo tanto se empleó en las antiguas traducciones griegas de las Escrituras hebreas para referirse al lugar de los muertos. Aunque originalmente el Hades no implicaba necesariamente un lugar de castigo, poco a poco vino a ser el lugar en que las almas están prisioneras esperando su redención, o el lugar de castigo eterno. La mayoría de los teólogos cristianos ha entendido el Hades (o infierno) como lugar de tormento eterno, por lo general tanto físico como espiritual—aunque algunos, como Calvino (1509-64), han sostenido que ese tormento es puramente espiritual. Otros, como Orígenes (c.185-c.254) y más recientemente Berkhof (1873-1957) han pensado que se trata de un lugar donde se purgan los pecados. Hay también quienes, como Berdyayev (1874-1948), piensan que no hay tal lugar de castigo, y que el infierno es una invención pía por parte de quienes se creen justos.

Hegelianismo. El sistema filosófico de Georg W.F. Hegel (1770-1831). Según Hegel, toda la historia es el desarrollo del pensamiento de la Mente Universal o Espíritu Absoluto. Ese pensamiento se mueve dialécticamente, de tal modo que primero se plantea una tesis, a la cual se contrapone una antítesis, y las dos se resuelven en una síntesis. Esta síntesis se vuelve a su vez una nueva tesis, a la que se opone una nueva antítesis, y así continúa el proceso. Hegel mismo le aplicó esta estructura del pensamiento, y por tanto también según él de la realidad, a su manera de entender varios procesos históricos. En particular, afirmaba que el cristianismo era la religión más elevada, porque la →encarnación une los polos aparentemente opuestos de lo divino y lo humano. De manera semejante, la doctrina de la →Trinidad muestra que el proceso dialéctico existe en el corazón mismo del Absoluto. El impacto de Hegel fue enorme. Muchos personajes menores se dedicaron a llenar los espacios vacíos en su interpretación de la historia. Otros intentaron interpretar diversas doctrinas y su desarrollo en términos de la →dialéctica hegeliana. Kierkegaard (1813-55) se burlaba del hegelianismo diciendo que "ahora que el sistema está completo, o si no, lo estará el domingo próximo ..." Karl Marx (1818-83) refundió la dialéctica hegeliana dentro de un marco materialista, llegando así a lo que llamó el "materialismo dialéctico" (→Marxismo). En el campo de los estudios del Nuevo Testamento, la escuela de Tubinga desarrolló un sistema según el cual la teología de Pablo era la antítesis a la tesis judaizante de Santiago y de otros en Jerusalén, y de la síntesis de ambas resultó aquella porción del Nuevo Testamento que no es paulina. Aunque en todos estos casos la importancia de Hegel ha decaído, un punto en el cual se siente su influencia aún en el siglo veintiuno es su énfasis en la historia como el campo en que la verdad se conoce y se vive. (→Historia; →Historie; →*Heilsgeschichte*). Lo que es más, esta noción de la historia y del mundo que se desenvuelve y desarrolla según el proceso de un pensamiento o principio motor se encuentra tras buena parte de la →cosmología moderna, así como tras la teoría darwiniana de la →evolución.

Heilsgeschichte. Palabra alemana que significa "historia de la salvación", y que frecuentemente se contrasta con la *Weltgeschichte* o "historia del mundo". Comenzando en el siglo diecinueve, pero particularmente en el veinte, muchos teólogos y eruditos bíblicos establecieron esta distinción entre dos clases de historia. En ello reflejaban prácticas educativas antiguas, puesto que en muchas escuelas se acostumbraba dar cursos sobre la "historia de la salvación" aparte de los cursos de "historia universal". Según los proponentes de la *Heilsgeschichte*, la Biblia ha de leerse como el registro de las "grandes acciones" de Dios para la salvación de la humanidad, primero en Israel, luego en Jesús, y por último en la iglesia. Esta historia de la salvación corre entonces como un hilo discernible a través de todo el resto de la historia, a la cual da sentido. Luego, el propósito del estudio de la *Heilsgeschichte* era desarrollar una teología bíblica capaz de interpretar tanto la Biblia como la historia misma.

En tiempos más recientes, los estudiosos de la Biblia han cuestionado si en realidad las perspectivas históricas que aparecen en la Biblia son tan diferentes de otras perspectivas históricas como lo suponían los proponentes de la *Heilsgeschichte*. Además, entre los teólogos de la →liberación varios han argumentado que tal distinción entre la historia de la salvación y la historia del mundo ha de rechazarse, puesto que implica que la historia misma tiene importancia sólo en cuanto lleva a la salvación, y con ello reduce la importancia de la liberación histórica.

Henoteísmo. Término creado en el siglo diecinueve para referirse a aquellas religiones que, al tiempo que reconocen una variedad de dioses, solamente sirven y adoran a uno en particular. Tal es el caso, por ejemplo, de algunas sociedades en las que cada clan tiene su propia deidad. Algunos eruditos piensan que en sus principios Israel era henoteísta, de modo que Yahvé era el dios de Israel, pero no el único dios existente.

Herejía. Palabra que originalmente significaba sencillamente "partido" o "secta", pero que ya entonces tenía tonos despectivos. Pronto llegó a significar cualquier doctrina contraria a las enseñanzas centrales de la fe cristiana—o, más exactamente, cualquier doctrina que se llame cristiana, pero rechace o tergiverse algún aspecto fundamental del cristianismo. Luego, las herejías tradicionales incluyen el →gnosticismo cristiano, el →arrianismo, etc. La mayoría de los teólogos protestantes han restringido el uso de este término para aquellas opiniones que contradicen asuntos tan fundamentales como las doctrinas de la →creación, la →encarnación, la →Trinidad, etç. En contraste, dentro de la teología católica romana cualquier contradicción o rechazo al →dogma definido por la iglesia merece el nombre de herejía. Si la persona que sostiene tales posiciones no sabe que contradicen la doctrina oficial de la iglesia, se trata de una "herejía material", que puede ser corregida mediante la recta enseñanza. Si, al contrario, la persona rechaza un dogma a sabiendas, se trata entonces de una "herejía formal", que puede castigarse mediante la →excomunión. Hacia fines del siglo diecisiete el →escolasticismo protestante, y en los siglos diecinueve y veinte varios grupos protestantes →fundamentalistas llegaron a aceptar el modo tradicionalmente católico romano de entender la herejía, y por tanto cualquiera de entre sus miembros que no estuviese de acuerdo en todo detalle de doctrina puede ser considerado hereje, y condenado como tal.

Hermenéutica. La disciplina que estudia las reglas de interpretación de un texto, y por lo tanto en el contexto teológico, la disciplina que se preocupa sobre todo de la interpretación bíblica. Los primeros teólogos cristianos heredaron los métodos hermenéuticos empleados por los hebreos y por los griegos. Por ello a veces interpretaban los textos literalmente, otras veces →alegóricamente, como interpretaban a Homero y a otros poetas antiguos sus intérpretes paganos, y a veces como →profecía, como se hacía en algunos círculos judíos. A esto los cristianos frecuentemente añadían un método cristocéntrico de interpretación, la →tipología, que veía, no tanto las palabras de las Escrituras, como los acontecimientos que se narran en ellas como señales que apuntan hacia su cumplimiento en Jesucristo. Algunos también propusieron ciertos principios hermenéuticos. Así, por ejemplo, Clemente de Alejandría (c.150-c.215) insistía en que ningún texto bíblico ha de interpretarse de tal modo que parezca decir algo indigno de Dios. Lo que Clemente quería decir con esto era que todo lenguaje →antropomórfico acerca de →Dios debía interpretarse en términos filosóficos. Orígenes (c.185-c.254) y otros afirmaban que cada texto tiene varias capas de sentido, que llevan de lo literal a lo espiritual. Por lo general, los →alejandrinos preferían la interpretación alegórica, mientras que los →antioqueños se inclinaban hacia interpretaciones más literales o tipológicas.

Durante la Edad Media, se hizo costumbre interpretar toda la Biblia cristológicamente. Esa tendencia se fortaleció debido a la costumbre de leer los textos del Antiguo Testamento en base a su relación con las diversas fiestas y estaciones del →año litúrgico, cuya estructura es esencialmente cristocéntrica, pues celebra los principales acontecimientos en la vida de Jesús. Además, en los monasterios se recitaban regularmente los Salmos, siempre en contextos cristológicos. La consecuencia de esto puede verse en el propio Lutero, cuya experiencia monástica llevó a leer los Salmos como pasajes referentes a Jesús y sus relaciones con los creyentes y con la iglesia.

Según el →escolasticismo se hizo dominante, su método de citar autoridades tanto en pro como en contra de una postura particular, y de citarlas frecuentemente fuera de su contexto, resultó en una interpretación literal de los textos citados, sin apenas considerar su contexto literario o histórico.

La concentración de Lutero en la →justificación por la fe como herramienta hermenéutica fundamental le llevó a cuestionar el valor de la Epístola de Santiago. Su oposición al papado se ve frecuentemente en su interpretación de muchos de los pasajes más negativos del Apocalipsis. Al insistir en la autoridad de las Escrituras, tanto él como los demás reformadores abrieron el camino para nuevas discusiones sobre los principios y la práctica de la hermenéutica. Al tiempo que declaraba que la tradición no tiene autoridad sobre la Biblia, Calvino insistía en la interpretación tradicional del Cantar de los Cantares como una canción de amor entre Dios y el alma, y consideró hereje a Sebastián Castello (1515-63) por declarar que se trataba de una canción erótica. Tanto Lutero como Calvino entendían que las Escrituras proveen un camino infalible y seguro hacia el conocimiento de Dios, aunque esto no quiere decir que la Biblia sea infalible en todo detalle.

El escolasticismo protestante, así como el catolicismo →tridentino, volvieron a la práctica de citar textos fuera de su contexto, y de unir textos desconectados a fin de probar sus posturas. Fue esto lo que requirió la →infalibilidad literal de las Escrituras, puesto que un argumento apoyado por tal uso de los textos sólo es válido si los textos mismos son infalibles, aun cuando se les considere fuera de su contexto.

La contraparte de tal uso de la Biblia fue el desarrollo de los métodos históricos y críticos de la investigación moderna. Dentro de este movimiento, la atención se centró sobre cuestiones tales como cuándo un libro fue escrito, cuáles fueron sus fuentes, quién su autor, etc. Los resultados de esta investigación frecuentemente contradecían lo que antes se daba por sentado. En ocasión tales temas atrajeron la atención de los estudiosos de la Biblia al punto que se discutió poco acerca de lo que los textos mismos decían o significaban.

Tal situación comenzó a cambiar a principios del siglo veinte, cuando la →neoortodoxia y otros movimientos teológicos comenzaron a regresar a la cuestión de qué es lo que la Biblia dice, aunque ahora teniendo en cuenta los resultados de la crítica histórica y literaria. A través de todo ese siglo hubo un interés creciente en la interpretación de los textos y en su pertinencia para la vida de la iglesia y del creyente.

Empero esto no podía ser una lectura inocente del texto, no sólo porque tal lectura contradiría lo que los eruditos habían descubierto, sino también porque según fue avanzando el siglo veinte se hizo cada vez más obvio que la interpretación es siempre un diálogo entre el intérprete y el texto, y que el plantearle a un texto cuestiones desde una perspectiva diferente puede llevar a respuestas inesperadas. Las diversas teologías →contextuales insisten sobre este punto, y dan prueba de ello con numerosos ejemplos. Además, según avanzó la →postmodernidad, esta cuestión de la importancia de la perspectiva del lector se volvió una de las principales preocupaciones de la teoría hermenéutica, en la que ahora se debatía cómo un texto del pasado, y de una →cultura diferente, puede ser entendido e interpretado por lectores del siglo veintiuno. ¿Tienen los textos una "otredad" que el intérprete no puede violar? ¿Qué sucede cuando diversas circunstancias llevan a ver esa otredad de diversos modos? ¿Será verdaderamente posible escuchar lo que el autor quiso decir? ¿Será posible aproximarse a ello? ¿Cómo sabemos si lo hemos hecho? ¿Depende el significado de un texto de la respuesta del lector? Estas y muchas otras cuestiones semejantes han dominado la discusión hermenéutica a fines del siglo veinte y principios del veintiuno.

Hesicasmo. Una práctica →mística y →ascética común en el cristianismo oriental a partir del siglo once. Su nombre se deriva de raíces griegas que significan "en silencio", puesto que los hesicastas decían que podían alcanzar el →extasis estando sentados en silencio, dejando el mentón descansar sobre el pecho, contemplándose el ombligo, y repitiendo constantemente: "Señor Jesús, ten misericordia de mí". En su éxtasis, también decían haber visto la "luz increada" de Dios. Esto les atrajo críticas por parte de otros teólogos orientales. Puesto que muchos de esos críticos también estaban buscando una reconciliación con el Occidente, el debate pronto se complicó con otras cuestiones paralelas. Por último, en el 1351 la Iglesia Bizantina oficialmente aceptó el hesicasmo, y uno de sus principales proponentes, Gregorio Palamas (1296-1359), fue declarado santo.

Heteronomía. Término que se deriva del griego *heteros*, otro, y *nomos*, ley o principio, y que por tanto quiere decir la sujeción a leyes o principios fuera de la persona misma. Fue usado particularmente por Kant (1724-1804) en el campo de la ética filosófica, y por Paul Tillich (1886-1965) en el campo de la teología. Según Kant la heteronomía hace que la persona sea gobernada por las pasiones y deseos, o por leyes impuestas exteriormente. Por encima de ella, propone la →autonomía, el gobierno de la razón interna. Tillich sostenía que tanto la heteronomía como la autonomía han de dejar el paso a la →teonomía, en la que la razón autónoma ya no se basa meramente en sí misma, sino en el fundamento de todo el ser, Dios, y lleva por lo tanto a una existencia auténtica—aunque esa meta nunca se alcanza plenamente dentro de los límites de la existencia histórica.

Hipóstasis. Literalmente, substancia, lo que subyace al ser. Término que tuvo un papel importante tanto en los debates trinitarios como en los cristológicos. En las controversias trinitarias, se le usó al principio como sinónimo de *usía*. Así, por ejemplo, en los →anatemas que se le añadieron al Credo de →Nicea, se rechazaba toda opinión según la cual el Padre y el Hijo son diferentes "en *usía* o en *hipóstasis*". Esto causó mucha confusión, particularmente porque en el Occidente el vocabulario era distinto. En el Occidente, desde tiempos de Tertuliano, se acostumbraba afirmar que Dios es "tres personas en una substancia". Cuando los teólogos de habla griega traducían esto, la traducción literal era "tres *prosopa* en una hipóstasis". En griego *prosopon* (plural: *prosopa*) podía entenderse como "persona"; pero también podía significar una máscara o un personaje en un drama. Esto llevó a muchos griegos a pensar que los teólogos de habla latina se estaban refiriendo a Dios como una sola substancia que se presenta con tres rostros o que llena tres papeles consecutivos, lo cual los griegos consideraban →sabelianismo. Por otra parte, cuando los teólogos latinos escuchaban a los griegos referirse a tres hipóstasis, lo entendían en el sentido de tres substancias, y por lo tanto tres dioses. No fue sino tras toda una generación, y la obra de los capadocios, de Atanasio y de otros, que se pudo construir el puente entre ambas ramas de la iglesia, de modo que se llegase a la conclusión de que la fórmula latina "tres personas en una substancia", era equivalente a la griega "tres *hipóstasis* en una *usía*".

Por otra parte, la idea de *hipóstasis* también tuvo un papel en las controversias cristológicas, particularmente en el siglo quinto, en los debates en torno a los concilios de Efeso (431) y Calcedonia (451), cuyo resultado final fue definir la ortodoxia cristológica en términos de una "→unión hipostática".

Hipostática, unión. →Unión hipostática.

Hispana, teología (en los EE.UU.). La teología →contextual desarrollada en los Estados Unidos por personas de cultura hispana o latinoamericana. Tiende a diferir de la teología →latinoamericana por cuanto incluye el hecho de venir de un contexto →cultural minoritario y frecuentemente marginado. En ese sentido es a veces paralela a aquellos elementos de la teología latinoamericana que se refieren a la condición de los pueblos y culturas originales del continente en países donde el español y el portugués son dominantes.

Uno de los temas comunes de la teología hispana es el mestizaje, que antes tuvo un papel importante en las discusiones acerca de la identidad mejicana, y que el teólogo méxicoamericano Virgilio Elizondo (1935-) ha relacionado con la condición de los méxicoamericanos en los Estados Unidos, así como con la de los galileos en el antiguo judaísmo. El mestizo es una persona que se encuentra entre dos culturas, de tal manera que es ajeno a ambas, y sin embargo está creando una nueva cultura que puede ser la vanguardia del futuro. Los teólogos y teólogas latinos en los Estados Unidos han desarrollado este tema como paradigma para entender su situación, en la que ya no pertenecen a la cultura de sus tierras nativas, pero tampoco pertenecen plenamente a la de los Estados Unidos.

Otros temas de interés para los teólogos hispanos en los Estados Unidos son el paradigma del exilio, los conflictos y tensiones intergeneracionales e interculturales, su relación con América Latina, la relación entre idioma, cultura e identidad, y el modo de leer tanto las Escrituras como toda la teología y la historia desde su propia cultura y contexto social. Algunas teólogas latinas en los Estados Unidos, preocupadas porque la teología de sus compañeros varones no toma en cuenta suficientemente sus experiencias y contribuciones, y que al mismo tiempo la teología feminista normativa tiende a ocuparse de la cultura dominante, han desarrollado, dentro del contexto de la teología hispana, y como una de sus expresiones, la teología →mujerista.

Historia. Aparte de su uso común como el estudio de los acontecimientos pasados, en su uso teológico la "historia" frecuentemente se refiere a toda la esfera de la existencia terrena y temporal en que la vida humana tiene lugar, y en la que Dios se relaciona con la humanidad. En tal caso, incluye tanto el pasado como el presente y el futuro. En buena parte de la teología contemporánea se ve la historia como el único lugar donde es posible conocer y experimentar la eternidad en esta vida. Luego, cuando se dice, por ejemplo, que la →encarnación es un acontecimiento histórico, esto no quiere decir que se pueda comprobar objetivamente por los métodos de la investigación histórica, sino más bien que tuvo lugar en cierto tiempo y lugar, que se relaciona con todas las acciones de Dios en la historia, y que nos es conocida gracias a una cadena de testigos históricos que unidos unos a otros forman una →tradición—tradición que ciertamente se fundamenta y se escucha en el Nuevo Testamento, pero que incluye también a toda la cadena de testigos que nos conectan con el Nuevo Testamento. En ese sentido, una de las características de la teología en los siglos veinte y veintiuno ha sido su redescubrimiento de la centralidad de la historia para la fe cristiana. Esto puede verse en parte como resultado del →hegelianismo— el cual, aunque a la postre fue generalmente rechazado, dejó una herencia de interés en el desarrollo histórico—así como en la disponibilidad de nuevos métodos de investigación teológica y, en el campo específico de la teología, el impacto de la →neoortodoxia, de la escuela →lundense, de la teología de la →esperanza, de las teologías →contextuales y de →liberación, y de muchas otras que subrayan la importancia de la historia como campo de la actividad divina.

En cuanto a la disciplina de la historia eclesiástica, esta también ha sido impactada por el →historicismo de las últimas décadas, de modo que al presente es punto conocido el hecho de que la historia misma tiene su historia. La *historia eclesiástica* de Eusebio de Cesarea (siglo cuarto) no es sólo una compilación de datos, sino una compilación que ha sido seleccionada y organizada con ciertos propósitos. En el siglo dieciséis un grupo de protestantes, los "centuriadores" de Magdeburgo, emprendieron la tarea de escribir toda una historia de la iglesia desde una perspectiva protestante, y el Cardenal Baronio (1538-1607) respondió con sus voluminosos *Anales eclesiásticos*. Hacia fines del siglo veinte, resultaba también claro que el cristianismo se había vuelto mucho más que una religión occidental, y esa realidad, junto al movimiento →ecuménico, llevó a nuevos intentos de escribir la historia de la iglesia desde nuevas perspectivas que tuviesen en cuenta diversos trasfondos culturales y tradiciones teológicas.

Historicismo. Término con dos sentidos diferentes. Unas veces se refiere a la posición reduccionista que sostiene que toda la verdad puede explicarse en términos de una secuencia de circunstancias y acontecimientos históricos. En tal sentido, tiene frecuentemente connotaciones despectivas. Más recientemente, el término "historicismo" se emplea para señalar el condicionamiento histórico de toda idea o pensamiento, que por lo tanto refleja las condiciones de donde surge. Tal es el caso, por ejemplo, de la sociología del conocimiento, que explora el modo en que las circunstancias históricas afectan el conocimiento e interpretación de la realidad. En el campo de la teología, el historicismo en este sentido implica que las "verdades eternas" nunca nos son conocidas como tales, sino sólo en sus contextos históricos concretos. (→Contextuales, teologías)

Historie. Uno de los dos términos comúnmente empleados en alemán para referirse a la →historia. El otro es *Geschichte*. Estos dos términos, y la diferencia entre ellos, son utilizados por teólogos tanto en Alemania como en otros lugares para distinguir la historia como serie de acontecimientos comprobables (*Historie*) de la historia como narrativa con sentido (*Geschichte*)—sentido que no se deriva de los acontecimientos mismos, y que por lo tanto no queda sujeto a la verificación histórica que la *Historie* requiere. Esta distinción ha perdido importancia según la →postmodernidad ha llevado al creciente convencimiento de que aun los acontecimientos supuestamente objetivos de la historia siempre son vistos e interpretados a través de la subjetividad del observador.

Homoiusion. (Del griego *homoios*, semejante, y *usía*, substancia. También, en otros contextos gramaticales, *homoiusios*.) Fórmula propuesta durante la segunda mitad del siglo cuarto por algunos que, sin aceptar el →arrianismo, temían que las decisiones de Nicea (→Credo), resumidas en la frase →*homousion to Patri*—de la misma substancia del Padre—podría interpretarse en términos sabelianistas. Su alternativa, *homoiusion to Patri*—de substancia semejante a la del Padre—buscaba preservar la divinidad del Hijo, y al mismo tiempo afirmar la distinción entre el Padre y el Hijo. Por esa razón, a veces se ha llamado a quienes sostenían tal postura "semiarrianos", aunque en realidad ese título no es exacto. Más tarde en el mismo siglo, en parte gracias

a la obra de los capadocios y de Atanasio, la mayoría de los homoiu-
sianos aceptaron la fórmula nicena *homousios*.

Homousion. (Del griego *homos*, el mismo o la misma, y *usía*, substancia. También, en otros contextos gramaticales, *homousios*.) Fórmula
incluida en el →Credo Niceno como clara declaración de la divinidad
plena del Hijo. La frase completa en el Credo es *homousion to Patri*—
de la misma substancia del Padre. Esta es una de las muchas frases en
ese Credo cuyo propósito es rechazar el →arrianismo: "de la substancia del Padre ... Dios de Dios, luz de luz, Dios verdadero de Dios verdadero, engendrado, no hecho". Pero pronto se volvió la piedra de to-
que de las controversias subsiguientes, porque al declarar que el
Padre y el Hijo son de la misma substancia parecía dejar el camino
abierto al →sabelianismo. Uno de los puntos debatidos durante la
controversia que siguió era si la Segunda Persona de la Trinidad—el
Hijo—es el resultado de la voluntad de Dios, como son las criaturas,
o es de la misma substancia de Dios—en cuyo caso es plenamente divino. Luego, el término *homousion* resumía los temas debatidos.

Humanismo. Movimiento surgido durante el Renacimiento, primero en
Italia y luego en el norte de Europa. Los humanistas se mostraban extremadamente suspicaces respecto al →escolasticismo medieval así como a los métodos educativos de la Edad Media, y por tanto proponían
currículos que subrayaban los lenguajes y literatura de la antigüedad, así
como la capacidad del intelecto humano para encontrar la verdad y la
belleza. Conscientes de que la tradición medieval había impactado la
interpretación de la antigüedad tanto clásica como cristiana, los humanistas buscaban retornar a las fuentes de la antigüedad—como ellos decían, de ir *ad fontes*, a las fuentes. Por esa razón dedicaron gran esfuerzo a la tarea de restaurar los antiguos textos eliminando las añadiduras
y variantes que habían aparecido a través de los siglos de copiar y re-
copiar manuscritos. Entre los eruditos cristianos, el resultado fue la
aparición de varias ediciones críticas de las Escrituras así como de los
antiguos escritores cristianos. Figura central en toda esta empresa fue
Erasmo (1466-1536), cuya edición del Nuevo Testamento en griego fue
uno de los textos principales de la Reforma. En España, el Cardenal
Francisco Jiménez de Cisneros (1436-1517) produjo una obra más am-
biciosa, la *Políglota Complutense*. Varios de los dirigentes de la Reforma, entre ellos Zwinglio, Melanchthon y hasta cierto punto Calvino,
fueron humanistas. Aunque el propio Lutero no era humanista, su insistencia en la necesidad de regresar a la Biblia era paralela al *ad fontes*
de los humanistas, y reflejo de esa postura.

Más recientemente, particularmente hacia fines del siglo veinte, el término "humanismo" se ha utilizado en un sentido muy diferente, para referirse a cualquier sistema de pensamiento que coloque a la humanidad y sus logros y potencialidades en el centro de la filosofía, la ética, o la política. En tales contextos, era frecuentemente un término despectivo usado por los cristianos más conservadores.

Por la misma época, los →tomistas lo usaban para argumentar que había dimensiones humanistas en el pensamiento de Tomás de Aquino (c.1225-74), por cuanto Tomás ve un papel positivo para la razón en la búsqueda del conocimiento, así como para la ley natural a través de la cual los humanos tienen cierta idea de la voluntad de Dios.

Husitas. Los seguidores de Juan Huss (1369-1415). Después de la muerte de Huss, sus seguidores se dividieron en varios grupos. Algunos acudieron a las armas para defenderse cuando se promulgó contra ellos una cruzada, y aunque fueron miles quienes murieron su resistencia fue tal que a la postre lograron que la Iglesia Católica les hiciera varias concesiones. Otros continuaron resistiendo al catolicismo romano, y se organizaron en la *Unitas Fratrum*—Unidad de los hermanos. Algunos de estos se establecieron en Moravia y a la postre fueron conocidos como "moravos". Gracias al impacto del →pietismo entre estos moravos, particularmente a través de la obra del Conde Zinzendorf (1700-60), se volvieron un fuerte movimiento misionero, y se esparcieron así por todo el mundo.

Hybris. (También "hubris".) El orgullo desmedido que lleva más allá de los límites debidos, pretendiendo alcanzar lo inalcanzable. Según algunos teólogos, en esto consiste la esencia misma del pecado.

I

Iconoclasmo. Movimiento que apareció en la Iglesia Oriental en el siglo octavo, opuesto al uso de las imágenes en el culto. Sus causas eran muchas: el deseo de responder a las acusaciones por parte de musulmanes y judíos quienes decían que los cristianos practicaban la idolatría, el deseo de algunos oficiales del gobierno de limitar el poder de la iglesia, las prohibiciones bíblicas respecto al uso de imágenes, etc. Por extensión, a veces se llama "iconoclasta" a cualquiera que parezca gozarse en destruir opiniones generalmente aceptadas. La controversia iconoclasta comenzó en el 721, cuando el emperador bizantino León III el Isáurico ordenó la destrucción de una imagen de Cristo que supuestamente tenía poderes milagrosos. A esto siguió toda una serie de edictos imperiales contra el uso de las imágenes (o íconos) en el culto. El patriarca de Constantinopla, opuesto a la política imperial, fue depuesto por las autoridades, y esto llevó a una ruptura entre Constantinopla y Roma. Toda una larga serie de emperadores bizantinos continuaron las políticas iconoclastas de León, y a quienes se les opusieron se les dio el nombre de "iconodulos", es decir, siervos de las imágenes. El partido iconodulo, aunque no tenía poder político, tenía el apoyo firme de la mayoría del laicado, que estaba acostumbrado a utilizar imágenes en el culto y hasta venerarlas, y cuya oposición a la política imperial fue alentada por muchos monjes así como por varios dirigentes eclesiásticos que tuvieron que partir al exilio. Por último, la emperatriz Irene, cuando servía de regente para su hijo León IV, abrogó la política imperial y, junto al papa Adrián I, convocó a un concilio ecuménico que se reunió en Nicea en el 787 y declaró la restauración de las imágenes o íconos (Séptimo Concilio Ecuménico). En su justificación para el uso de imágenes, el concilio hizo uso de los argumentos esgrimidos anteriormente por el patriarca Germán de Constantinopla, quien había declarado que la adoración en el sentido estricto, *latreia*, sólo se le debe a Dios, pero que otros objetos, tales como las imágenes, son dignos de veneración y servicio, *duleia*, precisamente por su estrecha relación con Dios y porque señalan hacia Dios. Aunque esto pareció ponerle fin a la cuestión, a principios del siglo noveno, el emperador León V volvió a las políticas iconoclastas de sus predecesores, y por lo tanto la controversia continuó hasta la restauración final de las imágenes por otra regente, la emperatriz Teodora, el 11 de marzo del 842. Hasta el día de hoy la ortodoxia oriental celebra esa fecha como la "Fiesta de la Ortodoxia".

En el campo de la teología, Juan de Damasco (c.570-749) fue el principal defensor de las imágenes, lo cual pudo hacer porque vivía en territorios musulmanes y por tanto estaba exento de las presiones imperiales. Su *Exposición de la fe ortodoxa* incluía una fuerte defensa de las imágenes. Según Juan de Damasco, las imágenes han de emplearse, ante todo, porque Dios ha hecho a la humanidad según su propia imagen, y por tanto el primero en construir una imagen y mostrar que es capaz de reflejar a Dios fue Dios mismo. En segundo lugar, porque en la →encarnación Dios ha tomado forma humana, y por lo tanto ha hecho que la divinidad quede accesible a la humanidad en formas e imágenes humanas. Finalmente, las imágenes son los libros de los iletrados, quienes aprenden acerca de Dios y de la vida cristiana a través de ellas.

Iconodulos. →Iconoclasmo

Idealismo. Aparte de su uso común, en el sentido de dejarse llevar por los ideales, en el discurso filosófico el "idealismo" se refiere a cualquier teoría o cosmovisión que entienda que la realidad consiste ante todo en ideas o procesos intelectuales. Luego, el término incluye una amplia variedad de sistemas filosóficos, tales como el →platonismo, el →cartesianismo, y el →hegelianismo.

Ideología. Muchas teologías →contextuales y de →liberación emplean el término "ideología", no en su sentido más común como un sistema neutro de ideas, sino más bien en el sentido →marxista de un sistema de ideas con propósito social, económico o de clase. En este uso, la ideología se ve frecuentemente como un error opresivo que debe ser desenmascarado.

Iglesia. Término que se deriva del griego *ekklesía* a través del latín *ecclesia*. La disciplina teológica que estudia la iglesia se llama →eclesiología.

Aunque se refiere siempre a la comunidad de los fieles, el término "iglesia" tiene diversos significados según su contexto. Unas veces se refiere a una congregación local, como en el caso de "la iglesia en Efeso" o "la iglesia se reunirá esta noche". Otras veces incluye a todos los creyentes en todas partes, como en Efesios 3:10. También se le utiliza como nombre de una denominación o comunidad de fe particular, como cuando se habla de la Iglesia Presbiteriana o de la Iglesia Anglicana. A veces se refiere a los dirigentes autorizados de una comunión particular, como cuando entre los católicos romanos se dice que "la iglesia enseña que ..." Aunque todos estos sentidos son diferentes, hay una relación entre todos ellos—y es en parte al estudio de esa relación que se refiere la →eclesiología.

Iluminación. Principio de la →epistemología de Agustín, según el cual todo el conocimiento se basa en la actividad de Dios, que ilumina la mente. Como seguidor de la tradición →platónica, Agustín (354-430) no creía que el conocimiento de las verdades eternas—que es el único que merece el nombre de conocimiento—pueda resultar de la actividad de los sentidos, que son mutables y →contingentes, ni tampoco de la mente humana, que es igualmente mutable y contingente. Por otra parte, no podía aceptar la teoría platónica de la →preexistencia de las almas (aunque en sus primeros escritos anduvo cerca de ello) como fundamento para el conocimiento de las ideas eternas. Fue así que acudió a la teoría de la iluminación, según la cual todo conocimiento verdadero es el resultado de la acción de la luz divina sobre la mente. Aunque en ocasiones Agustín parece decir que Dios ilumina la verdad de tal modo que la mente pueda percibirla, el énfasis de su pensamiento recae sobre la acción del →Logos o Verbo de Dios que coloca el conocimiento en la mente humana. Esta teoría del conocimiento predominó en toda la Edad Media occidental hasta que la reintroducción de →Aristóteles resultó en la alternativa →tomista. A partir de entonces, la teoría de la iluminación vino a ser postura característica de la tradición →agustiniana, en particular en el pensamiento de autores franciscanos tales como Buenaventura (1221-74).

Imagen de Dios. (En latín, *imago Dei*). Según Génesis 1:26, el principio o patrón según el cual Dios creó a la humanidad. Esto se ha interpretado de diversas maneras. Algunos han entendido que quiere decir que los seres humanos somos físicamente semejantes a Dios, y que es por esa razón que el lenguaje →antropomórfico acerca de Dios resulta aceptable. Otros sostienen que la imagen se refleja en el ser humano en términos de dominio, puesto que así como Dios lo gobierna todo, así también le ha dado a la criatura humana el dominio sobre el resto de la creación. Algunos han sostenido que la imagen de Dios se encuentra en la libertad, en la responsabilidad ética, o en el don intelectual de poder concebir lo que todavía no existe y traerlo a la existencia. Un tema común en la teología patrística es que Dios ha hecho a los seres humanos "según", o siguiendo el modelo del verbo encarnado, Jesucristo, quien es "la imagen del invisible" (Colosenses 1:15). Según esta opinión, la →encarnación fue siempre parte del plan de Dios para la humanidad, y por ello Dios creó a los humanos siguiendo el modelo del Dios encarnado. Algo parecido fue propuesto por Teilhard de Chardin (1881-1955), quien se refería a Cristo como el *homo futurus* hacia el cual toda la historia se mueve. Otro tema común en la teología patrística, particularmente después de Agustín, es que la imagen de Dios en los seres humanos se encuentra en los "vestigios de la →Trinidad"—*vestigia Trinitatis*—que se pueden ver en los humanos, donde el intelecto, la voluntad y la memoria, al tiempo que son diferentes, constituyen una sola mente. Por último, basando también sus opiniones en la doctrina de la Trinidad, algunos sostienen que la imagen de Dios en los seres humanos está en el hecho de ser por naturaleza sociales, llamados a una comunidad según el patrón de la comunidad entre el Padre, el Hijo y el Espíritu Santo.

Otro punto que se ha debatido en torno a la imagen de Dios en el ser humano, particularmente en tiempos patrísticos y medievales, es si la "imagen" y la "semejanza" de Génesis 1:26 son dos modos de referirse a la misma realidad, o son dos dimensiones distintas de la relación de los humanos con Dios. Según algunos, mientras la semejanza se perdió con la →caída, la imagen permanece.

Imágenes. →Iconoclasmo.

Imago Dei. →Imagen de Dios.

Impasibilidad. Uno de los atributos tradicionales de Dios, resultado de la idea filosófica según la cual el ser cambiado por otro, o el ser capaz de tal cambio, es una imperfección. No quiere decir estrictamente que Dios no pueda sentir pasión o compasión, sino más bien que Dios nunca es objeto pasivo de la acción de otro. Ciertamente, el Dios de las Escrituras sufre con el dolor de la creación, y por lo tanto muchos teólogos han declarado que la impasibilidad no es verdaderamente un atributo divino. Otros responden que Dios sufre los dolores y comparte los gozos de la creación, no porque las criaturas tengan el poder intrínseco de afectar a Dios, sino porque Dios ha determinado participar de ese dolor y esos gozos. Luego, al mismo tiempo que Dios es compasivo hacia la creación, no resulta objeto pasivo de la actividad de la criatura.

Inculturación. →Enculturación.

Indulgencias. Acciones mediante las cuales la iglesia remite la pena temporal por el pecado. En este contexto, lo "temporal" se refiere específicamente al tiempo que el →alma ha de pasar en el →purgatorio según expía sus pecados, o queda limpia de ellos, antes de pasar al cielo. Luego, las indulgencias no libran un alma del →infierno ni de la condenación eterna. La práctica de vender indulgencias surgió del sistema medieval penitencial (→penitencia), y de aquellos casos en los que un pecador no podía llevar a cabo la penitencia prescrita, y se le permitía sustituir otra en su lugar. Tal era el caso, por ejemplo, de quien no podía ir en peregrinación por razones de salud y mandaba a otro en su lugar. En tiempos de las cruzadas, se les dio indulgencia "plenaria" a quienes participaban en la empresa, con lo cual se quería decir que todos sus pecados quedaban perdonados de tal modo que no tendrían castigo temporal en el purgatorio. También existían otras indulgencias parciales relacionadas con acciones tales como el visitar algún lugar sagrado. A la postre, surgió la práctica de ofrecer dinero como acción de penitencia, y así obtener una indulgencia. Puesto que la iglesia tenía a su disposición los méritos de Cristo y el →tesoro de los méritos, tales méritos podían aplicárseles a los pecadores en forma de indulgencias. Este fue el origen de la venta de indulgencias, que hacia fines del Medioevo alcanzó proporciones escandalosas, y en cierto modo precipitó la Reforma Protestante. La Iglesia Católica Romana todavía sostiene la doctrina respecto a las indulgencias, pero se les regula mucho más estrictamente que antes.

Inerrancia. Término creado por algunos →fundamentalistas para indicar que la Biblia es absolutamente cierta, de tal modo que no contiene error alguno, no sólo en cuestiones de fe y doctrina, sino también de historia y de ciencias físicas. Esto se refiere únicamente al texto original, y por lo tanto puede haber errores en todos los manuscritos, copias o traducciones presentes. También se refiere a la verdad última, que sólo será descubierta al fin de los tiempos. Luego, si la Biblia dice que el sol se mueve en torno de la tierra, lo que se ha de hacer, en lugar de decir que la ciencia muestra lo contrario, es recordar que todavía no lo sabemos todo, y por tanto a la postre descubriremos que lo que la Biblia dice era en realidad cierto, por muy falso que parezca hoy.

Infalibilidad. La capacidad de enseñar, y en particular de definir las doctrinas, sin posibilidad de error. Algunos cristianos afirman que la Biblia es infalible, no sólo en cuestiones de fe, sino en todo (→inerrancia). En varios tiempos, otros han declarado que las declaraciones dogmáticas de los concilios ecuménicos son infalibles (→Conciliarismo)—aun cuando pueda debatirse qué concilios llenan todos los requisitos para ser considerados verdaderamente ecuménicos. Desde la promulgación del dogma de la infalibilidad papal por el Primer Concilio Vaticano en el 1870, la Iglesia Católica Romana sostiene que el papa es infalible cuando habla *ex cathedra*, es decir, por razón de su propio oficio y autoridad como papa. Hacia fines del siglo veinte, surgió una serie de debates dentro del catolicismo romano acerca de cuándo es que el papa de hecho habla *ex cathedra*, y por tanto acerca de lo que en realidad significa la infalibilidad papal. Estos debates continúan en el siglo veintiuno.

Infierno. Literalmente, los lugares inferiores. Es el nombre más común que se le da al →Hades.

Infierno, descenso al. Antigua doctrina cristiana, que aparece ya en el Nuevo Testamento (Efesios 4:9, Primera de Pedro 3:19), y que fue añadida al texto presente del →Credo Apostólico en el siglo cuarto. Se le ha interpretado de diversas maneras. La interpretación más común durante el Medioevo fue que después de su muerte Jesús fue al lugar donde esperaban los antiguos patriarcas (→Limbo), y les liberó. Otros pensaban que Jesús había ido al purgatorio, a librar las almas que allí se encontraban. Calvino espiritualizó la frase, declarando que es una manera de mostrar hasta qué punto llegaron el dolor y la angustia de Jesús. En el cristianismo antiguo lo que se pensaba (y lo que más tarde también Lutero afirmó) era que Jesús fue al corazón mismo del reino de Satanás, y allí destruyó su poder para siempre, librando a aquellos a quienes Satanás tenía cautivos.

Infralapsarianismo. En los debates acerca de la →predestinación que surgieron en el →escolasticismo protestante, la posición de quienes sostenían que, en el orden de los decretos divinos, el decreto acerca de la predestinación viene después del decreto acerca de la →caída. En otras palabras, que Dios primero decretó la caída, y luego la elección de algunos y reprobación de otros. En la teología posterior se emplea el término con cierta ambigüedad, puesto que unas veces se refiere a la postura según la cual Dios decretó la elección sobre la base de su presciencia de la caída, y en el caso de algunos teólogos, después de la caída misma. (→Supralapsarianismo)

Infusión. (También "afusión".) El modo de →bautismo en el que el agua se vierte sobre la cabeza. A veces se le confunde con la →aspersión, que consiste en salpicar agua sobre la cabeza de la persona bautizada. (→Inmersión)

Initium fidei. Literalmente, el comienzo de la fe. Se trata del primer paso a la salvación, del hecho de aceptar la →gracia. Esto ocupó un lugar importante en los debates en torno a la doctrina agustiniana de la gracia, tanto en vida de Agustín, como inmediatamente después (→Pelagianismo; →Semipelagianismo).
Agustín y sus seguidores insistían en que el *initium fidei* se encuentra en la gracia de Dios, que es irresistible, y le es dada a cada cual según la decisión soberana de la →predestinación. Sus contrincantes sostenían que los pecadores pueden aceptar la gracia que Dios les ofrece, es decir, dar el primer paso hacia la salvación. En el 529, el Sínodo de Orange declaró que el *initium fidei* no se encuentra en la naturaleza humana, sino en la gracia divina, que normalmente se recibe en el bautismo.

Inmaculada concepción. La doctrina oficial de la Iglesia Católica Romana, según la cual la virgen →María, mediante una dispensación especial de la gracia de Dios, fue conservada sin →pecado original desde su misma concepción. Aunque esto fue creencia popular durante buena parte de la Edad Media, la inmaculada concepción fue negada por varios teólogos distinguidos, incluso Tomás de Aquino (c.1225-74), quien sostenía que tal doctrina disminuía el poder salvador universal de Jesús. Otros la defendieron tenazmente. Esto fue particularmente cierto de los teólogos franciscanos tales como Juan Duns Escoto (c.1265-1308). Fue declarada →dogma de la Iglesia Católica Romana en el 1854 por el Papa Pío IX en su bula *Ineffabilis Deus*. Este fue el primer dogma de la iglesia jamás definido por un papa en base a su propia autoridad, sin la concurrencia de un concilio ecuménico.

Inmanencia. Uno de los atributos tradicionales de →Dios, que frecuentemente se contrasta y se mantiene en tensión con la →trascendencia. Indica la presencia de Dios en la creación, permeándolo todo y sosteniendo todo cuanto existe. Una doctrina extrema de la inmanencia, sin equilibrio sobre la trascendencia, llevaría al →panteísmo, mientras que lo contrario, negar o disminuir la inmanencia divina, fue la postura característica del →deísmo.

Inmensidad. Literalmente, imposiblidad de ser medido. Se afirma tradicionalmente de Dios, a quien no puede aplicársele otra medida que la de Dios mismo. Puesto que implica que Dios no se encuentra atado al tiempo o al espacio, también se utiliza para indicar que es todo Dios, y no sólo parte de Dios, quien está presente en todos los lugares y en todo tiempo. (→Omnipresencia)

Inmersión. El modo de bautismo en el que el candidato entra al agua, y o bien se sumerge en ella o se arrodilla en el agua, mientras se le echa agua sobre la cabeza (→infusión). Es el método más antiguo de bautismo cristiano, aunque hay indicios de que desde fecha muy temprana se permitían otros modos de bautismo en circunstancias especiales. Fue abandonado progresivamente en el Occidente después del siglo doce, y más tarde reinstaurado por los →anabaptistas y otros. Sigue siendo el modo normal de bautismo en las iglesias orientales, y cada vez se practica más en el catolicismo romano y en otras tradiciones occidentales.

Inmortalidad. La incapacidad de morir. Frecuentemente se dice de Dios, como uno de los atributos divinos. También se afirma del →alma. Muchos de los antiguos pueblos del Mediterráneo creían en la inmortalidad del alma. Luego, cuando el cristianismo entró al mundo gentil, predicando la vida tras la muerte, encontró tierra fértil para su predicación, especialmente cuando tendía a equiparar sus doctrinas con las de filósofos respetados tales como Platón. El resultado fue que pronto la mayoría de los cristianos comenzó a entender la doctrina cristiana de la →vida eterna, y de la vida tras la muerte, en términos de la inmortalidad del alma. Empero muchos señalaron dos diferencias importantes entre la doctrina cristiana y la idea común de la inmortalidad del alma. En primer lugar, según la doctrina cristiana el alma es mortal. Si vive, ello se debe sólo a que Dios le concede vida continuada, no a alguna característica inherente del alma misma. En segundo lugar, los cristianos sostenían que el alma sin el cuerpo no es un ser humano completo, y por tanto insistían en la →resurrección del cuerpo—cuerpo "espiritual", pero en todo caso cuerpo.

Inspiración. Término que se usa más frecuentemente en relación a la autoridad de las →Escrituras, pero que en realidad se refiere a toda la actividad del Espíritu Santo. Etimológicamente, se deriva del término latino que significa "respiración", y es un modo común de traducir lo que se dice en 2da. Timoteo 3:16, en el sentido de que "toda escritura es respirada por Dios" (en griego, *theopneustos*). A través de la historia, la mayoría de los cristianos ha estado de acuerdo en que la Biblia es inspirada por Dios, aun cuando han entendido tal inspiración de diversas maneras. A un extremo del espectro, muchos →fundamentalistas afirman que el Espíritu Santo de tal manera se posesionó de quienes escribieron los libros de la Biblia, que el proceso fue prácticamente de dictado, y que por lo tanto no hay error ni variación en los libros de la Biblia (→Inerrancia). Otros sostienen que la inspiración divina no ocultó la personalidad y estilo particulares de cada autor, sino que los usó a fin de comunicar las verdades divinas. Al otro extremo del espectro, algunos han dicho que la Biblia es inspirada en el mismo sentido en que cualquier obra genial es inspirada, y que, como en el caso de cualquier otra literatura, ha de leerse buscando en ella aquellas verdades que puedan ser de importancia para hoy. Entre estos dos extremos, la inmensa mayoría de los cristianos siempre ha sostenido que la Biblia es inspirada por Dios, y que Dios les habla en ella o a través de ella.

En diversos tiempos se han discutido otros asuntos respecto a la inspiración. Uno de ellos es si las traducciones y la transmisión del texto son también inspiradas. Aunque hoy muy pocos cristianos dirían que alguna versión particular de la Biblia es de inspiración divina, en tiempos recientes ha habido quien ha pretendido haber sido guiado por el Espíritu en el proceso de traducción, y que por lo tanto su versión tiene autoridad divina. Aun antes del advenimiento del cristianismo se hacían reclamos semejantes en defensa de la versión griega de las Escrituras hebreas conocida como la Septuaginta fundándose en la leyenda según la cual un número de eruditos, todos trabajando independientemente, produjeron traducciones idénticas. Durante la época del →escolasticismo protestante, hubo quienes dijeron que el sistema de puntuación del texto masorético de la Biblia hebrea, cuando fue desarrollado por eruditos judíos largo tiempo después del advenimiento del Cristianismo, fue inspirado por Dios y resulta por tanto infalible.

Una cuestión más difícil respecto a la inspiración es la que se refiere a la formación del →canon. Las Escrituras son una colección de escritos individuales a los cuales se ha atribuido autoridad, primero por el pueblo de Israel y luego por la iglesia. ¿Inspiró el Espíritu Santo a quienes hicieron la selección? ¿Cómo se relaciona tal inspiración con la de los escritores mismos? ¿Quiere esto decir que la iglesia puede reclamar para sí inspiración divina? Tales cuestiones van más allá de la inspiración, y plantean la difícil cuestión de la autoridad de la iglesia ante las Escrituras. Por tanto han sido fuertemente debatidas entre católicos y protestantes.

Por último, es necesario plantear la cuestión de la acción del Espíritu en la lectura presente del texto bíblico. ¿Basta decir que la Biblia fue inspirada en el momento de escribirse, o será necesario añadir que una lectura correcta requiere la inspiración activa del Espíritu en la comunidad que lee? Sobre esto, es posible señalar que en Génesis Dios "sopló" o respiró sobre el cuerpo humano inerte "el aliento de vida". Si es la inspiración o soplo divino lo que le da vida a un cuerpo inanimado, ¿podrá establecerse un paralelismo, afirmando entonces que el Dios que inspiró a los escritores sagrados inspira ahora a sus lectores?

Interpretación. →Hermenéutica.

J

Jansenismo. Movimiento que recibe su nombre del teólogo católico romano holandés Cornelio Jansenio (1585-1638), quien se opuso al →molinismo sobre la base de una doctrina radicalmente →agustiniana de la →gracia y la →predestinación. Según Jansenio, el →pecado original de tal manera ha dañado el →albedrío, que tras la →caída no tenemos libertad ni poder para resistir al pecado ni para hacer bien alguno. En tal condición, aun quienes externamente obedecen los mandamientos de Dios no son verdaderamente obedientes, puesto que la base de la obediencia es el amor, y sin la gracia irresistible de Dios somos completamente incapaces de amar a Dios. Frecuentemente se acusó a Jansenio y sus seguidores de ser secretamente →calvinistas. La Inquisición condenó su principal obra, *Augustinus*, en el 1641, empero la Universidad de Lovaina, y un número creciente en la facultad de La Sorbona en París, se negaron a aceptar ese decreto. En el 1643 el Papa Urbano VIII le añadió su autoridad a la de la Inquisición, una vez más condenando el *Augustinus*. Diez años después Inocencio X condenó cinco proposiciones jansenistas. Empero los jansenistas siempre dijeron que estas proposiciones no eran lo que el propio Jansenio había enseñado, y que por tanto podían desentenderse de sus condenaciones.

Un jansenista francés, Antoine Arnauld (1612-94), le dio al movimiento un giro más práctico aplicando sus principios primeramente a la práctica de la comunión frecuente, y luego a toda una serie de prácticas y políticas eclesiásticas. Así el movimiento se volvió hacia la política, tanto secular como eclesiástica, y a la postre las cuestiones de la gracia y la predestinación quedaron eclipsadas por cuestiones de autoridad y de orden. En Francia, la influyente abadía de Port-Royal, inspirada por Arnauld, se negó a someterse a las condenaciones papales del jansenismo. Aunque el propio Arnauld tuvo que huir al exilio, su obra fue continuada por Blaise Pascal (1623-62). Luis XIV concordó con Roma en cuanto a la condenación del movimiento, que ya para entonces se había vuelto casi puramente político y se había radicalizado. Clemente XI reiteró la condenación en el 1713. A la larga, el jansenismo se unió al →galicanismo; y contribuyó a los elementos más radicales de la Revolución Francesa.

Jerarquía. Un orden escalonado en que los niveles inferiores se comunican con los más altos a través de los intermedios. En el lenguage común de la iglesia, la "jerarquía" se refiere por lo general a las órdenes del clero, y particularmente a sus niveles más elevados. Durante la Edad Media, gracias al impacto del →neoplatonismo, se concebía la realidad toda como jerárquica. Esto se debió en particular a un autor desconocido que en el siglo sexto, usando el pseudónimo de Dionisio el Areopagita, y por tanto haciéndose pasar por discípulo directo de San Pablo, escribió una serie de obras en las que proponía una concepción jerárquica de la realidad.

Para Pseudo-Dionisio, y por los general para los neoplatónicos, toda la creación está organizada como una gran pirámide jerárquica, en la que los seres que están más cerca de Dios son más altos, y los que están más lejos son inferiores. En particular, Pseudo-Dionisio desarrolló un sistema elaborado en el que describía tanto la jerarquía eclesiástica como la celestial. En la jerarquía celestial, hay tres niveles de seres angélicos, cada uno de ellos con tres grados, de modo que resultan nueve coros celestiales: al nivel más alto, los serafines, querubines y tronos; al nivel intermedio, los dominios, virtudes y poderes; por último, al nivel más bajo, los principados, arcángeles y ángeles. La jerarquía eclesiástica tiene dos niveles, cada uno de ellos con tres grados. En primer lugar tenemos el nivel sacerdotal, con la jerarquía tripartita de obispos, sacerdotes y diáconos. Entonces le sigue el laicado, que también se divide en tres grupos: los monásticos, los fieles en general, y aquellos creyentes que están excluidos de la comunión (catecúmenos, penitentes y energúmenos, como se llamaba entonces a quienes se creía estaban poseídos de demonios y por cuya liberación la iglesia oraba).

Aunque el esquema propuesto por Pseudo-Dionisio perdió credibilidad según se fue viendo que no era en realidad discípulo del apóstol Pablo, la visión jerárquica de la iglesia continuó vigente al menos hasta el Segundo Concilio Vaticano (1902-65), que comenzó a hablar de la iglesia como pueblo peregrino de Dios. Al mismo tiempo, empero, varios grupos protestantes fundamentalistas estaban proponiendo sus propios esquemas para ordenar los diversos niveles de ángeles y otros seres celestiales.

Jesús histórico. La frase "el Jesús histórico", que frecuentemente se contrasta con "el Cristo de la fe", es relativamente ambigua, puesto que unas veces se refiere a lo que se puede demostrar acerca de Jesús mediante la investigación histórica crítica y rigurosa, y otras veces sencillamente se refiere a la figura histórica Jesús de Nazaret. La frase misma, "el Jesús histórico", se hizo popular debido al título que se le dio a una traducción inglesa del libro de Albert Schweitzer, *La búsqueda del Jesús histórico* (1906). Allí, Schweitzer repasaba un largo proceso, comenzando por Hermann S. Reimarus (1694-1768), que buscaba descubrir al Jesús que se esconde detrás de los Evangelios, y hacerlo mediante los nuevos instrumentos de la investigación histórica. Tras repasar esa búsqueda de casi dos siglos, Schweitzer llegó a la conclusión de que lo que cada uno de esos eruditos descubrió no fue en realidad a Jesús de Nazaret tal como vivió en el siglo primero, sino más bien una imagen moderna de Jesús, impactada por las perspectivas burguesas modernas al menos tanto como por la investigación histórica misma.

Aunque generalmente se afirma que el libro de Schweitzer le dio término a la búsqueda del Jesús histórico, esa búsqueda no ha sido completamente abandonada. Lo que ha quedado generalmente descartado es la idea de que la investigación histórica puede en realidad descubrir a Jesús tal como fue en el siglo primero. No cabe duda de que los primeros documentos que nos hablan acerca de Jesús, los Evangelios y otra literatura cristiana, no son estrictamente "históricos" en el sentido de sencillamente dar una crónica de los acontecimientos. Fueron escritos para la instrucción y la devoción de los creyentes, y son por lo tanto libros de fe. Se refieren a Jesús como figura histórica, pero no son documentos históricos en el sentido técnico, y resulta imposible ir tras ellos para descubrir los datos históricos acerca de Jesús que se encuentran tras sus diversas narraciones. Por ello los estudios más recientes acerca del Jesús histórico tienden a ser minimalistas, pues en realidad no tratan de descubrir quién fue Jesús, sino qué es lo que puede afirmarse acerca de él y de sus enseñanzas cuando se les aplican a los Evangelios y otros escritos cristianos los rigurosos métodos de la investigación histórica crítica.

Joaquimismo. Movimiento de inclinaciones →apocalípticas que recibe su nombre de Joaquín de Fiore (o de Flora, c.1132-1202), místico calabrés que dedicó los últimos años de su vida al estudio del Apocalipsis. En base a ese estudio, llegó a la conclusión de que la historia se desarrollaba en tres etapas: de Adán hasta Cristo, de Cristo hasta el año 1260, y desde entonces hasta el fin. Estas tres etapas se relacionan con las tres personas de la →Trinidad, de tal modo que la primera es la edad del Padre; la segunda, la del Hijo; y la tercera, la del Espíritu. La fecha del fin de una era y comienzo de la próxima se determinaba sobre cálculos matemáticos, sobre la base de que cada edad debía tener el mismo número de generaciones. Puesto que entre Adán y Jesús hubo 42 generaciones, también habrá 42 entre el tiempo de Cristo y la era del Espíritu. Aunque tal cosa no sucedió en la era del Padre, la perfección de la era del Hijo requiere que cada una de estas generaciones sea de igual longitud. A treinta años por generación, se llega a la fecha, 1260. De igual modo que Juan el Bautista fue precursor antes del comienzo de la segunda edad, así también habrá un precursor antes del amanecer de la edad del Espíritu. Según Joaquín, toda la comunidad monástica cuando cumple sus funciones debidamente es ese precursor, y es por lo tanto un anuncio de un nuevo amanecer.

El Cuarto Concilio Laterano (1215) condenó la doctrina joaquimista respecto a la Trinidad, que hacía aparecer que el Padre, el Hijo y el Espíritu Santo no son sino tres fases sucesivas de la divinidad. Empero es muy probable que esa condenación fuese también una reacción contra los tonos cada vez más subversivos del movimiento joaquimista. Esa dimensión subversiva del movimiento se encarnó en el ala radical de los franciscanos que decían que la orden misma había traicionado los principios de San Francisco, particularmente en lo que se refiere a la pobreza radical. A la larga el joaquimismo se volvió una crítica radical tanto del papado como de toda la iglesia, afirmando que la nueva edad comenzaba, que su precursor fue San Francisco, y que la iglesia y sus autoridades eran parte de una era que iba pasando.

Juicio. A través de los siglos tanto el cristianismo como el judaísmo y muchas otras religiones han sostenido que Dios no solamente ama, sino que también juzga—o, quizá, con mayor exactitud, que el amor de Dios incluye el juicio. Este fue uno de los principales puntos en los que el cristianismo ortodoxo se opuso al →marcionismo, y la razón por la cual el regreso de Jesús "a juzgar los vivos y los muertos" vino a ser parte de lo que más tarde se llamó el →Credo Apostólico. La Biblia habla no sólo de un juicio final, sino también de la posibilidad y la experiencia del juicio dentro de la historia. Esto se ve, por ejemplo, en los muchos casos en el libro de Jueces cuando Dios castiga la infidelidad del pueblo entregándoles en manos de opresores. Los cristianos continuaron era misma tradición escribiendo, por ejemplo, de la muerte de los perseguidores como el castigo de Dios sobre ellos. Por otra parte, resulta claro que en el mejor de los casos tal juicio es sólo parcial, puesto que en la historia los buenos no siempre prosperan ni los malos perecen.

Es en este punto que cobra importancia la idea del juicio final. Dios juzga, no sólo dentro de la historia, sino aun más allá de ella, de tal modo que el mal será completamente destruido y el bien prevalecerá. En la teología cristiana, este juicio final se ha asociado siempre con la →parusía o regreso de Jesús. Aunque tradicionalmente la mayoría de los cristianos ha creído que ese juicio incluye tanto la salvación eterna como la condenación, ha habido muchos que han creído que el amor de Dios es tal que a la postre todos serán salvos (→Universalismo), y que por lo tanto ven el castigo que viene del juicio, no como un →infierno eterno, sino más bien como un proceso de dolorosa purificación (→Purgatorio).

Justicia. Atributo de Dios que ha de reflejarse en toda la creación—particularmente en la humanidad—y que a la postre encontrará su culminación en el →Reino de Dios. Decir que Dios es "justo" no quiere decir solamente que practique la equidad, sino también que es confiable y recto, y que requiere de los humanos una rectitud y confiabilidad paralelas. Por ello, la palabra "justicia" se usa frecuentemente en las discusiones acerca de la relación entre los humanos y Dios (→Justificación; →Justicia , imputada).

En la filosofía →aristotélica, y en buena parte de la teología cristiana que se deriva de ella, la justicia es una de las cuatro →virtudes cardinales o principales, e incluye tanto la relación de la persona con otros como la rectitud personal. En el discurso teológico contemporáneo, la justicia se examina tanto en sus aspectos retributivos, como el castigo del mal y la recompensa por el bien, como en términos distributivos, pues la justicia requiere también una correcta distribución de los recursos y del poder.

Por lo general, quienes subrayan las dimensiones personales del →pecado, también subrayan la justicia retributiva, mientras la justicia distributiva frecuentemente va unida a un énfasis en las manifestaciones sociales del pecado, tales como el hambre, la opresión, etc.

En varios tiempos los teólogos han explorado la diferencia entre la justicia y el amor. En el siglo cuarto, Ambrosio afirmó que la justicia consiste en darle a cada cual lo suyo, y que sólo es posible practicar el amor (por ejemplo, hacia los pobres) una vez que se ha practicado la justicia. En la ética contemporánea, algunos sostienen que mientras que el principio del amor es fundamental en las relaciones interpersonales, el principio de la justicia sirve de guía para la práctica concreta del amor en un mundo de conflictos y de relaciones injustas.

Justicia, imputada. Un modo de entender la justificación característico de buena parte de la tradición →luterana, que sostiene que la →justificación no hace que los pecadores sean objetivamente justos, sino que sencillamente les declara tales. La mayoría de los teólogos que siguen esta línea afirman que Dios les imputa la justicia de Cristo a los pecadores. A veces se le llama también "justicia forense" porque la acción justificadora de Dios es semejante a la de un juez que declara absuelto al acusado. Todo esto se resume frecuentemente en la frase →*simul justus et peccator*—a la vez justo y pecador—lo cual quiere decir que aun después de la justificación los pecadores siguen siendo tales.

Justicia, forense. →Justicia, imputada.

Justificación. Término tomado de los tribunales, donde se refiere a rendir veredicto a favor del acusado, quien es declarado libre de culpa. Uno de los principios de la Reforma Protestante es la "justificación por la fe", que en realidad significa justificación por la gracia mediante la fe en Jesucristo. Lo que los reformadores querían decir con esto es que lo que hace al pecador justo no son sus →obras ("obras de justicia") sino la →gracia divina. Aunque en el fragor del debate algunos teólogos católicos romanos llegaron a declarar que la justificación es el resultado de las buenas obras, y tal era el entendimiento popular del tema durante el siglo dieciséis, en realidad la mayoría de los teólogos católicos romanos han concordado en que la justificación es obra de la gracia de Dios. La diferencia está en que para Lutero y los principales teólogos protestantes la justificación era la acción gratuita de Dios de declarar al pecador justo, aun a pesar de la presencia continuada del pecado, mientras para los católicos romanos la justificación era la acción mediante la cual Dios le infunde →gracia al pecador, quien entonces puede llevar a cabo acciones de justicia (buenas obras) y por lo tanto ser justo. El énfasis de Lutero sobre la justicia imputada (→Justicia, imputada), así como su propia experiencia de haber intentado justificarse a sí mismo mediante las obras, le llevaron a ver con suspicacia todo intento de hablar de la justificación con relación a las buenas obras, y por tanto a no subrayar la →santificación tanto como lo hicieron Calvino y toda la tradición →reformada (→Calvinismo; →Metodismo; →Santificación).

K

Kairos. En el griego antiguo había dos términos para referirse al tiempo: *kairos* y *chronos*. Este último se refería al tiempo como dimensión medible según las horas, los días y los años se suceden. En contraste, el *kairos* es el tiempo como momento significativo que ciertamente tiene lugar dentro del *chronos*, pero con implicaciones que van mucho más allá—como en la frase "tu hora ha llegado". En el Nuevo Testamento, el *kairos* central es el advenimiento de Jesús. Sobre esa base, la palabra *kairos* se usa frecuentemente como una ocasión presente cuyas implicaciones van mucho más allá del tiempo ordinario. En el lenguaje contemporáneo a veces se usa como adjetivo, al hablar por ejemplo de un "acontecimiento kairótico".

Kenosis. Palabra derivada del griego que significa vaciamiento, y que se traduce en Filipenses 2:7 como "se anonadó a sí mismo". En el siglo dieciocho, y particularmente en el diecinueve, ese mensaje de Filipenses vino a ser la base de una interpretación →cristológica que buscaba explicar la posibilidad de la →encarnación afirmando que el →Verbo o Palabra eterna de Dios se vació a sí mismo de los atributos divinos que son incompatibles con el ser humano (omnipotencia, omnisciencia, etc.) a fin de poder encarnarse.

Kerygma. Sustantivo griego que quiere decir "predicación" o "proclamación" y que se usa tanto para el hecho como para el contenido de la predicación. Fue muy popularizado cuando en la primera mitad del siglo veinte cuando C.H. Dodd (1884-1973) propuso que era posible distinguir, tras los diversos escritos del Nuevo Testamento, el *kerygma* o mensaje de los apóstoles. Hay otras palabras que también se traducen a veces como "predicar" todas derivadas del verbo "profetizar" en griego. Estas se aplican generalmente cuando se le habla a la comunidad de los creyentes, explicando las Escrituras y aplicándolas a la vida diaria (→Profecía). Esto se relaciona estrechamente con la *didajé*. En contraste, el *kerygma* es tanto la proclamación de las grandes acciones de Dios (particularmente en Jesucristo) como el contenido de esa predicación. No es una mera narración de los acontecimientos, ni tampoco su interpretación, sino un llamado a quien escucha, pues se le invita a la fe y a la vida nueva.

Koinonía. Palabra griega que frecuentemente se traduce o explica como "compañerismo" pero cuyo alcance va mucho más allá del mero sentimiento de amistad o aun del amor. En la antigüedad, una *koinonia* era también lo que hoy llamamos una "corporación", puesto que en ella dos o tres personas tenían una propiedad en común.
El verbo paralelo, *koinonein*, aparece frecuentemente tanto en el Nuevo Testamento como en la literatura secular en el sentido de compartir. El sustantivo plural, *koinonoi* significa entonces "compañeros". Por ello, una frase tal como "la *koinonia* [comunión] del Espíritu Santo" puede querer decir cualquiera o todas las cosas siguientes: (1) el compañerismo del Espíritu con el creyente; (2) la corporación o cuerpo que tiene al Espíritu como su posesión y herencia común (es decir, la iglesia); (3) el compartir de los bienes y del amor que resulta de la presencia del Espíritu.

K
L

L

Laicado. Término derivado del griego *laos*, pueblo. En la Septuaginta, frecuentemente se habla de Israel como el *laos* de Dios. En los primeros capítulos de Hechos, hay un contraste claro entre el "pueblo" (*laos*) y sus dirigentes, de modo que mientras el "pueblo" muestra simpatías hacia la iglesia naciente, son sus jefes quienes se le oponen. Luego, el término "pueblo" se usaba frecuentemente en el sentido de pueblo común, y es de ese uso que la práctica cristiana tradicional surgió, de referirse a los creyentes en general como el "laicado", en contraposición al clero. Esta distinción aparece ya a fines del siglo primero, en la epístola de Clemente a los Corintios. Por lo tanto, en su uso más común, el término "laicado" se refiere a todos los creyentes que no son ordenados.

Aunque al principio el movimiento monástico era en parte una protesta contra la profesionalización de la fe en manos del clero, y por ello era un movimiento estrictamente laico, pronto se le asoció con el clero, de tal modo que en algunos casos el "laicado" incluye a todos los creyentes que no son ordenados, incluyendo los monásticos, y a veces se refiere a quienes no son ordenados ni tampoco llevan vida monástica.

Fue de todo esto que surgió el uso común hoy del término "laico" para una persona que no es profesional y que posiblemente no conoce bien cualquier tema.

También del contraste entre el clero ordenado y el laico surgió la costumbre de aplicarle el adjetivo "laico" a todo lo que es secular; o en un sentido menos amplio, a todo lo que no esté bajo la jerarquía eclesiástica. Tal es el caso de la frase "el estado laico", que se refiere a un estado cuyo gobierno y metas no los determinan la iglesia o sus instituciones.

Muchos teólogos contemporáneos declaran que el término "laicado" carece de contenido teológico, puesto que estrictamente todos los cristianos son parte del laicado, del *laos* o pueblo de Dios.

Landmarquismo. Movimiento teológico surgido en Tennessee a mediados del siglo diecinueve, que sostiene que sólo las iglesias bautistas son verdaderas iglesias, que el →bautismo sólo es válido cuando lo administra una congregación bautista, y que la →eucaristía o comunión ha de restringirse a los miembros de la congregación particular, porque no hay tal cosa como una iglesia universal. El landmarquismo también sostiene que hay una línea ininterrumpida de sucesión que une a los bautistas del día de hoy con Jesús y los apóstoles. A fin de mostrar tal cosa, los historiadores landmarquistas tratan de revindicar muchos personajes del pasado a quienes la iglesia en general consideró herejes, y cuyas opiniones se reinterpretan ahora a fin de que concuerden con las doctrinas bautistas.

Latinoamericana, teología. Aunque ha habido numerosos teólogos latinoamericanos en el pasado, el término "teología latinoamericana" se refiere normalmente a cierta postura teológica que apareció en conjunción con la Conferencia de Medellín del Consejo Episcopal Latinoamericano (CELAM) en 1968, y cuyo principal exponente ha sido el teólogo peruano Gustavo Gutiérrez (1928-). Otros teólogos de la misma escuela son

Juan Luis Segundo (1925-96), Leonardo Boff (1938-), Jon Sobrino (1938-) y, entre los protestantes, José Miguez Bonino (1924-).

La teología latinoamericana es una instancia particular de las teologías →contextuales y de →liberación, y trata de interpretar el Evangelio dentro de un marco de pobreza y opresión. Su propósito es reflexionar teológicamente sobre las causas de los males que aquejan a la América Latina y sobre la respuesta cristiana a tales males.

Como instrumento hermenéutico para analizar la situación de la América Latina, esta tradición teológica usa el análisis →marxista y neomarxista. Esto implica que la pobreza no se debe sencillamente a la ignorancia o a la desidia, sino que tiene causas estructurales. Lo que es más, las estructuras que producen la pobreza y otras formas de opresión se justifican mediante todo un aparato de ideas y perspectivas, es decir, de una →ideología—en tal contexto, la palabra "ideología" no se refiere únicamente a un conjunto de ideas o de ideales, sino más bien al intento de justificar una agenda sociopolítica haciéndola aparecer como lógica, justa, inevitable, etc. El análisis marxista se emplea entonces para desenmascarar tales ideologías, que frecuentemente incluyen a la teología misma. Empero esto no quiere decir que los teólogos latinoamericanos sean marxistas en el sentido de ser comunistas, y por esa razón a veces prefieren llamarse "marxianos", más bien que "marxistas".

Un énfasis común en la teología latinoamericana es la insistencia en la →praxis y su relación con la reflexión. Si estamos siempre en peligro de que la ideología dominante nos ciegue, uno de los modos de evadir tal peligro es involucrarnos en acciones de liberación contra la opresión, la pobreza y sus causas fundamentales, lo cual es además mandato claro del Evangelio. Por lo tanto, la praxis no es sólo cualquier acción; es acción liberadora. Tal acción liberadora, e incluso sus fracasos y frustraciones, nos llevan entonces a nueva reflexión. De todo esto surge un proceso circular de acción, reflexión, acción que constantentemente se agudiza y le da mejor enfoque tanto a la acción como a la reflexión.

Otro modo de decir esto es refiriéndose al "círculo →hermenéutico". En el caso de la hermenéutica bíblica, se nos ha dicho repetidamente lo que el texto dice. Cuando entonces vamos y nos involucramos en la praxis de liberación, esto nos permite ver nuevos sentidos en el texto. Esto nos lleva a una nueva forma de praxis. Así el círculo continúa, aunque se trata más bien de una espiral que de un círculo, porque cada vuelta nos lleva a nuevos descubrimientos y nuevas acciones.

También existe cierto acuerdo entre los teólogos latinoamericanos en su análisis de la violencia. Al tiempo que todos deploran la violencia, insisten en que hay que recordar que hay tanto estados de violencia como actos violentos. Con mucha frecuencia, el orden establecido ve sólo los actos de violencia—por ejemplo, cuando alguien toma un arma y asalta un banco. Pero es necesario recordar también los estados de violencia, pues es posible que este señor que asaltó el banco tuviese hijos hambrientos, y que haya respondido a ese estado de violencia mediante una acción violenta. En lugar de unirse al orden existente notando única o principalmente las acciones violentas, los cristianos han de centrar su atención sobre los estados de violencia que muy frecuentemente se encuentran a la raíz de las acciones violentas.

En sus inicios, la teología latinoamericana tenía un tono marcadamente optimista. Se esperaba que una serie de revoluciones pronto traerían un cambio radical, de modo que la pobreza y la opresión quedasen reducidas. En su hermenéutica bíblica, muchos teólogos acudían al éxodo, y casi parecería que el Mar Rojo estaba a punto de abrirse. Empero en décadas más recientes ha prevalecido un espíritu más sobrio y hasta sombrío, con el sentimiento de que posiblemente la liberación no esté tan cercana como se pensaba. Por ello, en la hermenéutica bíblica hay mucho mayor énfasis en el exilio, y en la importancia de la fidelidad a largo plazo. Algunos críticos dicen que esto muestra que la teología latinoamericana estaba tan unida a las esperanzas marxistas que la caída de la Unión Soviética también conllevará la caída de la teología latinoamericana. Otros insisten en que la teología latinoamericana sigue activa, aunque responde ahora a un contexto que se ha vuelto más opresor que antes, y que es precisamente debido a esa opresión que tal teología tiene una pertinencia particular.

Leccionario. Una lista de lecturas bíblicas para la adoración cristiana, normalmente siguiendo el →año litúrgico. También se le da ese nombre al libro que contiene tales lecturas. Aunque hay leccionarios para lecturas diarias, y también para las horas monásticas de oración, en el uso contemporáneo la mayor parte de los leccionarios se ocupan únicamente del servicio dominical (usualmente, de la →Eucaristía). En algunas ocasiones las lecturas de los Evangelios y las de las Epístolas se imprimen separadamente, en cuyo caso los libros se llaman "evangeliarios" y "epistolarios" respectivamente.

Lector, crítica de la respuesta del. Un modo de estudiar textos, propuesto hacia fines del siglo veinte, que centra la atención sobre el lector como contribuyente activo al significado de un texto. Tales lectores pueden considerarse a diversos niveles. A un nivel básico, se supone que todo escrito fue hecho con ciertos lectores en mente, a los cuales se llama comúnmente los "lectores implícitos", y que tales personas han impactado el proceso mismo de composición. Pero aun más, todo lector impacta también el significado de un texto según sus perspectivas, intereses, etc., porque la acción misma de leer es una construcción de sentido.

Lenguas. →Glosolalia.

Ley natural. La ley implantada en los corazones, que les permite distinguir entre el bien y el mal aun aparte de la →revelación. La idea de tal ley tiene sus raíces en la filosofía griega, y pasó del →estoicismo al cristianismo como base de una moral que no se fundamenta en la revelación, y sin embargo sirve la voluntad de Dios. El principio de la ley natural fue explorado bastante detalladamente por Tomás de Aquino (c.1225-74), quien la empleó como fundamento para los principios éticos que han de ser comunes a toda la humanidad. Así, por ejemplo, la ley natural que impele a los padres a conocer y a cuidar de sus hijos ha de servir como un llamado a la monogamia aun entre personas y pueblos que no conocen la Biblia ni la ética cristiana. Con el correr del tiempo, las sociedades van descubriendo que hay ciertas prácticas que destruyen la vida social y otras que la apoyan, y esto es una expresión de la ley natural.

La ley natural les ha permitido a los teólogos—particularmente a los teólogos católicos romanos—establecer una serie de conductas que al menos en teoría deberían ser aceptadas por todos los seres humanos, no en base a la revelación o a la autoridad, sino en base a la ley escrita en su propia naturaleza. Expandido más allá del campo de la teología, el principio de ley natural da origen a la ley internacional, que supuestamente debería ser reconocida como buena por todos los seres humanos, de cualquier cultura o convicciones religiosas.

Los teólogos protestantes han expresado dudas acerca de la ley natural. Aunque la mayoría acepta su existencia y trata de relacionarla con sus posturas éticas, algunos argumentan que la corrupción de la humanidad (→Depravación total) es tal que la supuesta ley natural ha sido torcida por nuestras inclinaciones pecaminosas, y por tanto no puede confiarse en ella. Karl Barth (1886-1968) escribió ampliamente en contra del uso de la ley natural en la ética cristiana.

Ley, tercer uso de la. La función de la Ley de Dios como guía para los creyentes. Aunque las listas varían, por lo general las otras dos "funciones" de la Ley son servir de guía a la sociedad, que ha de organizar sus leyes y prácticas siguiendo la Ley de Dios, y servir de prueba de la incapacidad de los pecadores de servir a Dios. Lutero subrayó este segundo uso de la Ley, que según él se relacionaba estrechamente con el principio fundamental de la →justificación por la fe. La Ley aplasta, condena y hasta mata, y es por tanto una especie de preparación negativa para el Evangelio. Aunque Lutero creía que la Ley de Dios sí podía servir de guía para los creyentes, nunca hizo mucho énfasis sobre este punto, por miedo de que pudiese llevar a la justificación por las →obras. En contraste con Lutero, Calvino, al tiempo que concordaba con el gran reformador en cuanto al tema fundamental de la justificación por la fe, sostenía e insistía que la justificación ha de llevar a la →santificación, y que en ese proceso la Ley sirve de guía para los creyentes. Luego, una de las características de la tradición →reformada ha sido este énfasis en el "tercer uso de la Ley". →Ley y Evangelio.

Ley. En los estudios bíblicos, frecuentemente se emplea esta palabra como sinónimo de la *Torah*, es decir, la porción del canon hebreo que recibe el nombre de "Ley" en contraste con los "Profetas" y los "Escritos". En la Biblia hebrea, la Ley es don bueno de Dios, y señal del amor de Dios. La Ley es también eterna, puesto que refleja la naturaleza misma de Dios. Se expresa sin embargo entre los profetas la esperanza de que llegará el tiempo cuando la Ley escrita no será necesaria, porque el pacto estará escrito en los corazones humanos. En el Nuevo Testamento el término "Ley" generalmente se refiere al Pentateuco o al código mosaico. Jesús frecuentemente usa la frase "la Ley y los Profetas" para referirse a la Escrituras. También declara que no ha venido a abrogar la Ley, sino a cumplirla. Luego, hay en las enseñanzas de Jesús una valoración positiva de la Ley. Y sin embargo, en el Sermón del Monte se afirma debemos ir mas allá de la Ley de Moisés en toda una serie de dichos: "Habéis oído que fue dicho ... más yo os digo ..."

En las epístolas paulinas, y en particular Romanos y Gálatas, se habla algo más negativamente acerca de la Ley. Sin rechazar la Ley, y al tiempo que afirma que fue dada por Dios, Pablo frecuentemente se refiere a ella como señal o manifestación de la profundidad del pecado, y como insuficiente para la justificación. Esto ha llevado a muchos teólogos cristianos a establecer un marcado contraste entre la Ley y el Evangelio, o al menos a debatir la relación entre ambos. (→Ley y Evangelio; →Antinomianismo).

Tradicionalmente, se ha considerado que la Ley tiene tres funciones fundamentales. Sirve para convencer de pecado; provee dirección para la organización de la sociedad y del estado, limitando así las consecuencias del pecado; y les provee dirección a los cristianos según intentan servir a Dios. (→Ley, tercer uso de la)

En el nivel civil, la "ley" es también el conjunto de reglas mediante las cuales una sociedad se gobierna. Los cristianos han debatido repetidamente hasta qué punto han de obedecer las leyes civiles, y en qué medida o cómo tales leyes han de reflejar la →Ley de Dios. Desde fecha muy temprana hubo consenso en que las leyes injustas no deben ser obedecidas, y de aquí la negativa de los mártires a adorar al emperador, la insistencia de los pacifistas en no aceptar el servicio militar obligatorio, el movimiento de los Derechos Civiles en los Estados Unidos, etc. Empero también ha existido cierto consenso en el sentido de que el buen orden de la sociedad es también de valor (→Estado), y que por lo tanto los cristianos no han de utilizar su fe como excusa para desobedecer la ley a su gusto o conveniencia. Entre estos dos principios queda amplio campo para el debate, como puede verse en el siglo veintiuno en los desacuerdos entre cristianos en temas tales como el aborto, la pena de muerte, y muchos otros.

Ley y Evangelio. El contraste paulino entre la →Ley y el Evangelio ha llevado a algunos teólogos a debatir la relación entre ambos. Por lo general, todos concuerdan en que tanto la Ley como el Evangelio vienen de Dios, y en la teología patrística y medieval se tiende a subrayar la continuidad entre la Ley y el Evangelio. Fue en la Reforma, con su énfasis en la →justificación por la fe, y no mediante "→obras de la Ley", que el tema de la relación entre la Ley y el Evangelio cobró particular importancia. Por lo general, Lutero y la tradición →luterana veían la Ley como el medio mediante el cual el pecado y la insuficiencia humana se revelan, de modo que queda abierto el camino para el Evangelio. En este contexto, empero, es importante recordar que Lutero no pensaba que la Ley estuviese únicamente en el Antiguo Testamento y el Evangelio en el Nuevo. La Ley consiste en todo lo que Dios requiere de nosotros, sea en el Decálogo o en las enseñanzas de Jesús. El Evangelio es la promesa de Dios, aun a pesar de nuestra incapacidad de obedecer la Ley. La Palabra de Dios siempre nos viene como Ley y Evangelio, como No y como Sí, aplastándonos y levantándonos, llevándonos a desesperar de nuestras habilidades y a esperar en las promesas de Dios.

El resultado de tales opiniones es que Lutero dijo poco respecto al valor de la Ley por sí misma como guía para el creyente (→Ley, tercer uso de la). Lutero temía que un énfasis desmedido sobre esta función de la Ley—función que él mismo acepta, pero no subraya—podría llevar a la justificación mediante las obras, y por tanto a la negación del Evangelio. Por ello, el peligro que siempre ha asediado a la tradición luterana no ha sido depender demasiado de la Ley, sino lo contrario, el →antinomianismo. Aunque Calvino concordaba con Lutero en cuanto a la justificación por la fe, también insistía en que tal justificación ha de llevar a un proceso de →santificación mediante el cual los creyentes se van conformando cada vez más a la voluntad divina. Aun cuando en su contraste con el Evangelio la Ley condena y aplasta al pecador, una vez que el Evangelio ha sido aceptado esta misma Ley sirve de fuente para guiar a los creyentes en el proceso de la santificación. Este énfasis ha sido característico de la tradición →reformada y por ello, mientras el peligro siempre presente del luteranismo extremo es el antinomianismo, su contraparte en la tradición reformada es el legalismo, el rigorismo, y hasta la posibilidad de volver a la salvación mediante las →obras.

En el siglo veinte, el teólogo reformado Karl Barth (1886-1968) le dio un nuevo giro a la cuestión al insistir en que el orden mismo, "Ley y Evangelio", está equivocado. No llegamos al Evangelio a través de la Ley, sino todo lo contrario, porque la enormidad de nuestro pecado no se reconoce hasta que experimentamos el grande amor de Dios. Lo que le da su fuerza a la Ley para aplastar al pecador es que el Evangelio ha revelado el amor y la gracia contra los cuales el pecador se rebela.

Liberación, teologías de la. Título común que se les da a una amplia gama de teologías →contextuales, cada una centrada sobre los temas de la opresión y la discriminación en su contexto particular. Luego, algunas teologías de la liberación se interesan sobre todo en la opresión económica internacional mientras otras se ocupan del clasismo, el racismo, la homofobia, etc. Al mismo tiempo que reconocen y reclaman su contextualidad, estas diversas teologías comparten entre sí una visión de la salvación que incluye, no sólo la vida tras la muerte y una relación personal con Dios, sino también la liberación de las diversas expresiones del pecado en el presente orden social. Reconocen que el orden final de la justicia, el amor, y la paz prometido en las Escrituras es →escatológico, y no puede alcanzarse mediante los esfuerzos humanos; pero al mismo tiempo insisten en la necesidad de promover y practicar la justicia y el amor, no tan sólo a nivel personal, sino también en las prácticas y estructuras sociales.

Puesto que la frase "teología de la liberación" fue acuñada por el teólogo peruano Gustavo Gutiérrez (1928-), a veces se le da a la teología →latinoamericana el nombre de "teología de la liberación". Empero las características mencionadas arriba son ciertas de una gran variedad de teologías en diversas circunstancias. (→Negra, teología; →Feminista, teología; →Hispana, teología; →Minyung, teología; →Mujerista, teología; →Womanista, teología.)

Liberalismo. Término que se emplea con diversos sentidos según el contexto.

En la teoría económica y política, en los Estados Unidos el término "liberalismo" se usa de una manera diametralmente opuesta a su sentido en el resto del mundo. En los Estados Unidos, una posición política o económica "liberal" sostiene que el estado debería intervenir en las cuestiones económicas para producir un orden social más justo. En otras partes del mundo, se llama "liberal" a quien sostiene que el mercado ha de tener rienda suelta para determinarse a sí mismo. Luego, cuando los teólogos →latinoamericanos, por ejemplo, condenan las consecuencias de lo que llaman "capitalismo liberal", se están refiriendo a algo muy diferente de lo que se entiende en los Estados Unidos por "liberalismo".

En la historia de la teología católica romana, el "liberalismo" se refiere al llamado, a principios del siglo diecinueve, a que la Iglesia aceptase los ideales políticos liberales de la Revolución Francesa y de otros movimientos que florecían por entonces. El principal promotor de este movimiento fue Felicité Robert de Lammennais (1782-1854), ferviente defensor del papado, quien urgió al papa a arrebatarles a los gobiernos seculares la causa de la libertad política, y así abrir el camino del futuro. Empero el papado estaba demasiado atado al orden tradicional para prestarle atención a Lammennais, cuyas opiniones fueron condenadas por Gregorio XVI en la encíclica *Mirari vos* (1832). A pesar de esa acción pontificia, el movimiento liberal continuó creciendo dentro del catolicismo romano, y esto a la postre llevó a la condenación en el 1864 de ochenta tesis liberales, listadas por Pío IX en el *Sílabus de errores.* Luego, en el catolicismo romano el "liberalismo" tiene más que ver con la relación entre la iglesia y la sociedad civil que con las doctrinas. (Sí hubo dentro del catolicismo romano un movimiento paralelo al liberalismo protestante, el →modernismo.)

En la historia de la teología protestante, el "liberalismo" es un movimiento que floreció en el siglo diecinueve y principios del veinte. Aunque había grandes diferencias entre los liberales, por lo general concordaban en la necesidad de reconciliar la doctrina y fe cristianas con la →modernidad. Esto incluía una valoración de la bondad y potencial humanos mucho más positiva de lo que había sido tradicional en la teología cristiana. Tal valoración del potencial humano iba normalmente acompañada de la expectativa que el progreso humano llevaría por su propia naturaleza a un orden social más justo y razonable. Dado el orden racional del universo del cual cada día se sabía más, la teología debía también tornarse puramente racional, y así encontrar su lugar entre las ciencias. (→Razón). Esto a su vez implica que hay que rechazar los →milagros, así como toda apelación a lo "sobrenatural". La Biblia ha de ser estudiada y criticada con las mismas herramientas analíticas e históricas que los eruditos aplican a cualquier otra pieza de literatura o registros supuestamente históricos. Aunque Jesús es sin lugar a dudas una figura excepcional, era posible probablemente muy diferente de lo que la tradición cristiana—incluso los Evangelios—han hecho de él, y por lo tanto los teólogos deben buscar al Jesús →histórico. La religión en general, y el cristianismo en particular, son de valor principalmente porque sirven de guía a la vida moral. El protestantismo liberal en este sentido clásico comenzó a decaer según la Primera Guerra Mundial, y los muchos acontecimientos trágicos que siguieron en el siglo veinte, produjeron dudas cada vez más serias acerca de ideas tales como la inevitabilidad del progreso, la bondad esencial del ser humano, y la racionalidad objetiva de la modernidad. El teólogo más influyente dentro del protestantismo que indicó la necesidad de buscar una alternativa en lugar del liberalismo clásico fue Karl Barth, cuyo *Comentario sobre Romanos*, publicado en el 1919, le dio comienzo a una teología postliberal, la →neoortodoxia.

En la mente común, por "liberalismo" se entiende todo lo opuesto al →fundamentalismo, y los fundamentalistas mismos frecuentemente emplean el apelativo para todos aquellos que no concuerdan con ellos.

Libre albedrío. →Albedrío

Limbo. En la teología católica romana tradicional, el lugar donde van las almas de quienes, aunque sin haber pagado por todos sus pecados, y por lo tanto incapaces de entrar al gozo del →cielo, tampoco merecen castigo eterno. Tradicionalmente, el limbo incluía el limbo de los padres (*limbus patrum*), donde los patriarcas y otros santos del Antiguo Testamento esperaron a la resurrección de Jesús, y el limbo de infantes (*limbus infantium*), donde las almas de los niños no bautizados viven eternamente. Si este último es un lugar de gozo o de castigo, nunca se decidió, pues Santo Tomás (c.1225-74) afirmaba que hay cierto nivel de gozo en el limbo, aunque no el gozo sobrenatural de los redimidos, mientras que San Agustín (354-430), especialmente en sus escritos fogosos contra el →pelagianismo, afirma que el limbo es lugar de castigo y condenación.

Liturgia. Palabra derivada del griego *leitourgía*, que literalmente significa "la obra del pueblo". En el mundo helenista, frecuentemente se refería a los días de trabajo que los residentes de un estado le debían al gobierno, es decir, una especie de impuesto que no se pagaba con dinero, sino con trabajo en las obras públicas. En la Septuaginta, frecuentemente se refiere al servicio del pueblo a Dios, que se centra en el templo. Así, ha venido a significar el servicio o la adoración a Dios, y particularmente el orden que se sigue en ese servicio. Puesto que el centro del culto cristiano ha sido tradicionalmente la →Eucaristía, en algunos casos esta última se llama "la liturgia". →Litúrgica, renovación.

Litúrgica, renovación. El nombre que generalmente se le da a un movimiento de reforma de la →liturgia que comenzó en el siglo diecinueve, pero floreció en el veinte. En ese movimiento tomaron la dirección los benedictinos franceses, hacia fines del siglo diecinueve, quienes indicaron que era necesario reformar la liturgia. Lo que originalmente se quería decir con esto era volver a lo que había sido el culto en el punto culminante de la civilización cristiana, durante la Edad Media. Empero para el siglo veinte los estudios patrísticos habían cambiado el foco de ese estudio y restauración del culto cristiano anterior, particularmente promoviendo la participación del →laicado y empleando la liturgia como medio de instrucción y edificación. Como resultado de esos estudios patrísticos, se les dio mayor importancia al significado del →bautismo, a la renovación periódica de los votos bautismales, y particularmente al carácter celebratorio y no fúnebre de la →Eucaristía. También se le dio nueva importancia a la Vigilia Pascual, que culmina el día de resurrección, como el punto culminante del →año cristiano. El gran éxito de este movimiento dentro del catolicismo romano fue la promulgación de la constitución *De sacra liturgia* por el Segundo Concilio Vaticano en el 1963. Esta constitución incluía, entre otros cambios importantes, el uso del vernáculo en la Eucaristía.

En el entretanto tenía lugar un movimiento paralelo dentro del protestantismo. Por lo general, ese movimiento iba acompañado de una insatisfacción general acerca de las formas y prácticas de culto que se habían hecho costumbre durante los siglos diecinueve y veinte—insatisfacción que también se refleja en la creación de los cultos de adoración "contemporánea", en donde se abandonan los patrones y prácticas tradicionales, frecuentemente en busca de responder a las necesidades que los adoradores sienten, y con poco contenido o crítica teológica. También hubo mucha discusión en las "iglesias jóvenes" en cuanto a la relación entre la liturgia y la →cultura, y cómo establecer vínculos entre ambas al mismo tiempo que se mantiene la esencia de las dos. Los estudios patrísticos, históricos y teológicos que llevaron a la renovación de la liturgia dentro del catolicismo romano tuvieron un efecto semejante entre los protestantes. El resultado de todo esto fue que muchos cuerpos protestantes, tanto en los centros tradicionales del protestantismo como en lo que antes se consideró el "campo misionero", produjeron nuevos libros de liturgia, himnarios y otros materiales que reflejan un nuevo énfasis en la Eucaristía, la participación activa de todos los creyentes, la importancia de los ritos para la formación cristiana, etc.

Loci theologici. Literalmente, "lugares teológicos". Este fue el título de una obra importante de Melanchthon (1497-1560), con lo cual quería decir "temas teológicos". El mismo título fue utilizado más tarde por varios teólogos →luteranos, especialmente durante el período del →escolasticismo protestante. Entre teólogos católicos romanos, la frase se usa más comúnmente para referirse, no ya a temas o tópicos de la teología, sino más bien a los "lugares" donde la teología encuentra sus fuentes: la Escritura, la tradición, la experiencia, etc.

Logos. Término griego de diversos significados, que por lo general se relacionan con el habla o la razón. En contextos diferentes puede traducirse como palabra, tratado, estudio, discurso, razón u orden. Ha tenido un papel importante en la teología cristiana porque le ha hecho posible afirmar que la Segunda Persona de la Trinidad, el Logos o →Palabra de Dios, es la fuente del orden racional que llena toda la creación.

Desde largo tiempo antes del advenimiento del Cristianismo, los filósofos griegos y helenistas se había intrigado ante la relación que existe entre el orden del mundo y el orden de la mente. Mi mente me dice que dos y dos son cuatro. Si entonces miro alrededor mío, descubro que dos piedras y dos piedras son cuatro piedras. ¿Cómo explicar esto? Ciertamente, debe haber un principio de orden o de razón que se encuentra tanto en mi mente como en el mundo. Era a este principio que los filósofos llamaban "logos". Mientras todos concordaban en que sin tal logos el conocimiento sería imposible, se debatía bastante acerca de cómo es que ese principio funciona.

Por su parte, el Cuarto Evangelio se refiere a un Verbo o Logos de Dios que se encarnó en Jesús. Probablemente este pasaje se inspira en las tradiciones hebreas acerca de la →sabiduría, y usa el término griego *logos* para referirse a la sabiduría, con poca o ninguna relación con la filosofía helenista tradicional. Pero para los primeros cristianos, que intentaban comunicarle su fe a un mundo helenista educado, la posibilidad de relacionar estas dos corrientes de pensamiento resultaría obvia. Por ello decían que Aquel que se encarnó en Jesús es el mismo Logos quien es el fundamento de toda la razón y de todo conocimiento—o, en términos del Evangelio de Juan "la luz que alumbra a toda persona ..."

Esto les permitía a los cristianos afirmar, no sólo que su fe tenía sentido, sino también que toda verdad conocida por toda persona en cualquier parte del mundo resulta de la acción del mismo Logos que se encarnó en Jesús. Luego, ya a mediados del siglo segundo, →apologistas tales como Justino Mártir decían que cualquier cosa que los antiguos filósofos supieron, la supieron por el Verbo, y que por lo tanto los sabios de antaño, en cuanto hablaron verdad, ¡eran cristianos!

Aunque la mayoría de los teólogos posteriores no hicieron aseveraciones tan extremas acerca de los viejos filósofos, sí hay una larga tradición de emplear la doctrina del Logos como un medio para reconocer, explicar y aceptar cualquier verdad que se encuentre allende los límites de la iglesia cristiana y sus doctrinas. Según esta tradición, toda aquella persona que posee verdad alguna la ha recibido del Verbo de Dios, el Logos, la Segunda Persona de la →Trinidad.

La doctrina del Logos también ocupó un lugar menos feliz en el desarrollo de la doctrina trinitaria. Una vez que los cristianos comenzaron a pensar acerca de →Dios y de los →atributos divinos siguiendo las pautas trazadas por la tradición filosófica griega, resultaron ser herederos de un problema que había aparecido repetidamente en esa tradición filosófica, es decir, la cuestión de cómo lo inmutable puede relacionarse con un mundo mutable. (En términos de algunos filósofos de entonces, el problema "del uno y los muchos".) Un ser inmutable no puede comunicarse, y mucho menos interactuar, con un mundo mutable. Empero en la tradición bíblica se afirma repetidamente que Dios se relaciona e interactúa con la creación. ¿Cómo ha de explicarse esto?

Algunos teólogos tempranos—particularmente Justino Mártir, a quien ya se ha mencionado—sugirieron que este problema podía resolverse mediante el Logos, que podía ser un ser intermedio, una especie de puente, entre el Dios inmutable y el mundo cambiante. Justino llegó al punto de referirse al Logos como "un segundo Dios"—expresión esta que naturalmente no era aceptable desde el punto de vista del →monoteísmo cristiano. En todo caso, tal teoría no resuelve el problema de la relación entre el Dios inmutable y el mundo mutable, porque si el Logos es mutable no puede comunicarse con Dios; y si es inmutable, no puede comunicarse con el mundo.

Con todo y eso, muchos teólogos siguieron el camino de Justino en este punto, sugiriendo que el Logos ha de entenderse como una clase secundaria de divinidad subordinada al Padre (→Subordinacionismo), mientras otros insistían que el que se encarnó en Jesús ha de ser Dios verdadera y totalmente, o la encarnación carece de sentido. En el siglo cuarto, la postura subordinacionista fue expresada y defendida por Arrio y sus seguidores, y por tanto se le dio el nombre de →arrianismo—doctrina rechazada por el Concilio de Nicea en el 325, y de nuevo por el Concilio de Constantinopla en el 381. A partir de entonces, los teólogos cristianos generalmente han concordado en que la Segunda Persona de la Trinidad, llamada "Hijo" o "Verbo" (Logos), es tan divina y tan eterna como la Primera Persona, y que por tanto no es correcto hacer del Logos un ser intermedio entre Dios y la creación—un ser mayor que la creación, y menor que Dios.

Lundense, teología. Escuela teológica dentro del →luteranismo que floreció durante el siglo veinte, y que recibe su nombre por la Universidad de Lund en Suecia, su sede principal. Sus principales figuras son Gustaf Aulén (1879-1977), Anders Nygren (1890-1971), y Gustaf Wingren (1910-2000). Una de sus características principales fue su renovado interés en Lutero y en sus fuentes en la teología patrística, particularmente la de Ireneo. Su metodología es la "investigación de los motivos"—*Motifvorschung*. En este contexto, un "motivo" es una idea central o característica que se esconde tras diversas formulaciones. Así, por ejemplo, el libro de Aulén sobre la redención, traducido bajo el título de *Christus Victor*, explora diversos modos de entender la obra de Cristo, tratando de descubrir y de restaurar lo que él llama la interpretación "dramática" de Ireneo—postura que ve a Cristo, no como víctima, sino como vencedor sobre los poderes del mal (→Redención). Por su parte, Nygren exploró los diversos sentidos del amor en su libro de gran influencia →*Agape y Eros*, estableciendo un marcado contraste entre los dos como un modo de recuperar la visión de Lutero sobre la →gracia.

Luteranismo. Una de las principales tradiciones surgidas de la Reforma del siglo dieciséis—junto al catolicismo →tridentino, la tradición →reformada, el →anglicanismo y el →anabaptismo. El término "luterano" fue empleado originalmente por sus enemigos para implicar que se trataba de una innovación herética creada por Lutero. En este sentido, los católicos romanos se lo aplicaban a todos los protestantes. Al principio, las iglesias verdaderamente luteranas se llamaban a sí mismas "Iglesias de la Confesión de Augsburgo", por razón del documento que sus dirigentes le habían presentado al emperador en la Dieta de Augsburgo en 1530. A la postre, empero, tomaron el nombre de "luteranas" por el que se les conoce hoy.

Las diferencias entre el luteranismo y otras ramas del protestantismo, en particular la tradición reformada, son sutiles pero importantes. Casi todas las enseñanzas de Lutero fueron aceptadas por los demás protestantes, aunque con énfasis diferentes. Luego, los tres principios fundamentales del luteranismo son comunes a todo el protestantismo: *sola scriptura, sola gratia, sola fide*—sólo la Escritura, sólo la gracia, sólo la fe. Estos principios afirman la primacía de las Escrituras, así como la →justificación por la fe mediante la →gracia de Dios.

En cuanto a la autoridad de las Escrituras, Lutero y el luteranismo han insistido generalmente en su superioridad por encima de la tradición, pero no han pensado que es necesario rechazar aquellos elementos de la tradición que la Biblia no contradice—las vestimentas litúrgicas, los crucifijos, rituales, etc. En este punto, el luteranismo y el anglicanismo contrastan con la tradición reformada (en particular su ala más radical, que se inspira en Zwinglio) y con los anabaptistas, quienes han tratado de restaurar el cristianismo bíblico abandonando todo cuanto ha sido añadido por la tradición.

En lo que se refiere a la justificación por la fe mediante la gracia de Dios, todos los protestantes concuerdan. Empero Lutero temía que hablar demasiado del proceso de →santificación que ha de seguir a la justificación abría la posibilidad de regresar a la justificación mediante las obras. La justificación no hace que el pecador sea objetivamente justo, sino que es más bien la acción de la gracia de Dios que absuelve al pecador cuando todavía es pecador. Calvino y la tradición reformada, al tiempo que concuerdan con Lutero en cuanto a la justificación por la fe, tienden a subrayar más la obra de Cristo santificando al pecador, y por tanto también el valor de la Ley de Dios como guía para los creyentes (→Ley, tercer uso de la).

Por último, Lutero estaba en desacuerdo tanto con el catolicismo romano como con Zwinglio y Calvino al afirmar que, en la →Eucaristía, el pan y el vino siguen siendo pan y vino, pero además el cuerpo de Cristo está físicamente presente en ellos, y los creyentes participan de él.

Tras la muerte de Lutero, hubo una larga serie de controversias dentro del luteranismo mismo. En esas controversias los luteranos más estrictos se oponían a las posturas moderadas de Melanchthon y sus seguidores. A la postre, estas controversias llevaron a la *Fórmula de Concordia* (1577), que vino a ser uno de los documentos fundamentales del luteranismo.

En el siglo diecisiete el luteranismo, al igual que la tradición reformada, pasó por un período de sistematización detallada que frecuentemente recibe el nombre de →ortodoxia protestante o de →escolasticis-
mo protestante. Esta época produjo algunas de las principales obras de
teología sistemática dentro de la tradición luterana, pero también se caracterizó por un dogmatismo estrecho. Como reacción, buena parte del
luteranismo del siglo dieciocho se volvió hacia el →pietismo, que
subrayaba la fe personal, la oración, los grupos pequeños de devoción
y apoyo mutuo y las obras de caridad. Aunque al principio la mayoría
de los luteranos rechazaron el pietismo, a la larga el movimiento le dio
forma a buena parte del luteranismo moderno, que subraya tanto la ortodoxia como la piedad personal.

M

Macedonios. Los seguidores de Macedonio de Constantinopla, quien
concordaba con la decisión →nicena, que el Hijo es de la misma
substancia del Padre (→*Homousios*), pero no estaba dispuesto a afirmar lo mismo respecto al Espíritu. Por esa razón, los macedonios reciben también el nombre de "pneumatomacos"—enemigos pel Espíritu. Su posición fue rechazada por un sínodo reunido en Alejandría
en el 362, y a la postre por el Segundo Concilio Ecuménico (Constantinopla, 381).

Magníficat. El canto de María en Lucas 1:46-55. Su nombre se deriva
de la primera palabra del texto latino, *Magníficat anima mea*—engran-
dece mi alma. Aunque tradicionalmente se le ha usado en la oración
vespertina, y se repite frecuentemente en la misa, sus palabras de rein-
vindicación de los pobres y los humildes han cobrado especial vigen-
cia con el surgimiento de las diversas teologías de →liberación.

Mal. →Teodicea.

Maniqueísmo. La doctrina de Mani o Manes (c.216-275) y sus seguidores. Por extensión, se le da el mismo nombre a cualquier postura extremadamente →dualista. En este último sentido, la idea de que hay
naciones buenas y otras naciones malas, por ejemplo, se llama también "maniqueísmo".
En el sentido estricto, el maniqueísmo surgió originalmente en el Imperio Persa, y de allí se esparció hacia la India, China y el Imperio Romano. Manes mismo parece haber tenido contactos con el →gnosticismo y
otras tendencias →ascéticas, y por lo tanto el maniqueísmo tiene mucho

en común con el gnosticismo. Sostiene que hay dos principios eternos e indestructibles: el bien, que es puramente espiritual, y el mal, que es material. La condición humana consiste precisamente en que somos parte de la substancia divina, de la substancia buena, y sin embargo existimos en esta tierra donde lo divino se mezcla con el mal, y estamos atrapados en un cuerpo físico.

La salvación consiste entonces en regresar a nuestro origen divino. Y la consumación final de todas las cosas es sencillamente la separación última y definitiva entre el principio del bien y el principio del mal. Aun entonces, los dos continuarán existiendo, aunque separados el uno del otro.

Según Manes, todo esto lo sabía por razón de la revelación divina. Tal revelación les había llegado anteriormente a otros, tales como Buda, Zoroastro y Jesús. Empero Manes es el mayor de todos estos profetas, puesto que también recibió el "verdadero conocimiento" que explica los orígenes y los misterios del mundo.

Agustín (354-430) fue maniqueo por algún tiempo. Después que se desencantó con el maniqueísmo porque no tenía verdaderas respuestas a muchas de sus dudas, escribió varios tratados contra ellos, particularmente defendiendo el libre →albedrío, que los maniqueos negaban.

Marcionismo. La doctrina de Marción (c.100-c.160). Hijo de un obispo cristiano en el Ponto, Marción viajó a Asia Menor y luego a Roma, donde fue expulsado de la iglesia (c.144). Fundó entonces su propia comunidad eclesiástica, que creció tanto que llegó a ser rival de la iglesia ortodoxa. Esto a su vez indujo a varios teólogos a refutar sus opiniones.

Aunque Marción era →dualista, difería de las doctrinas →gnósticas prevalecientes en que no creía en una larga secuencia de seres espirituales o intelectuales cuya existencia y error llevaron a la creación del mundo. Tampoco creía que la salvación se obtuviese mediante un conocimiento secreto. Según él, el mundo es la creación del dios del Antiguo Testamento, Jehová. En ese sentido, las Escrituras hebreas son ciertas. Pero Jehová no es el mismo que el Padre de Jesucristo, quien es el Dios cristiano. Jehová es un dios inferior y revanchista, que creó el mundo o bien por envidia o bien por ignorancia, e hizo que las almas humanas quedaran atrapadas en él. Jehová juzga y castiga. Luego, hay un contraste radical entre la religión de Israel y el cristianismo, entre Jehová y Dios, entre la justicia y el amor. Para nuestra salvación, el Dios Supremo ha enviado a su Hijo, Jesús, a llevarnos de regreso a la verdad y la libertad. Puesto que la materia es parte del dominio de Jehová y se opone a la realidad espiritual, Jesús no tomó verdadera carne. Ni siquiera nació, sino que sencillamente apareció sobre la tierra durante el reinado de Tiberio. Jesús era un ser celestial que aparentaba tener cuerpo humano (→Docetismo), y su función fue principalmente darnos a conocer el amor de Dios e invitarnos a recibir el perdón divino.

Según Marción, este mensaje de amor y perdón no fue entendido por los primeros cristianos, quienes insistían en interpretar a Jesús como el cumplimiento de las promesas hechas en las Escrituras hebreas. Solamente Pablo lo entendió. Es por ello que tuvo una lucha constante con otros cristianos que insistían en obedecer la Ley del Antiguo Testamento.

Puesto que había rechazado las escrituras hebreas como palabra de un dios inferior, Marción se vio obligado a colocar otra cosa en su sitio. Esto fue su propia versión de lo que ahora llamamos el Nuevo Testamento. En esa colección, Marción incluyó las Epístolas Paulinas, unidas al Evangelio de Lucas, a quien Marción respetaba por haber sido compañero de Pablo.

Según Marción, tanto las Epístolas como Lucas, sin embargo, debían ser revisados para eliminar de esos libros toda referencia posible a las escrituras hebreas o al mundo material. Tales referencias habían sido añadidas posteriormente por intérpretes cristianos.

El reto de Marción y sus seguidores llevó a la iglesia en general a desarrollar su propia lista de libros del Nuevo Testamento—una lista que debía colocarse, no en contraste con, sino junto a las escrituras hebreas (→Canon). También llevó a la iglesia de Roma a desarrollar un credo bautismal construido en torno a la fórmula trinitaria del bautismo. Este credo, que afirmaba que el Dios que creó y gobierna todas las cosas es el Padre de Jesús, que Jesús nació, que verdaderamente sufrió, murió y resucitó, que vendrá de nuevo a juzgar, y que los cuerpos de los muertos resucitarán—todo esto en contraste marcado con las opiniones de Marción—a la postre le dio origen a lo que ahora llamamos el →Credo Apostólico.

María. El nombre de varias mujeres en las Escrituras, y la forma neotestamentaria del nombre "Miriam" del Antiguo Testamento. Se refiere comúnmente a la madre de Jesús.

La virginidad de María cuando concibió a Jesús es tema que se encuentra ya en la más antigua tradición cristiana (→Virginal, nacimiento). Aunque el Nuevo Testamento se refiere repetidamente a los hermanos de Jesús, en alguna fecha incierta, pero al menos para el siglo cuarto, ya se acostumbraba afirmar que María siguió siendo virgen toda su vida, que nunca cohabitó con José, y que los "hermanos de Jesús" eran otros parientes suyos, o quizá hijos de José de un matrimonio anterior. Para el siglo noveno, algunos declaraban que Jesús no pudo haber nacido por el canal del nacimiento, puesto que esto hubiese destruido la virginidad de su madre. Ratramno de Corbie (murió 868), escribió contra tales ideas, que le parecían →docéticas, e insistió en que Jesús había nacido por "la puerta natural", aunque sin violar la virginidad física de María. Aunque otros atacaron los argumentos de Ratramno, parece haber habido un consenso general para esa fecha que la "perpetua virginidad" de María involucraba, no sólo el no haber conocido varón, sino también que al dar a luz a Jesús continuó siendo físicamente virgen.

Largo tiempo antes de eso, en el siglo quinto, había habido otra controversia sobre el título →theotokos—madre o paridora de Dios—que se le aplicaba a María. Aunque el debate entonces tuvo que ver mayormente con temas cristológicos (→Communicatio idiomatum; →Nestorianismo), lo que en realidad se discutía al nivel más popular era el respeto que se le debía dar a la madre del Señor. Luego, el título de "Madre de Dios", sancionado por el Concilio de Efeso (Tercer Concilio Ecuménico, 431), vino a ser el modo ortodoxo típico de referirse a María.

A María se le consideró también "Reina del Cielo", y primera entre todos los santos en el cielo. Por ello, cuando la controversia→iconoclasta llevó a distinción entre la *latria* que se le debe sólo a Dios y la *dulia* o veneración de los santos y sus imágenes, también se declaró que María era digna de una forma superior de veneración o *hiperdulia*.

El contraste entre la vieja creación cuya cabeza es Adán y la nueva creación cuya cabeza es Jesús llevó también a muchas comparaciones y conexiones entre María y Eva, pues se afirmaba por ejemplo que, de igual modo que fue Eva quien llevó a Adán al árbol, fue María quien trajo a Jesús a este mundo y a la postre al árbol del Calvario. Aunque tales conexiones se hacían ya a fines del siglo segundo por escritores tales como Ireneo, en fecha posterior se volvieron aseveraciones en el sentido de que María ocupa un lugar único en la redención, que es mediadora más allá de cualquier otro santo en el cielo, y por ello se empezó a darle el título de "Mediadora de Todas las Gracias", o aun de "Corredentora".

La relación estrecha de María con el nacimiento y con la obra salvadora de Jesús a la postre llevó a la teoría de que ella misma debió haber quedado preservada del →pecado original cuando fue concebida. Esta →inmaculada concepción de María fue muy debatida durante la alta Edad Media. Santo Tomás de Aquino (c.1225-1274) la rechazó, mientras que Duns Escoto (c.1265-1308) y otros franciscanos la defendieron y fomentaron. Finalmente fue declarada →dogma de la Iglesia Católica Romana por el papa Pío IX en su bula *Ineffabilis Deus* (1854).

Otro dogma recientemente definido por el catolicismo romano es la →a-sunción física de María, que la religiosidad popular había sostenido por largo tiempo, pero fue declarada dogma por Pío XII en el 1950. La religiosidad popular, frecuentemente sancionada por las autoridades eclesiásticas, también sostiene que la Virgen María ha aparecido en varios lugares y formas, tales como Nuestra Señora de Lourdes y Nuestra Señora de Guadalupe.

Marxismo. La filosofía de Karl Marx (1818-83). Hijo de padres judíos que habían aceptado el cristianismo bajo presión, Marx se volvió ateo en su temprana juventud. El marxismo es una versión →materialista de la →dialéctica →hegeliana. En lugar de interpretar la historia como el desarrollo de la Mente o Espíritu, como lo hacía Hegel, Marx la interpretó como la dialéctica que resulta de los conflictos de clase y de los sistemas de producción. En una época en que la psicología comenzaba a explorar los rincones subconscientes de la mente, Marx propuso que mucho de lo que consideramos ser puramente racional en realidad esconde intereses de clases—intereses escondidos hasta de nosotros mismos. Esto resulta en "→ideologías" que pretenden ser una descripción de la verdad, pero que en realidad son justificación de un orden económico y social existente o deseado.

El marxismo sostiene que este proceso histórico llega a su culminación en un orden social y económico justo en el que todos recibirán según sus necesidades, y en el que todos contribuirán según sus capacidades. Este orden utópico—que en cierto modo es una versión secularizada y atea de la →escatología judaica y cristiana—es el estado comunista, y resultará de una revolución por parte del proletariado.

Durante buena parte del siglo veinte, el marxismo fue la ideología oficial de varias naciones que frecuentemente se llamaban "socialistas"—la Unión Soviética, la República Popular China, varias naciones en Europa satélites de la Unión Soviética, Cuba, etc. Durante la "guerra fría" entre estas naciones y el Occidente capitalista, se llegó a pensar que el comunismo tal como se practicaba en esos países y el marxismo eran una y la misma cosa, y que por lo tanto los sistemas opresivos del bloque socialista eran el resultado natural y necesario del marxismo. Por esa razón, la caída de la Unión Soviética, así como la evolución que tuvo lugar en varios países socialistas apartándose de la ortodoxia comunista, han creado la impresión de que el marxismo ya no es pertinente o poderoso.

Esto puede ser cierto respecto al marxismo como movimiento político organizado; pero a un nivel más profundo el impacto de Marx se ve por doquier. En la teología, muchas teologías de →liberación, particularmente la →latinoamericana, reconocen ese impacto, y en ocasiones se dan el nombre de "marxianas" para señalar que, aunque no son ortodoxas en su marxismo, y no son tampoco comunistas ni ateas, sí encuentran en el análisis marxista de la realidad social y económica instrumentos útiles para su empresa. Lo que es más, en el siglo veintiuno el impacto de la visión de Marx sobre las relaciones de intereses de clases y de ideologías se ve en toda una pléyade de manifestaciones—desde las teorías →postcoloniales y →postmodernas, hasta el modo en que los políticos incluso en los países que nunca han sido marxistas proyectan sus campañas y el modo en que las corporaciones establecen sus políticas de publicidad y mercadeo.

Materia. Aquello de que las cosas están hechas. En la filosofía →aristotélica, y en buena parte de la teología medieval tardía, la materia se individualiza al recibir la →forma. En varios puntos a través de la historia, pero particularmente durante el siglo trece, ha habido debates acerca de si la materia es eterna o es creada por Dios (→Averroísmo). La doctrina de la →creación →*ex nihilo* surgió y recibió énfasis particular precisamente contra la idea de que la materia es eterna, y por tanto no creada, lo cual implicaría que hay otro principio de la realidad aparte de Dios.

Materialismo. La creencia de que la realidad consiste únicamente de la materia física, y que las realidades espirituales y no materiales no existen, o no tienen importancia alguna. Algunos de entre los antiguos filósofos eran materialistas, y muchos de los primeros teólogos cristianos—desde Tertuliano hasta el joven Agustín—tenían dificultades en concebir realidades que no fuesen materiales. Empero por lo general la mayor parte de los teólogos cristianos han rechazado el materialismo como una explicación demasiado simplista de los misterios de la vida, y han insistido en que Dios no es material. Puesto que durante el tiempo de la →modernidad muchos entendían el universo como un sistema cerrado de causas y efectos materiales, el materialismo moderno generalmente se ha inclinado hacia el →predeterminismo. (→Marxismo)
En un sentido muy diferente, a veces se le llama "materialismo" a la actitud de quienes están constantemente preocupados por sus propios intereses, particularmente sus intereses económicos.

Mayorista, controversia. Debate suscitado entre los →luteranos por George Major (1502-74), quien afirmaba que las buenas →obras son necesarias para la salvación. Contra él, algunos llegaron a decir que las buenas obras llevan a la soberbia, y por lo tanto son detrimentales para la salvación. A la postre la Fórmula de Concordia (1577) condenó ambos extremos, declarando que las buenas obras no son necesarias ni tampoco perjudiciales para la salvación.

Menonitas. Los seguidores de Menno Simons (1496-1561), actualmente la mayor de las tradiciones surgidas de los →anabaptistas del siglo dieciséis. Menno era pacifista, y por ello el →pacifismo ha sido una de las características permanentes de las comunidades menonitas. Esta actitud les ha llevado repetidamente al exilio para evitar tomar las armas, yendo entonces hacia Rusia, Norteamérica y el interior de Sudamérica. Su rotunda negativa a aceptar el servicio militar fue una de las principales razones que llevaron al establecimiento de la categoría de "objetores de conciencia" en varios países occidentales, permitiéndoles abstenerse del servicio militar, o sustituirlo por algún otro servicio social.

Aunque algunos menonitas—particularmente los Amish—han intentado conservar la simplicidad de vida del siglo dieciséis negándose a adaptarse a las conveniencias modernas, y por ello se han aislado del resto de la sociedad, la inmensa mayoría de los menonitas están profundamente involucrados en acciones sociales y servicios humanitarios.

Mérito. El valor de las acciones humanas que conlleva recompensa divina. Aunque la mayoría de los teólogos están convencidos de que Dios castiga el mal y recompensa el bien, los reformadores protestantes del siglo dieciséis, y sus seguidores desde entonces, rechazaron la idea de que entre tales recompensas se incluye la →gracia de Dios y la →salvación—las cuales son dones de Dios dados gratuitamente, y no alcanzados mediante los méritos humanos.

La teología →escolástica, al tiempo que afirmaba la doctrina de los méritos, buscaba establecer ciertas distinciones que le permitiesen afirmar la primacía de la gracia. La más importante de esas distinciones fue la que se estableció entre mérito *de condigno* y mérito *de congruo*. El primero se refiere a las acciones que en sí mismas merecen recompensa. El segundo se refiere a aquellas acciones que son compatibles con la recompensa, aunque sin merecerla. En el sentido estricto, no puede haber mérito humano que sea *de condigno* en lo que se refiere a Dios, puesto que todo cuanto somos ya se lo debemos a Dios. Empero Dios ha determinado y prometido que ciertas acciones, realizadas con el apoyo y ayuda de la gracia divina, tendrán ciertas recompensas, y por lo tanto hay un sentido secundario en el que los creyentes que actúan en gracia pueden ganar méritos *de condigno*, y así alcanzar la salvación. En contraste, el mérito *de congruo* no es resultado de un estado de gracia, y no es verdadero mérito siquiera en el sentido limitado en el que las acciones producto de la gracia reciben mérito. Aun cuando en el sentido estricto el mérito es siempre resultado de la gracia, los santos pueden realizar más obras que las que se requiere de ellos (→Supererogación, obras de), y esos méritos forman entonces parte de un →tesoro de méritos. La iglesia medieval estableció la teoría según la cual los méritos son transferibles, de modo que los méritos de Jesús y de los santos están disponibles para los creyentes en este tesoro de los méritos. Esto se encuentra en el corazón mismo de la visión medieval de la →penitencia, por la cual tales méritos se le otorgan al pecador arrepentido, y a la postre son el fundamento de la práctica de vender →indulgencias.

Metafísica. El nombre que se le dio por los compiladores originales de las obras de Aristóteles a la sección que se encontraba inmediatamente después de la física—por tanto su nombre de *meta*, después de, *física*. Puesto que allí se discutía la naturaleza del ser como tal, la palabra vino a significar toda investigación que se refiera al ser, y a la postre prácticamente toda investigación filosófica. Tras la obra de Hume, Kant y otros, la metafísica ha sido frecuentemente rechazada como investigación de asuntos que se encuentran allende el alcance de la experiencia y conocimiento humanos. Empero la teología católica romana continuó utilizando la metafísica como el fundamento apropiado para la investigación teológica. Con el declive del →empirismo, varios teólogos y filósofos protestantes han seguido el mismo camino—algunos empleando la metafísica de Whitehead (1861-1947) para desarrollar teologías del →proceso y otros, como Paul Tillich (1886-1965), regresando a los fundamentos "ontológicos" de la teología.

Metáfora. En el lenguaje teológico contemporáneo, y particularmente en la obra de Paul Ricoeur (1913-) y Sally McFague (1934-), la metáfora no es únicamente una manera figurada de hablar acerca de algo que se le asemeja. El poder la metáfora no está solamente en afirmar que una realidad es como otra, sino aun más en recordar que las dos son diferentes—no sólo en la consonancia, sino también en la disonancia. Por lo tanto, una vez que una metáfora se vuelve descripción literal, como en el caso de la "pata" de una mesa, ya no es una metáfora viva y poderosa. Desde esta perspectiva, las parábolas de Jesús, por ejemplo, son metáforas poderosas porque no dicen sólo que el Reino es como alguna otra realidad, sino también señalan al carácter único del Reino—lo que Ricoeur llama "una lógica de sobreabundancia".

Luego, aunque todo lenguaje acerca de Dios es metafórico, esto no ha de verse como un obstáculo ni una deficiencia, sino más bien como una indicación de que Dios es único—y que su unicidad sólo puede expresarse mediante una variedad de metáforas.

Metodismo. El nombre que en general se les da a los movimientos e iglesias surgidos del avivamiento →wesleyano, aunque normalmente no se incluyen bajo este nombre a aquellos wesleyanos que son parte del movimiento de →santidad o del →pentecostalismo. Siguiendo en ello a Wesley (1703-91), los metodistas subrayan la piedad personal, la santidad individual y social y la proclamación del Evangelio a quienes no se encuentran en la comunidad de los fieles. Al igual que Wesley, la mayoría de los metodistas son →arminianos, aunque hay también metodistas →calvinistas que se derivan mayormente de la obra de George Whitefield (1714-70) en Gales.

Milagros. El término "milagro" se deriva de la misma raíz que "admirar", y por lo tanto lo que se encuentra al centro mismo de la idea del milagro es el sentido de sorpresa, admiración y sobrecogimiento. En las sociedades y culturas en las que todos los acontecimientos se interpretan como manifestaciones misteriosas de poderes invisibles, todo lo que sucede es misterioso y sobrecogedor, y por lo tanto rara vez se habla de acontecimientos particulares como "milagros". Es en las sociedades y culturas que consideran que hay en el mundo un orden establecido, y que los acontecimientos han de sucederse en cierto modo, que surge la idea del milagro como acontecimiento inexplicable. Es dentro de ese trasfondo que el Nuevo Testamento ve las acciones de Jesús como "señales" y "maravillas". Para sus contemporáneos, así como para toda la iglesia a través de la mayor parte de su historia, los milagros de Jesús no eran acontecimientos inexplicables. Se les explicaba como señales del poder de Jesús mismo, de igual modo que cualquiera otro acontecimiento era manifestación del poder que lo producía. Luego, aunque se veía a los milagros como cosa excepcional, sobrecogedora y sorprendente, su ocurrencia no era problemática.

Fue en la →modernidad que los milagros se volvieron un problema. La modernidad ve al universo como un sistema cerrado de causas y efectos. Nada sucede sin que lo cause algún otro acontecimiento previo, en una secuencia cerrada que o bien podemos explicar científicamente o bien nos imaginamos que podríamos explicar si sólo tu-

viésemos mayores conocimientos. Luego, pretender que un acontecimiento es el resultado de una intervención de poderes allende el sistema mismo es una negación de los fundamentos de la ciencia y la
historiografía modernas. Por esa razón, los teólogos →liberales tendían a rechazar toda idea de milagro o de intervención divina en la historia o en la vida humana—y en respuesta, quienes creían que Dios
interviene estaban convencidos de que la teología liberal había cedi-
do demasiado terreno a la ciencia moderna.

Las críticas más recientes de los paradigmas fundamentales de la modernidad, y el comienzo de la →postmodernidad, han vuelto a abrir
la discusión respecto al orden del universo, y sobre la posibilidad de
la →esperanza allende los límites de lo aparentemente posible, así como sobre la necesidad de construir nuevos modelos para interpretar
el mundo y la historia.

La idea de lo milagroso, y la posibilidad de esperanza para quienes no
la tienen dentro del sistema cerrado tradicional, será discusión importante en las décadas por venir.

Milenialismo. La expectativa de un reino de Cristo sobre la tierra, ya sea
antes o después de su →parusía. El milenio ha sido tema de mucho debate, particularmente entre los cristianos fundamentalistas de los siglos
veinte y veintiuno, quienes no concuerdan en la interpretación de los
pocos versículos bíblicos en que este tema aparece, particularmente
Apocalipsis (20: 2-7)—puesto que Apocalipsis es el único libro en el
Nuevo Testamento donde se habla explícitamente de un reino de mil
años. En el siglo segundo, algunos teólogos cristianos tales como Papí-
as e Ireneo creían en un reino de Dios sobre la tierra—reino de paz, justicia y abundancia—y a veces hablaban de él como un reino de mil
años (→Quiliasmo). Otros, como San Agustín (354-430), pensaban que
tales expectativas eran demasiado materialistas, y preferían entender el
milenio así como toda referencia bíblica a la abundancia escatológica
como lenguaje →alegórico para referirse a un →Reino de Dios puramente espiritual (→Amilenialismo). Durante la Edad Media, debido a la influencia de Agustín y otros teólogos de tendencias →neoplatónicas, por
lo general se entendió el milenio como manera figurada de referirse al
→cielo, y a veces a la vida presente de la iglesia, donde se supone que
el mal esté atado. Muchos combinaban la afirmación en 2da. de Pedro,
que ante los ojos de Dios mil años son como un día, con la expectativa de que habría mil años entre la primera y la segunda venidas de Cristo, es decir, entre el nacimiento de Jesús y su parusía.

Fue en el siglo diecisiete que la especulación →escatológica y las interpretaciones literalistas de Apocalipsis 20 llevaron a un nuevo inte-

rés en el milenio, y particularmente en desarrollar toda una serie de esquemas o programas para los acontecimientos en torno al mismo. Aunque los términos "premilenialista" y "postmilenialista" parecen subrayar las diferencias entre dos opiniones en cuanto al orden de los acontecimientos, la diferencia entre ambos tiene que ver, no sólo con el orden de los acontecimientos finales, sino también con toda su visión de la historia y de la responsabilidad cristiana dentro de ella. Por lo general, los premilenialistas insisten en que el milenio es el resultado de la intervención divina, antes de la cual vendrán la "gran apostasía", el →Anticristo, y la "gran tribulación". En el siglo diecinueve, y después en el veinte, estas opiniones lograron muchos adherentes gracias a las enseñanzas →dispensacionalistas de J.N. Darby (1800-82) y Cyrus Scofield (1843-1921). La "Biblia anotada" de este último les dio a muchos lectores fundamentalistas un esquema que parecía explicar el orden y la relación entre los diversos acontecimientos escatológicos, y por ello tuvo gran éxito. Puesto que en los esquemas premilenialistas el milenio será precedido por un gran mal y tribulación, quienes adoptan tales posturas por lo general no le conceden gran importancia a la tarea de mejorar la sociedad, de oponerse a la injusticia en el orden social, y a veces ni siquiera de buscar la paz.

En contraste, los postmilenialistas sostienen que la predicación del Evangelio y la reforma de la sociedad a través del impacto del testimonio cristiano—y a veces también gracias al progreso de la humanidad—traerán consigo ese reino de paz y justicia que se llama "milenio". Luego, mientras los premilenialistas tienden a ser más numerosos entre los →fundamentalistas, el postmilenialismo se hizo más popular entre los seguidores del →liberalismo clásico de los siglos diecinueve y veinte.

Es importante señalar, sin embargo, que el tema mismo del milenio es de mucha mayor importancia y urgencia para los premilenialistas que para los amilenialistas o postmilenialistas, muchos de los cuales ni siquiera usan el término "milenio". En realidad, estas dos últimas categorías frecuentemente son nombres que les han sido impuestos a estas posiciones por los premilenialistas.

Minyung, teología. Teología de la →liberación que se originó en Corea durante la segunda mitad del siglo veinte, según los cristianos reflexionaban sobre la larga lucha del pueblo coreano en pos de la justicia social y de los derechos humanos. El término "minyung" es una combinación de *min*, pueblo, con *yung*, masas. Al combinar estas dos palabras, la teología minyung se refiere a todos los oprimidos, excluidos, olvidados y explotados, pero no como una masa amorfa, sino como pueblo capaz de determinarse a sí mismo, y de no ser determinado o clasificado por otros. Uno de los puntos cruciales en los que la teología minyung reta a las posturas cristianas tradicionales se refiere a la condición humana. Para los teólogos minyung, la idea de →pecado, tal como tradicionalmente la entiende la teología occidental e imperialista, ha sido instrumento de opresión, pues frecuentemente se culpa a la víctima al no distinguir entre el pecado, el pecador, y aquella persona contra quien el pecado se comete. En su lugar proponen la noción coreana de *han*, que es a la vez un sentido de impotencia y de descontento por parte de los oprimidos, y la convicción de que la ruptura de la justicia será vencida, lo cual lleva a la esperanza genuina. Fue esta idea de *han* lo que sostuvo al pueblo coreano a través de largos siglos de invasión y explotación. Y es también *han* lo que lleva al pueblo, al *minyung,* a la esperanza y a la liberación en Jesús. Según uno de los principales teólogos de esta escuela, Nam Dong Suh (1918-84), la verdadera fe y entendimiento de Jesús nos llevan, no a especulaciones y definiciones →cristológicas, sino al verdadero entendimiento del minyung.

Los teólogos de *minyung* se han involucrado en la mayoría de las luchas recientes del pueblo coreano, así como en toda una nueva lectura de la Escritura, de la teología, y también de la historia coreana, que tradicionalmente se ha contado desde la perspectiva de los poderosos.

Misiología. La disciplina que estudia la misión. Durante los períodos patrístico y medieval, se produjeron varios tratados sobre la proclamación del Evangelio a quienes o no lo han escuchado o no lo han recibido. Como resultado de la conquista española del hemisferio occidental, el jesuita José de Acosta (1540-1600) escribió lo que puede considerarse el primer tratado misiológico moderno, *De procuranda indorum salute*. Empero la misiología como tal no comenzó a establecerse en el currículo teológico, y en obras de teología sistemática, sino en el siglo diecinueve.

En sus primeras etapas, la misiología era sobre todo una disciplina "práctica", que se ocupaba principalmente de los métodos para llevar a cabo la empresa misionera, es decir, de cuestiones tales como los estudios de lenguas y relaciones interculturales, métodos de comunicación y de apoyo, el adiestramiento de líderes nativos, cómo →acomodar el Evangelio en una →cultura diferente, etc. Aun entonces, mientras el énfasis en la misiología protestante caía sobre la conversión de los individuos, el énfasis en la misiología católica romana estaba en la creación y establecimiento de la iglesia en nuevas tierras— *plantatio ecclesiae*.

Dos nuevos elementos durante la segunda mitad del siglo veinte le dieron a la misiología un enfoque radicalmente nuevo. El primero fue el surgimiento de una iglesia verdaderamente mundial, unido a la creciente secularización de la sociedad en los lugares que habían sido tradicionalmente centros misioneros, de tal modo que ya no se podía hablar de la "cristiandad" o de naciones "cristianas" y "paganas". Esto llevó a una perspectiva global en la que la misión es responsabilidad de los creyentes en todo lugar, y se ha de dirigir siempre a todo lugar—"la misión en los seis continentes".

El segundo elemento fue que la misiología comenzó a apartarse de su antigua preocupación por los métodos y los medios, y se volvió una disciplina teológica que fundamenta su trabajo en la →*missio Dei*, y que propone una visión distinta de la vida y obra de la iglesia fundamentada en esa *missio*. Es de notarse que en los currículos teológicos la misiología, que antes se contaba entre las disciplinas "prácticas", cada vez se cuenta más entre las "teológicas".

Missio Dei. Literalmente, la misión de Dios. El término se había utilizado tradicionalmente en la teología trinitaria como un modo de referirse a las relaciones internas de la →Trinidad—de modo que el Padre envía al Hijo, y estos dos envían al Espíritu. Sobre la base de Juan 20:21, se le ha utilizado para referirse a la misión cristiana como extensión o reflejo de la misión de Jesús: "Como el Padre me envió, así yo os envío".

El término se ha vuelto común en la →misiología protestante tras la Conferencia Misionera Mundial de Willingen en 1952. Tiene dos implicaciones principales para la misión: Primera, que la misión de la iglesia se fundamenta en la misión interna de la Trinidad, así como en la misión del Hijo en la →encarnación. Segunda, que la misión es de Dios, y que por tanto todo lo que la iglesia puede hacer es unirse a Dios en la misión que ya está teniendo lugar para la redención de la creación.

Misterio, religiones de. Nombre que se le da a una amplia gama de religiones que florecieron en el mundo grecorromano a principios de la era cristiana. Entre ellos se encuentran el culto de Isis y Osiris, los misterios dionisiacos, los de Atis y Cibele, el culto a la Gran Madre, etc. Parecen tener sus raíces en los antiguos cultos de fertilidad mediante los cuales se buscaba explicar y aumentar la fertilidad de la tierra, de los ganados y de las gentes. Puesto que tal fertilidad frecuentemente es cíclica, siguiendo las estaciones del año o en Egipto las inundaciones del Nilo, un tema característico en estas religiones es su interés en el ciclo del nacimiento, vida y muerte que aparece tanto en la naturaleza como en las vidas de los individuos. De igual modo que la naturaleza muere para luego renacer, así también los dioses de las religiones de misterio siguen un patrón básico en un →mito de muerte y renacer, y también a sus seguidores se les promete vida nueva tras su muerte. Así, las que originalmente fueron religiones de fertilidad poco a poco se volvieron religiones de →salvación. Tal salvación se obtiene uniéndose a los dioses en su muerte y resurrección, por lo común en ritos que se conocen como "misterios"—y de aquí el nombre que comúnmente se les atribuye.

La relación entre el cristianismo y las religiones de misterio se ha debatido ampliamente. Hay algunos puntos de contacto o de semejanza. Lo que no resulta claro—porque no hay fuentes detalladas de la práctica de los misterios antes del advenimiento de Cristo—es hasta qué punto fue el cristianismo el que impactó a los misterios, y hasta qué punto lo contrario es cierto. En todo caso, los misterios fueron uno de los principales rivales del cristianismo en su expansión por el mundo mediterráneo, y es probable que hayan dejado su sello en algunas prácticas cristianas.

Misticismo. Término cuyos límites no están claros, ni son siempre los mismos. Estrictamente, el misticismo es la experiencia de una relación inmediata y prolongada con la divinidad, y el modo en que esa experiencia sirve de eje para toda la vida. Luego, aunque a veces se dice que experiencias tales como la súbita conversión, los dones carismáticos y las visiones tienen una dimensión mística, y a veces ocurren en la experiencia mística, no son la esencia del misticismo. Tampoco lo es el fervor religioso.

El misticismo existe en todas las principales religiones. Dentro del cristianismo, ha tomado diversas formas. Una de ellas ha sido impactada profundamente por la tradición →neoplatónica, y su meta es que el alma quede de tal modo unida a la divinidad que pierda su sentido de sí misma, como una gota de agua que se disuelve en el océano. Otra forma de misticismo cristiano usa metáforas matrimoniales, refiriéndose a las bodas místicas entre el alma y Cristo. Algunos místicos han tenido experiencias de Dios como fuente de todo ser. Otros han centrado su contemplación en Cristo, y particularmente en sus sufrimientos. Algunos místicos se han sentido atraídos a una vida de soledad y contemplación, mientras otros se han visto impulsados a emprender actividades tales como el servicio de los necesitados o la reforma de la iglesia. Algunos han llegado a pensar que su comunión con Dios era tal que podían desentenderse de los servicios de la iglesia, mientras otros se han unido más activamente a la vida común de la iglesia.

Dada esta variedad de experiencias, no es de sorprender el que muchos teólogos tengan dudas acerca del misticismo, o lo rechacen por ser demasiado subjetivo, individualista o →quietista, o porque parece intentar alcanzar la salvación mediante las obras.

Aunque hay una gran variedad en las formas y experiencias del misticismo dentro de la tradición cristiana, la teología mística, es decir, la reflexión sobre, y guía para la experiencia mística, por lo general sostiene que la vida mística es un proceso en varias etapas. Aunque hay varios esquemas para describir esas etapas, más comúnmente se habla de tres de ellas: la purgación, la iluminación y la unión. La vida mística entonces va acompañada de una disciplina de reflexión y contemplación, y no consiste en un mero momento de →éxtasis. La "vía purgativa" es el proceso mediante el cual el alma va siendo limpiada de su pecado. La "vía iluminativa" le ayuda al discípulo a ver más claramente el camino hacia la perfección y a practicar el amor y la pureza más plenamente. La "vía unitiva" busca unirse a Dios como meta final de todo discipulado. Aunque generalmetne se les llama "vías", en realidad estas tres son tres etapas, de tal modo que la vida mística comienza con un proceso de purificación (purgativa), pasa luego a la iluminación y la práctica de las virtudes que esa iluminación conlleva, y culmina en la unión con lo divino. En esa unión final, el misticismo oriental cristiano tiende a subrayar la desaparición del ser dentro del mar de la divinidad, mientras el misticismo occidental tiende a insistir en una conciencia permanente de diferencia entre el ser humano y Dios.

Mito. Término muy confuso cuyo sentido ha de determinarse por su contexto y por las intenciones de quien lo utiliza. En su uso común, un "mito" es algo que no es verdad, como cuando se habla por ejemplo del "mito de la superioridad blanca." En su uso clásico, un "mito" es una historia acerca de los dioses o acerca de seres celestiales o primigenios cuyo propósito es explicar ciertos fenómenos o producir cierta conducta. Así, el mito de Isis y Osiris explica las inundaciones cíclicas y la fertilidad del Nilo, y el mito de Pandora nos advierte contra los peligros de la curiosidad sin límites. Según comenzó a desarrollarse la historiografía moderna, los historiadores a veces distinguían entre "mito" y "hecho", con lo cual querían decir que una historia que no es factual, y que se ha desarrollado a fin de producir cierta interpretación de los acontecimientos, es mito. A mediados del siglo veinte, Rudolf Bultmann (1884-1976) sostuvo que, puesto que la →modernidad ha sobrepasado la visión mitológica de la antigüedad, ahora resulta necesario →desmitologizar el mensaje del Nuevo Testamento. Más recientemente, varios eruditos han sostenido que puesto que el mito es una narración que interpreta la realidad, y puesto que la realidad misma no tiene sentido sin interpretación, el mito es parte integral del conocimiento y de la vida.

Modalismo. →Sabelianismo.

Modernidad. El nombre que generalmente se le da a la cosmovisión de la →Edad Moderna—frecuentemente por parte de quienes afirman que la modernidad va pasando y que vamos entrando en la "postmodernidad". La característica principal de la cosmovisión de la modernidad era su búsqueda de la objetividad racional y por lo tanto también de la universalidad. Típico de ello fue la filosofía de René Descartes (1596-1650), cuyo famoso "método" busca descubrir verdades que no puedan ser negadas por cualquier ser razonable, y que por lo tanto sean completamente objetivas y universales. Esta objetividad de la modernidad está estrechamente unida a la valoración de la →razón como la esencia misma de la humanidad, hasta tal punto que se puede afirmar que se existe porque se piensa. Su modelo es la verdad objetiva de las matemáticas. Su meta es una serie de verdades universalmente aceptadas, puesto que el conocimiento objetivo tiene tal fuerza que a la postre todos lo aceptarán. Profundamente impactada por el éxito de las ciencias físicas, la modernidad concibe el universo como una maquinaria cerrada, que se mueve mediante una cadena irrompible y puramente racional de causas y efectos (→Causalidad), y por lo tanto el universo moderno no deja sitio alguno para el misterio, y hasta la belleza puede objetivizarse transformándola en una serie de proporciones y razones matemáticas. En la teología, la modernidad encontró expresión en ambos el →modernismo y el →fundamentalismo, puesto que cada uno de ellos en su propio modo busca la clase de universalidad objetiva que es marca de la modernidad.

En tiempos recientes, según las disciplinas de la sociología del conocimiento y la psicología de profundidad, así como las teologías →contextuales, han ido desarrollándose, la idea misma de objetividad y universalidad que se encuentra en el fundamento de la modernidad ha sido puesta en duda, y por lo tanto—aunque la supuesta "muerte de la modernidad" ha sido grandemente exagerada—se discute mucho acerca de modos nuevos y diferentes de entender la realidad (→Postmodernidad).

Modernismo. Término frecuentemente aplicado en círculos protestantes—en especial en círculos conservadores—a la actitud fundamental de varios de los principales teólogos de principios del siglo veinte que buscaban reconciliar el cristianismo con la →modernidad. En ese esfuerzo, estos teólogos tendían a excluir lo milagroso, a considerar el cristianismo como una religión más entre muchas y a centrar su atención sobre las enseñanzas de Jesús más bien que sobre su persona como Salvador. Aunque tales opiniones eran comunes entre los intelectuales durante la primera mitad del siglo veinte, y aunque muchos consideraban que la Universidad de Chicago era el centro del modernismo, este movimiento nunca se organizó como tal.

El mismo término tiene una definición más clara en el caso del catolicismo romano, donde se refiere a la posición de un grupo de teólogos dirigido por el francés Alfred Loisy (1857-1940) y por el jesuita británico George Tyrrell (1861-1909). Estos católicos aceptaron y tomaron para sí los resultados de los métodos críticos para el estudio de las Escrituras y de la tradición que los eruditos protestantes habían desarrollado, e invitaban a los eruditos y teólogos católicos a seguir los mismos caminos. Intentaban así producir una interpretación del cristianismo y de sus doctrinas que pudiese reconciliarse con las perspectivas y descubrimientos de la ciencia moderna.

Mientras el modernismo protestante reflejaba las opiniones de muchos dirigentes en las iglesias protestantes, quienes estaban convencidos de que la iglesia y sus doctrinas debían adaptarse a los dictados de la modernidad, el modernismo católico romano recibió fuerte oposición por parte de Roma y de buena parte de la jerarquía, cuya experiencia de la Revolución Francesa y de otros acontecimientos de la época les habían convencido de que el cristianismo y la modernidad eran irreconciliables. Con un breve paréntesis de optimismo al principio del pontificado de León XIII, los modernistas se vieron opuestos y a la postre condenados por la iglesia—lo que ocurrió oficialmente en el 1907 mediante el decreto *Lamentabili*.

Molinismo. Las doctrinas del teólogo jesuita Luis de Molina (1536-1600), especialmente en lo que se refiere a la →gracia y el libre →albedrío. Molina insistía en que la libertad consiste no sólo en "libertad de toda coacción", sino también en la "libertad de la necesidad". Una piedra que cae lo hace libre de coacción, pero no es verdaderamente libre, puesto que cae por necesidad. La doctrina de la →gracia irresistible puede conservar la libertad de la coacción, pero se desentiende de la libertad de la necesidad. Aún después de la →caída, Dios les da a todos los humanos una gracia o ayuda general, y con esto basta para que la persona pueda dar el primer paso hacia la fe. A esto sigue el "→hábito de la fe", que es el don sobrenatural de Dios a quienes desean creer, y a ello entonces Dios añade otros dones del Espíritu. ¿Cómo será posible entonces afirmar al mismo tiempo la →omnisciencia divina y la libertad humana? Esto se logra, según Molina, afirmando que hay en Dios tres clases de conocimiento. El conocimiento "natural" de Dios alcanza todas las cosas, incluso las que no existen. El conocimiento "libre" de Dios incluye todo lo que Dios ha decidido que exista. El "conocimiento intermedio"—*scientia media*— es el conocimiento mediante el cual Dios conoce todo lo que ha de existir o lo que ha de suceder, aunque Dios no lo haya determinado. Estos "futuros contingentes" son el resultado de la voluntad libre de aquellas criaturas a las que Dios ha dotado de albedrío. Por lo tanto, los acontecimientos futuros contingentes, incluso la conversión del pecador, no dependen de la presciencia divina.

Los jesuitas defendieron arduamente el molinismo, mientras los dominicos lo atacaron con igual fervor. Esto vino a ser uno de los principales puntos de contienda entre estas dos órdenes.

Monarquianismo. La insistencia en la unidad de Dios a tal punto que se niega su →Trinidad. El término se utiliza para referirse a posiciones muy diversas. Así, los eruditos se refieren al "monarquanismo dinámico", que sostiene que sólo el Padre es Dios, y que lo que estaba en Jesús era solamente el "poder"—*dynamis*—de Dios. En contraste agudo con tal postura, el "monarquianismo modalista" sostenía que Jesús fue verdaderamente Dios, y también el Espíritu y el Padre, puesto que el Padre, el Hijo y el Espíritu Santo son solamente tres "modos" en los que Dios que relaciona con el mundo en diversos tiempos. →Modalismo; →Patripasionismo; →Sabelianismo.

Monasticismo. También monaquismo. Movimiento que ha tomado muy diversas formas a través de la historia cristiana, pero cuyo hilo común es el deseo de servir a Dios con una dedicación mayor de lo que parece posible en la vida diaria "en el mundo". El término "monje" originalmente quería decir "solitario", puesto que los primeros monjes fueron ermitaños que se retiraban a una vida de soledad en lugares remotos, particularmente los desiertos escasamente habitados de Egipto y Siria. Empero, pronto algunos monjes comenzaron a vivir en comunidades monásticas, y esta variedad de monasticismo recibe el nombre de "cenobítico". La vida monástica siempre ha estado disponible tanto para varones como para mujeres, aunque por lo general las ramas femeninas de las órdenes monásticas han llevado vidas más recluidas que algunos de sus hermanos varones. En el Occidente, casi todo el monasticismo cenobítico lleva el sello de la *Re-*

gla de San Benito (c.529) que establece el patrón para la vida y oración monásticas.

El monasticismo creció rápidamente tras la conversión de Constantino, en parte como un movimiento de protesta contra la iglesia organizada y su participación en los asuntos y la pompa del mundo. Empero a la postre vino a ser un arma poderosa de la iglesia. Su justificación teológica se encuentra en la distinción entre los mandamientos de Dios, que todos han de obedecer, y los "→consejos de perfección", que consisten principalmente en la castidad, la pobreza y la obediencia, las cuales son marcas distintivas de la vida monástica.

El monasticismo ha evolucionado grandemente a través de las edades, pasando por repetidos movimientos de reforma según los antiguos ideales iban abandonándose, o según aparecían nuevos retos. Particularmente en el Occidente, los monasterios fueron centros de estudio y aprendizaje, farmacias y hospitales, escuelas, lugares en donde se copiaban y conservaban la Biblia y otros escritos antiguos, y hospederías para los viajeros. También fueron centros de misión, como en el caso de las islas de Iona y Lindisfarne. En tiempos de las Cruzadas y de la Reconquista Española, surgieron las órdenes monásticas militares. En el siglo trece, con la aparición de los franciscanos y dominicos, los monjes se volvieron predicadores, profesores y hasta inquisidores. En el siglo dieciséis, los jesuitas y otras órdenes vinieron a ser el brazo derecho de la corona española y de la portuguesa en sus esfuerzos por evangelizar el Hemisferio Occidental, y del papado en su lucha contra el protestantismo. Lutero y la mayoría de los reformadores protestantes rechazaron el monasticismo como un modo de alcanzar al cielo a través de las →obras. Empero es importante recordar que la Biblia misma que los reformadores tanto amaron había sido copiada y conservada principalmente a través del trabajo de los monásticos, y que por muchos siglos las casas monásticas fueron los únicos centros de aprendizaje y enseñanza en la Europa cristiana—hasta que el surgimiento de las universidades en el siglo trece vino a traer una alternativa. Luego, la mayoría de la teología medieval, y aún después la mayor parte de la teología católica romana, es teología monástica.

Monergismo. La opinión según la cual, aunque hay en Cristo dos personas, tal como lo había definido el Concilio de Calcedonia en el 451, hay sólo un principio de actividad, una *energeia*—de donde se deriva el nombre de esa doctrina. Esto fue propuesto por el patriarca Sergio de Constantinopla (murió 638) como un medio de ganar la buena voluntad de los →monofisitas más moderados. El intento fracasó, creando mayores divisiones que reconciliaciones, y por lo tanto en el 634 el propio Sergio prohibió que se discutiese más si en Cristo había una o dos "energeias".

En un contexto completamente diferente, que tiene que ver con la →soteriología, a veces se utliza el término "monergismo" como lo opuesto al →sinergismo.

Monismo. La opinión según la cual toda realidad es en fin de cuentas una sola. Tal es, por ejemplo, la teoría →neoplatónica que ve el mundo como una serie de emanaciones que surgen del Uno inefable. Lo mismo puede decirse de todos los sistemas →panteístas. La doctrina cristiana de la →creación, al mismo tiempo que insiste en que todo viene de Dios, también afirma que las criaturas son diferentes de Dios, y no son parte de la substancia divina.

Monofisismo. La doctrina según la cual hay en Cristo sólo "una naturaleza" o *fisis*, la divina. Esto fue propuesto primero por el monje Eutiques (378-c.455), quien luego alcanzó el apoyo del patriarca Dióscoro de Alejandría, y a la postre fue condenado por el Cuarto Concilio Ecuménico, que tuvo lugar en Calcedonia en el 451. Aunque el pensamiento de Eutiques no está del todo claro—puesto que algunos hasta llegan a decir que había declarado que el cuerpo de Cristo estaba hecho de una substancia diferente y celestial—la preocupación de la mayoría de los monofisitas era que la doctrina de las "dos naturalezas" en Cristo—una naturaleza divina y otra humana—parecía dividirle en dos, y se acercaba demasiado al →nestorianismo. Por ello, algunos monofisitas estaban dispuestos a decir que Cristo era *de* dos naturalezas, pero no *en* dos naturalezas. Con ello querían decir que la humanidad de Cristo, aunque se encuentra presente después de la encarnación, quedó de tal modo absorbida por la divinidad, que se ha vuelto una naturaleza con ella. Luego, la controversia monofisita fue continuación de la diferencia entre las →cristologías →antioqueña y →alejandrina. El monofisismo es entonces el resultado de la cristología tradicionalmente "unitiva" de los alejandrinos.

Aunque se le condenó en el Concilio de Calcedonia, el monofisismo no desapareció. Había gran resentimiento contra el Imperio Bizantino en Siria, Egipto y Armenia, y en todas esas zonas las iglesias monofisitas crecieron y continúan existiendo hasta el día de hoy. Puesto que la iglesia de Etiopía tenía vínculos estrechos con la de Egipto, también se volvió monofisita.

Es importante señalar, empero, que los eruditos distinguen entre los "monofisitas verbales", también llamados "severianos" por razón de su maestro Severo de Antioquía (c.465-538), y los "verdaderos mono-fisitas". Al tiempo que rechazaron y siguen rechazando la fórmula de Calcedonia, los "monofisitas verbales" afirman que hay en Jesús una divinidad y una humanidad plenas.

Monoteísmo. La creencia en que hay un solo Dios. Es doctrina funda-mental tanto del cristianismo como del judaísmo y del islam—aunque hay indicaciones de que en ciertos estadios la fe de Israel era →heno-teísta más bien que estrictamente monoteísta. Por su propia naturale-za, el monoteísmo lleva a la idea de que, puesto que hay un solo Dios, sólo hay un gobernante final de todas las cosas, en contraste con las religiones en que hay diferentes dioses para las diversas circunstancias y funciones de la vida. En última instancia, el monoteísmo se opone, no sólo al politeísmo, sino también al →dualismo.

Empero en contraste tanto con el judaísmo como con el islam, el cris-tianismo sostiene que el Dios único es también el Dios Trino (→Trini-dad), y por lo tanto se le ha criticado frecuentemente sobre este pun-to tanto por los judíos como los musulmanes. Dentro de la iglesia misma, ha habido largas y amargas controversias acerca de cómo es-te Dios que es Uno puede a la vez ser Trino. Esto ha llevado, por una parte, a posturas que se acercan al triteísmo, con lo cual se pone en peligro la naturaleza esencialmente monoteísta de la fe cristiana y, por otra parte, a posturas en las que parece no haber distinción alguna en-tre las tres personas divinas (→Sabelianismo). La respuesta de la ma-yoría de los teólogos ortodoxos es que la doctrina misma de la Trini-dad presupone y requiere un modo de entender el "Uno", no en el sentido matemático de un ser solitario, sino más bien como una uni-dad orgánica que ha de entenderse en términos del amor absoluto y eterno.

Monotelismo. Un segundo intento por parte del patriarca Sergio de Constantinopla (murió en el 638) de entender la doctrina de las "dos naturalezas" en Cristo de tal modo que fuese más aceptable para los →monofisitas moderados. Tras proponer el →monergismo, y luego re-tractarse, Sergio propuso que, aunque hay en Cristo dos naturalezas, hay sólo una voluntad—en griego, *thelema*, y de ahí el nombre de "monotelismo". Exactamente lo que Sergio quería decir con esto no está del todo claro. En todo caso, su propuesta nunca fue aceptada por la mayoría de los monofisitas, y fue profundamente rechazada por los defensores más tradicionales de la Definición de Calcedonia—dirigi-dos por Máximo el Confesor (c.580-662). Por último, el Sexto Conci-lio Ecuménico (Constantinopla, 681) rechazó el monotelismo.

Montanismo. La doctrina y secta de Montano, antiguo sacerdote pagano que se convirtió al cristianismo alrededor del año 155. Diciendo ser poseído por el →Espíritu Santo, él y dos compañeras, Priscila y Maximila, declararon que con ellos comenzaba una nueva dispensación. Esta dispensación requería mayor rigor moral, puesto que al igual que a la →Ley de Moisés le había sucedido la "Ley del Evangelio", ahora esta última estaba siendo sucedida por la "Ley del Espíritu". Los montanistas esperaban que el fin del mundo vendría pronto, y se reunieron en una ciudad de Frigia donde esperaban que la Nueva Jerusalem se estableciese. También se organizaron en una iglesia que por algún tiempo fue rival de la iglesia mayoritaria.

Moral, teología. El nombre que tradicionalmente se le da en el catolicismo romano a la →ética cristiana. Aunque al presente la diferencia es más bien cuestión de nomenclatura, los dos nombres distintos señalan hacia diferentes modos en los que estas disciplinas se desarrollaron al principio. Mientras la ética Protestante se inclinaba más bien hacia la ética filosófica y durante el siglo diecinueve por lo general hacía amplio uso del llamado de Kant a la autonomía ética, la teología moral del catolicismo se dedicaba mayormente a la solución de casos morales sobre la base de presuposiciones psicológicas y morales →tomistas, de la ley canónica (→Canon), de la →Escritura y de la →razón. Por ello se le da el nombre de "→casuística"—nombre que en algunos casos tiene el sentido peyorativo de buscar excusas y excepciones para evitar la acción moral, aunque tales prácticas no han sido comunes en la verdadera casuistica, excepto en el caso de algunos círculos jesuitas del siglo diecisiete (→Probabilismo).

Luego, la teología moral incluye cuestiones éticas tanto en lo individual como en lo social, en lo privado como en lo público. Incluye el justo orden de la sociedad y del estado así como las prácticas sexuales y económicas personales, y también la cuestión de hasta qué punto, y por qué medios, los cristianos y la iglesia como institución han de buscar legislación que gobierne las prácticas morales de una sociedad.

Mujerista, teología. Frase acuñada por Ada María Isasi-Díaz (1943-) para referirse a la teología de las latinas en los Estados Unidos. Al tiempo que concuerda con buena parte de la teología →feminista, la teología mujerista insiste en que el feminismo se ha ocupado tanto de cuestiones y perspectivas en la cultura dominante, que no puede expresar la experiencia, opresión y esperanzas de las mujeres que pertenecen a las minorías, y en particular de las mujeres hispanas. Además, al mismo tiempo que concuerda con buena parte de la teología →latina, la teología mujerista señala que la teología latina frecuentemente se ocupa tanto de cuestiones de cultura, clase y raza que no les presta suficiente atención a las cuestiones de género. Por ello se requiere un nombre diferente: "mujerista". La metodología de la teología mujerista subraya por tanto la necesidad de escuchar lo que verdaderamente dicen y experimentan las latinas, y luego interpretar esas expresiones en términos teológicos, más bien que imponerles categorías teológicas tradicionales a la vida de las latinas.

N

Natural, teología. La teología que afirma fundamentarse sobre los dones naturales de la mente humana y sobre la "revelación general" que todos reciben (→Revelación), más bien que en una "revelación especial" en las Escrituras o en Jesucristo. Los primeros apologistas (→Apologética) decían que cuestiones tales como la existencia de un Ser Supremo y la vida tras la muerte habían sido descubiertas por los antiguos filósofos, y por lo tanto podría decirse que lo que estos apologistas proponían era semejante a la teología natural. Empero para ellos, como para la mayoría de la tradición →escolástica, esto no bastaba, puesto que la revelación especial de Dios en las Escrituras y en Jesucristo añade mucho que la razón por sí misma nunca podría descubrir. Santo Tomás de Aquino (c.1225-74) sostenía que hay ciertas verdades que los poderes de la →razón correctamente aplicados pueden descubrir, y otras que se encuentran allende el alcance de la razón, y sólo se conocen gracias a la revelación. Estos dos niveles tienen ciertos puntos comunes, puesto que Dios ha revelado aquellas cuestiones (tales como su propia existencia) que, aunque accesibles a la razón, son necesarias para la salvación, y de este modo la salvación se hace posible para quienes no pueden seguir los argumentos filosóficos que prueban estos puntos fundamentales de la fe.

Por lo general, los reformadores se mostraron menos entusiastas hacia la teología natural, en parte porque rechazaban mucho de la teología escolástica, en parte porque parecía restarle importancia a la revelación, particularmente a las Escrituras, y en parte porque le daba a la naturaleza humana caída poderes de justa razón que para los reformadores se habían perdido o al menos corrompido por el pecado. Para algunos de los reformadores, la teología natural bastaba solamente para mostrar la necesidad y el pecado humanos, pero era incapaz de responder a tales necesidades.

Fueron los →deístas quienes llevaron la teología natural a su punto culminante, arguyendo que era posible, mediante el mero uso de la razón y del sentido común, llegar a una "religión natural" que no dependiese de la revelación especial por parte de Dios, y en la que por tanto todos los humanos razonables podrían concordar. Estaban convencidos de que el cristianismo era esa religión natural, y por tanto pensaban que toda afirmación de una revelación especial no era sino superstición en que los cristianos habían caído.

En el siglo veinte, Karl Barth (1886-1968) fue cabeza de un fuerte ataque contra la teología natural. Fue ese ataque lo que llevó a la ruptura final entre él y otro de los principales teólogos →neoortodoxos, Emil Brunner (1889-1966). Aunque posteriormente mitigó su posición, Barth rechazaba todo intento de construir la teología, aun parte de ella, sobre la razón humana o sobre los dones de la naturaleza, insistiendo que hay un abismo entre la naturaleza y la gracia, y por tanto entre la filosofía y la teología, entre la razón y la fe. Esto era importante para Barth porque veía en la teología natural una aliada al intento por parte de los "cristianos alemanes" de mostrar que el cristianismo había llegado a su cumbre en la civilización alemana, y así justificar las políticas del nazismo. Otro teólogo alemán de la misma generación, Paul Tillich (1886-1965) veía la teología natural como el planteamiento de las preguntas y de la insuficiencia existencial a la que sólo el Evangelio puede ofrecer respuesta.

Negra, teología. Una de las más importantes teologías →contextuales que surgieron durante la segunda mitad del siglo veinte. Se trata de una articulación de la perspectiva teológica de quienes descienden de africanos esclavizados en las Américas, y particularmente en los Estados Unidos. Aunque su expresión formal data del siglo veinte, el surgimiento de la teología negra puede verse en el modo en que los esclavos interpretaron el cristianismo que recibieron de sus amos. Su expresión más común durante la esclavitud fue la de los cantos conocidos como "espirituales negros", que frecuentemente se refieren a Moisés sacando al pueblo de la esclavitud, a Dios librando a Daniel de los leones, y al carro de fuego que les llevaría "al hogar"—con lo cual se referían tanto al hogar celestial como a la esperanza de que el sistema clandestino que se había desarrollado les llevase a la libertad en el Norte. En ocasiones, ese modo de entender la fe como un llamado a la esperanza y a la libertad llevó a la rebelión abierta, como en el caso del famoso predicador Nat Turner.

Tras la emancipación, la experiencia religiosa de los norteamericanos de origen africano quedó siempre marcada por la opresión de la segregación y por el deseo de ser plenos ciudadanos y tener plena libertad. Como es bien sabido, el principal portavoz de este sentimiento durante el movimiento de los Derechos Civiles fue Martin Luther King, Jr. (1929-68); pero este fue sólo el más famoso de millares de predicadores y maestros que veían el cristianismo desde la perspectiva de la opresión y exclusión, y de la esperanza de un nuevo día. El nombre que más comúnmente se asocia con el surgimiento formal de la teología negra como intento consciente de estudiar la teología tradicional y corregirla desde una perspectiva negra es James Cone, cuyo libro *La teología negra y el poder negro*, publicado en 1969, marca el comienzo de la teología negra como empresa formal. Su libro posterior, *El Dios de los oprimidos* (1975), le aplica la metodología y la perspectiva de la →liberación a la doctrina de Dios, intentando corregir aquellos aspectos de la teología tradicional acerca de Dios que en realidad favorecen a los poderosos.

Aunque la teología negra tuvo su origen en Norteamérica, según la idea de la "negritud" y de la solidaridad negra por todo el mundo se fue generalizando, particularmente en Africa y el Caribe, aparecieron también nuevas variantes de la teología negra en esas regiones.

Las mujeres norteamericanas de raza negra, conscientes de su doble opresión y exclusión por ser negras y por ser mujeres, y frecuentemente en desacuerdo con las metas y perspectivas de la teología →feminista blanca, han desarrollado su propia forma de teología negra, la teología →"womanist".

Neoortodoxia. Se le llama también "teología dialéctica" y "teología de la crisis" porque subraya la tensión dialéctica—en griego, *krisis*—entre lo divino y lo humano. Esta teología fue una reacción contra la teología →liberal del siglo diecinueve, cuyo optimismo acerca de las capacidades humanas sufrió un rudo golpe a causa de la Primera Guerra Mundial. El libro de Karl Barth (1866-1968) *Comentario a Romanos*, publicado en 1919, marca un hito en el origen de esta escuela teológica. Algunos de los principales colaboradores de Barth en esta empresa fueron su colega y amigo de toda la vida Eduard Thurneysen (1888-1974), además de Emil Brunner (1889-1966) y Friedrich Gogarten (1887-1968). La neoortodoxia criticó a la teología liberal por haber minimizado la distinción y distancia entre Dios y los seres humanos, con lo cual perdió de vista la trascendencia divina y se prestó a la sugerencia de que Dios no es más que la proyección de las necesidades y aspiraciones humanas. Según los neoortodoxos, al hacer esto los liberales no habían tomado suficientemente en cuenta el poder y amplitud del pecado, que tuerce todo conocimiento humano, y de ese modo habían hecho a la iglesia incapaz de responder con una palabra profética a los sueños acerca del progreso humano que llevaron a la Primera Guerra Mundial—y más tarde al fascismo y otras formas de totalitarismo y a la Segunda Guerra Mundial. Al subrayar la necesidad de la →revelación y la autoridad de las Escrituras, y al mismo tiempo al hacer mayor uso de la tradición de la iglesia antigua y de la teología de los reformadores, esta teología mereció el nombre de "neoortodoxia". Además, es importante indicar que varios teólogos neoortodoxos se contaron entre los proponentes y escritores de la Declaración de Barmen contra el nazismo, al cual acusaron de idolatría.

Neoplatonismo. La forma que el →platonismo tomó tras la obra de Plotino (205-270), filósofo pagano que vivió primero en Alejandría y luego en Roma. Difiere del platonismo clásico por sus tendencias más religiosas y místicas, y también por cuanto refleja el impacto del →estoicismo, muchas de cuyas posturas adoptó. Según Plotino, toda la realidad se deriva del Uno Inefable, como una serie de emanaciones. En esas emanaciones, el Uno se mueve hacia la multiplicidad. El mal como tal no existe, sino que es una falta de bien, una distancia del Uno, de modo que cuando se dice que algo es "malo" o que está "corrompido" lo que se indica es sencillamente que se mueve hacia la multiplicidad más bien que hacia el Uno. El verdadero conocimiento se obtiene mediante la contemplación de las realidades superiores, y particularmente del Uno, y su meta es el →éxtasis, en que el alma contempla al Uno y se pierde en él.

Aunque los neoplatónicos rechazaron el cristianismo, que para ellos era rival de la verdadera filosofía, a la postre muchas de sus enseñanzas fueron absorbidas e incorporadas al cristianismo. Agustín (354-430) encontró en el neoplatonismo ayuda para tratar con las dificultades que tenía con doctrinas cristianas tales como la incorporeidad de Dios y del →alma, y para enfrentarse al problema de cómo el mal puede existir en un mundo creado por un Dios bueno (→Teodicea). Por ello, Agustín fue uno de los principales canales por los cuales el neoplatonismo entró a la teología cristiana occidental. Poco después, alrededor del año 500, un autor anónimo que pretendía ser Dionisio el Areopagita, pero quien en realidad era un pensador neoplatónico cristiano, escribió una serie de tratados sobre la teología →mística que fueron muy influyentes durante la Edad Media. Así, una forma de neoplatonismo sin sus elementos anticristianos dominó en la filosofía y teología cristianas de Occidente hasta la reintroducción de Aristóteles (→Aristotelismo; →Tomismo) en el siglo trece, y, aún después de eso, buena parte de la teología mística lleva el sello del neoplatonismo.

Nestorianismo. La doctrina de Nestorio, patriarca de Constantinopla, declarada herética por el Tercer Concilio Ecuménico (Efeso, 431). La →cristología de Nestorio era del tipo →antioqueño, y por lo tanto buscaba conservar la plena humanidad de Jesús haciendo una distinción clara y radical entre esa humanidad y su divinidad. El debate surgió en el 428, cuando Nestorio defendió los ataques de su capellán contra el título de →*Theotokos*—madre o paridora de Dios—que se le aplicaba a →María. Aunque ciertamente la devoción a María tuvo un lugar en la controversia, de hecho el debate no era sobre ella, sino sobre la unión de la divinidad y la humanidad en Cristo. Los oponentes de Nestorio, dirigidos por el patriarca Cirilo de Alejandría (murió 444), insistían en que la unión que tiene lugar en Cristo es tal que permite la →*communicatio idiomatum*—es decir, la transferencia de las propiedades o predicados de una naturaleza a la otra. Es en virtud de este principio que se puede decir que Dios habló en Jesús, que Dios caminó en Galilea, o que Dios nació de la Virgen María. Según Cirilo, sin tal *communicatio*, no hay verdadera encarnación.

Contra Cirilo y su bando, Nestorio y sus defensores argumentaban que no puede haber verdadera unión sino entre "naturalezas incompletas". El alma y el cuerpo son ambos naturalezas incompletas, y cuando se juntan forman la naturaleza completa del ser humano. En Jesús, empero, tanto la divinidad como la humanidad son naturalezas completas, y por lo tanto no pueden unirse de igual manera en que el cuerpo y el alma se unen. Esto quiere decir que la unión no es "natural" ni "→hipostática", sino más bien "moral". En Cristo hay dos naturalezas completas y dos personas, unidas por su voluntad y propósito comunes.

Veinte años después de su condenación por el Concilio de Efeso, Nestorio se enteró de las decisiones del Cuarto Concilio Ecuménico (Calcedonia, 451), y pensó que esas decisiones reivindicaban su posición. El libro que entonces escribió en defensa de su cristología, tratando de mostrar que concordaba con la *Definición de Fe* de Calcedonia, fue descubierto hacia fines del siglo diecinueve, y ha planteado dudas acerca del contenido exacto de la cristología de Nestorio, que hasta entonces se conocía casi exclusivamente por los escritos de sus contrincantes.

Muchos de los seguidores de Nestorio, así como otros teólogos de la tradición antioqueña que se sintieron amenazados o excluidos por las decisiones tomadas en el Concilio de Efeso, fueron al exilio allende las fronteras del Imperio Romano, donde hicieron de la ciudad de Nisibis el centro de una floreciente escuela de teología. El resultado fue que la iglesia dentro del Imperio Persa se volvió nestoriana. Hasta el día de hoy quedan remanentes de esta iglesia nestoriana, no sólo dentro de las fronteras del antiguo Imperio Persa, sino también en el Hemisferio Occidental, donde algunos nestorianos encontraron refugio contra las persecuciones en sus tierras nativas.

Niceno. Como sustantivo, es una forma abreviada para referirse al →Credo Niceno—que en realidad no es exactamente el credo originalmente promulgado por el Primer Concilio Ecuménico (Nicea, 325), sino ese credo con algunas adiciones posteriores. (→*Filioque*). Como adjetivo, lo que se refiere o concuerda con las decisiones de Nicea. En este sentido, se usa frecuentemente para referirse al partido que, bajo la dirección, primero de Atanasio y luego de los Capadocios, defendió el →*homousios*.

Nominalismo. En el debate acerca de la naturaleza de los →universales, la posición que sostiene que en realidad no existen, sino que son sólo nombres—*nomina*—que se le dan a las cosas. El nominalismo extremo no fue común, puesto que aun si los universales son meros nombres resulta claro que no son completamente arbitrarios. (Hay algo en común entre todos los caballos que nos permite agruparlos a todos bajo un mismo nombre, y saber al mismo tiempo que una mesa no pertenece a la misma categoría.) Empero el nominalismo, aun en sus formas más moderadas, hacía difícil explicar el →pecado original o defender una visión estrictamente →jerárquica de la iglesia. Si la humanidad no es tan real como son los seres humanos individuales, ¿cómo puede decirse que en el pecado de uno todos han pecado? Y, si la realidad del cristianismo no está en la iglesia como entidad eterna (→Eclesiología), sino más bien en los creyentes mismos, ¿no implica esto que la autoridad debería residir en los fieles, más bien que en la jerarquía que pretende representar a la iglesia eterna?
Hacia fines de la Edad Media hubo un fuerte movimiento de crítica al →realismo como modo de entender los universales, y esto frecuentemente recibió el nombre de →nominalismo—aun cuando la posición de los dirigentes de este movimiento respecto a los universales era mucho más moderada que la del verdadero y extremo nominalismo que había existido anteriormente. Esta postura se relacionaba estrechamente con los esfuerzos de reformar la iglesia mediante el →conciliarismo, y con una aguda crítica al modo en que el →escolasticismo tradicional había entendido la relación entre la fe y la →razón. (→*Potentia Dei absoluta*)

Notas de la iglesia. →Marcas de la iglesia.

Novacianismo. Movimiento rigorista que recibe su nombre de Novaciano, quien en el siglo tercero chocó con las autoridades eclesiásticas en Roma sobre la cuestión de la restauración de los →caídos durante tiempos de persecución. El resultado fue un cisma que duró varias generaciones después de la muerte del propio Novaciano. Novaciano también escribió un tratado *Sobre la Trinidad* en el que se oponía al →modalismo, y que vino a ser un paso importante en el proceso hacia la definición de la doctrina de la →Trinidad.

Nunc Dimitis. Las primeras dos palabras del canto de Simeón en la versión latina de Lucas 2:29-32, y por lo tanto el nombre que tradicionalmente se le da a ese canto.

O

Obra de Cristo. →Reconciliación.

Obras. Todos los cristianos concuerdan en que Dios les llama a hacer buenas obras—es decir, obras de misericordia así como de devoción. Desde tiempos de la controversia de Agustín con el →pelagianismo, la mayoría de los teólogos cristianos también han concordado en que en un estado de pecado es imposible hacer obras que no sean pecaminosas (como diría Agustín, el pecador está en un estado de no poder no pecar). La cuestión entonces que se ha debatido entre los cristianos, en particular entre los católicos y los protestantes desde tiempos de la Reforma, es qué papel ocupan las buenas obras en el proceso de salvación. En la tradición medieval católica, así como en su continuación en el catolicismo →tridentino, se sostiene que la →salvación se logra mediante los →méritos de las buenas obras, así como por los méritos de Cristo (→Reconciliación). Siguiendo a Agustín en este punto, se dice entonces que la →gracia de Dios, una vez que ha iniciado la fe, colabora con el creyente para realizar buenas obras dignas de salvación.

Lutero sostenía que la salvación es acción de la gracia de Dios, completamente aparte de nuestros méritos. Según él, aún después de ser justificado, el pecador sigue siéndolo (→*Simul justus et peccator*), y por lo tanto todas las obras de tal persona siguen siendo pecaminosas y nada merecen. Las buenas obras han de llevarse a cabo, ciertamente. Empero, no como medio de salvación, sino más bien como resultado y señal de ella. Nada que podamos hacer—ni las obras de misericordia, ni las obras de devoción, ni la "obra" de creer—nos gana la salvación, que queda completamente en manos de Dios.

Ocasionalismo. La teoría del cardenal francés Nicolás de Malebranche (1638-1715), mediante la cual intentaba responder a la cuestión que quedaba pendiente en el →cartesianismo respecto a la "comunicación de las substancias". Sí, como Descartes había sugerido, el ser humano se compone de una realidad pensante—*res cogitans*—y otra que es extensa o física—*res extensa,*—¿como se relacionan estas dos entre sí? ¿Cómo puede la mente percibir lo que le sucede al cuerpo, y cómo le comunica sus decisiones al cuerpo? La respuesta de Malebranche fue que estas dos realidades, así como toda otra substancia, en realidad no se afectan una a la otra. Es Dios quien interviene para hacer que el cuerpo haga lo que la mente decida, o para hacer que una bola de billar se mueva cuando otra la golpea. Luego, lo que comúnmente llamamos "causas" no lo son en realidad, sino que son más bien "ocasiones" de la actividad divina. De ahí el nombre de "ocasionalismo" que se le da a esta teoría.

Omnipotencia. Uno de los →atributos de →Dios, por el cual se indica que Dios tiene todo poder en su grado máximo. Aunque esto se dice comúnmente, su sentido exacto no es del todo claro, sencillamente porque una mente finita no puede concebir ni entender el sentido del "todo" que se expresa en la raíz *omni*. Esta limitación del entendimiento humano se ha señalado repetidamente planteando preguntas tales como: "¿Puede Dios hacer que dos y dos sean cinco?" O, "¿Puede Dios hacer una piedra tan grande que Dios mismo no pueda moverla?" La primera de estas dos preguntas señala al problema de la relación entre la omnipotencia divina y el orden lógico. ¿Significa la omnipotencia que hasta la lógica misma está sujeta a las decisiones divinas? ¿O está limitada esa omnipotencia por la lógica, de tal modo que Dios no es verdaderamente omnipotente? La segunda pregunta plantea las dificultades lógicas implícitas en la idea misma de la omnipotencia.

A través de las edades, los teólogos de inclinaciones filosóficas han debatido estas cuestiones—aunque normalmente con ejemplos más difíciles. Algunos han argumentado que la omnipotencia significa que Dios puede hacer todo lo que es posible, y otros han respondido que la verdadera omnipotencia requiere que nada sea imposible para Dios. Algunos sostienen que Dios sólo puede hacer lo que es bueno, y otros responden que cualquier cosa que Dios haga es buena, puesto que es Dios quien determina lo bueno y lo malo (→*Potentia Dei absoluta*).

Por otra parte, también es posible de entender la omnipotencia de otro modo, no ya como una idea filosófica que se deriva de la naturaleza del Ser Supremo, sino más bien como expresión de la experiencia del creyente y de la fe en el poder de Dios. La palabra griega que en el →Credo de los Apóstoles se traduce como "omnipotente" en realidad no significa "que todo lo puede" sino más bien "que todo lo gobierna". Lo que el Credo afirma no es que Dios tenga poderes ilimitados, sino que todas las cosas están bajo el gobierno de Dios. En tal caso, la omnipotencia se entiende y se explica, no en términos de una infinitud de poder ideal o racional, sino más bien en términos del gobierno de Dios sobre todas las cosas y de la victoria final de Dios sobre el mal.

Omnipresencia. Uno de los →atributos de Dios, que significa que →Dios está completamente presente en todos los lugares. En tal definición, la palabra "completamente" es fundamental, puesto que la presencia de Dios no es como la del aire, que puede darse en varios lugares, pero que siempre es parcial en cualquier lugar, pues no todo el aire está allí. Es a esto que comúnmente se refiere la →inmensidad de Dios. En las Escrituras, la omnipresencia divina se ve a la vez como un don y como una realidad sobrecogedora. Significa que Dios está disponible en cualquier lugar, pero también implica que es imposible esconderse de la presencia divina. Este atributo de Dios ha causado mucho menos debate que sus contrapartes →omnipotencia y →omnisciencia.

Omnisciencia. Uno de los →atributos tradicionales de →Dios, que significa que Dios lo sabe todo. Como en el caso de la →omnipotencia, este aseveración aparentemente sencilla da lugar a muchas dificultades y debates. Puede debatirse, por ejemplo, si en Dios el querer y el saber son lo mismo, en cuyo caso todo lo que Dios sabe resulta ser. Empero, en tal caso, Dios no conoce lo imposible, y resulta entonces que todos los acontecimientos así como todo cuanto existe es necesario, pues nada es contingente (→Contingencia). También puede debatirse si la presciencia de Dios afecta su →impasibilidad, puesto que en el conocimiento lo que es conocido hace un impacto sobre quien lo conoce. Por último, la idea misma de omnisciencia ha llevado a muchos debates acerca del →predeterminismo, la →predestinación, y el libre →albedrío. Si Dios conoce el futuro, ¿cómo será posible que ese conocimiento no haya ya determinado el futuro? Si Dios conoce nuestras decisiones futuras, ¿cómo somos todavía libres para tomar tales decisiones?

Tales dificultades han llevado a muchos teólogos—particularmente a los de la escuela →neoortodoxa—a declarar que atributos tales como la omnisciencia y la omnipresencia no han de entenderse como el resultado de la especulación filosófica, o como consecuencias que se siguen de la idea misma de Dios como Ser Supremo. Desde esta perspectiva, la omnisciencia y la omnipresencia se entienden mejor en términos del →juicio y la →gracia de Dios. No son atributos que descubrimos tomando en cuenta las características que le parecen necesarias en el Ser Supremo a la mente humana, sino que son más bien afirmaciones de nuestra convicción, fundada sobre la →revelación, de que Dios ama y juzga a toda la creación, que no podemos escondernos de Dios, y que nada quedará permanentemente escondido de Dios.

Ontológico, argumento. Argumento que busca demostrar la existencia de Dios partiendo, no de la existencia del mundo (→cosmológico, argumento), sino más bien de la idea misma de Dios. Su expresión clásica se encuentra en el *Proslogion* de Anselmo de Canterbury (1033-1109), quien se preguntó por qué el Salmo 53 declara que negar la existencia de Dios es necedad. Según Anselmo, Dios es "lo más grande que pueda pensarse", o el ser perfecto. Sobre la base de esa definición, pensar que tal ser no existe es una contradicción, puesto que cualquier ser existente sería mayor y más perfecto que el Dios que no existe. En otras palabras, la idea misma de la perfección y grandeza absoluta requiere la existencia, y por lo tanto el ser perfecto ha de existir.

Aunque el argumento de Anselmo puede resumirse en esas pocas palabras, se ha debatido muchísimo a través de las edades. Casi inmediatamente tras su publicación, un monje de nombre Gaunilo escribió un tratado *En defensa del necio*, donde arguye que, aunque es posible concebir una isla perfecta, ello no implica que tal isla deba existir, puesto que en tal caso sería menos perfecta que una que sí existe. Anselmo respondió insistiendo que su argumento es válido solamente para aquel ser que tiene el grado supremo de perfección, en cuyo caso la existencia es corolario necesario de la esencia. Es precisamente en este punto que el argumento de Anselmo ha sido más criticado. Kant (1724-1804) insistió en que la existencia nunca es corolario ni predicado necesario de una esencia, y que por tanto la falacia de Anselmo está en no ver esto. Más tarde, otros teólogos y filósofos han propuesto modificaciones del argumento ontológico en las que tratan de responder a la crítica de Kant. Se destaca entre ellos Charles Hartshorne (1897-2000), filósofo del →proceso quien creía que, dentro de los parámetros de la filosofía de proceso, las objeciones de Kant carecen de valor.

En todo caso, hay muchos teólogos que señalan que, no importa si el argumento ontológico es válido o no, todo lo que en el mejor de los casos puede probar sería la existencia de un →Ser Supremo, pero ese ser no es necesariamente el Dios de las Escrituras y de la fe cristiana.

Ontologismo. Movimiento surgido dentro de la teología católica romana en el siglo diecinueve, como reacción a la crítica de Kant contra la especulación ontológica, y al escepticismo metafísico de varios filósofos en consecuencia de esa crítica. Los ontologistas, guiados por el teólogo italiano Vincenzo Gioberti (1801-52), sostenían que en cierto sentido todo conocimiento es conocimiento de Dios, y que por tanto toda verdad implica una percepción inmediata e intuitiva de la verdad divina. Tales opiniones, que parecerían llevar al →panteísmo, fueron rechazadas por la Inquisición en el 1861.

Ordo salutis. Frase latina que significa "el orden de salvación". Se emplea tradicionalmente para referirse a varios elementos en el proceso mediante el cual el pecador es salvo y llega a su redención final. Aunque ha caído en desuso general, muchas controversias en siglos pasados giraban en torno al *ordo salutis*. Esto es cierto de la controversia entre Agustín (354-430), por una parte, y el →pelagianismo y →semipelagianismo por otra, donde lo que se debatía era la primacía de la gracia en la salvación, y si el →*initium fidei* se encuentra en la gracia o en la libertad humana. La teología medieval desarrolló un sistema bastante estructurado del *ordo salutis*, el cual incluía no sólo el →arrepentimiento, la →regeneración, la →penitencia, la →santificación y la visión →beatífica, sino también el →purgatorio y el →limbo. Las luchas internas de Lutero durante sus años de monje pueden verse como una búsqueda de un *ordo salutis* que respondiese a su profundo sentido de pecado y de falta. Los debates entre los luteranos y calvinistas, y después entre los calvinistas y Wesley en torno a la santificación, también se refieren al *ordo salutis*.

Aunque estos debates son importantes, es preciso señalar que la gran variedad de experiencias cristianas parecería indicar que cualquier descripción o definición del *ordo salutis* debe ser flexible y provisional. Además, ha de notarse que los viejos debates acerca de este *ordo* tienden a considerar la →salvación como una cuestión privada e individual, y a desentenderse de las dimensiones cósmicas del plan divino de →redención.

Ortodoxia. En el sentido estricto, la "ortodoxia" significa "doctrina correcta", y por lo tanto todas las iglesias se consideran ortodoxas. El término a veces se usa con tonos algo despectivos, para referirse a la clase de teología que busca definir todo posible punto de doctrina, pretendiendo que quienes no concuerdan con ella son herejes. Es en ese sentido que los historiadores se refieren al siglo diecisiete como la época de la "ortodoxia protestante". En un tercer sentido, el término se usa para referirse a aquellos puntos esenciales de la doctrina cristiana en los que toda la iglesia—o casi toda—ha estado de acuerdo por largo tiempo, y por ello muchas iglesias protestantes tradicionales definen la ortodoxia como estar de acuerdo con las decisiones de los primeros cuatro—o a veces siete—concilios ecuménicos.

Por último, la "Ortodoxia", escrita con mayúsculas, por lo general se refiere a las iglesias orientales que han surgido de las antiguas iglesias de habla griega y de sus misiones, tales como la Iglesia Ortodoxa Griega, la Iglesia Ortodoxa Rusa, la Iglesia Ortodoxa Búlgara y otras. Estas iglesias concuerdan con la validez de las decisiones de los primeros siete concilios ecuménicos y sostienen vínculos de comunión entre sí, aunque son "autocefálicas"—lo cual quiere decir que cada una de ellas tiene su propia jerarquía y su propia cabeza—y por lo tanto son estructuralmente independientes. Todas estas iglesias le dan al Patriarca Ecuménico de Constantinopla la prioridad, pero se trata sólo de una prioridad de honor, y no de jurisdicción. (Hay además varias iglesias que no están en comunión con el resto de la Ortodoxia, porque no aceptan algunos de los decretos de los primeros concilios, pero que también se llaman a sí mismas ortodoxas, y que a veces se incluyen en la ortodoxia oriental, porque tienen muchas prácticas y tradiciones comunes con la Ortodoxia. Tal es el caso de la Iglesia Copta y de la Iglesia de Etiopía.)

Ortopraxis. Palabra frecuentemente empleada, especialmente por los teólogos de la →liberación, para indicar que la →praxis correcta es tan importante como la doctrina correcta—o más bien, que una doctrina, no importa cuán correcta sea en teoría, si no surge y lleva a la praxis del amor es fallida.

Ousia. →Hipóstasis

Oxford, movimiento de. Movimiento que surgió en la Iglesia de Inglaterra durante el siglo diecinueve, y que buscaba contrarrestar la influencia tanto del →liberalismo como de los →evangélicos dentro de esa iglesia, y volver a los elementos más "católicos" del cristianismo. Encontró expresión en una serie de "Tratados para los tiempos"—*Tracts for the Times*—por lo cual el movimiento se conoce también como "tractarianismo". El primero de esos tratados fue publicado en el

1833 por el teólogo de Oxford John Henry Newman (1801-90), quien a la postre se convirtió al catolicismo romano y llegó a ser cardenal. Empero muchos de los miembros del movimento continuaron siendo anglicanos leales, y dentro de esa iglesia desarrollaron y fomentaron una forma de piedad religiosa que encontraba profundo valor en las tradiciones doctrinales, rituales y devocionales de la iglesia, al tiempo que continuaba siendo protestante en su perspectiva fundamental.

P

Pacifismo. La postura de los cristianos que sostienen que la violencia, y en particular la guerra, se oponen a las enseñanzas de Jesús y a la voluntad de Dios, y que por lo tanto los creyentes deberían abstenerse de toda forma de violencia. No cabe duda de que la primera iglesia fue pacifista, y que en ella se prohibía que los cristianos fuesen soldados. Ya para fines del siglo segundo había algunos cristianos dentro del ejército romano, y varios teólogos—particularmente Tertuliano (c.155-c.220)—escribieron contra tal práctica. Por la misma época el filósofo pagano Celso criticó al cristianismo argumentando que si todos los romanos se volviesen cristianos nadie defendería al Imperio—a lo que Orígenes (c.185-c.254) contestó que en tal caso los enemigos del Imperio también serían cristianos, y no habría necesidad de defensa militar. Para la fecha en que el Imperio comenzó a apoyar el cristianismo, a principios del siglo cuarto, ya había numerosos cristianos en el ejército. Y en el siglo quinto, bajo el emperador Teodosio II, sólo los cristianos podían ser soldados. Luego, la actitud de la iglesia hacia la guerra y el servicio militar había hecho un giro de 180 grados, de tal modo que ahora se justificaba la actividad militar acudiendo a los principios de la "→guerra justa".

Durante la Edad Media, quienes más frecuentemente intentaron retornar a las doctrinas y prácticas pacifistas fueron grupos disidentes tales como los →albigenses, los →valdenses y los →husitas. En los casos de los albigenses y de los husitas, sendas cruzadas contra ellos llevaron a muchos de sus seguidores a abandonar su anterior pacifismo.

En tiempos de la Reforma, algunos →anabaptistas adoptaron posturas pacifistas, mientras otros acudieron a la violencia para promover y defender sus opiniones. Desde el principio, Menno Simons (1496-1561) y sus seguidores, ahora conocidos como →menonitas, fueron pacifistas. Las guerras de religión del siglo diecisiete llevaron a muchos a adoptar posturas pacifistas—entre ellos, los →cuáqueros y los hermanos. El pacifismo también fue adoptado por Martin Luther King (1929-68) en la lucha por los derechos civiles, y en el movimiento en busca de la independencia de la India por Mahatma Gandhi, quien declaró que en este punto había aprendido mucho de Jesús.

Aunque algunos grupos pacifistas rechazan toda participación en la sociedad civil en general, temiendo que tal participación inevitablemente les llevará a la actividad violenta, otros han hecho de la no violencia una práctica de resistencia como instrumento activo para el cambio social. Quienes practican y defienden tal resistencia sostienen que, atrayendo la violencia sobre sí mismos, la desenmascaran y con ello comienzan a deshacer las dimensiones malignas y ocultas de la violencia.

Pacto. →Alianza.

Pacto, teología del. →Federal, teología.

Palabra de Dios. Aunque en su uso común en el día de hoy la frase "Palabra de Dios" es prácticamente sinónima con las →Escrituras, su sentido en realidad es mucho más amplio. En la Biblia misma, tanto en los primeros versículos del Cuarto Evangelio como en el Apocalipsis (19:13), la Palabra o →Logos de Dios no es otra que la Segunda Persona de la →Trinidad, quien se ha →encarnado en Jesucristo. La Biblia no se refiere a sí misma como "la Palabra de Dios"—aunque algunos profetas declaran que lo que han hablado es "la Palabra del Señor"—pero sí dice que la Palabra o Verbo es el que existía en el principio con Dios. Por ello y por varias otras razones, en buena parte del debate trinitario temprano muchos preferían hablar de la Segunda Persona como el Verbo, Logos o Palabra de Dios, más bien que como el Hijo.

En el Cuarto Evangelio, y en la doctrina ortodoxa cristiana, la Palabra o Verbo de Dios está eternamente presente con Dios, y participa en la →creación de todas las cosas. Literalmente, se nos dice que "por él todo cuanto ha sido hecho fue hecho, y sin él nada de lo que ha sido hecho fue hecho". Esto corresponde a la historia de la creación en Génesis, donde Dios crea mediante su habla: "Sea .... y fue ...". Luego, la función de la Palabra de Dios no se limita a comunicar ideas, principios o mandamientos. La Palabra de Dios es Dios mismo en acción, creando y efectuando lo que Dios pronuncia. Esto implica que, aunque en el sentido estricto la Palabra de Dios no es otra que Dios mismo, hay cierto sentido en que se le puede aplicar también a los instrumentos o medios que Dios crea para hablar y para producir lo que Dios pronuncia. El primero de estos es las Escrituras mismas, y es por esa razón que se ha vuelto común referirse a ellas como la Palabra de Dios. En las Escrituras, la Palabra de Dios se llega a nosotros—la misma Palabra o Verbo por quien todas las cosas fueron hechas, y por quien todas las cosas siguen siendo hechas. Resulta claro que sobre este punto no todos los cristianos concuerdan, puesto que algunos piensan que las Escrituras dan testimonio del Verbo o Palabra, es decir, de Jesucristo, mientras que otros las ven como una colección →infalible de proposiciones y aseveraciones, no sólo acerca de Jesús, sino también acerca del mundo, su origen y funcionamiento, etc. (→Fundamentalismo). Por último, es necesario añadir que para muchos de los primeros escritores cristianos, así como para Lutero y la mayoría de los reformadores y para muchos teólogos hoy, la Palabra de Dios actúa también en los →sacramentos y hasta en el acto mismo de la predicación— lo que no quiere decir que el predicador sea infalible, sino que es un instrumento mediante el cual la Palabra de Dios cumple aquello para lo cual fue enviada.

Panenteísmo. Término acuñado por el filósofo K.C.F. Krause (1781-1832), derivado de las palabras griegas que significan "Dios en todas las cosas" para diferenciar su posición del →panteísmo. Mientras en este último el universo es Dios, según el panenteísmo, aunque todas las cosas participan de la naturaleza divina, esta naturaleza no se limita a la totalidad de las cosas. Luego, Dios es inmanente al universo, que es divino; pero Dios es también trascendente, pues existe más allá del universo en su totalidad. El mismo término se ha empleado también para describir las posiciones de los filósofos de →proceso Alfred N. Whitehead (1861-1947) y Charles Hartshorne (1897-2000). Este último empleó la relación entre una persona y su cuerpo como ejemplo de la relación entre Dios y el universo: así como el cuerpo es parte de la persona, pero no es la persona toda, así también el universo se relaciona con Dios.

Pansiquismo. La idea según la cual todas las cosas en el universo tienen cierto grado de conciencia. Tales opiniones eran comunes en el mundo antiguo, cuando era común pensar que los planetas y otros cuerpos celestiales tenían almas, y que los fenómenos naturales—por ejemplo, el que una roca cayese—se explicaban en términos de la conciencia de las cosas involucradas en esos fenómenos—en el caso del ejemplo dado anteriormente, la conciencia de la piedra que busca caer. Tales ideas han aparecido repetidamente en la historia del pensamiento occidental, y Tomás de Aquino (1225-1274) explícitamente las rechazó y refutó. Fueron reafirmadas por algunos en el siglo diecinueve, y pueden verse tendencias semejantes en la afirmación de Teilhard de Chardin (1881-1955), en el sentido de que todas las cosas se mueven hacia un nivel superior de conciencia.

Panteísmo. La teoría que sostiene que Dios es el universo en su totalidad. Difiere del →pantenteísmo por cuanto este último no piensa que el universo agote el ser de Dios, sino más bien que, al tiempo que todo cuando existe es divino, Dios mismo va más allá del universo. Varios teólogos y místicos cristianos han adoptado posturas panteístas, o al menos se han acercado a ellas. Esto ha sido particularmente cierto de aquellos teólogos que han aceptado la teoría →neoplatónica, que todo cuanto existe es emanación de lo divino. Un ejemplo de ello es Juan Escoto Erigena (c. 810-770). Entre los místicos, algunos como Meister Eckhart (c.1260-1327) han sido acusados de panteísmo, aunque en realidad parecen haberse acercado más al pantenteísmo. En la filosofía moderna, el sistema panteísta clásico es el de Baruch Spinoza (1632-77), quien afirmó que todo cuanto existe es una sola substancia, y que el pensamiento y la materia no son sino atributos de esa substancia divina—substancia que bien puede tener otros atributos que no somos capaces de percibir.

Paracleto. →Espíritu Santo.

Paraíso. Palabra al parecer de origen persa que se introdujo en la literatura de Israel y más tarde en el griego de la Septuaginta y del Nuevo Testamento. En su uso persa original, se refería a un jardín cercado y lleno de placeres, y es en ese sentido que la Septuaginta lo emplea para hablar del huerto de Edén. A partir de ese uso, la literatura rabínica y luego la cristiana comenzaron a referirse al lugar de bienaventuranza reservado para los fieles como el "Paraíso". Los teólogos medievales creían que el Paraíso o Edén era un lugar en la tierra, y por lo tanto muchos antiguos mapas incluyen su supuesta localización geográfica. Por otra parte, la frecuente identificación del Paraíso con el →cielo, y el modo en que se entendía el cielo mismo, implicaban que el Paraíso final será superior al Edén original, y no idéntico a él.

Paradoja. Palabra de origen griego cuyas raíces quieren decir "contra la opinión común", y que se usa en la literatura para referirse a aseveraciones cuya aparente contradicción señala hacia una realidad más profunda—como cuando se habla de "una dulce amargura", o de "salvar la vida perdiéndola". En la filosofía antigua, la misma palabra se utilizaba para referirse a aquellos puntos en que la lógica parece contradecir los hechos. En la famosa paradoja de Zenón, puesto que el espacio es infinitamente divisible, el movimiento parece ser lógicamente imposible. En el campo de la teología, fue empleado por Søren Kierkegaard (1813-55), y después por la →neoortodoxia, para insistir en que todo lenguaje acerca de Dios no es más que una aproximación, y nunca alcanza a describir la naturaleza y actividad divinas. Según esta opinión, al corazón mismo de la fe cristiana se encuentra lo que Kierkegaard llamó "el escándalo de la particularidad", que señala que la acción de Dios encarnándose en un ser humano particular, en un tiempo y lugar particulares, tiene importancia universal para toda la humanidad, en todos los lugares y tiempos.

Parusía. Palabra de origen griego que significa "llegada" o "presencia", y que se utiliza generalmente en la teología cristiana para referirse a la "segunda venida" de Cristo (→Escatología). Aunque la iglesia más temprana esperaba el retorno próximo de Jesús, según ese retorno fue demorándose surgieron diversas posiciones. Algunos pretendían explicar la demora declarando que no se habían cumplido todavía todas las condiciones necesarias para la parusía. Así, por ejemplo, algunos sostienen que Cristo no regresará hasta que el Evangelio no sea predicado a toda nación, y por lo tanto se han dedicado a traducir el Nuevo Testamento a toda lengua posible, con la esperanza de acelerar la parusía. Siguiendo líneas semejantes de pensamiento, otros piensan que Jesús no volverá hasta que Israel sea restaurado a sus máximas fronteras bíblicas, y por lo tanto apoyan el sionismo extremo, no porque sientan respecto particular hacia el judaísmo, sino más bien porque creen que haciéndolo abren el camino para la parusía—cuando, según esperan, los judíos verán cuán errados estaban. La demora de la parusía llevó a otros a tratar de determinar la fecha del regreso de Jesús, desarrollando entonces docenas de esquemas cuyo error se ha mostrado repetidamente. Otros han respondido a la demora de Jesús declarando que la parusía es sólo un símbolo para la venida del →Reino, que está siendo establecido actualmente por la actividad cristiana sobre la tierra. Por último, la mayoría de los cristianos a través de todos los tiempos ha sostenido que, al mismo tiempo que el regreso de Jesús en gloria es parte de la esperanza cristiana, no nos toca a nosotros descubrir cuándo esto ha de tener lugar y mucho menos nos toca acelerar esos acontecimientos. Lo que hemos de hacer es más bien vivir ahora como quienes de veras esperamos que nuestro Señor reinará, y que el Reino de paz y de justicia vendrá.

Patripasionismo. Nombre que sus opositores les dieron al →modalismo y al →sabelianismo, sobre la base de que si no hay distinción real entre el Padre y el Hijo se llega a la conclusión de que el Padre sufrió en Cristo. De ahí la palabra "Patripasionismo".

Patrística. Disciplina que estudia los escritos, vida y teología de los "padres de la iglesia"—término que también incluye varias "madres". A la teología de esa época se le da el título de "teología patrística". No hay consenso en cuanto a cuándo termina la era patrística. Algunos la extienden hasta el siglo doce, afirmando que termina con el comienzo del →escolasticismo. Otros la limitan a los primeros ochos siglos de la historia cristiana. La mayoría de los documentos que la patrística estudia están en griego y en latín, aunque también hay documentos importantes en siríaco, copto, armenio y otras lenguas antiguas. Los libros que discuten la fecha, contenido y propósito de los escritos patrísticos responden al nombre de "patrologías".

Patronato Real. Se refiere a los privilegios y responsabilidades que los papas le dieron a la corona española respecto a las iglesias que iban surgiendo en las "Indias". El *Padroado* portugués se refiere a arreglos semejantes respecto a la corona portuguesa y sus colonias. Cuando el Hemisferio Occidental fue "descubierto" por Europa, los papas estaban demasiado involucrados en la política europea y en los ideales del Renacimiento para tomar sobre sí la carga de la enorme tarea misionera que se abría ante sus ojos. Por ello una serie de bulas papales—particularmente de Alejandro VI, quien fue papa del 1492 al 1503—colocaron la responsabilidad de tal obra misionera sobre los hombros de las potencias coloniales, a cuyos soberanos se les dio el "Patronato Real" sobre la iglesia que iría surgiendo en sus colonias. Según estos arreglos, la corona era responsable por todo el trabajo misionero, recibiría los diezmos y ofrendas, y cubriría todos los gastos de la iglesia. (Cuando estas bulas se promulgaron, Europa todavía no sabía del oro de México y del Perú.) Las potencias coloniales tenían el derecho y la obligación de establecer diócesis y parroquias, de fundar conventos y monasterios, de determinar quién podía entrar a sus colonias como misionero, y hasta de "presentar" al papa aquellos candidatos a quienes el papa entonces nombraría como obispos para las iglesias en las colonias.

El resultado neto de todo esto fue que las iglesias fundadas en las colonias eran brazo de la política colonial, y su vida se determinaba por decisiones en la metrópoli más bien que en Roma.

En tiempos de la independencia de la mayor parte de la América Latina, en el siglo diecinueve, este arreglo le acarreó serias dificultades

a la Iglesia Católica Romana, puesto que las naciones recién fundadas reclamaban para sí todos los antiguos derechos y privilegios de la
corona, y Roma no estaba dispuesta a permitirles nombrar sus propios
obispos. El resultado neto fue que hubo diócesis que permanecieron
vacantes por largo tiempo.

Pecado. La barrera que separa a los humanos de Dios, y que se inter-
pone entre quienes somos y quienes Dios desea que seamos. Aunque
en el lenguaje común un "pecado" es cualquier acción contra las
prácticas de la sociedad, la mayoría de la tradición cristiana ha estado consciente de que el pecado es tanto una acción como una condición. Como acción, el pecado es la violación consciente de la voluntad de Dios, y por tanto es posible hablar de "pecados" en el
plural, y clasificarlos según diversos criterios. Esto es lo que generalmente se conoce por "pecado actual"—una acción o actitud que se
rebela contra lo que se sabe ser la voluntad de Dios. Empero, en su
sentido más profundo el pecado no es una acción ni una actitud, sino una condición, un estado en que los humanos se encuentran apar-
tados de Dios y por tanto entre sí y del resto de la creación. Esto es
parte de lo que se indica por el →pecado original—una condición en
la que todos nacemos y de la cual no podemos librarnos por nosotros
mismos. Esta visión del pecado se encuentra en la base misma del
contraste entre el →agustinianismo y el →pelagianismo. Pelagio tendía
a pensar de los pecados como acciones o decisiones contra la voluntad de Dios, y por tanto insistía en que es posible no pecar. Para
Agustín, en contraste, el pecado es un estado, una condición en la que
los pecadores se encuentran, y de la cual no pueden librarse por sus
propios esfuerzos. En tal condición, los humanos tienen libertad para escoger entre diversas opciones; pero todas ellas son pecado—como diría Agustín, el humano *non posse non peccare*.
La →redención es la acción por la cual Dios en Cristo vence al pecado, y por lo tanto cada interpretación de la obra de Cristo se relaciona con un énfasis diferente o con una dimensión particular respecto
al pecado. Si, por ejemplo, el pecado consiste en desobedecer la ley
de Dios, y por tanto deberle satisfacción a Dios, la obra de Cristo se
verá como el pago de la deuda que resulta del pecado humano. Si el
pecado consiste en la enajenación psicológica o emocional de Dios,
entonces la obra de Cristo consistirá principalmente en dar un ejemplo, mostrar el camino y proveer inspiración y guía. Si, por último, el
pecado consiste en una forma de esclavitud o sujeción a la muerte y
al poder del pecado mismo, entonces Cristo será el conquistador que
vence los poderes que oprimían a la humanidad. De manera semejan-

te, muchos teólogos de la →liberación hoy ven el pecado como una realidad inextricablemente relacionada con las diversas formas de opresión, y por tanto Cristo viene a ser el liberador.

A pesar del consenso, que el pecado es una condición antes de volverse acción, los teólogos no siempre han estado de acuerdo en cuanto al grado en que el pecado corrompe la naturaleza humana. En este contexto, la doctrina →calvinista de la →depravación total insiste en que las consecuencias del pecado son tales que no sólo toda acción humana lleva el sello del pecado, sino que ni siquiera podemos discernir correctamente entre una acción buena y una mala. Es sólo mediante la →gracia—gracia irresistible—que tenemos verdadera conciencia de la profundidad de nuestra condición pecaminosa. En contraste con esto, la mayoría de los teólogos medievales—y con ellos el catolicismo →tridentino—al tiempo que afirman que el pecado es una condición, tienden a centrar su atención sobre el pecado como acción. Tal acción puede ser externa, en el caso de una acción física, o también interna, en el caso de actitudes de pecado. Dada tal visión del pecado, estos teólogos le han prestado gran atención a la tarea de clasificar los pecados según su gravedad. Todo esto cobra particular importancia debido a las necesidades pastorales relacionadas con la administración del →sacramento de la →penitencia, cuando es necesario señalar un pago o →satisfacción adecuada por cada pecado. Por ello, los pecados pueden ser →mortales o veniales, según su gravedad. Otra tradición o clasificación de los pecados, que se remonta al menos hasta el siglo séptimo, ofrece una lista de siete "pecados mortales", en contraste con las siete →virtudes. Estos siete pecados son el orgullo, la avaricia, la lujuria, la envidia, la glotonería, la ira y la desidia. Es importante señalar que en buena parte de toda esta discusión el pecado se ve esencialmente como un problema individual, y que las dimensiones sociales del pecado, que tienen un lugar tan importante en la Biblia, por largo tiempo han quedado eclipsadas bajo sus dimensiones más privadas, particularmente las que tienen que ver con la →sexualidad.

Pecado mortal. En la teología católica, un pecado tan grave que aparta al pecador de Dios al punto de que quien muere sin que tales pecados le hayan sido perdonados, es decir, muere en "estado de pecado mortal", resulta irremisiblemente condenado al →infierno. En contraste, los "pecados veniales" son o bien pecados menores o bien otros que se han cometido por ignorancia. El pecador que muere en "estado de pecado venial" va al →purgatorio antes de ser finalmente admitido al →cielo.

Por lo general, los protestantes han rechazado toda clasificación de pecado de esta índole, puesto que todo pecado separa al pecador de Dios, y todo pecado, no importa cuán grande o cuán pequeño, requiere la →gracia de Dios para ser perdonado.

Pecado original. La forma clásica de referirse al hecho de que el pecado es parte de la vida humana desde su nacimiento, y por tanto, más que acciones que cometemos, es una condición en la que vivimos. Se acostumbra establecer un contraste entre el pecado original y los pecados actuales, que son los que cada individuo comete por su propia cuenta. Aunque la visión más común del pecado original en la teología occidental ha sido que se hereda de Adán y Eva, en la iglesia antigua había varias maneras de entenderlo. En el siglo segundo, Ireneo creía que, puesto que Adán era la cabeza de toda la humanidad, en él literalmente toda la humanidad pecó. Por el mismo tiempo, Clemente de Alejandría sostenía que el pecado original, más que una herencia, es un símbolo que expresa el hecho de que todos los humanos pecan. Luego, para él el pecado original no era sino una expresión de la inevitabilidad del pecado actual. Unos años después de Ireneo y de Clemente, fue Tertuliano quien primero propuso entender el pecado original como algo que heredamos de nuestros primeros padres. Doscientos años más tarde, Agustín desarrolló la teoría del pecado original como herencia, y la relacionó con la →concupiscencia que según él se encuentra presente en el acto mismo de la concepción. En la teología contemporánea, se tiende a entender el pecado original como descripción de la condición en que todos los humanos nacen, que hace que el pecado sea inevitable aun antes que lo sepamos, y se relaciona frecuentemente con la insistencia en que el pecado, más bien que una acción, es la condición en que los humanos nacemos y morimos. →Pecado.

Pecado venial. →Pecado mortal.

Pelagianismo. La doctrina de Pelagio, monje erudito de vida santa y de origen británico que llegó a Roma hacia fines del siglo cuarto, y allí objetó a las doctrinas de Agustín acerca de la →gracia (→Augustinianismo), que le parecía menoscababan la obediencia cristiana a la →Ley de Dios, al hacer la →salvación depender completamente de la →predestinación de Dios y del don gratuito de la gracia. Aunque queda poco de los escritos de Pelagio, y por lo tanto es necesario reconstruir sus doctrinas basándose mayormente en los testimonios de sus contrincantes, al parecer Pelagio rechazaba la idea del →pecado original, afirmando que todos nacen en un estado de inocencia semejante al de Adán antes de la →caída. Además, el pecado no ha corrompido la naturaleza humana de tal modo que el pecador no pueda abstenerse de pecar, como Agustín sostenía. Al contrario, los pecadores tienen el libre →albedrío necesario para aceptar la gracia de Dios, y por lo tanto el →*initium fidei*—el inicio de la fe—se encuentra en la voluntad humana, y no en la gracia de Dios.

El pelagianismo fue rechazado repetidamente, primero por teólogos como Agustín y Jerónimo, y luego por el Concilio de Efeso (Tercer Concilio Ecuménico, 431), y por el Sínodo de Orange en el 529. Empero esto no significó que las opiniones de Agustín sobre la gracia y la predestinación fuesen aceptadas sin más discusión, puesto que los →semipelagianos todavía objetaban y a la postre, aunque el semipelagianismo también fue rechazado, se encontraron modos de suavizar las doctrinas de Agustín sobre estos asuntos.

Es por esta última razón que repetidamente quienes han intentado restablecer la doctrina agustiniana de la gracia y la predestinación han acusado a sus opositores de pelagianismo. Así, por ejemplo, Lutero pensaba que casi todos los →escolásticos eran pelagianos, los →calvinistas ortodoxos reunidos en Dordrecht acusaban a los →arminianos de pelagianismo, y los →jansenistas decían lo mismo acerca de quienes se les oponían.

Penitencia. Uno de los siete →sacramentos tradicionales de la Iglesia Católica Romana, generalmente conocido como "confesión"—aunque en realidad incluye mucho más que el acto de confesar los pecados—y, después del Segundo Concilio Vaticano, como la →"reconciliación de los penitentes". Tradicionalmente, el sacramento de la penitencia incluye el arrepentimiento sobre el pecado (→Contrición; →Atrición), una acción por la cual se reconoce o se confiesa el pecado, y obras de arrepentimiento que sirven de castigo o pago (→Satisfacción) por el pecado que se ha cometido y confesado. Debido a las relaciones entre el término "penitencia" y la idea de castigo, a veces el término "penitencia" se refiere, no a la práctica sacramental como un todo, sino sólo a este último elemento.

Resulta claro que en la iglesia antigua se acostumbraba confesar los pecados públicamente ante la congregación. En ocasiones esto se hacía detalladamente, confesando pecados específicos, y en otras ocasiones en términos más generales. Los pecados más graves, tales como la idolatría, la fornicación y el homicidio, llevaban a la →excomunión del pecador, quien entonces venía a formar parte de los "penitentes" hasta el momento en que hubiese hecho penitencia suficiente por su pecado. Cuando se cumplía este último requisito, se recibía oficialmente al penitente en la comunidad de fe, y se le volvía a admitir a la comunión.

Al parecer en la primera iglesia tal arrepentimiento se permitía sólo una vez, y el proceso de ofrecer satisfacción duraba largo tiempo— en ocasiones toda la vida. Empero, según la práctica de la penitencia fue evolucionando, y la confesión de pecados se hizo más detallada, también se hizo más común la confesión en secreto, en la que se confesaban los pecados ante el sacerdote. Desde el siglo quinto, y originalmente en la iglesia celta, se comenzaron a producir "libros penitenciales" que servían de guía para los sacerdotes que oían confesiones. Estos libros incluían las preguntas que se debían hacer al pecador, así como la penitencia o castigo que cada pecado requería. También por razones de conveniencia se cambió el orden original y lógico de los elementos del rito, de modo que se hizo costumbre que el sacerdote declarase la →absolución del pecador en el momento de hacer confesión, y que se considerase que tal absolución dependía de que el pecador cumpliese con la penitencia prescrita. Según fue avanzando la Edad Media, se hizo común sustituir una forma de penitencia por otra. Alguien que no podía ir en una peregrinación que se le había ordenado podía realizar obras especiales de caridad cerca de su casa, o podía proveer los recursos para que otra persona fuese en su lugar. Tales conmutaciones de penas a la postre se llamaron "→indulgencias". En tiempos de la Primera Cruzada, el papa Urbano II proclamó una "indulgencia plenaria" para estimular a las gentes a unirse a la empresa. Luego se hizo común darles indulgencias especiales a los peregrinos que iban a Roma en ciertos "años santos". A la postre, la venta de indulgencias se volvió importante fuente de ingresos para la iglesia, y fue el factor precipitante en la protesta de Lutero.

Pensamiento positivo. La doctrina de Norman Vincent Peale (1898-1993), popular predicador y autor según el cual no debía uno dejarse sobrecoger por los obstáculos y las dificultades, que con la ayuda de Dios se pueden vencer mediante el "pensamiento positivo". Desentendiéndose por lo general del poder y universalidad del pecado, tanto en sus dimensiones individuales como sociales, Peale afirmaba que mediante sus técnicas del pensamiento positivo, la autoayuda y el descanso emocional era posible alcanzar la felicidad.

Pentecostalismo. El nombre que comúnmente se le da a un amplio movimiento surgido principalmente de las iglesias de →santidad y, a través de ellas, del avivamiento →wesleyano o →metodista. Como estos precursores, la mayor parte de los pentecostales siguen el →arminianismo y defienden el libre →albedrío. Aunque casi todos aceptan la doctrina →trinitaria tradicional, hay una rama del movimiento que la rechaza, en parte porque la doctrina de la Trinidad no se encuentra en las Escrituras, y por ello insisten en bautizar sólo "en el nombre de Jesús".

La marca característica de este movimiento es la creencia en una experiencia posterior a la conversión semejante a la "segunda bendición" del movimiento de santidad, pero que consiste en el derramamiento del →Espíritu Santo sobre el creyente—lo cual, especialmente al principio del movimiento pentecostal, se consideraba una "tercera bendición" más allá de la conversión y de la santificación. Tal derramamiento se manifiesta en señales externas, de las cuales la más común es hablar en lenguas (→Glosolalia). Estas lenguas pueden ser idiomas que el creyente que las habla desconoce, o también lenguas "místicas" o "angélicas" cuyo sentido es misterioso.

Otros dones extraordinarios del Espíritu incluyen la sanidad y la profecía. Por esta razón, es común en la adoración pentecostal apartar un tiempo para orar por los enfermos, frecuentemente con imposición de manos y unción con aceite. También es frecuente que en el servicio pentecostal se le permita hablar a cualquiera que diga haber recibido una "palabra del Señor" para la congregación, o también para dar un testimonio de lo que Dios ha hecho en sus vidas.

Aunque es cierto que los pentecostales tienden a ser literalistas en su interpretación de la Biblia, no es exacto llamarles "fundamentalistas". El →fundamentalismo fue una reacción consciente contra las posturas →liberales, particularmente en cuanto a la interpretación de la Biblia. En contraste con esto, la mayor parte de los pentecostales en diversas partes del mundo no tienen idea alguna de que ha existido el liberalismo, y por tanto no están reaccionando contra él, sino sencillamente leyendo e interpretando el texto en lo que podría llamarse una interpretación "inmediata" o "inocente".

También se piensa comúnmente que la característica principal del pentecostalismo es su adoración emotiva. No hay duda de que el culto pentecostal permite una expresión más libre de las emociones de lo que sucede en otros servicios cristianos. Empero lo que constituye el verdadero pentecostalismo no es tanto su adoración como su teología, al insistir en el bautismo del Espíritu Santo como una experiencia que va más allá de la conversión.

El movimiento mismo comenzó en los Estados Unidos a principios del siglo veinte. Aunque hubo antes otros movimientos de glosolalia, el avivamiento del 1906 en una iglesia en la calle Azusa en Los Angeles se considera el comienzo del movimiento. En unos pocos años, se había esparcido por todos los Estados Unidos y más allá, al punto que para el fin del mismo siglo el pentecostalismo era la rama del cristianismo que más crecía en todo el mundo, y en varios países sus miembros eran más numerosos que los de las otras iglesias.

Perfección. Aunque en la teología tradicional se llama "perfecto" a lo que no puede mejorarse ni cambiarse, tal no ha sido siempre el caso de los teólogos cristianos. Así, por ejemplo, Ireneo y otros teólogos de lengua griega en fecha temprana afirmaban que Adán y Eva fueron creados perfectos, pero también que eran "como niños": se esperaba que creciesen y se desarrollasen en justicia. En tal perspectiva, la perfección es algo mucho más dinámico que en su entendimiento más tradicional, pues permite el crecimiento y el desarrollo.

El lugar de la "perfección" en la vida cristiana se ha debatido mucho, especialmente a partir de Juan Wesley (1703-91) y los primeros →metodistas, quienes insistían en la necesidad de predicar la perfección o la "entera →santificación" como meta de la vida cristiana. Tal perfección no es algo que uno alcance por sí mismo, sino un don de Dios, de igual modo que la salvación es don de Dios. El propio Wesley no creía que tal santificación completa fuese cosa común, y en sus escritos sólo menciona unos pocos nombres como ejemplos de tal posibilidad. Pero al mismo tiempo insistía en que si se deja de predicar la perfección como meta de la vida cristiana hay el peligro de que los creyentes dejen de esforzarse por alcanzarla.

Al mismo tiempo, Wesley expresó bien claramente que la perfección no implica completa libertad del pecado y del error, sino sólo del pecado cometido a propósito contra la voluntad de Dios que nos es conocida. Es además ante todo "perfección en el amor", más bien que en obedecer ciertas reglas o prohibiciones. Aun quienes han recibido este don sin par han de continuar avanzando hacia la perfección—en lo que se ve el eco de las opiniones de los antiguos teólogos griegos que Wesley conocía bastante bien.

Según el →wesleyanismo fue desarrollándose tras la muerte de Wesley, hubo algunos que pensaron que la tradición metodista estaba abandonando el énfasis de Wesley sobre la santificación, y particularmente sobre la entera santificación. Tal insatisfacción con la dirección que el metodismo iba tomando llevó al surgimiento del movimiento de →santidad.

Pericoresis. →Circumincesión.

Perseverancia. En contextos teológicos, este término generalmente se refiere a la "perseverancia de los santos". Tal doctrina, que parece haber sido propuesta primeramente por Agustín (354-430), sostiene que quienes han sido predestinados para la salvación perseverarán hasta el fin, a pesar de toda tentación y fracaso. Esto es a la vez corolario de la doctrina de la →predestinación y cuestión pastoral, puesto que la doctrina de la perseverancia les da a los creyentes la →seguridad de su salvación, y les libra de la constante preocupación por ella. Tanto Lutero como Calvino concordaban con Agustín en este punto, y así lo afirmó el Sínodo de Dordrecht (1818- 19), que definió la perseverancia de los santos como una de las características esenciales del →calvinismo ortodoxo. Esta postura fue rechazada por los →arminianos, tanto porque se fundamentaba en un entendimiento de la predestinación que no podían aceptar, como también porque tal doctrina parecería invitar a los creyentes a la complacencia. Sobre este punto, Wesley y toda la tradición surgida de él (→Metodistas; →Santidad, movimiento de; →Pentecostalismo), rechazaron el calvinismo ortodoxo, insistiendo que siempre existe la posibilidad de "caer de la gracia".

Persona. Término cuyo sentido ha cambiado drásticamente en tiempos modernos, y que por ello frecuentemente dificulta nuestra comprensión de algunas de las fórmulas teológicas antiguas. En el uso de hoy, una "persona" es un individuo consciente. Luego, cuando los escritores modernos hablan de un Dios "personal", lo que quieren decir es que Dios se relaciona con nosotros como de persona a persona, que Dios ama, tiene misericordia, etc. Por la misma razón, cuando leemos de "Dios en tres personas" (→Trinidad), tendemos a pensar en términos de tres centros individuales de conciencia, y por tanto de tres dioses.

En la teología antigua empero el término "persona" tenía un sentido distinto. Fue introducido en el lenguaje trinitario y →cristológico por Tertuliano, quien al parecer lo entendía de manera semejante al modo en que hoy los abogados se refieren a una "persona jurídica". Varios individuos unidos en una corporación se vuelven una sola persona jurídica, y un individuo con varias corporaciones es más de una persona. Al traducir este término en griego, había dos opciones: *prosopon* e *hipóstasis*. La primera se refería a la máscara que un actor llevaba en el teatro, y por tanto sería semejante a lo que hoy llamamos un "papel". En una misma comedia, un solo actor podía ocupar diversos papeles, y por tanto tener varios *prosopa*. La otra posible traducción, *hipóstasis*, es un término filosófico que literalmente quiere decir subsistencia, o lo que hace que algo exista. La mayoría de la iglesia de habla griega pronto rechazó el término *prosopon* a favor de *hipóstasis*. Luego, en los contextos trinitario y cristológico una "persona" no es un centro de conciencia, como en el uso de hoy, sino que es más bien un principio eterno de subsistencia dentro de la divinidad.

Personalismo. Nombre que se le da en filosofía a cualquier sistema que centre su atención sobre el valor de las personas como modo de entender e interpretar la realidad. En el campo de là teología, el personalismo es la tendencia teológica que prevaleció en la Universidad de Boston hacia fines del siglo diecinueve bajo la dirección del teólogo →metodista Borden Parker Bowne (1847-1910), y continuada luego por Edgar S. Brightman (1884-1953). Logró gran popularidad en los círculos teológicos norteamericanos durante la primera mitad del siglo veinte, y bien podría decirse que es la forma típica que el →liberalismo tomó en Norteamérica. Como toda otra teología de tendencias liberales, el personalismo subrayaba la creatividad humana y su capacidad para el bien, y tendía a prestarle menos atención al poder del →pecado como estado de corrupción de la naturaleza humana.

Pietismo. Movimiento que surgió en Alemania bajo la dirección de Philipp Jakob Spener (1635-1705), mayormente como reacción contra el →escolasticismo protestante, y que buscaba despertar y desarrollar la fe personal de los creyentes. Por lo general se señala el 1625 como el inicio del movimiento, puesto que fue en esa fecha que Spener publicó su importante libro *Pia desideria*. Allí expresaba seis "deseos píos" que se volvieron el programa del pietismo. El primero de ellos era que los cristianos debían organizarse en pequeños grupos para estudiar las Escrituras en un espíritu de devoción. Puesto que Spener les dio a estos grupos el nombre de "colegios de piedad" este primer punto del programa, junto al título mismo del libro, le dieron al movimiento el nombre de "pietismo". En segundo lugar, Spener expresaba el deseo de que la doctrina común del →sacerdocio universal de los creyentes se hiciese efectiva confiándole al →laicado la dirección de los pequeños grupos de piedad. Tercero, esperaba que los creyentes fuesen allende su visión del cristianismo como un conjunto de doctrinas, y llegasen a experimentarlo como fe viviente. Como consecuencia de este tercer punto, el cuarto era que las controversias entre cristianos siempre tuviesen lugar en un espíritu de amor. Los puntos cinco y seis tenían que ver con el pastorado de la iglesia: el primero era que los pastores recibiesen educación en cuanto a las tradiciones devocionales del cristianismo y en la práctica de dirigir a su rebaño, además de la teología y otras cuestiones académicas que para entonces se estudiaban; y el sexto, que el púlpito dejase de ser un lugar para disquisiciones teológicas sobre puntos oscuros y detallados, y recuperase su función de inspirar, instruir y alimentar a los discípulos.

Aunque los seis puntos de Spener no incluían la labor misionera, pronto el pietismo fue conocido por su deseo de compartir su fe con otros, y fue por tanto una de las principales fuentes del movimiento misionero moderno entre protestantes.

Platonismo. En el sentido estricto, la filosofía de Platón, quien vivió en Atenas en el siglo cuarto antes de Jesucristo. Empero, más comúnmente se emplea el término para referirse a toda una larga tradición filosófica que ha impactado profundamente a la teología cristiana. En el período patrístico, el platonismo tomó la forma del →neoplatonismo, y como tal impactó profundamente a la escuela →alejandrina de teología, y a la postre se hizo sentir en toda la tradición teológica. En el siglo diecisiete, un grupo conocido como los "platonistas de Cambridge" intentó utilizar la filosofía platónica para mediar entre el →puritanismo y los elementos más tradicionales de la Iglesia de Inglaterra. Semejantes impactos pueden verse a través de toda la historia.

Al tiempo del advenimiento del cristianismo, Platón y su maestro Sócrates eran altamente respetados por la élite intelectual grecorromana, y su filosofía había penetrado buena parte de la cultura popular de la cuenca del Mediterráneo. Por ello, cuando se criticó a los cristianos como gente inculta que enseñaba una doctrina extraña e irracional, muchos respondieron intentando construir puentes entre el cristianismo y el platonismo, para así hacer ver que buena parte de las enseñanzas del cristianismo eran semejantes a lo que habían dicho antes Platón y otros sabios (→Apologética). Al tiempo que esto sirvió para presentar el cristianismo de una manera más aceptable, también resultó en una reinterpretación platónica de varias doctrinas cristianas, particularmente en lo que se refiere a Dios, la esperanza cristiana, y el modo en que el conocimiento se adquiere. En cuanto a la doctrina de →Dios, algunos cristianos pronto se percataron de que buena parte de lo que Platón había dicho acerca de la Idea Suprema del Bien y del origen del mundo podía emplearse para defender tanto el →monoteísmo como la doctrina de la →creación. En el diálogo *Timeo*, Platón se había referido a una Idea Suprema del Bien, absolutamente impasible, y a un ser intermedio o demiurgo que creó el mundo inspirado por la Idea Suprema. Usando estos temas, los cristianos comenzaron a identificar a Dios con esa Idea Suprema, y también a hablar de la creación como Platón lo había hecho. Esto llevó a una visión de

Dios como impasible, impersonal y distante, y de quien creó al mundo como un ser que, aunque existía antes y aparte del mundo mismo, es menos que el Ser Supremo. Tales opiniones se encuentran tras los debates que tuvieron lugar bastante después durante la controversia →arriana.

En segundo lugar, respecto a la esperanza cristiana, la idea de Platón según la cual había un mundo superior de realidades eternas por encima de este mundo de sombras pronto se unió a la doctrina cristiana del →cielo o del →Reino de Dios, y la doctrina platónica de la →inmortalidad del alma vino a ocupar el lugar de—o a afirmarse junto a—la doctrina cristiana de la →resurrección del cuerpo. Luego, lo que antes había sido esencialmente la esperanza de una victoria de Dios en el futuro se fue transmutando a la esperanza de dejar el mundo presente y pasar al de la eternidad.

Por último, la doctrina platónica del conocimiento (→Epistemología), con su desconfianza de los datos de los sentidos, dominó en la teología cristiana desde el siglo cuarto hasta el trece. Puesto que Platón explicaba la posibilidad del conocimiento sobre la base de la →preexistencia de las almas, y los cristianos pronto rechazaron tal preexistencia, la alternativa que resultó fue la teoría →augustiniana de la →iluminación.

Pneumatología. Con un nombre que se deriva del griego *pneuma* (espíritu, viento, aliento) y *logos* (discurso, estudio, palabra, tratado), la pneumatología es la parte de la teología que se dedica a la doctrina del →Espíritu Santo. (Esto puede producir alguna confusión, porque a veces en la antropología filosófica se habla de la "pneumatología" como lo que se refiere al espíritu o alma humana.)

La pneumatología ha sido descuidada en buena parte de la teología tradicional, y recibe especial atención en el siglo veintiuno, en parte como resultado del enorme crecimiento e impacto del →pentecostalismo.

Pneumatomacos. →Macedonios.

Pobreza. El tema de la pobreza y los pobres surgió a la superficie de la teología cristiana durante la segunda mitad del siglo veinte, cuando diversas teologías de la →liberación, así como el desarrollo de ciertas formas extremas del capitalismo liberal, atrajeron la atención hacia la desigualdad en los niveles de vida en todo el mundo. La tradición cristiana siempre ha sostenido que la pobreza, en el sentido literal de carecer de los recursos necesarios para la vida tales como el alimento, el abrigo, el vestido, etc. no es resultado de la voluntad de Dios, sino del pecado—aunque no necesaria ni exclusivamente el pecado de los pobres. En la literatura →patrística, por lo general se habla de la pobreza como el resultado de la riqueza extrema y el uso egoísta del poder por parte de algunos, y se exhorta repetidamente a los cristianos a compartir de sus bienes con los necesitados. Durante la Edad Media, tales exhortaciones no eran tan radicales como lo fueron antes, y por lo tanto se limitaban a invitar a los ricos a darles limosnas a los pobres. Después de la Reforma, según el capitalismo se fue desarrollando, se popularizó la idea según la cual los pobres lo son como resultado de sus propias decisiones, de su desidia, y de su falta de creatividad, mientras que los ricos lo son gracias a sus propias buenas cualidades. La visión antigua según la cual la riqueza y la pobreza extremas son dos caras de la misma moneda fue abandonada a favor de una interpretación diferente, según la cual los pobres sencillamente se han quedado rezagados mientras los ricos han avanzado hacia el progreso y sus beneficios. La desigualdad entre las naciones se expresaba de manera semejante, diciendo que algunas eran "desarrolladas" y otras "subdesarrolladas". Fue en reacción contra tales opiniones, y contra la desigualdad creciente en el mundo, que las teologías de la liberación, así como la crítica →postcolonial se desarrollaron, con lo cual hicieron de la pobreza y de la dependencia desigual temas importantes para la discusión teológica.

Aunque a través de la historia el cristianismo ha deplorado y tratado de mitigar la pobreza en ese sentido, hay otro sentido en que la pobreza ha sido alabada y recomendada. Esto es lo que se llama frecuentemente la "pobreza voluntaria" del →monasticismo. En la teología medieval tal pobreza voluntaria es uno de los →consejos de perfección, pues no tiene el carácter obligatorio de los mandamientos, pero es sin embargo un camino hacia un nivel más elevado del discipulado. Una de las características del monasticismo que ha permanecido relativamente constante a través de sus diversas variantes es la centralidad de la pobreza voluntaria. Tal pobreza voluntaria frecuentemente se ha inspirado en la idea de que es más fácil para los cristianos dedicar sus vidas a Dios si no están demasiado sobrecargados de posesiones. Muchos monásticos han visto las posesiones como obstáculo a la contemplación, y han escogido una vida de extrema sencillez como conducente a la contemplación. Otra razón para la pobreza voluntaria ha sido lo que muchos reformadores a través de los tiempos han llamado "la libertad de la iglesia": si la iglesia y sus dirigentes tienen pocas posesiones, y no se preocupan por ellas, esto les hará más difícil a los gobernantes seculares imponerle su voluntad a la iglesia. La historia del monaquismo incluye una larga serie de intentos de reformar esa institución volviendo a una regla de pobreza estricta, pues una y otra vez el éxito y el prestigio mismo de los movimientos monásticos los han enriquecido.

Una de las invitaciones más radicales a la pobreza voluntaria surgió en el siglo trece, cuando la economía monetaria estaba volviendo a cobrar auge en la Europa occidental, tras largos siglos de una economía de canje. Figura principal en esto fue San Francisco de Asís (c.1182-1226), y a él se unen los fundadores de otras órdenes mendicantes. Francisco mismo insistió siempre en que ni los frailes como individuos ni la orden como tal debían poseer nada. Cuando tal regla fue suavizada por decreto pontificio, el resultado fue una aguda división entre los franciscanos moderados y los más radicales.

El movimiento mendicante también llevó a fuertes debates teológicos, particularmente en la Universidad de París, donde aquellos maestros que no tenían votos de pobreza se sentían amenazados por los recién llegados franciscanos y dominicos. Como resultado de esos debates, se decidió a la postre que la imitación de la "pobreza de Cristo", aunque es recomendable, no ha de esperarse de todos los cristianos, y tampoco de todos los clérigos y otros dirigentes de la iglesia. Tal ha sido la postura de la Iglesia Católica Romana desde entonces. Por su parte, los protestantes, al rechazar la distinción entre los mandamientos y los consejos de perfección, frecuentemente han olvidado los antiguos llamados a la pobreza voluntaria y al compartimiento de bienes, con el resultado de que a veces la riqueza se ve como señal clara del favor divino.

Polisemia. Derivado del griego *poly* (muchos) y *semeion* (señal o sentido), la polisemia se refiere por lo tanto a la variedad de sentidos que pueden encontrarse en un símbolo o texto—en particular, en el campo de la teología, en los pasajes bíblicos. Desde fecha relativamente temprana teólogos tales como Orígenes (c.185-c.254) han afirmado que los textos bíblicos tienen una variedad de sentidos. En el caso de Orígenes, se trataba de una jerarquía de sentidos, de modo que mientras más se asciende en espiritualidad, mejor se entiende el texto. Aparte de tales opiniones, tradicionalmente se ha pensado que la polisemia es un defecto, semejante a la ambigüedad. Empero en tiempos más recientes, según los eruditos se han percatado del impacto del lector y de su localización social y experiencia sobre la lectura de un texto (→lector, crítica de la respuesta del), y especialmente bajo el impacto de la →postmodernidad, la polisemia se ve, no sólo como inevitable, sino también como el resultado positivo de leer el texto desde una variedad de perspectivas, de tal modo que en lugar de hablar de una variedad de sentidos mutuamente excluyentes se habla de una "agregación" al sentido de un texto gracias a la polisemia.

Positiva, teología. El nombre que comúnmente se le daba, a mediados del siglo veinte, a la teología basada en la →revelación y las declaraciones autorizadas de la iglesia, más bien que en la →razón y la experiencia común. Contrasta entonces con la teología →natural.

Positivismo. El pensamiento de Auguste Compte (1798-1857) y de sus seguidores, quienes sostenían que en la interpretación del mundo la humanidad ha progresado de una fase "teológica", en la que las explicaciones se basaban en los dioses y su voluntad, a una etapa "metafísica", en la que las explicaciones se basaban en la supuesta naturaleza de las cosas, y de allí a una etapa final o "positiva", en la que se dejan a un lado las conjeturas a favor de la observación empírica estricta. Por extensión, a veces el término "positivismo" se le aplica a cualquier sistema que, sobre la base de un →empirismo radical, rechace la →metafísica, la teología y toda otra suerte de pensamiento que no se construya sobre la observación demostrable. Por algún tiempo, el "positivismo lógico" dominó buena parte de la escena filosófica, afirmando que las proposiciones *a priori* tales como las de las matemáticas y la lógica no proveen información alguna acerca del mundo actual, y que sólo las proposiciones *a posteriori*, basadas en la observación y verificación empíricas, proveen tal información. En consecuencia, disciplinas tales como la teología, la ética y la metafísica se descontaban, no como estrictamente falsas, sino sencillamente como carentes de pertinencia y de sentido. Empero hacia fines del siglo veinte el positivismo lógico fue criticado severamente por no aplicarse a sí mismo y a sus propios principios los mismos criterios escépticos que les aplicaba a otras disciplinas y sistemas teológicos.

Postvaticano. Término frecuentemente aplicado, a menudo como frase adjetival, a las prácticas y teologías del catolicismo romano después del Segundo Concilio Vaticano (1962-65). Se le contrasta frecuentemente con el catolicismo romano →tridentino, que cubre el período desde el Concilio de Trento (1545-63) al Segundo Concilio Vaticano. El catolicismo postvaticano tiende a mostrarse más abierto al papel del →laicado, con lo cual el →sacerdocio de todos los creyentes se torna más efectivo, y ve la iglesia, no tanto como una →jerarquía de prelados y sacerdotes, sino más bien como el pueblo peregrino de Dios (→Eclesiología). Esto se refleja en la →adoración de la iglesia, que se celebra ahora en el lenguaje vernáculo, con mayor participación laica, y en el acto de la consagración de la Eucaristía en el que el sacerdote mira de cara al pueblo. El catolicismo romano postvaticano también se muestra mucho más abierto hacia otras iglesias cristianas (→Ecumenismo), así como hacia otras religiones, y provee más espacio para la libertad religiosa, incluso en aquellos países que son mayormente católicos. Por último, su teología es mucho más misionera, pues intenta responder a las necesidades del mundo, y no se limita ya a las cuestiones más técnicas y →apologéticas que antes dominaban la teología católica romana.

Postcolonial, crítica. Una forma de crítica cultural que frecuentemente analiza textos literarios producidos en el contexto colonial, tanto por los colonizadores como por los colonizados. En los estudios bíblicos, el término se usa con una connotación a veces ligeramente diferente, pues se refiere al estudio del modo en que las relaciones coloniales han reforzado y justificado ciertas interpretaciones de la Biblia, así como el modo en que ésta ha de leerse ahora desde una nueva perspectiva postcolonial. En algunos casos, todo esto va unido a una discusión de los textos en el contexto de los antiguos imperios en que fueron producidos y canonizados (→Canon).

Postmilenialismo. La opinión de quienes piensan que el →milenio ha de venir antes de la →parusía, como preparación para ella. Por lo general, los postmilenialistas rechazan la idea de que el milenio vendrá sólo tras un gran mal, y que por lo tanto la maldad presente y creciente puede verse como el modo en que Dios prepara el camino para el milenio.

Aunque el →liberalismo clásico no se ocupó mucho del milenio, y rara vez habló de él (por lo que algunos le dieron el título de "amilenialista"), los →premilenialistas frecuentemente han dicho que los liberales son "postmilenialistas" porque muchos de ellos buscaban mejorar la sociedad y el mundo como si con ello esperasen traer el milenio. Ciertamente, dentro del liberalismo clásico se hablaba frecuentemente de "construir el →Reino", y hasta de "traer el Reino".

Postmodernidad. La nueva edad que según algunos ha surgido o está surgiendo según va pasando la →modernidad. Desde esta perspectiva, según el mundo se vuelve más pluralista la "metanarración" (es decir, el →mito básico que le da forma a una cosmovisión) de la modernidad está perdiendo poder. Mientras la modernidad se caracterizaba por un "optimismo epistemológico", creyendo que el conocimiento era una realidad objetiva y siempre creciente, que llevaría hacia la aceptación universal de sus descubrimientos, la postmodernidad se muestra escéptica ante toda metanarración, toda pretensión de objetividad o universalidad, y especialmente todo discurso político, literario o religioso que pretenda representar toda la realidad, o estar libre de toda perspectiva.

En el campo de la teología, la postmodernidad le ha abierto el camino a una cosmovisión que ya no ve el universo como un sistema cerrado de causa y efecto, sin lugar alguno para la actividad divina, como en el caso de la metanarración moderna. Por otra parte, al negar el valor de toda metanarrativa, la postmodernidad puede debilitar los intentos de corregir la injusticia o de promover la igualdad, puesto que tanto la justicia como la igualdad y otras ideas semejantes tienen poder solamente en cuanto forman parte de una metanarración generalmente aceptada.

Potencia. →Acto.

Potentia Dei absoluta. Parte de la distinción, que se originó en el siglo once, pero surgió a la superficie de la discusión teológica y filosófica hacia fines de la Edad Media, entre dos modos o niveles del poder de Dios: la *potentia Dei absoluta* y *la potentia Dei ordinata*—el poder de Dios absoluto y su poder ordenado. Este era un modo de escapar de las dificultades causadas por la idea de la →omnipotencia divina. Si Dios es omnipotente, ¿puede Dios actuar de modo contrario a la lógica? ¿Puede Dios cambiar los principios de la lógica? Según el poder absoluto de Dios, ciertamente puede. Pero Dios ha determinado que la divina omnipotencia funcionará sólo dentro de ciertos parámetros, y por lo tanto dentro de ellos, dentro del poder ordenado de Dios, Dios no puede cambiar los principios de la lógica. Juan Duns Escoto (c.1265-1308), por ejemplo, declaró que, bajo su *potentia absoluta* Dios no tiene que aceptar los →méritos de Cristo como infinitos, ni tiene que aplicárselos a la humanidad pecadora; pero, dentro de los parámetros de su *potentia ordinata*, Dios libremente ha determinado aceptar los méritos de Cristo como pago infinito por todo el pecado humano. Otros teólogos posteriores llevaron la distinción más lejos, afirmando que los argumentos acerca de la racionalidad de la encarnación de Dios en un ser humano eran válidos solamente según la *potentia ordinata* y no son por tanto absolutamente ciertos, pues Dios pudo igualmente decidir encarnarse en una bestia o en una roca.

Pragmatismo. Escuela filosófica que apareció en los Estados Unidos hacia fines del siglo diecinueve y principios del veinte, bajo la dirección, primero, de Charles Sanders Peirce (1839-1914), y después de

William James (1842-1910) y John Dewey (1859-1952). En reacción contra el idealismo de buena parte de la teología anterior, el pragmatismo afirmaba que el valor de una doctrina depende no tanto de su verdad como de su uso para la vida. Aunque tal no era el propósito de sus fundadores, en algunos círculos el pragmatismo a la larga se volvió la teoría que afirmaba que cualquier cosa que funcione y produzca los resultados apetecidos es aceptable, y que cualquier cosa que no produzca resultados tangibles carece de importancia. Es en este sentido que el término se usa generalmente hoy.

Praxis. Palabra griega que significa acción, actividad, hecho, esfuerzo, empresa, etc. En la teología contemporánea se usa comúnmente por los teólogos de la →liberación al insistir que no basta con hablar o creer la verdad, puesto que la verdad cristiana es siempre verdad en acción, verdad en hechos. Luego, la praxis es acción liberadora. Empero la praxis no ha de confundirse con el activismo, puesto que no toda acción es liberadora, y la praxis misma puede tomar la forma de resistencia o de reflexión liberadora. →Ortopraxis.

Presciencia. En la teología clásica, el aspecto de la →omnisciencia divina por el cual Dios conoce los acontecimientos que todavía no han tenido lugar y las cosas que todavía no existen. El concepto mismo ha sido muy debatido entre teólogos y filósofos, puesto que si Dios conoce todos los futuros contingentes (→Contingencia), no parecen ya ser contingentes, sino necesarios, y la libertad (→Albedrío) parece no ser más que una ilusión. Tomás de Aquino (c.1225-74) y otros entre los →escolásticos discutieron repetidamente cómo Dios puede conocer los futuros contingentes sin hacerlos necesarios. Algunos teólogos →reformados (en particular Beza, Zanchi, y más tarde algunos dentro del →escolasticismo reformado) utilizaron la presciencia divina como argumento para probar la doctrina de la →predestinación—con la consecuencia de que la predestinación se volvió →predeterminismo.

Predestinación. La doctrina según la cual Dios ha determinado de antemano quiénes han de recibir la vida eterna—en otras palabras, quiénes son los "elegidos" (→Elección). Aunque muchos teólogos que defienden la doctrina de la predestinación se niegan a decidir en cuanto a ello, otros afirman que la contraparte lógica también es cierta: que Dios ha determinado quién se condenará eternamente—en otras palabras, quién es "réprobo". Esta última posición se llama "predestinación doble", puesto que existe tanto una predestinación para la salvación, como otra para la çondenación.

No cabe duda que el término "predestinación" y muchos de sus derivados aparecen repetidamente en la Biblia, particularmente en la literatura paulina. Empero, fue San Agustín (354-430), en sus controversias con Pelagio y sus seguidores, quien primero desarrolló extensamente la doctrina de la predestinación (→Agustinianismo; →Pelagianismo; →Semipelagianismo). Agustín había quedado convencido a través de su propia experiencia que su justificación no se debía a su propia iniciativa (→Albedrío), sino más bien a la →gracia de Dios obrando en él. Estaba convencido de que las consecuencias del →pecado son tan grandes, que los pecadores no pueden por sí mismos hacer nada que no sea pecado. Sí tienen libertad, pero todas sus opciones son pecaminosas. Se requiere una intervención divina para capacitar al pecador a aceptar la oferta de salvación y vida nueva. Esta intervención no se puede deber a algo que el pecador haga o desee, sino única y sencillamente a la iniciativa divina. Sin la gracia de Dios, la humanidad no es más que una "masa de condenación". Si por nosotros fuese, en nuestro estado pecaminoso solamente podríamos rechazar la gracia de Dios. Pero la gracia de Dios es irresistible, y obra en el pecador para producir la conversión. Según Agustín diría, antes de que creamos la gracia Dios "opera" en nosotros para que podamos creer, y después "coopera" con nosotros para que podamos producir frutos dignos de Dios. Si la gracia es irresistible, y no todos creen, ello se debe a que Dios les concede gracia a unos, y no a otros. Esto lo hace Dios según su secreto consejo, sin razón particular alguna que tenga que ver con las acciones del pecador. De ahí la doctrina de la predestinación. En cuanto al número de los predestinados, Agustín llegó a especular que sería el mismo número de los ángeles caídos, y que el propósito de predestinar a algunos pecadores para la salvación fue llenar el número de los ejércitos angélicos, diezmado por el pecado.

Dejando a un lado esta última especulación, resulta claro que la doctrina de Agustín de la predestinación no es, como en otros casos, una deducción lógica de la →omnisciencia y la →omnipotencia divinas, ni de otras especulaciones sobre la naturaleza de Dios. Es más bien el resultado del ardiente deseo de Agustín de atribuirle la salvación sólo a Dios y a su gracia, y de asegurarse de que los creyentes no puedan reclamar que han creído porque son de algún modo mejores o más sabios que quienes no creyeron.

Aunque en teoría la doctrina de Agustín fue generalmente aceptada, en realidad se mitigó u ocultó lo suficiente para no crear demasiadas dificultades o reacciones. Sí fue tema de amargas controversias en tiempos carolingios, cuando el monje Gotescalco salió en defensa de la doctrina de Agustín en su forma más extrema, insistiendo en la predes-

tinación doble. La oposición fue tal que Gotescalco pasó el resto de sus días prisionero. Más tarde, la mayoría de los →escolásticos—incluso Tomás de Aquino (c.1225-74)—afirmaron la doctrina de la predestinación, pero siempre suavizándola, o colocándola en el trasfondo de modo que no afectase el modo en que se entendía el →*ordo salutis*.
Casi todos los reformadores, y ciertamente Lutero y Calvino, reafirmaron los puntos esenciales de la doctrina agustiniana de la predestinación. Para Lutero y para Calvino, como antes para Agustín, tal doctrina no es el resultado de la especulación sobre la naturaleza y el poder de Dios, sino más bien una expresión de la experiencia de salvación por la gracia de Dios, y solamente por la gracia. Este fue uno de los principales puntos de conflicto entre Lutero y Erasmo, quien argumentaba que la predestinación destruye la libertad y la responsabilidad. Empero, con el correr del tiempo la tradición →luterana, aunque continuó afirmando la predestinación, no la subrayó tanto como la →reformada. En el siglo diecisiete, la ortodoxia calvinista insistió a tal punto en la predestinación y sus doctrinas paralelas de la gracia irresistible, de la →perseverancia de los santos y la →expiación limitada (particularmente en su controversia contra el →arminianismo), que tales doctrinas vinieron a ser marca esencial del →calvinismo.
Por último, en el siglo veinte el teólogo reformado Karl Barth (1886-1968) expresó su desacuerdo tanto con Agustín como con Calvino sobre este punto, al mismo tiempo que sostenía cierta versión de la predestinación. Según Barth, la gran falla de las doctrinas tradicionales de la predestinación es que centran su atención sobre la salvación individual, y no en Jesús, quien es el centro de la teología y el Elegido. La doctrina de la predestinación significa que Jesucristo es tanto el Elegido como el Réprobo de Dios, por cuanto lleva los pecados de todos, y en él todos resultan electos. Aunque la doctrina de Barth sobre este punto no está completamente clara, se le ha acusado por ello de inclinarse hacia el →universalismo.

Predeterminismo. La doctrina según la cual todo cuanto sucede ha sido determinado de antemano. Ha de distinguirse claramente de la →predestinación, que se refiere sólo al destino final de las personas, y no a otros asuntos. El predeterminismo tiene una larga historia, puesto que lo sostuvieron muchos →estoicos, y en tiempos más recientes ha habido quienes han insistido en que, puesto que el universo es como una vasta maquinaria, en la que todo cuanto sucede es resultado de lo que sucedió anteriormente, todos sus movimientos y acontecimientos están predeterminados. Sin lugar a dudas, tal predeterminismo niega el libre →albedrío así como la responsabilidad humana.

A pesar de la importante diferencia entre el predeterminismo y la predestinación, en el fragor del debate algunos han tratado de defender esta última con argumentos que en realidad son predeterministas. Así, por ejemplo, el argumento que afirma que puesto que Dios es →omnisciente el futuro ya está determinado tiende a demostrar, no sólo la predestinación, sino también el predeterminismo. La mayoría de los teólogos que han defendido la doctrina de la predestinación han cuidado de no caer en el predeterminismo.

Preexistencia de Cristo. La →cristología ortodoxa por largo tiempo ha sostenido que el que se encarnó en Jesús existía antes de su nacimiento físico y terrenal. Quienes se oponen a tal enseñanza reciben comúnmente el nombre de "adopcionistas", lo cual indica que sostienen que Jesús fue un ser humano como cualquiera otro que fue adoptado como hijo de Dios. (Técnicamente, empero, el término "→adopcionismo" se reserva para la posición de ciertos teólogos españoles del siglo octavo que sí creían en la preexistencia de la Segunda Persona de la Trinidad, pero se negaban a llamarle "Hijo".)

En los grandes debates del siglo cuarto entre entre el →arrianismo y la fe →nicena, lo que estaba en juego no era la preexistencia de Cristo, en cuyo punto todos concordaban, sino su preexistencia *eterna*, y por lo tanto su plena divinidad, que los arrianos no aceptaban.

Preexistencia de las almas. La opinión según la cual las almas existen antes de nacer en el cuerpo que ahora tienen. Tales teorías aparecen en diversas religiones y frecuentemente se relacionan con la →transmigración de las almas, según la cual las almas pasan por un ciclo de encarnaciones sucesivas. En sus diálogos, Platón presenta a Sócrates explicando el conocimiento (→Epistemología) como el resultado de lo que el alma aprendió antes de nacer mediante la contemplación de las ideas del mundo puramente inteligible. Entre los cristianos, Orígenes (c.185-c.254) sugirió que al principio todas las almas eran "intelectos puros", y que el mundo físico fue creado como residencia provisional para las almas caídas. Las que cayeron más drásticamente son los demonios, y a la postre todas serán restauradas a su naturaleza primigenia como puros intelectos. Agustín coqueteó con la idea de la preexistencia de las almas por algún tiempo, pero a la postre la rechazó, como lo ha hecho la mayoría de la tradición cristiana a partir de entonces.

Premilenialismo. La posición que espera que el →milenio venga después de la →parusía, por lo general después de un tiempo de gran corrupción que se conoce como la "gran tribulación". Aunque el premilenialismo tiene antecedentes medievales, las posturas premileniales presentes comenzaron a desarrollarse a principios del siglo diecisiete, y aumentaron en popularidad, primero en Inglaterra y luego en los Estados Unidos, en el siglo diecinueve. Su sentido de que el milenio vendrá tras una gran tribulación frecuentemente lleva a los premilenialistas a desentenderse de las estructuras sociales y políticas del mal, o al menos a no resistirlas, sobre la base de que tal mal es inevitable como preparación para la venida del Señor. A fines del siglo veinte, había en los Estados Unidos dirigentes políticos que argumentaban que, puesto que el retorno de Cristo lo pondrá todo en orden, los cristianos no deben preocuparse mucho por la destrucción del medio ambiente, y deben sentirse libres para explotarlo en beneficio propio.

Presbiterianismo. El nombre que se les da a aquellas ramas de la tradición →reformada que se caracterizan por un gobierno "presbiteriano", es decir, un gobierno en el que los "ancianos" o "presbíteros", unidos en un cuerpo que frecuentemente se llama "presbiterio", ejercen las funciones de →obispo. El presbiterianismo se originó en Escocia, y allí se expandió hacia Norteamérica, Australia, Nueva Zelandia y otras tierras colonizadas por los británicos.

Presencia real. Afirmación de la presencia de Cristo en la →Eucaristía. Tal presencia real puede ser física, como el caso de la →transubstanciación o la →consubstanciación, o puede ser espiritual, como en el →virtualismo de Calvino. El término se usa comúnmente para excluir la postura de quienes sostienen que la presencia de Cristo es meramente simbólica, de modo que Cristo está presente porque los símbolos eucarísticos nos lo recuerdan. Empero, en algunos círculos que afirman la presencia real y física del cuerpo de Cristo en el pan y el vino consagrados, todo lo que no sea tal presencia física es considerado una negación de la presencia real.

Principio protestante. Frase acuñada por Paul Tillich (1886-1965) con la que se refería a la resistencia tradicional del protestantismo a darle autoridad final y absoluta a cualquier criatura, ya sea la iglesia, ya la jerarquía, o hasta la Biblia. La razón de esto es que Dios y su gracia exceden los límites de toda autoridad creada, y por lo tanto la fe es siempre →paradójica, pues sabe que su propio contenido no es realmente su objeto. Según Tillich, el "principio protestante" no se limita al protestantismo, ni siquiera al cristianismo, sino que es básico en toda fe auténtica. Obviamente, al así expresarse Tillich estaba describiendo su propio entendimiento del cristianismo, y descontando la fuerte tendencia en muchos círculos protestantes de darle a la Escritura precisamente la suerte de autoridad última que el "principio protestante" no debería permitir.

Probabilismo. Teoría propuesta por Bartolomé Medina (1528-80) al comentar sobre la *Summa theologica* de Santo Tomás en la Universidad de Salamanca. Medina le aplicó a la acción moral un principio que por largo tiempo había sido común en cuestiones teológicas. De igual modo que es lícito sostener una opinión probable aunque no se haya probado, también es lícito seguir una conducta probablemente correcta, aunque no se esté seguro de ello. Lo que es probable no es mandatorio, puesto que no se ha probado; pero el hecho mismo de que es probable quiere decir que es razonable, y por lo tanto aceptable.

Algunos moralistas posteriores extendieron el argumento de Medina afirmando que siempre que no se esté seguro de que una acción es pecaminosa es lícita, y por lo tanto el "probabilismo" se volvió sinónimo de la laxitud moral.

Procesión. Aparte de su uso litúrgico, en el que se refiere a una marcha, unas veces de celebración y otras de penitencia, hacia el altar o hacia algún centro de peregrinación, el término "procesión" se usa en la teología para referirse a la relación del →Espíritu Santo con las otras dos personas de la →Trinidad: según el Credo →Niceno, mientras el Hijo es "engendrado" por el Padre en lo que normalmente se llama "→filiación", el Espíritu "procede" del Padre. Fueron los grandes capadocios—Basilio de Cesarea, Gregorio de Nacianzo y Gregorio de Nisa—quienes primero intentaron establecer esta distinción, declarando que, mientras el Hijo es engendrado directamente por el Padre, el Espíritu procede "del Padre a través del Hijo", por →inspiración. En el Occidente, empero, Agustín y otros entendían de modo diferente la procesión del Espíritu Santo. Según esta postura, el Espíritu es el vínculo de amor que une al Padre y al Hijo. Esta diferencia se encuentra a la raíz de la controversia en torno al →*Filioque*, cuando la Iglesia Occidental alteró el Credo, añadiéndole la frase según la cual el Espíritu procede "del Padre y *del Hijo*".

Proceso, teología del. Escuela teológica del siglo veinte construida sobre los fundamentos de la filosofía del proceso desarrollada por Alfred North Whitehead (1861-1947). Dos de sus figuras prominentes fueron, en la primera generación, Charles Hartshorne (1897-2000) y en la próxima generación, John Cobb (1925-). La filosofía del proceso ve la realidad, no como una serie de objetos dados, sino como una serie de acontecimientos continuados. La realidad está constantemente viniendo a ser, y de ahí el nombre de "proceso". Los elementos fundamentales que producen la realidad son acontecimientos o, usando términos más técnicos, "ocasiones actuales". Estas ocasiones actuales son dirigidas por el principio más alto de toda la realidad, que es la creatividad.

Construyendo sobre tales cimientos, Hartshorne, Cobb y otros han desarrollado una teología que no ve a Dios como un ser estático, sino más bien como la ocasión actual que incluye todas las demás. Esto quiere decir que el mismo Dios también está viniendo a ser, que todavía no está completo o terminado. Dios es parte del proceso. También quiere decir que todas las otras ocasiones anteriores son parte de Dios. Empero, puesto que Dios trasciende la totalidad de las ocasiones del universo, este sistema no resulta ser →panteísta, sino más bien →panenteísta.

La teología del proceso considera que Dios es parte del universo, pero lo trasciende, continuando siempre su propio proceso. Esto implica que el futuro es desconocido e impredecible, hasta para Dios, quien va tomando forma según el futuro acontece. Es por esto que muchos teólogos han criticado a la teología del proceso. Por otra parte, esta teología ha ganado tierra fértil en otros círculos, particularmente porque implica que Dios puede verdaderamente responder a los acontecimientos, que Dios es libre, y que por tanto es posible hablar de Dios empleando la metáfora de una persona que responde a otra. Puesto que Dios se revela en todas las ocasiones actuales, todo es parte de la →revelación divina, y por tanto la teología del proceso frecuentemente tiene dificultades con la idea de una revelación especial. Por la misma razón, los teólogos del proceso tienden a ver a Jesús, no como Dios encarnado (→Encarnación), sino más bien como la más clara de las múltiples encarnaciones de Dios en todas las ocasiones actuales.

Profecía. Término griego que aparece en el Nuevo Testamento, así como en la antigua traducción griega del Antiguo Testamento—la Septuaginta. Por lo general se refiere a hablar en el nombre de Dios, bajo inspiración y mandato divino. En el Antiguo Testamento, los profetas pronuncian palabras de juicio, dirección y consuelo. En la iglesia antigua, hablaban en medio de la congregación, proclamando la palabra que Dios les había dado. Luego, la "profecía" en muchos casos era lo que hoy llamamos "predicación".

Aunque a veces el contenido de la profecía se refiere al futuro, tal no es siempre el caso. Los profetas pueden hablar del futuro en el sentido de prevenir a su audiencia del juicio inminente de Dios si no corrigen sus caminos, o de prometerles restauración después de un período de sufrimiento y castigo. También se refieren los profetas a la esperanza final de un tiempo de paz y justicia perfectas, de una nueva tierra y un nuevo cielo. Luego, sin descontar la dimensión de la profecía que se dirige en ocasiones hacia el futuro, es necesario corregir la idea común, según la cual la profecía en el sentido bíblico consiste en predecir el futuro, o en determinar un programa para los últimos acontecimientos (→Escatología).

La iglesia antigua, ante la necesidad de interpretar las Escrituras Hebreas en base a su experiencia de Jesucristo, hizo uso de la interpretación →alegórica y →tipológica, pero también interpretó algunos textos del Antiguo Testamento como anuncios proféticos de la venida de Jesús. Esto, y el influjo de un ambiente en el que los oráculos y adivinos eran comunes, le dio a la profecía un sentido cada vez más parecido al de esos oráculos y adivinos, al punto que hay cristianos que creen que todo lo que sea "profecía"—desde Isaías en el Antiguo Testamento hasta el Apocalipsis en el Nuevo—es un anuncio detallado de los acontecimientos futuros.

Propiciación. Una ofrenda o sacrificio que se le ofrece a la Deidad para evitar la ira divina, normalmente en expiación por algún pecado. En la tradición cristiana es común referirse a la muerte de Cristo como propiciación por los pecados de la humanidad. En la teología →tridentina, la →Eucaristía es un sacrificio propiciatorio que se ofrece ante Dios. El lenguaje de propiciación también se emplea frecuentemente en relación a la →penitencia. Empero en todos estos casos es importante recordar que, aunque se hable de la muerte de Cristo en términos de propiciación, es Dios quien ofrece el sacrificio, y por tanto la ira de Dios que ha de ser satisfecha es la contraparte del amor de Dios.

Prosopon. Palabra griega que originalmente se refería al rostro, o a veces a la máscara que los actores llevaban en el teatro. Puesto que en latín la palabra *persona* puede tener un sentido semejante, el uso de *persona* en la teología →trinitaria llevó a algunos teólogos de lengua griega a sospechar que los de lengua latina eran →modalistas, como si el Padre, el Hijo y el Espíritu Santo fuesen sólo tres máscaras o rostros de Dios. Una confusión semejante resultaba cuando los griegos usaban el término prosopon en el contexto →cristológico. A la postre, se decidió que la mejor manera de traducir la palabra latina *persona* al griego era →hipóstasis, y la palabra *prosopon* dejó de usarse.

Providencia. Aunque por lo general se entiende en el sentido de que Dios provee, la providencia implica mucho más. La palabra se deriva del latín *providere*, que significa ver de antemano. Por ello, en su uso clásico se refiere a veces al conocimiento previo que Dios tiene de las cosas. Empero en la mayor parte de los sistemas teológicos implica que Dios ve de antemano y por lo tanto mueve los acontecimientos hacia el propósito de la →creación. Es en este sentido que Calvino subraya la importancia de la providencia—énfasis que ha sido característico de toda la teología →reformada.

En algunos casos, la providencia se entiende de tal modo que implica que todo está predeterminado, de modo que no hay libertad (→Predeterminismo). Empero tal no es necesariamente el caso, puesto que es posible entender la divina providencia como el modo en que Dios cumple sus propósitos divinos, aun a pesar de y a través de las acciones de los pecadores.

Pruebas de la existencia de Dios. →Dios

Purgatorio. En la doctrina católica romana y →ortodoxa oriental, el lugar donde las almas de los difuntos van para ser purificadas y prepararse para ser admitidas al →cielo. En la literatura →patrística aparece con relativa frecuencia la idea de que los creyentes que al morir no están listos para la presencia divina han de pasar por un proceso de purificación antes de ser admitidos a esa presencia. Orígenes (c.185-c.254) y otros se refieren a una purificación por la que el alma ha de pasar "como por fuego". Agustín (354-430) sugiere la posibilidad de que exista un lugar para quienes mueren en estado de →gracia, pero no están listos para ir al cielo. Pronto lo que Agustín propuso como posibilidad se volvió la doctrina común de la iglesia y sus dirigentes, quienes entonces comenzaron a sistematizar la idea del purgatorio, y su lugar preciso en el orden de salvación (→*Ordo salutis*). Según la doctrina proclamada en los Concilios de Lyon (1274) y Florencia (1439), el purgatorio es un lugar de castigo temporal (es decir, no eterno) y purificación, de tal modo que las almas en el purgatorio a la postre serán admitidas al cielo. En el Occidente, pero no en el Oriente, la doctrina fue definida con más claridad en el Concilio de Trento (1545-63), que siguiendo a Tomás de Aquino (c.1225-1274) distinguió entre la culpa y la pena por el pecado. Aunque la culpa queda borrada por la gracia de Dios, la pena permanece, y es esto lo que se paga en el purgatorio.

La idea del purgatorio se relaciona estrechamente con las misas y oraciones por los difuntos, para que sean librados del purgatorio y se les admita al cielo. Las →indulgencias que se vendían en tiempos de la Reforma también se suponía que librasen al alma del purgatorio.

Los reformadores rechazaron la idea misma del purgatorio, principalmente porque se fundamenta en la →salvación por las →obras y no por la gracia. Esto les llevó entonces a rechazar también las oraciones por los muertos, puesto que quienes ya están en el cielo no necesitan oraciones, y quienes están en el →infierno no recibirán provecho alguno por ellas—aunque en alguna literatura patrística temprana se habla de oraciones por los muertos.

Puritanismo. Aunque en el lenguaje corriente la palabra "puritano" tiene connotaciones de rigorismo moral, en su sentido estricto el puritanismo fue un movimiento que surgió en Inglaterra durante la segunda mitad del siglo dieciséis y la primera del diecisiete. Su propósito era "purificar" de todas las prácticas papistas, particularmente en lo que se refiere al culto y al gobierno de la iglesia, y de este modo restaurar el cristianismo "puro" del Nuevo Testamento—de donde se deriva el nombre de "puritanismo". El movimiento llevó a la revolución armada, a la reorganización de la Iglesia de Inglaterra bajo un gobierno de tipo →presbiteriano, a la Asamblea de Westminster, y a la ejecución del rey Carlos I en 1649. Tras la restauración de la monarquía, el Acto de Uniformidad del 1662 resultó en la deposición de aproximadamente dos mil ministros puritanos. Desde largo tiempo antes, muchos puritanos habían huido del país, y algunos a la postre se establecieron en Nueva Inglaterra.

Aunque la mayoría de los puritanos prefería el sistema presbiteriano de gobierno, había entre ellos también congregacionalistas, bautistas e independientes, así como grupos más radicales en lo social como los "niveladores", los →místicos "buscadores" (Seekers), que buscaban la inspiración directa del →Espíritu, y los apasionadamente →escatológicos "Hombres de la quinta monarquía".

Q

Quietismo. En el sentido general, cualquier doctrina que sugiera que el papel de los humanos en su relación con Dios es de absoluta pasividad—pasividad que se refleja en una actitud semejante respecto a la vida en la sociedad. Empero, en el sentido estricto, el término "quietismo" se refiere a un movimiento iniciado por el místico español Miguel de Molinos (c.1640-97), cuya *Guía espiritual* propugnaba la pasividad total ante Dios. Todo lo que alma ha de hacer es esperar que Dios actúe. Las acciones morales o aun devocionales nada pueden hacer para acercar al alma a Dios. La oración ha de ser una actitud de silencio más bien que de habla o expresión, una actitud de paciente espera más bien que de petición. El quietismo—a veces llamado también "molinismo"—se esparció por toda Italia, donde Molinos había vivido, y particularmente en Francia, donde Madame de Guyon (1648-1717), en su *Breve y fácil método de oración* popularizó las doctrinas de Molinos. Como parte de su devoción pasiva, los quietistas frecuentemente se desentendían de los →sacramentos de la iglesia, y por esta y otras razones fueron fuertemente criticados por los jesuitas y otros dirigentes eclesiásticos. El movimiento fue declarado herético por el papa Inocente IX en el 1687.

R

Racionalismo. Término cuyo sentido exacto depende casi completamente de su contexto. Por lo general, se refiere a cualquier sistema de pensamiento o metodología de investigación que emplee la →razón como la medida final de la verdad. Empero esto puede entenderse de muchas maneras diferentes. Los →escolásticos de la Edad Media, y en el siglo diecisiete los escolásticos protestantes, desarrollaron sistemas altamente sistemáticos y racionales, pero tales sistemas se fundamentaban en última instancia sobre las doctrinas aceptadas de la iglesia y sobre la autoridad de la →revelación, y no exclusivamente sobre argumentos racionales. El →deísmo es una clase distinta de racionalismo, pues rechaza todo intento de apelar a la autoridad revelada y trata de desarrollar una "religión natural" que sea completamente racional y evidente a cualquier persona que piense. La crítica de Kant a la razón, que socavó los argumentos de los deístas así como de otros, puede considerarse una forma de racionalismo, aunque el propio Kant quería en buena medida mostrar los límites de la razón. Muchos teólogos →liberales del siglo diecinueve fueron también racionalistas por cuanto buscaban desarrollar una interpretación del cristianismo que pudiese expresarse y defenderse en términos racionales.

Rapto. Tema común en la →escatología →premilenialista. Se fundamenta en Primera de Tesaloniscenses 4:15-17, y afirma que la iglesia será "raptada" para unirse a Cristo cuando venga la →parusía. Entre quienes se preocupan por el rapto y el orden de los acontecimientos finales, hay tres opiniones divergentes en cuanto al orden cronológico entre el rapto y la "gran tribulación". Los "postribulacionistas" sostienen que la iglesia será parte de la gran tribulación, y que solamente tras esa tribulación será llevada a unirse con Cristo. Los "pre-tribulacionistas" creen que el rapto vendrá antes de la gran tribulación, y que la iglesia por tanto no pasará por las pruebas y dolores de esa tribulación. Por último, los "mesotribulacionistas" creen que el rapto vendrá durante la gran tribulación, después que surja el →Anticristo, pero antes de las grandes pruebas y castigos.

Razón y fe. La cuestión del papel de la razón en la fe se ha debatido a través de toda la historia cristiana. A principios del período →patrístico, ya encontramos quienes pensaban que la →revelación cristiana no tiene nada que ver con la razón—por lo menos con la razón filosófica—y otros que sostenían que hay una conexión o continuidad entre ambas.

Ejemplo típico de la primera de esas tendencias fue Tertuliano (c.155-c.220), algunos de cuyos dichos al respecto se han hecho famosos: "¿Qué tiene que ver Atenas con Jerusalén? ¿Qué tiene que ver la academia con la iglesia?" Y, "ha de creerse, porque es absurdo". (Esta última frase no quería decir que la irracionalidad sea la razón para aceptar algo, sino más bien que algunas cosas que los cristianos saben no pueden comprenderse, y por tanto no dejan otra alternativa que creer en ellas.) Aun antes de Tertuliano, Taciano había sostenido posiciones semejantes. Tales posturas podían hasta reclamar para sí la posición de San Pablo en sus famosas palabras de que la locura divina es mayor que la sabiduría humana. Esta actitud ha persistido a través de los tiempos, tomando diferentes formas. A veces aparece, por ejemplo, relacionada con el →misticismo, que en ocasiones afirma que sus experiencias y visiones sobrepasan la razón y la lógica. En el siglo diecinueve, Søren Kierkegaard (1813-55) adoptó una postura semejante contra la influencia predominante del →racionalismo →hegeliano.

La segunda tendencia puede ilustrarse con Justino Mártir (?-c.165), Clemente de Alejandría (c.150-c.215) y Orígenes (c.185-c.254), quienes concordaban entre sí en que la →Palabra o Verbo que se encarnó en Cristo fue la misma Palabra que ilumina a todos los que vienen a este mundo, y cuya sabiduría por tanto reflejan los filósofos de antaño (→Alejandrina, teología; →Logos). Para ellos, la estructura racional tanto del universo como de la mente es parte de la creación de Dios, y por tanto sirve de preparación para el Evangelio. Luego, hay una continuidad esencial entre la fe y la razón, y entre la filosofía y la teología.

Aunque el impacto de la segunda de estas tendencias fue tal que buena parte de la doctrina cristiana vino a entenderse en términos filosóficos (→Neoplatonismo), especialmente a través de la influencia de Agustín (354-430) y del falso Dionisio el Areopagita (c.500), por lo general la temprana Edad Media siguió la tendencia de Tertuliano, dándole prioridad a la fe y dedicándole poco esfuerzo a la especulación racional y filosófica—con la importante diferencia de que, mientras Tertuliano creía que había un conflicto entre la filosofía y la teología, la Edad Media por lo general estaba poco consciente de tales posibles conflictos, pues se estudiaba poco la filosofía. La excepción más notable fue Juan Escoto Erigena (c.810-877), cuyas especulaciones extremadamente neoplatónicas le llevaron a un →panteismo →monista que la mayoría de sus contemporáneos rechazaron.

Fue en el renacimiento intelectual que tuvo lugar en el siglo doce que la cuestión de la fe y la razón surgió de nuevo a la superficie, cuando un número de eruditos comenzaron a aplicarle la "→dialéctica"— esencialmente, la lógica →aristotélica—a cuestiones teológicas. Figura prominente en esa empresa fue Pedro Abelardo (1079-1142), y la enemistad de Bernardo de Claraval (1090-1153) contra él se debió principalmente al uso que Abelardo hacía de la razón a fin de explorar cuestiones en las que Bernardo estaba convencido que la fe bastaba. Como parte del mismo renacimiento intelectual, y poco antes de los conflictos entre Bernardo y Abelardo, Anselmo de Canterbury (1033-1109) combinó la fe con la razón de una manera que sería típica de los grandes tiempos de la Edad Media. El propósito de Anselmo era aplicarles la razón a las cuestiones de la fe, no porque pensase que sin la razón no podía creer, sino más bien porque estaba convencido de que pensar acerca de lo que se ama es expresión de ese mismo amor. Como él mismo lo expresó en una oración, "No busco, Señor, penetrar tus profundidades, con las cuales no puedo comparar mi mente; pero sí deseo en alguna medida entender tu verdad, que mi corazón cree y ama." Y entonces concluye: "No busco entender para creer, sino que creo para entender." Luego, el famoso argumento →ontológico de la existencia de Dios, y la discusión de Anselmo sobre la razón para la →encarnación y sobre la racionalidad de la →expiación de Cristo no son realmente intentos de probar estas doctrinas, sino más bien intentos de entenderlas mejor con la razón.

En el siglo trece, estas cuestiones se complicaron debido a la introducción a Europa occidental de varios de los escritos de Aristóteles que habían quedado olvidados por largo tiempo, y que llegaron frecuentemente unidos a las obras de sus comentaristas musulmanes, en particular Averroes (1126-98) (→Averroísmo). Pronto la postura filosófica de esos escritos vino a ser vista en muchos círculos como el punto culminante de la filosofía y la razón. La antigua →epistemología, fundamentada sobre presuposiciones →platónicas y →neoplatónicas, fue fuertemente cuestionada. La nueva filosofía retaba muchas de las doctrinas cristianas, tales como la de la →creación →*ex nihilo*, haciéndolas aparecer como contrarias a la razón. Algunos argumentaban que la filosofía y la razón han de tener primacía por encima de la teología y la fe. A la postre algunos buscaron evitar conflictos con las autoridades eclesiásticas declarando lo que según ellos era la doctrina de Averroes de una "doble verdad", de tal modo que lo que es cierto en el campo de la filosofía puede no serlo en la teología. Otros reaccionaron rechazando la mayor parte de la nueva filosofía.

Fue entonces que Tomás de Aquino (c.1225-74) produjo su imponente síntesis en la que empleaba la lógica y la metafísica aristotélicas, y sin embargo afirmaba también la libertad de la teología para fundamentar su trabajo, no sobre la metafísica, sino sobre la revelación. Según Tomás, todo lo que es necesario para la salvación, Dios lo ha revelado. Tales verdades están igualmente disponibles tanto a los más sabios como a los más ignorantes, y esto por revelación divina. De otro modo, la salvación sería a través del conocimiento filosófico. Empero, algunas de esas verdades que Dios ha revelado también son alcanzables mediante la razón (por ejemplo, la existencia de Dios), mientras otras, tales como la →Trinidad y la →encarnación, sólo pueden conocerse a través de la revelación y la fe. Estas verdades no son racionales en el sentido de que la razón pueda demostrarlas. Pero tampoco son contrarias a la razón. Si en algunos casos parece que la razón las contradice, ello se debe a que la razón ha sido mal empleada. Tal es el caso, por ejemplo, de la negación por parte de algunos filósofos de la creación *ex nihilo*. En tales casos, la fe nos advierte que los filósofos han errado, y de ese modo invita a los filósofos a estudiar de nuevo sus argumentos, para encontrar los errores o las falacias que les hayan descarriado.

Aunque para Tomás las verdades que sólo pueden conocerse mediante la fe son sólo unas pocas, el número de tales verdades fue creciendo según la Edad Media fue avanzando. A la postre, Guillermo de Ockham (c.1280-c.1349) declaró que la razón natural no puede saber cosa alguna acerca de Dios. En tales cuestiones, la razón y la teología no pueden mostrar más que una posibilidad o probabilidad.

Lutero estudió bajo filósofos que concordaban con Ockham en este punto. Por ello, no ha de sorprendernos que hablase de la "cochina razón" como la causa de muchos errores en teología, y que insistiese en la prioridad de la revelación por encima de la razón. Por otra parte, Calvino, Melanchthon y varios otros reformadores habían sido adiestrados en el →humanismo que había surgido como parte de un intento de sobreponerse a algunas de las características negativas de los tiempos finales de la Edad Media, y por lo tanto se mostraban más positivos hacia la razón, no como fuente de verdad religiosa, pero sí ciertamente como instrumento para entender, organizar y aplicar la verdad revelada.

Los adelantos científicos que han tenido lugar desde la Reforma, unidos a la Guerra de los Treinta Años y otras atrocidades cometidas en nombre de la religión, llevaron a muchos intelectuales europeos a una postura cada vez más racionalista. René Descartes (1596-1650) estaba dispuesto a negar cualquier cosa que no pudiese demostrar por medios indubitables, y por lo tanto construyó un sistema que pretendía ser puramente racional y no depender de la revelación o de cualquier otra autoridad externa. En la Gran Bretaña, la tradición →empiricista siguió un camino paralelo, aunque fundamentaba sus conclusiones, no sobre la razón pura pensando sobre sí misma, como lo hacía Descartes, sino más bien sobre la observación de los fenómenos y las experiencias. El resultado fue una serie de sistemas que afirmaban ocuparse de los temas tradicionalmente religiosos sobre bases puramente racionales (→Racionalismo). De estos diversos sistemas, el que logró mayor auge fue el →deísmo, que frecuentemente se presentaba a sí mismo como una defensa del cristianismo, pero estaba dispuesto a defender solamente aquellos elementos de la fe cristiana que se pudiesen demostrar mediante la razón, y que por tanto pudieran reducirse a una "religión natural" que sería aceptable para cualquier persona pensante en cualquier cultura o fe.

Todo este proceso se detuvo por la obra de Emmanuel Kant (1724-1804) y su *Crítica de la razón pura*, donde mostró que la razón, en lugar de sencillamente reflejar lo que las cosas son, en realidad es partícipe activo del conocimiento, pues obliga a todo cuanto percibe a ajustarse a sus propios moldes y categorías. Esto hizo imposible pretender que la "razón pura" pudiera dirigirse con sentido alguno a temas tales como Dios y otras cuestiones tradicionales de la teología.

Una vez que la razón había quedado destronada como medio para demostrar la religión y sus doctrinas, quedaban en esencia tres alternativas. La primera de esas alternativas—que fue la que Kant mismo siguió—fue fundamentar la religión en algo que no fuese la razón. Kant sostenía que ciertos principios religiosos, tales como la existencia de →Dios y la →inmortalidad del alma, han de fundamentarse, no en la "razón pura", sino más bien en la "razón práctica" que es el fundamento mismo de la ética con que se vive. Más tarde, Schleiermacher (1768-1834) sostuvo que la sede de la religión no es el conocimiento o la razón, ni tampoco la acción o la ética, sino el "sentimiento de dependencia absoluta".

La segunda alternativa tras la crítica de Kant era fundamentar la religión en la revelación, y dejar a un lado todo intento de justificarla o de probarla sobre la base de la razón o la filosofía. Tal fue el camino generalmente seguido en el siglo diecinueve por Kierkegaard, y en el veinte por Karl Barth (1886-1968).

La tercera alternativa era concordar con Kant en cuanto al papel activo de la mente en el conocimiento, y argumentar entonces que tal es la naturaleza misma de todas las cosas y acontecimientos, que no son más que el desenvolvimiento de la mente o razón cósmica. Tal fue el camino propuesto por Hegel (1770-1831) y sus seguidores.

Más recientemente, los trabajos de Karl Marx (1818-83) y Sigmund Freud (1856-1939) han mostrado que la mente no es tan objetiva como la →modernidad pretendió, pues los factores sociales y psicológicos, a veces sin que el pensador mismo lo sepa, impactan y le dan forma a la razón y sus procedimientos.

El resultado ha sido una tendencia creciente hacia el escepticismo respecto a toda pretensión de la razón de ser "universal" u "objetiva", y esto a su vez ha llevado a la postura más crítica respecto a la razón moderna que es característica de la →posmodernidad.

Realismo. En lo que se refiere a la naturaleza de los →universales, la posición que afirma que son reales. Esta postura en filosofía tiene consecuencias teológicas. Por ejemplo, si la realidad de todos los individuos humanos está en su naturaleza común más bien que en su individualidad, la doctrina del →pecado original y su impacto sobre toda la humanidad no presenta dificultad alguna, y también resulta más fácil comprender cómo la muerte y resurrección de una sola persona, Jesús, pueden servir para todas. De igual modo, el realismo tiende a ver la iglesia como una realidad celestial, representada en la tierra por una →jerarquía, mientras que la posición contraria, el →nominalismo, tiende a ver la iglesia como la comunidad de los creyentes (→Eclesiología).

El realismo extremo cree que lo universal es más real que lo particular, y que por tanto los universales más inclusivos son los más reales. La consecuencia inevitable es el →monismo y el →panteísmo.

Recapitulación. También *anakephalaiosis*. Literalmente, colocar algo bajo una nueva cabeza. Por ello, en la teología →patrística "recapitular" no significa, como hoy, resumir, o repetir brevemente. Se refiere más bien a la obra de Cristo al venir a ser la cabeza de una nueva humanidad. El término, que aparece en Efesios, fue ampliamente usado por Ireneo (murió c.202) y otros. Dentro de su marco de referencia teológico, Adán es la cabeza de la vieja humanidad, y en él todos hemos pecado. Para deshacer esa obra de Adán, Jesús se ofrece como nueva cabeza. La idea de la →iglesia como el "cuerpo de Cristo" ha de entenderse literalmente. Puesto que Cristo ha conquistado el pecado, y puesto que vive, los creyentes, como miembros de su cuerpo, también conquistarán el pecado, y también vivirán.

Puesto que la recapitulación involucra crear de nuevo a la humanidad bajo una nueva cabeza, buena parte de la obra de →redención consiste en deshacer la →caída de la primera creación, y por lo tanto Ireneo y toda la tradición que subraya la recapitulación ven muchos puntos paralelos entre la historia de Adán y la de Jesús. Adán fue tentado a través de una mujer, quien era todavía virgen; Jesús fue traído al mundo por una virgen madre. Adán fue derrotado a través de un árbol; Jesús ganó su victoria por el árbol de la cruz. La recapitulación viene a ser entonces el proceso de deshacer la historia de la condenación a través de una nueva historia de la salvación.

Reconciliación. El dejar a un lado la →enajenación y los conflictos, restaurando así los lazos rotos del amor. En ese sentido se usa frecuentemente en el habla común, como cuando decimos por ejemplo que una pareja se ha reconciliado. En la tradición cristiana se refiere frecuentemente a la restauración de los vínculos de amor y de obediencia entre la humanidad y Dios. El término se usa también para referirse a la restauración de los vínculos de amor y respeto que han de unir a los humanos, y que el pecado ha roto. En ese contexto, se afirma repetidamente que la reconciliación con Dios implica y requiere la reconciliación entre los creyentes.

Redención. Concepto que aparece en muchas religiones, entre ellas el cristianismo y el judaísmo. En el Antiguo Testamento, hay frecuentes referencias a la redención de un prisionero mediante el pago de un rescate, o la redención de un terreno pagando la deuda sobre él. Es en base a ese sentido que en el día de hoy se habla por ejemplo de "redimir un bono". Normalmente, la redención implica un pago, un rescate por lo que se redime. Empero, en el Antiguo Testamento frecuentemente Yahweh redime a Israel, y no siempre se señala claramente que se ha pagado un precio por tal redención. En el Nuevo Testamento, la obra de Cristo en nuestro beneficio también recibe el nombre de redención, y es en ese sentido que el término se usa más comúnmente en la teología cristiana, donde frecuentemente resume la obra de Cristo como salvador. Al usar ese término, empero, es importante recordar que, aunque ciertamente tiene connotaciones de rescate y pago, lo que Cristo ha hecho por los pecadores—su obra redentora—es mucho más que pagar por el pecado, y que por lo tanto en este caso la redención incluye mucho más que comprar o pagar un rescate.

En las discusiones acerca de la redención y de la obra en Cristo en general, los dos puntos que más se han discutido son, primero, cómo es que Cristo nos salva, y segundo, el alcance de su obra redentora.

En cuanto a la primera de estas cuestiones, la teoría que ha dominado la teología occidental ha sido la de la muerte expiatoria, que algunos llaman también la teoría "jurídica" de la obra de Cristo. Según esta opinión, Cristo nos salva porque en su muerte llevó el castigo que debió ser nuestro, y así pagó lo que le debíamos a Dios. Aunque aparecen elementos de esa teoría desde muchísimo antes, fue Anselmo de Canterbury, en el siglo once, quien desarrolló su expresión clásica en el libro *Cur Deus homo?*—¿Por qué Dios se hizo humano? Anselmo argumenta allí que todo lo que los humanos son y pueden hacer ya se lo deben a Dios, y que por tanto una vez que se ha cometido un pecado la humanidad no tiene con qué pagar por él, puesto que cualquier cosa que pudiera ofrecer ya se lo debe a Dios. Lo que es más, puesto que Dios es infinito, una afrenta contra Dios es una deuda infinita, que ningún ser finito puede pagar. Y sin embargo, si ha de pagarse, esto debe hacerlo un ser humano, puesto que son los humanos quienes han pecado. Luego, Dios se hizo hombre en Jesucristo para de ese modo por sus sufrimientos y su muerte hacer un pago infinito—la palabra tradicional es "→satisfacción"—por los pecados de toda la humanidad.

No es necesario señalar que esta teoría centra la →obra de Cristo sobre sus sufrimientos, y particularmente sobre la cruz. La →encarnación viene a ser entonces el medio mediante el cual Jesús llega a la cruz, y su resurrección no es más que la prueba del favor de Dios. En este caso, Cristo es la víctima en un sacrificio cósmico. A veces esta teoría ha llevado a algunos creyentes a establecer un contraste entre un Padre justo y vengativo, y un Hijo amante, como si de alguna manera el Padre hubiese obligado al Hijo a pagar lo que requería.

En contraste con esta teoría sustitucionaria, otros han propuesto la de la "influencia moral" o teoría "subjetiva" de la redención. Según esta opinión, Jesús nos salva ofreciendo un ejemplo tal de amor que siguiéndole nos reconciliamos con Dios. Dentro de este contexto, aunque la cruz y la actitud de Jesús hacia quienes lo crucificaron son el punto culminante de la obra redentora, esa obra tiene lugar a través de toda su vida, en sus enseñanzas y en sus relaciones con las gentes en derredor suyo. Aunque muchos habían sugerido tales opiniones antes, fue Abelardo, a principios del siglo doce, quien la propuso como alternativa a la teoría sustitucionaria—y en particular a la opinión de algunos de que era Satanás quien tenía un derecho de propiedad sobre la humanidad, y que por tanto Jesús vino para pagar lo que se le debía a Satanás. Según el →racionalismo se fue haciendo cada vez más común a partir del siglo dieciocho, se emplearon varias teorías de la redención semejantes a la de Abelardo como un modo de explicar cómo es que Jesús nos salva, pero sin tener que apelar a la metáfora de la deuda y el pago. Por ello, la mayor parte de los teólogos →liberales del siglo diecinueve sostenían esta teoría de una manera u otra. El principal problema con esta teoría es que se acerca mucho al →pelagianismo, porque parece implicar que, si tuviésemos el ejemplo e inspiración adecuados, somos capaces de alcanzar nuestra propia salvación—que el →pecado es sólo algo que hacemos, y que podemos dejarlo detrás con sencillamente decidirlo.

Una tercera interpretación habla de la redención como la victoria de Cristo sobre el pecado y el mal. Aunque esta parece haber sido la teoría más común en la literatura cristiana antigua, fue el teólogo sueco Gustav Aulén (1879-1977) quien llamó al resto de la iglesia a volver a ella en su famoso libro *Christus Victor*—Cristo el Vencedor. Según Aulén, en la era patrística la postura más común ante la cuestión de la redención era lo que él llama la "teoría dramática" porque ve la historia como un drama en el que Dios y el mal contienden. Esa teoría no era ni la de Anselmo, ni la de Abelardo, no subrayaba la muerte de Cristo como pago, ni su vida como ejemplo. Era una tercera opinión según la cual Cristo es sobre todo el conquistador de los poderes del mal que habían tenido sujeta a la humanidad. Al optar por el pecado, la humanidad se hizo esclava de Satanás; lo que Jesús hace entonces es conquistar a Satanás entrando en sus dominios, y de ellos saliendo como conquistador. Esto quiere decir que la obra de redención comienza con la →encarnación, y que todo cuanto sucede desde entonces, incluso la crucifixión, la resurrección, y la →ascensión de Cristo, sirve para romper el poder del pecado y los lazos que nos esclavizaban.

En una variante de la misma teoría, se dice que la humanidad le pertenecía a Satanás, quien tenía el derecho de propiedad sobre ella, y la autoridad para usar de ese derecho torturando a los pecadores. En sus sufrimientos, Jesús se ofreció a Satanás como rescate por la humanidad, y en su resurrección salió vencedor del que parecía haberse hecho su amo en la crucifixión. Como se ve, esta teoría es una versión algo distinta tanto de la primera, la "jurídica" como de la "dramática". Aun aparte de estas teorías, otras han aparecido en la historia del cristianismo. Por ejemplo, algunos han pensado que Jesús era un mensajero del más allá que vino para llamarnos a una vida diferente. Otros le han llamado el "ejemplar" en el sentido →platónico, de modo que toda una nueva creación se forma siguiéndole a él, y muchos (→recapitulación) le ven como "el Nuevo Adán", la cabeza de una nueva humanidad, cuyo cuerpo es la iglesia, de modo que en su resurrección y ascensión todos los que están unidos a él como miembros de su cuerpo tienen promesa y participación en su vida y victoria. Esta última postura se acerca mucho y frecuentemente se une a la "teoría dramática" de Aulén.

En cuanto al alcance de la redención, la opinión más común a través de toda la historia del cristianismo ha sido que Cristo murió por todos. Sin embargo, como resultado de los debates entre el →arminianismo y el →calvinismo estricto, la ortodoxia calvinista llegó a la conclusión de que Cristo murió sólo por los electos (→Expiación, limitada).

Reformada, tradición. Una de las principales tradiciones teológicas surgidas de la Reforma del siglo dieciséis. Las otras son el catolicismo →tridentino, el →luteranismo, el →anabaptismo, y el →anglicanismo. La tradición reformada se deriva principalmente de la reforma suiza, y en particular de Ulrico Zwinglio (1484-1531) y Juan Calvino (1509-64), aunque pronto se expandió y llegó a incluir otras iglesias reformadas en Holanda, la Iglesia Presbiteriana en Escocia y las que se derivan de ella en varias partes del mundo, los hugonotes franceses, la Iglesia Reformada de Hungría, varias iglesias regionales en Alemania y muchas otras.

La tradición reformada concuerda con la luterana en la mayoría de los puntos que las separan del catolicismo tridentino: la autoridad de las →Escrituras, la →justificación por la fe, el →sacerdocio de todos los creyentes, etc. Concuerda con el luteranismo, el catolicismo y el anglicanismo (y contrasta con algunos elementos dentro del anabaptismo) en reconocer la autoridad de los antiguos credos y concilios, especialmente en cuestiones tales como la →Trinidad, la →encarnación, el →bautismo de párvulos, etc. Difiere del luteranismo en su modo de entender la →presencia real de Cristo en la →Eucaristía, y también por el énfasis que hace sobre cuestiones tales como la soberanía y →providencia de Dios, el proceso de la →santificación, el uso de la →Ley entre los creyentes, el impacto del →pecado sobre la humanidad y sobre toda la creación, y la obligación de los cristianos de participar activamente en la construcción de la sociedad civil. Aunque en fecha posterior la tradición reformada se conoció sobre todo por su énfasis en la →predestinación, en este punto Calvino concordaba con Lutero, y fue sólo una serie de controversias entre los reformados mismos lo que llevó al énfasis particular del →calvinismo ortodoxo sobre la predestinación y sus corolarios.

Durante el siglo dieciséis, el principal punto de desacuerdo entre los luteranos y los reformados era el modo en que se entendía la presencia de Cristo en la comunión. Lutero creía que esa presencia era física, de tal modo que el cuerpo de Cristo está presente en, en torno, y con el pan, que sin embargo sigue siendo pan (→Consubstanciación). Esto quiere decir que quien recibe el sacramento recibe a Cristo, aunque algunos lo hacen para su propia condenación. Zwinglio se inclinaba más a pensar que la comunión tiene un significado simbólico que apunta hacia Cristo y hacia su muerte, y rechazaba cualquier noción de que hay una presencia particular de Cristo en el servicio eucarístico. Mientras Calvino no concordaba con Lutero, también difería de Zwinglio, puesto que sostenía que Cristo está realmente presente en la Eucaristía, pero que esa presencia es espiritual, revelada a los creyentes por la fe. El cuerpo físico de Cristo está en el cielo, y es sólo en virtud del Espíritu Santo (→Virtualismo) que el creyente se une a ese cuerpo y recibe sus beneficios—por así decir, es llevado al cielo, donde está Cristo. Luego, siempre ha habido dentro de la tradición reformada dos tendencias opuestas en cuanto a la presencia eucarística de Cristo, y esa situación continúa hasta el día de hoy.

El énfasis reformado en la soberanía y providencia de Dios implica que dentro de esa tradición se confía en que Dios está llevando a cabo sus propósitos aun cuando el pecado parece prevalecer, que el mal será derrotado, y que los creyentes han de confiar en Dios en lo que a esto se refiere.

El énfasis reformado sobre la santificación viene principalmente de Calvino, quien estaba convencido de que el cristianismo es mucho más que un camino hacia la salvación. Al tiempo que concordaba con Lutero en que la salvación se recibe por la gracia inmerecida de Dios, y no requiere justicia u obras por parte del pecador, también estaba convencido de que la justificación es sólo el principio de un proceso por el cual Dios va llevando a la humanidad hacia sus divinos propósitos. La meta final no es sólo salvar las almas de los pecadores, sino santificarlos. Por esa razón, mientras el principal peligro en que los luteranos tienden a caer es el →antinomianismo, el peligro paralelo dentro de la tradición reformada siempre ha sido el legalismo.

En relación estrecha con este último énfasis, la tradición reformada también subraya el valor positivo de la Ley para la vida del creyente. Tanto Lutero como Calvino, siguiendo a Pablo y a muchos otros, veían la Ley como un modo de mostrar el pecado, de hacer ver la insuficiencia humana, y así de apuntar hacia su contraparte, el Evangelio.

Ambos creían que la Ley tiene lugar en el proceso de darle forma a la sociedad civil. Empero Calvino, mucho más que Lutero, subrayaba también la necesidad de que los cristianos estudien la Ley de Dios como guía en el proceso de santificación (→Ley, tercer uso de la).

Por último, en cuanto a la cuestión del impacto del →pecado, Lutero y Calvino tendían a estar de acuerdo, pero al tiempo que buena parte de la tradición luterana posterior no subrayó demasiado este punto, el mismo vino a ser una de las características principales de la tradición reformada, junto a un énfasis semejante sobre la predestinación. Esto fue el resultado de una serie de controversias que llevaron en Holanda al Sínodo de Dodrecht (1618-19) y en Inglaterra a la Asamblea de Westminster (1643). Allí se determinó que el →calvinismo ortodoxo ha de afirmar, no sólo la doctrina de la predestinación absolutamente incondicional, sino también que la →gracia es irresistible, que la humanidad ha quedado totalmente depravada por el pecado (→Depravación, total), que Cristo murió sólo por los elegidos (→Expiación limitada) y que, puesto que su fe se fundamenta en el decreto divino de la predestinación, los santos perseverarán y no caerán de la gracia (→Perseverancia).

En cuanto a la sociedad, la tradición reformada tiende a adoptar una postura más radical que la luterana. Lutero sostenía que hay "dos reinos", el uno civil y el otro religioso, y que aunque los cristianos pertenecen a ambos es necesario mantener siempre esa distinción. Por esto y por otras razones, el luteranismo ha tendido a ser políticamente más conservador que la tradición reformada. En contraste, Zwinglio murió en el campo de batalla, y a partir de entonces la tradición reformada se ha visto involucrada en movimientos de rebelión en lugares tales como Escocia, Inglaterra, los Países Bajos y aun las colonias británicas de Norteamérica. Frecuentemente, estos movimientos de rebelión se han establecido la meta de reformar la sociedad para hacerla concordar más con la voluntad de Dios—lo que bien puede verse como la faceta sociopolítica de la doctrina de la santificación.

Reformata semper reformanda. Lema de la tradición →reformada, que indica que la iglesia siempre ha de estar en proceso de ser reformada por la →Palabra de Dios. La reforma no es jamás algo que se ha alcanzado, y que la iglesia entonces pueda dejar atrás para dedicarse a otros asuntos. La reforma es la acción continua de la Palabra dentro de la iglesia. La iglesia, como cada uno de sus miembros, está siempre en proceso de →santificación. Al igual que en el caso de los individuos la santificación no es obra de ellos, la reforma de la iglesia tampoco es obra de la iglesia misma, sino de Dios quien actúa en ella.

Regeneración. Literalmente, "nuevo nacimiento". Los cristianos siempre han afirmado que es necesario nacer de nuevo, como Jesús le dijo a Nicodemo. Sin embargo, la forma que ese nuevo nacimiento toma, y en particular su relación con el →bautismo, han sido puntos de amplia divergencia. Resulta claro que en los primeros tiempos →patrísticos el bautismo estaba fuertemente unido a la regeneración, puesto que en él se señalaba la muerte a la vida vieja y el nacimiento a la nueva. Empero, según la sociedad civil se fue volviendo coextensiva con la iglesia, de tal modo que nacer al mundo era prácticamente lo mismo que nacer a la iglesia, y según esto se fue reflejando en la práctica de bautizar a todo párvulo poco después de su nacimiento, y según la eficacia del bautismo llegó a entenderse en términos casi mecánicos, se fue perdiendo la necesidad de subrayar la regeneración, que en teoría tenía lugar cuando el párvulo era bautizado. Fue en tiempos de la Reforma que surgió una amplia variedad de opiniones respecto a la regeneración. El catolicismo →tridentino insistía en la eficacia del bautismo como regeneración. Al otro extremo, la mayoría de los anabaptistas pensaba que el bautismo era una señal que debía seguir al nuevo nacimiento, y que no lo efectuaba, puesto que ese nuevo nacimiento es acción del Espíritu Santo en el creyente. La mayoría de quienes siguen las tradiciones →anglicana, →luterana y →reformada, al tiempo que insisten en la iniciativa del Espíritu en la regeneración, retienen el bautismo de párvulos, por lo general interpretándolo como una promesa efectiva de regeneración. Sin embargo, con el correr del tiempo, estas tradiciones comenzaron a hablar menos de la necesidad del nuevo nacimiento, dando así lugar a una serie de movimientos dentro de ellas que insistían en tal necesidad, y que frecuentemente eran vistas con sospechas por los elementos más conservadores en cada una de esas tradiciones. Algunos movimientos de esta índole, que subrayaron la regeneración, son el →pietismo, los moravos, los avivamientos →metodistas, y el Gran Despertar en los Estados Unidos. Es mayormente como resultado de estos movimientos que el tema del nuevo nacimiento o la regeneración ha vuelto a surgir como tema de discusión hacia fines del siglo veinte y principios del veintiuno.

Regla de fe. Literalmente, el →canon de la fe. La regla de fe era un resumen de las principales doctrinas del cristianismo que circulaba en la iglesia antigua, por lo menos para el siglo segundo, y del cual varios escritores antiguos dan testimonio. Parece haber sido diseñado como un método breve de determinar qué doctrinas debían ser rechazadas, de modo que los creyentes que no tenían las Escrituras a la mano, y que no eran duchos en materias teológicas, pudieran reconocer y rechazar las falsas enseñanzas. No parece que haya sido un texto fijo, sino más bien una lista de temas, con cierta flexibilidad, puesto que los antiguos escritores cristianos la citan de diversas maneras. Algunos de estos resúmenes de la regla de fe se parecen tanto al →Credo de los Apóstoles, que es muy posible que el antiguo credo bautismal de la iglesia de Roma, del cual surgió a la postre el Credo de los Apóstoles, fuese una expresión o resumen de la regla de fe.

Reino de Dios. Los evangelios afirman repetidamente que al menos buena parte, y posiblemente el meollo, de la predicación y enseñanzas de Jesús se refieren al Reino de Dios. La idea del Reino tiene profundas raíces en la religión de Israel, aunque las palabras mismas no aparecen sino bastante tarde en la literatura hebrea. Donde aparecen, a veces se refieren al gobierno eterno y el poder de Dios sobre todas las cosas, a veces a la aceptación del gobierno de Dios por parte de Israel, y a veces a una dimensión escatológica, refiriéndose entonces a la consumación final y a la sujeción de todas las cosas a la voluntad de Dios. Aunque todas estas corrientes de pensamiento se encuentran en sus enseñanzas, resulta claro que Jesús subrayó la dimensión escatológica del Reino. El Reino está por venir—o ya ha venido en su propia persona, y está a punto de manifestarse. Este es el tema de muchas de las parábolas en que Jesús habla del regreso del dueño, del rey, etc. En las enseñanzas de Jesús la dimensión escatológica del Reino está estrechamente relacionada con un cambio radical del orden presente, como puede verse en su declaración de que los postreros serán primeros, que los pecadores y las prostitutas van al Reino de Dios antes que los religiosos, que el hijo pródigo se recibe con festividades, mientras el hermano obediente queda fuera de la fiesta, etc.
En el evangelio de Mateo, la frase "Reino de los cielos" se usa frecuentemente en lugar de "Reino de Dios". Esto se debe probablemente a la costumbre de los judíos más religiosos de evitar hablar acerca de Dios, y por tanto utilizar la palabra "cielos" como modo de hablar de Dios sin mencionar su nombre. La frase de Mateo no significa entonces, como algunos la entendieron después, que el Reino de Dios se encuentra "allá arriba", en un lugar diferente llamado "cielo", y que no tiene nada que ver con la tierra. Para Mateo, así como para Marcos y Lucas, la plenitud del Reino está, no en una esfera celestial, sino en el futuro.
Según el cristianismo se fue abriendo camino en el mundo helenista, la idea de un Reino de Dios por venir era a la vez extraña y subversiva. Era subversiva, porque su propia proclamación implicaba una

crítica del orden existente, del reino del César. Era extraña, porque la mayor parte del pensamiento helenista concebía la edad de oro y de felicidad, no como algo en el futuro, sino más bien en el pasado lejano, y también porque contradecía la visión cíclica de la historia del →estoicismo y otras filosofías prevalecientes.

En esas condiciones, los →apologistas cristianos encontraron cierto apoyo en la idea →platónica de un mundo de puras ideas, superior y perfecto, del cual el mundo presente no es sino un reflejo imperfecto, y comenzaron entonces a referirse al Reino de Dios como si fuese semejante a lo que Platón había dicho acerca de tal mundo espiritual. Puesto que en Mateo Jesús proclamaba el "Reino de los cielos", resultaba relativamente fácil interpretar esas palabras como referentes a una esfera de realidad distinta y por encima de este mundo físico presente. Así la dimensión escatológica de la predicación del Reino fue quedando eclipsada, y el énfasis cambió hacia el lugar donde las almas van tras la muerte (→inmortalidad).

En tiempos más recientes, los estudios bíblicos del siglo diecinueve, particularmente sobre el tema de la →escatología del Nuevo Testamento, y las varias teologías de →liberación del siglo veinte, han buscado restaurar tanto la dimensión escatológica como la radicalidad de las enseñanzas de Jesús acerca del Reino.

Religionsgeshchichtliche Schule. Literalmente, "escuela de la historia de la religión". Este fue un movimiento que floreció hacia fines del siglo diecinueve y principios del veinte, cuyo propósito era aplicarle a la primerísima historia del cristianismo los mismos criterios históricos que se aplican al estudio de cualquier otro movimiento o acontecimiento antiguo. Además, el contacto creciente con otras religiones, como resultado de la obra misionera y del colonialismo, llevó a muchos a explorar los paralelismos y diferencias entre diversas religiones. Aunque muchas de las conclusiones de sus primeros proponentes (Wilhelm Bousset, 1865-1920; Johannes Weiss, 1863-1914; Hermann Gunkel, 1862-1932; Ernst Troeltsch, 1865-1923) han sido criticadas por eruditos posteriores, sus principios metodológicos generales impactaron los estudios históricos hasta bien avanzado el siglo veinte.

Remonstrantes. Otro nombre que se les da a los holandeses →arminianos originales. El nombre se deriva de la *Remonstrancia,* un documento firmado por los arminianos holandeses en el 1610. Aunque en muchos puntos sus desacuerdos con los →calvinistas más tradicionales eran sutiles, insistían en que Jesús murió por todos (→Expiación limitada) y que la gracia no es irresistible. Estos vinieron a ser dos de los puntos principales en los que las enseñanzas de los remonstrantes fueron rechazadas por el Sínodo de Dordrecht.

Reprobación. →Predestinación.

Resurrección. La idea de que los muertos han de levantarse de nuevo no aparece en la literatura hebrea sino en fecha bastante tardía—no antes del siglo tercero a. de C.—y aún entonces fue fuertemente atacada por los elementos más tradicionales dentro del judaísmo. Durante los tiempos del Nuevo Testamento, mientras los fariseos creían en ella, los saduceos la rechazaban, y en este punto Jesús y la iglesia primitiva tomaron el partido de los fariseos. Desde sus mismos inicios, había una falta de claridad en cuanto a la relación entre la resurrección física de los muertos y la vida continuada del alma después de la muerte (→Inmortalidad del alma). La misma ambigüedad ha continuado existiendo a través de toda la historia cristiana, de modo que mientras quienes más han sido impactados por el pensamiento y la filosofía helenistas subrayan la vida continuada del alma, otros les recuerdan que en el Nuevo Testamento la esperanza cristiana se expresa con mayor frecuencia en términos de la resurrección de los muertos que en términos de la vida continuada—y mucho menos la inmortalidad—del alma.

Para los cristianos, la resurrección de Jesús es mucho más que una palabra de victoria. Es el principio de la resurrección final. Al levantarse de entre los muertos, Jesús no sólo demostró quién él era, sino que además cumplió parte de aquello para lo cual fue enviado. Su resurrección es el amanecer del →Reino de Dios en medio de la historia. Es por ello que los cristianos se reunían el primer día de la semana, el "día del Señor" o de su resurrección, a fin de unirse a él en una comida santa (→Eucaristía). En ese sentido, cada domingo era día de resurrección. Cuando a la postre se desarrolló el →año litúrgico, se apartó un domingo en particular para que fuese el gran día de resurrección, uno de los dos focos en torno a los cuales el año litúrgico se construye.

Revelación. La acción por la cual Dios se da a conocer a sí mismo. El principio según el cual Dios sólo puede ser conocido por su propia revelación es común a través de toda la historia de la teología cristiana. Empero también resulta claro que a través de las edades y en diversos contextos culturales e históricos hay quienes nunca han oído de la tradición judaico-cristiana, y sin embargo tienen cierta idea de la existencia de Dios o de dioses. Esto ha llevado a algunos teólogos cristianos a distinguir entre una revelación "general" y otra "especial", de modo que la primera está disponible para todos los seres humanos a través de su propia experiencia, y la última es la que está disponible específicamente a través de las Escrituras y en la persona de Jesucristo.

El que pueda saberse algo acerca de Dios mediante la contemplación de las maravillas de la creación es tema común en la tradición judaico-cristiana, como se expresa en el Salmo 91:1: "Los cielos cuentan la gloria de Dios, y el firmamento anuncia su grandeza." De igual modo Pablo (Romanos 1:19-20) dice que hay ciertas cosas acerca de Dios que resultan evidentes desde el principio a través de las cosas que Dios ha hecho; y añade que los gentiles tienen una ley escrita en sus corazones (Romanos 2:15). Luego, es posible declarar que se puede saber algo acerca de Dios contemplando tanto la naturaleza como la vida interna de la persona.

Por otra parte, también resulta claro que al mirar las maravillas de la naturaleza, se ve también la ley del colmillo y del talón, la supervivencia del más apto, la destrucción de los débiles, y otras cosas semejantes que podrían interpretarse como señales de un Dios muy diferente del creador amante que nos presentan las Escrituras. De igual modo, resulta claro que la conciencia humana puede torcerse y manipularse de tal manera que justifique lo que deseemos (→Depravación total).

Por estas razones, muchos teólogos cristianos afirman que tal "revelación general" puede descarriarnos, que el salmista habla como persona de fe, como parte de un pueblo que ha recibido una "revelación especial", y que en el mejor de los casos cualquier conocimiento "natural" de Dios sólo basta para condenar al pecador, y nunca para salvarle. Lutero, por ejemplo, se refiere a tal conocimiento de Dios como conocer su "mano izquierda", su palabra de condenación, sin recibir la palabra de amor y salvación. Otros han sostenido que todo lo bueno o bello que se conozca aparte de las Escrituras o de la predicación del Evangelio se sabe porque se revela en ellos el →Logos o →Palabra eterna de Dios que estaba en Jesucristo, y que por lo tanto en ese sentido toda revelación y todo conocimiento resultan "especiales", y hasta cristocéntricos.

Para la mayoría de los cristianos, la revelación "especial" de Dios es la que podemos conocer sólo porque hemos escuchado y aceptado el Evangelio. Su centro y contenido esencial es Jesucristo. Las →Escrituras dan testimonio de ella. Es la obra del →Espíritu Santo.

Empero la cuestión no es tan sencilla. En su revelación, Dios a la vez se da a conocer y se esconde. Resulta claro que Dios se encuentra muy por encima del conocimiento humano, de tal modo que, "nadie puede ver a Dios y vivir". Por lo tanto la revelación de Dios siempre en cierto sentido le oculta, porque la revelación de lo divino se →acomoda a la capacidad humana para ver y entender. Se corre el velo del misterio, y empero el misterio permanece. Lutero expresó esto contrastando la "teología de gloria", que se equivoca porque trata de ver a Dios en su gloria y poder, y la "teología de la cruz", que acierta al ver a Dios en el sufrimiento, en la debilidad, y hasta en lo que parece ser su ausencia.

S

Sábado. El séptimo día de la semana, que la Ley ordena que se guarde como día de descanso. Aunque era también día de adoración y meditación, el énfasis caía sobre el descanso. Por la misma razón, se suponía que la tierra descansase uno de cada siete años, en su año sabático. Mientras que el Nuevo Testamento afirma repetidamente que los cristianos se reunían en el primer día de la semana, no hay indicación alguna de que rechazaran la práctica de guardar el sábado. Al parecer, los cristianos de origen judío, como todos los judíos, continuaron guardando el sábado; pero además se reunían el domingo, que frecuentemente se llama "el día del Señor", para celebrar la →resurrección del Señor partiendo el pan (→Eucaristía). Según la iglesia se fue volviendo cada vez más gentil, la práctica de guardar el sábado se fue olvidando, y el domingo vino a ser tanto día de adoración como—en el caso de los cristianos que podían hacerlo—día de descanso. Mucho más tarde, en su intento de restaurar las antiguas prácticas bíblicas y de rechazar todo lo que se le había añadido a través de la tradición, los →puritanos y otros comenzaron a aplicarle las leyes del Antiguo Testamento acerca del sábado al día cristiano de adoración, el domingo, que se volvió entonces día en que ciertas actividades estaban prohibidas. Aún más tarde, algunos de entre los puritanos, siguiendo el mismo esfuerzo de restaurar las prácticas bíblicas, comenzaron a insistir en que el día de adoración y descanso para los cristianos no debía ser el domingo, sino el sábado, el séptimo día de la semana. En este punto les siguieron varios otros grupos insistiendo en guardar el séptimo día como el día apartado para la adoración, y por lo tanto se les llamó "Sabatistas". El mayor de esos grupos son los Adventistas del Séptimo Día.

Sabelianismo. El nombre que más comúnmente se le daba en la antigüedad al →monarquianismo →modalista. Es imposible saber exactamente qué fue lo que enseñó Sabelio en los siglos segundo y tercero. Ciertamente creía que el Padre, el Hijo y el Espíritu Santo no son sino tres maneras en las que Dios se manifiesta. Aparentemente parte de lo que hizo fue incluir al Espíritu Santo en una discusión que hasta entonces se había centrado casi exclusivamente en el Padre y el Hijo. Posiblemente veía la →Trinidad como tres modos sucesivos en los que Dios se manifiesta.

Sabiduría. En los libros más recientes del Antiguo Testamento, así como durante el período intertestamentario, se escribió frecuentemente acerca de la Sabiduría de Dios, y esos escritos tendían a referirse a la sabiduría como Dios o como un ser junto a Dios—o quizá como una manifestación de Dios mismo. (Véase, por ejemplo, Proverbios 8, pasaje sobre el que se inspiró buena parte de la literatura posterior sobre este tema.) En el Nuevo Testamento, el prólogo al Cuarto Evangelio se refiere al Verbo o →logos que se →encarnó en Jesús, y la mayoría de lo que allí se dice había sido afirmado anteriormente acerca de la Sabiduría de Dios—excepto cuando se afirma que "el Verbo se hizo carne". Luego, en buena parte de la literatura cristiana antigua se dice que Jesús es la sabiduría de Dios encarnada. Esto puede verse en el nombre mismo de la catedral de Constantinopla, dedicada a "Santa Sofía" o la sabiduría santa—no a una santa llamada Sofía, sino a Jesús mismo.

Hacia fines del siglo veinte se habló mucho de "Sofía" como el nombre femenino de Dios, y de un despertar en la adoración de Sofía como regreso a la feminidad de Dios—o de "la Diosa". Aunque es cierto que el término "Sofía" es femenino, lo mismo puede decirse de otras palabras abstractas en griego, y por lo tanto no sólo la sabiduría, sino la verdad, la necedad, el poder, la debilidad, y muchas otras palabras son sustantivos gramaticalmente femeninos.

En contextos completamente diferentes, la teología tradicional ha distinguido entre la sabiduría—*sapientia*—y el conocimiento—*scientia*. Hacia fines del siglo veinte, hubo repetidos llamados a recuperar aquellos aspectos de la empresa teológica que se describen mejor como sabiduría, y que frecuentemente han sido eclipsados por el conocimiento intelectual.

Sacerdocio. Un sacerdote es una persona que intercede ante Dios en pro del pueblo, frecuentemente ofreciendo sacrificios. En el Nuevo Testamento, y en la antigua literatura →patrística, quienes dirigen la adoración de la iglesia nunca se llaman "sacerdotes" en este sentido. Pero ya para mediados del siglo tercero algunos cristianos empezaron a referirse a tal persona como el "sacerdote".

En la mayor parte de la tradición cristiana, las principales órdenes ministeriales son →obispos, presbíteros (o ancianos) y diáconos. Aunque los dos primeros de esos títulos al principio parecen haber sido sinónimos, ya para el siglo segundo quedó establecida la jerarquía tripartita que la mayor parte de la iglesias han conservado hasta hoy: obispos, presbíteros (ancianos) y diáconos. Por lo general, aquellas tradiciones que afirman que la →Eucaristía es un sacrificio se refieren normalmente a quien preside sobre ella como "sacerdote", mientras las tradiciones, mayormente protestantes, que no le dan ese carácter a la eucaristía prefieren hablar de "ancianos" o "presbíteros".

Sacerdocio de los creyentes. El principio según el cual todos los cristianos son sacerdotes en virtud de su →bautismo. Esto tiene su trasfondo histórico en el Antiguo Testamento, donde se habla del pueblo de Dios como "un reino de sacerdotes", y continúa en el Nuevo Testamento. Empero el sacerdocio universal fue quedando olvidado según el ministerio ordenado vino a ocupar el lugar predominante en la jerarquía de la iglesia. Fueron Lutero y la Reforma Protestante quienes primero volvieron a recalcar este principio de la doctrina cristiana— aunque el propio Lutero, como la mayoría de los reformadores, no encontró modos eficientes para que tal sacerdocio universal fuese una realidad experimentada en la vida de la iglesia. El catolicismo romano →postvaticano también reconoce el sacerdocio de todos los creyentes aunque insiste todavía en la diferencia entre ese sacerdocio y el del clero ordenado.

Sacramental. Aparte de su uso obvio como adjetivo para lo que se refiere a los →sacramentos—como cuando se habla, por ejemplo, del "vino sacramental"—, el término "sacramental" como sustantivo se refiere a los ritos, prácticas y objetos que fortalecen o expresan la fe de la iglesia, pero no son considerados sacramentos. Tales son, por ejemplo, la señal de la cruz, la bendición, las vestimentas litúrgicas, las vigilias de oración, el rosario y muchos más. Algunos protestantes también le aplican el término a ritos que el catolicismo romano considera sacramentos, pero los protestantes no, tales como el matrimonio y la unción de los enfermos.

Sacramento. Término que se deriva del latín *sacramentum*, que se refiere a un voto de lealtad, y se empleó en la iglesia de habla latina para traducir el griego *mysterion*, que el mundo de habla griega utilizaba para referirse normalmente a la →Eucaristía, pero también al →bautismo y otros ritos. Agustín (354-430) definió un sacramento como "la forma visible de una →gracia invisible", y la mayor parte de las definiciones más tradicionales usan términos semejantes hablando del sacramento como "una señal externa y visible de una gracia interna y espiritual".

Durante siglos, el término "sacramento" se usó con gran flexibilidad. Agustín, por ejemplo, se refiere al Padrenuestro, al Credo y a varios otros elementos del culto cristiano como sacramentos. Hugo de San Víctor (c.1095-1141), en su tratado *De los sacramentos de la fe cristiana*, hace un listado de no menos de treinta, puesto que incluye todo lo que "por semejanza representa, por institución significa, y por santificación contiene una gracia cierta, invisible y espiritual". Empero el mismo Hugo les presta especial atención a siete de ellos: el bautismo, la confirmación, la comunión, la penitencia, la extremaunción, el matrimonio y la ordenación, con lo cual muestra que ya iba avanzando el proceso por el cual se llegó a determinar la lista oficial de los sacramentos como siete. Poco más tarde, Pedro Lombardo (murió 1160) hace un lista de los mismos siete. Puesto que sus cuatro libros de *Sentencias* llegaron a ser el texto de teología más ampliamente usado durante la Edad Media, este número prevaleció, y por fin la lista se hizo oficial en el Concilio de Florencia en el 1439. Las Iglesias Orientales también estaban presentes en aquel concilio, y ellas también cuentan los sacramentos como estos siete. La Reforma Protestante en general reservó el título de sacramento para la →Eucaristía y el →bautismo, porque se puede mostrar que estos dos fueron instituidos por Cristo. Los otros fueron generalmente conservados como ritos de la iglesia. La Iglesia de Inglaterra ofrece la lista tradicional de siete, pero declara al mismo tiempo que el bautismo y la Eucaristía son los dos sacramentos "principales". Algunos de los elementos más radicales dentro del protestantismo rechazaron el término mismo de "sacramento", que les parecía "papista", y prefirieron referirse a las "ordenanzas de Cristo". Otros añadieron el lavacro de pies como sacramento instituido por Cristo. Más tarde algunos grupos, particularmente los cuáqueros, rechazaron del todo los sacramentos físicos.

En cuanto a la eficacia de los sacramentos, la doctrina católica tradicional declara que es →*ex opere operato*, es decir, que su eficacia no depende de la virtud de la persona que los administra. En cuanto a quien recibe el sacramento, si no hay fe y arrepentimiento, el sacramento todavía es válido, pero no eficaz—y hasta puede servir para condenación.

La teología medieval, comenzando en el siglo trece, también declaró que un sacramento consiste de materia y forma. En la eucaristía, por ejemplo, la materia es el pan y el vino, y la forma son las palabras de institución. En el bautismo, la materia es el agua, y la forma es la fórmula trinitaria. Es necesario que ambas materia y forma estén presentes para que el sacramento sea verdaderamente tal. Siempre hubo ambigüedades, empero, al determinar la "materia" de sacramentos tales como el matrimonio y la →penitencia. Entre los protestantes, hay amplios desacuerdos en cuanto a la eficacia de los sacramentos. Algunos creen que verdaderamente producen lo que representan—así, por ejemplo, el bautismo produce el nuevo nacimiento. Algunos los ven como signos efectivos de las promesas de Dios, que llevan a los creyentes a esas promesas. Otros los ven como meros símbolos o representaciones.

Salvación. →Soteriología.

Santidad, movimiento de. Movimiento que surgió del énfasis de Juan Wesley sobre "la santidad esparcida por toda la tierra", y sobre la "santidad bíblica". Wesley (1703-91), al igual que Calvino, subrayaba la importancia de la →santificación; pero, en contraste con Calvino, insistía en que la "completa santificación" es posible en esta vida—aunque rara vez se alcanza—y ha de ser predicada como la meta de la vida cristiana. Hacia fines del siglo diecinueve y principios del veinte, varios grupos dentro del movimiento metodista llegaron a la conclusión de que las iglesias metodistas tradicionales habían perdido u olvidado ese énfasis en la vida santa, y esto les dio origen dentro de la tradición wesleyana a iglesias que subrayaban la santidad como la meta de la vida común. Frecuentemente se hacía un listado de las características de tal santidad como abstención de las actividades "mundanas" tales como los juegos de azar, el uso del alcohol, el asistir a entretenimientos frívolos, etc. Entre las nuevas denominaciones así surgidas del metodismo tradicional se cuentan el Ejército de Salvación, la Iglesia del Nazareno, la Iglesia Wesleyana, y varias otras. Muchos de estos movimientos llegaron a referirse a la santificación como una "segunda bendición" tras la conversión—aunque no siempre estaban de acuerdo en cuanto a si tal segunda bendición es instantánea o no, cuán común es, o cuáles son las señales por las que se conoce.
A principios del siglo veinte, fue dentro de esas comunidades de santidad que comenzaron a aparecer experiencias de →glosolalia, y se llegó entonces a asociar la "segunda bendición" con el bautismo del Espíritu, y ese bautismo con la glosolalia, con lo cual se le dio origen al movimiento →pentecostal moderno.

Santificación. El proceso por el cual el creyente se ajusta más a la voluntad de Dios. En el catolicismo →tridentino, la santificación se relaciona estrechamente con la →justificación, de tal modo que ésta última depende de la primera. La santificación es el proceso mediante el cual Dios, cooperando con el creyente mediante la →gracia, hace que el pecador sea justo y por lo tanto capaz de morar en la presencia de Dios. Tal fue la doctrina medieval generalmente aceptada contra la que

Lutero protestó, declarando que los pecadores son justificados, no por su propia justicia, sino porque les son atribuidos los méritos de Cristo y que por lo tanto un pecador justificado sigue siendo tan pecador como antes de la justificación (→*Simul justus et peccator*, →Justicia, imputada). Aunque Lutero creía que Dios obra en el pecador justificado para moldear su vida y carácter, temía que demasiado énfasis en la santificación conllevaría un regreso a la justificación mediante las →obras, como si la justificación dependiese de la santidad del creyente. Calvino, al tiempo que concordaba con Lutero en su entendimiento de la justificación, sostenía que al acto de justificación, en el que la justicia de Cristo le es imputada al pecador, ha de seguir un proceso de santificación, por el cual el →Espíritu Santo hace al creyente conformarse cada vez más a la voluntad de Dios. Aun entonces, cualquier santidad que los creyentes alcancen no les hace dignos de la →gracia de Dios. Para Calvino, la santificación total era la meta de la vida cristiana, aunque al mismo tiempo insistía en que la perfección no es alcanzable en esta vida. En este punto, Juan Wesley (1703-91) estaba en desacuerdo con Calvino. También él creía en la justificación como un acontecimiento que tenía lugar por la gracia de Dios, y en la santificación como un proceso que sigue a la justificación. Empero Wesley insistía en la necesidad de predicar y enseñar la →perfección cristiana, o la "entera santificación" para evitar que el llamado a la santificación fuese hueco e inaccesible. No creía que fuesen muchos los que son "perfeccionados en esta vida", y cuando se le presionaba podía mencionar sólo unos pocos nombres, pero sí insistía en la necesidad de presentar y sostener la santificación completa como la meta de la vida cristiana. Fue de este énfasis →wesleyano que surgió el movimiento de →santidad, una parte del cual afirma que la "segunda bendición" o completa santificación es mucho más común de lo que Wesley mismo pensó.

Santo. Lo santo es difícil de definir. En la Biblia se afirma repetidamente que Dios es santo, y también en un sentido derivado se habla de los objetos y aun de las personas que se encuentran cerca de Dios como "santos"—el templo, el arca, el sábado, el pueblo santo de Dios—o, si no, se les invita a ser santos. En algunas tradiciones cristianas, se le da el título de "santo" a un buen número de personas a través de las edades. En casi todas, se les da este título a ciertos personajes importantes del Nuevo Testamento, como San Pablo.

Para algunos, la santidad es uno de los "→atributos morales" de Dios. Empero esto tiende a limitar lo santo al campo de la moral y la conducta, mientras resulta claro que la santidad de Dios involucra también un sentido de misterio impenetrable. Esto lo expresó muy claramente el influyente libro de Rudolf Otto (1869-1937), *La idea de lo santo* (1917), en el que Otto exploró el sentido de lo "santo", no sólo en la tradición judaico-cristiana, sino también en la experiencia religiosa en general, y llegó a la conclusión de que la idea de lo santo es común a todas las religiones, y que expresa la reacción humana ante el "misterio tremendo y fascinante" del "totalmente Otro" que no puede conocerse completamente ni tampoco verse cara a cara. Luego, mientras no cabe duda de que la santidad de Dios conlleva pureza moral, y a su vez requiere una pureza moral por parte de los seguidores de Dios (→Santidad, movimiento de), la santidad es también la otridad misteriosa de Dios, a quien es imposible ver y vivir.

Satanás. El sentido original de la palabra en hebreo es sencillamente el "adversario", y como tal aparece en varios lugares en el Antiguo Testamento, refiriéndose normalmente a individuos. Empero, en algunos de los libros más tardíos del Antiguo Testamento este "adversario" es el enemigo de Dios, o al menos quien plantea preguntas y prueba la fidelidad de los creyentes. Al llegar el período intertestamentario, particularmente en la literatura →apocalíptica, Satanás y sus ángeles alcanzan mayor prominencia, y lo mismo sucede en el Nuevo Testamento. Aunque las Escrituras no dicen explícitamente que Satanás es un ángel caído (los diversos textos que se han interpretado en ese sentido pueden también entenderse de otra manera), tal idea es realmente común tanto en el cristianismo antiguo como en los escritos rabínicos.

Al discutir a Satanás y su poder, la tradición cristiana generalmente ha tratado de evitar los extremos. Por una parte, esa tradición siempre ha dejado bien claro que la existencia de Satanás no ha de entenderse en términos →dualistas, como si hubiese dos principios eternos, uno bueno y otro malo. Satanás es criatura de Dios; y a la postre quedará sujeto al poder de Dios. Por otra parte, la misma tradición también ha insistido en que la oposición de Satanás contra Dios es real, que el →mal verdaderamente se opone a Dios, y no es mera apariencia (→Teodicea).

Satisfacción. Pago que se hace para expiar una culpa. Ya para el siglo tercero era común hablar de presentarle satisfacción a Dios mediante el ayuno, el cuidado de los necesitados y otras buenas obras. A la postre esa idea se le aplicó también a la obra expiatoria de Cristo (→Redención, →Expiación), y todo esto llevó a la formulación clásica en el tratado de Anselmo (1033-1109), *¿Por qué Dios se hizo humano?* De esto resultó la predominancia durante toda la Edad Media posterior, y hasta nuestros días, de la teoría "sustitucionaria" o "jurídica" de la expiación.

La idea de satisfacción también ocupa un lugar importante en la teoría y práctica de la →penitencia, puesto que al →arrepentimiento y a la →confesión debe seguir la satisfacción por los pecados cometidos.

Segunda venida de Cristo. →Parusía.

Semiótica. Del griego *semeion*, que significa señal. La semiótica es la disciplina, surgida en la segunda mitad del siglo veinte, que estudia los signos, sus interrelación, y las leyes que gobiernan su sentido. En este contexto, "signo" es todo lo que puede presentarse en lugar de otro, o representar un sentido más allá de sí mismo. Luego, los signos incluyen palabras, símbolos, gestos, etc. Aunque la semiótica es de interés en diversos campos de estudio, incluso la crítica literaria, la lingüística, la filosofía, la educación, la antropología y hasta el diseño y los medios de comunicación, es de interés particular para los teólogos como instrumento para analizar textos, especialmente textos de las →Escrituras. A un nivel diferente, también se ha utilizado la semiótica para discutir el sentido e importancia de ciertas acciones y acontecimientos—en especial los →milagros de Jesús, que en el Cuarto Evangelio reciben el nombre de "signos" o "señales". (→Polisemia)

Semipelagianismo. Doctrina que también podría llamarse "semiagustinianismo", puesto que lo que los semipelagianos buscaban era rechazar el →pelagianismo sin seguir a Agustín en sus posiciones extremas respecto a la →gracia y la →predestinación. A fin de evitar las consecuencias últimas del énfasis de Agustín sobre la prioridad de la gracia, los semipelagianos sostenían que el comienzo de la fe, el primer acto de creer—*initium fidei*—está en manos del pecador, y no de Dios. Estas opiniones alcanzaron gran auge en el sur de Francia, sobre todo en los alrededores de Marsella, donde maestros monásticos tales como Juan Casiano (c.360-c.435) escribieron tratados en los que proponían una posición intermedia entre Pelagio y Agustín. Este último escribió varios tratados tratando de refutar al semipelagianismo. A la postre, la mayor parte de la iglesia medieval, al tiempo que se declaraba agustiniana, era en realidad semipelagiana, puesto que se negaba a seguir a Agustín en cuestiones tales como la →gracia irresistible y la →predestinación.

Sempiternidad. La cualidad de existir sin tener fin alguno en el futuro, pero sí teniendo un comienzo. Según esta distinción, que era relativamente común durante la Edad Media, sólo Dios es eterno, puesto que Dios no tiene principio ni fin. La vida de los creyentes en la presencia de Dios, aunque comúnmente se llama "eterna", es en realidad "sempiterna". Lo mismo ha de decirse del →cielo y del →infierno. (→Eternidad)

Señales de la iglesia. También se les llama "notas" o "marcas" de la iglesia. Son aquellas características por las cuales se puede conocer y describir la iglesia verdadera. Aunque hay referencias a tales señales en tiempos anteriores, el tema vino a ser cuestión de debate en tiempos de la Reforma, cuando se le utilizó originalmente en la polémica antiprotestante. La exposición clásica de las señales de la iglesia como muestra de la falsedad de las iglesias protestantes es la del cardenal Roberto Belarmino (1542-1621), quien ofreció quince características de la iglesia que según él las iglesias protestantes no tienen. A pesar de esa lista tan extensa, a la postre la discusión sobre las señales de la iglesia se centró sobre las cuatro que se mencionan en el →Credo →Niceno: una, santa, católica y apostólica. Por lo general, los protestantes que aceptan el Credo Niceno concuerdan en que estas cuatro señales de la iglesia son esenciales, pero las interpretan de manera diferente al catolicismo romano (→Unidad de la iglesia; →Santidad; →Catolicidad; →Apostolicidad). Por otra parte, en cierta medida como respuesta a la polémica católica romana, algunos de los reformadores declararon que las dos señales esenciales de la iglesia son la predicación de la Palabra de Dios y la correcta administración de los →sacramentos.

Sexo. Término que se refiere no sólo a la actividad sexual, sino también al modo en que el género contribuye a las diferencias e inclinaciones, metas, actividades y relaciones entre el género humano. En las Escrituras, tanto la sexualidad como la actividad sexual son parte de la buena →creación de Dios. El género aparece como característica central de la cultura humana en ambas historias de la creación en los dos primeros capítulos de Génesis. La relación entre Yahweh e Israel se describe frecuentemente como la que existe entre esposo y esposa; y lo mismo es cierto acerca de la relación entre Cristo y la iglesia.

Por otra parte, puesto que la sexualidad es una característica central de la naturaleza humana, y puesto que se encuentra involucrada en todas las relaciones humanas, las Escrituras y toda la tradición cristiana han considerado necesario proveer cierta dirección en cuanto a su expresión, particularmente en los actos y prácticas sexuales. El adulterio y varias formas de fornicación se condenan repetidamente en las

Escrituras, no porque el sexo en sí mismo sea malo, sino más bien porque es tan poderoso que su mal uso puede minar y destruir toda relación humana y social. Por esa razón, la única cuestión moral que la Biblia discute con mayor frecuencia que la sexualidad es la justicia económica y el uso y distribución de los recursos físicos. Ni el sexo ni los recursos económicos son en sí mismos malos, pero tanto el uno como los otros pueden usarse fácilmente en maneras opresivas y destructoras.

Cuando el cristianismo primero se abrió paso en el mundo grecorromano, ya había en él, así como en el judaísmo mismo, varias religiones y tradiciones filosóficas que pensaban que el sexo es malo, o que es un obstáculo en el camino a la sabiduría. Algunas de esas tradiciones sostenían que la pasión es contraria a la razón, y que por lo tanto mientras más se evite la pasión—y por tanto los deseos y actividades sexuales—más sabio se será. Resulta interesante notar que, al mismo tiempo que tales tradiciones filosóficas y religiosas condenaban el sexo, afirmaban varios estereotipos supuestamente fundamentados en la sexualidad, y por ello declaraban a las mujeres menos razonables y más inclinadas a dejarse llevar por la pasión. El impacto de tales opiniones en el cristianismo dio lugar a dos perspectivas sobre la sexualidad que han aparecido repetidamente en buena parte de la tradición cristiana.

La primera de estas perspectivas tiende a ver la actividad sexual como concesión a la debilidad de la carne, y por lo tanto como algo que, sin ser intrínsecamente malo o pecaminoso, no es tan bueno como el →celibato. Fue en parte como resultado de tales opiniones—aunque también por consideraciones sociales y económicas—que el celibato clerical vino a ser norma, puesto que era inconcebible que una persona "contaminada" por el sexo pudiese ministrar en el altar. (→Consejos de perfección; →Ascetismo; →Monaquismo)

La segunda perspectiva ve al varón como superior a la mujer, y por lo tanto como el único capaz de dirigir la vida de la iglesia. Desde esta perspectiva, las mujeres, supuestamente porque se inclinan menos hacia la razón y más hacia la pasión, son menos capaces de dirigir a otros hacia la sabiduría. La excepción más notable son las mujeres célibes de gran sabiduría, a quienes se considera entonces "casi como varones". Además, al ver a las mujeres como tentadoras hacia la pasión, esta segunda perspectiva tiende a reforzar la primera.

En tiempos más recientes, debido en parte a los cambios culturales y en parte a una mejor comprensión del proceso reproductivo y de la psicología de la sexualidad, varias cuestiones relacionadas con la sexualidad y su uso han venido a ocupar lugar central en el discurso ético y teológico. Esto es cierto de cuestiones tales como el control de la natalidad, el aborto, la inseminación artificial, la fertilización in vitro, la clonación y la homosexualidad.

Sheol. En el Antiguo Testamento, el lugar donde van los →espíritus de los muertos. En la mayoría de los pasajes en que se usa ese término, no parece ser un lugar de recompensas o de castigo, sino más bien un lugar de una existencia penumbrosa. En algunos otros pasajes, es un lugar apartado de Dios. Con el advenimiento del cristianismo, se le identificó cada vez más con el →hades o →infierno.

Símbolo. Aquello que representa u ocupa el lugar de otra cosa, trayéndola a la mente. En el sentido estricto, todas las palabras son símbolos, puesto que un sonido o un grupo de caracteres traen a la mente lo que significan. Empero algunos prefieren limitar el uso del término "símbolo" para una señal que está de tal manera compenetrada con lo que significa que de hecho lo hace presente. Tal es el caso de una bandera nacional, o en el caso del cristianismo, la cruz.
En la teología cristiana tradicional, el término "símbolo" aparece con mayor frecuencia en dos contextos diversos. El primero de estos es la teología →eucarística, en la que algunos declaran que la presencia de Cristo en la comunión es "simbólica" más bien que física o corpórea. El segundo contexto es el de los →credos, que originalmente en griego recibían el nombre de "símbolos". Así, por ejemplo, el "Antiguo Símbolo Romano" es el viejo credo del cual evolucionó el presente Credo Apostólico.

Simonía. La práctica medieval de comprar y vender puestos eclesiásticos. Recibe su nombre de Simón Mago, quien según el libro de Hechos quiso comprar de Pedro y de Juan el poder de impartir el Espíritu. Una larga serie de movimientos de reforma buscaron extirpar la simonía y castigar a quienes la practicaban. Durante el siglo dieciséis, todos los reformadores, tanto católicos como protestantes, la declararon ilícita. Por extensión de significado, a veces quienes han recibido cargos en la iglesia como pago por servicios prestados o por servicios que se esperan reciben el nombre de "simoníacos".

Simul justus et peccator. Frase que significa "a la vez justo y pecador", y que vino a ser una de las características del →luteranismo. Lo que Lutero quería decir con esa frase es que la →justificación no es una acción objetiva mediante la cual Dios hace que el pecador sea justo, sino que es más bien la absolución del pecador, quien es declarado justo, no sobre la base de sus →méritos o acciones, sino sobre la base de la justicia de Cristo, que le es imputada al pecador. (→Justicia, imputada)

Sincretismo. El combinar elementos al parecer contradictorios de diferentes religiones o sistemas filosóficos. Así se dice comúnmente, por ejemplo, que las prácticas religiosas del Imperio Romano eran sincretistas. El término se usa generalmente con connotaciones peyorativas, implicando que al aceptar una influencia extraña se ha negado algo fundamental en el cristianismo. Algunos teólogos contemporáneos del Tercer Mundo debaten si la idea misma del sincretismo, y la acusación de practicarlo, no es un modo en que los viejos centros misioneros procuran retener el control haciendo aparecer el fantasma del sincretismo cada vez que una iglesia joven pretende encarnar el Evangelio en su propia cultura (→Enculturación) en modos que amenazan la hegemonía de los centros tradicionales.
El mismo término se aplicó durante el siglo diecisiete a la propuesta de Jorge Calixto (1586-1656), que todas las iglesias se uniesen en lo que él llamaba el "consenso de los primeros cinco siglos".

Sinergismo. Derivado de raíces griegas que significan "trabajar juntos", este término se le aplica en teología a cualquier explicación de la participación de los humanos en su propia salvación que haga aparecer que el →initium fidei no está sólo en manos de Dios. Fue usado primero por los luteranos estrictos en contra de Melanchthon (1497-1560), quien procuraba construir puentes de diálogo con los católicos romanos más moderados proponiendo una colaboración entre lo divino y lo humano en el acto de la conversión. Tendencias semejantes aparecieron dentro del catolicismo romano en el Concilio de Trento (1545-63), y recibieron mayor impulso según fue cobrando auge el →molinismo y se rechazó el →jansenismo. Entre los calvinistas, muchos acusaron a los →arminianos de ser sinergistas.

Sinópticos. Término que se usa para describir los primeros tres evangelios, cuyo bosquejo y visión generales son comunes—de ahí la palabra "sinópticos", es decir, que tienen una visión común—y que en cierto modo contrastan con el Cuarto Evangelio. El "problema sinóptico" se refiere a la necesidad de explicar tanto los puntos comunes como las diferencias entre los tres evangelios sinópticos. La opinión más comúnmente aceptada es que Marcos es el primero de los tres, que Mateo y Lucas usaron a Marcos como su bosquejo básico, pero también utilizaron una fuente común, ahora perdida—a la que los eruditos llaman "Q"—, y que además cada uno de ellos tenía sus propias fuentes fragmentarias. Aunque existe consenso general en estos puntos, todavía son debatidos.

Sinteresis. (También "sinderesis"). Término empleado en la psicología moral medieval, refiriéndose normalmente al conocimiento que el alma tiene de los principios de la acción ética. Según algunos →místicos, es el corazón mismo del alma, donde el alma se encuentra con lo divino.

Socinianismo. Forma antitrinitaria del →anabaptismo que recibe su nombre del italiano Fausto Socinio (1539-1604), quien se refugió en Polonia y allí alcanzó muchos seguidores. El socinianismo sostiene que la doctrina de la →Trinidad, así como la de la generación eterna del Hijo, no son bíblicas, y han de rechazarse. También rechaza la teoría que ve la obra redentora (→Redención) de Cristo como una →satisfacción por los pecados, declarando que no es bíblica y que en todo caso contradice la gracia de Dios y el perdón gratuito de los pecados. Durante el siglo diecisiete varios escritos socinianos—entre ellos el Catecismo Racoviano, escrito por Socinio en la ciudad polaca de Racow—fueron introducidos en Inglaterra, y después en los Estados Unidos. Por esa vía contribuyeron al surgimiento del →unitarianismo en el mundo de habla inglesa.

Sociología de la religión. La sociología como disciplina fue desarrollada inicialmente por Auguste Compte (1798-1857) y sus contemporáneos. Era parte de las tendencias →positivistas de la época, y por lo tanto intentaba explicar la religión como una fase pasajera en el desarrollo de las sociedades. Tal fue el tono prevaleciente en los estudios sociológicos de la religión hasta bien avanzado el siglo veinte. Por esa razón, muchos teólogos reaccionaron con una negativa general a utilizar los métodos del análisis social en sus investigaciones. Excepción notable fue Ernst Troeltsch (1865-1923), cuya distinción entre las que llamaba "iglesias" y "sectas", aunque muy criticada y corregida, se emplea todavía. A principios del siglo veinte, un estudiante de Troeltsch, H. Richard Niebuhr (1894-1962), al estudiar *Las fuentes sociales del denominacionalismo,* mostró cómo los factores sociológicos afectan las posturas teológicas y eclesiásticas. A partir de entonces, los teólogos se han estado moviendo cada vez más hacia el uso del análisis sociológico como material para su reflexión. Esto fue recomendado por el Segundo Concilio Vaticano (1962-65) en su documento *Gaudium et spes,* y entusiastamente endosado en la reunión de los obispos católicos de América Latina en Medellín (1968). A partir de entonces, el uso del análisis sociológico, no sólo para entender la religión como fenómeno, sino también para desenmascarar las agendas escondidas (→Ideología) de las posturas y prácticas religiosas, se ha vuelto práctica común en las teologías de →liberación y →contextuales. Como resultado de todo esto, se debate mucho si debe conservarse todavía la antigua idea de que la filosofía es la mejor preparación para el estudio de la teología, pues algunos sugieren que el análisis económico y social son al menos tan importantes como la filosofía. Al mismo tiempo, en parte como resultado de la crítica →postmoderna de la →modernidad, los sociólogos se han visto obligados a reconocer que ellos también son parte del fenómeno que estudian, y que por lo tanto una sociología de la religión objetiva y positivista tal como Compte proponía es una expectativa falsa.

Solipcismo. La aseveración de que todo cuanto existe—o al menos todo cuya existencia puede demostrarse—es el yo, y que el mundo externo es o puede ser ilusión creada por el yo.

Soteriología. Del griego *sotería*, salvación, y *logos*, tratado, razón. Luego, la soteriología es el estudio de la doctrina de la salvación. En el Antiguo Testamento, las acciones de Dios al librar al pueblo del hambre, de la esclavitud y de otras dificultades frecuentemente se llaman acciones de salvación, y a Yahweh repetidamente se le alaba como el Salvador de Israel. En el Nuevo Testamento, "salvación" puede referirse tanto a la cura de una enfermedad como a ser librado del pecado—y a veces a ambas. Luego, la salvación tiene que ver, no sólo con el destino eterno de la persona, sino con todo lo que sirva de obstáculo en el camino hacia el cumplimiento de los propósitos de Dios para la creación—y específicamente para la criatura humana. Por ello la salvación incluye tanto la →justificación como la →santificación.

En el mundo grecorromano, donde el cristianismo tomó forma, había muchas religiones que ofrecían "salvación". La mayoría de ellas entendía la salvación principal o exclusivamente como vida tras la muerte, y frecuentemente combinaba esas ideas de la salvación con el ideal de escapar del mundo material. Dado tal contexto, no ha de sorprendernos el que con bastante frecuencia los cristianos perdiesen su visión más plena de la salvación según aparecía en las Escrituras, y llegasen a pensar de la salvación únicamente como una entrada al →cielo—a veces hasta llegando a pensar que tal entrada era un escape del mundo físico. Quizá lo más importante que ha sucedido en el campo de la soteriología en décadas recientes ha sido el redescubrimiento de la noción más amplia de la salvación como algo que incluye, no sólo la salvación de la muerte y la condenación eterna, sino también la libertad de toda clase de opresión e injusticia (→Liberación, teologías de). En su sentido pleno, la salvación ciertamente incluye la vida →eterna en presencia de Dios; pero también incluye el proceso de santificación, que nos lleva a mayor comunión con Dios; e incluye asímismo la destrucción de todos los poderes del mal que se interponen entre el presente orden de la creación y los propósitos de Dios (→Caída; →Pecado).

Los cristianos siempre han insistido en que la salvación viene a través de Jesús, cuyo nombre mismo significa "Yahweh salva", y quien recibe correctamente el título de Salvador. Cómo es que Jesús logra esto se ha explicado mediante una serie de metáforas, todas ellas útiles, pero ninguna suficiente por sí misma (→Redención). Luego, Jesús es el Salvador como quien paga rescate por nuestro pecado, como quien nos ofrece un ejemplo y muestra el camino hacia Dios, como el conquistador de los poderes de Satanás y de la muerte, etc.

Uno de los temas más debatidos en el campo de la soteriología ha sido la cuestión de la participación humana en nuestra propia salvación. ¿Tomamos nosotros el primer paso hacia la salvación, o es más bien la →gracia de Dios actuando en nosotros lo que nos lleva a ese paso inicial? (→*Initium fidei*; →Pelagianismo; →Agustinianismo) ¿Están algunos →predestinados a creer y ser salvos, y otros no? ¿Somos justificados por las →obras, o por la fe? ¿Cuál es la relación entre la justificación y la santificación? (→*Simul justus et peccator*). ¿Cómo participamos en ese proceso? (→Sinergismo)

Subordinacionismo. Cualquier doctrina que declara que el Hijo (y/o el Espíritu Santo) es subordinado o secundario, o menos divino que el Padre. La forma de subordinacionismo que le presentó mayor reto a la iglesia antigua fue el →arrianismo.

Substancia. Término derivado de la →metafísica →aristotélica que se refiere normalmente a la realidad que subyace una cosa, en contraste con sus →accidentes. Se le ha usado frecuentemente en la discusión teológica, particularmente en lo referente a la →Trinidad y a la →Eucaristía.

En la formulación de la doctrina trinitaria, el término "substancia" se usó para referirse a la divinidad común a las tres divinas personas. Esto se deriva de la propuesta de Tertuliano (c.155-c.220), que en Dios hay tres personas y una sola substancia. En el mundo de habla griega, empero, "substancia" podría traducirse como →"hipóstasis" o también como *usía*. Etimológicamente, la primera de estas dos traducciones parecía ser la mejor, puesto que tanto *substantia* como *hypostasis* se refieren a lo que subyace una realidad. Empero los griegos preferían hablar de "una *usía* (o esencia) y tres hipóstasis", empleando el término *usía* como el equivalente del latín *substantia*, e *hypostasis* como el equivalente del latín *persona*. Estas diferencias tuvieron que ser clarificadas antes de que el Oriente y el Occidente pudiesen llegar a un acuerdo en cuanto a la formulación de la doctrina trinitaria.

En la teología eucarística, el término "substancia" ha tenido un papel importante gracias a la explicación de la presencia de Cristo en la Eucaristía, según la teología católica romana tradicional, en términos de →transubstanciación.

Por último, a partir de Descartes (1596-1650), los filósofos que le siguieron debatieron la cuestión de la "comunicación de las substancias"—lo cual se refiere esencialmente a cómo el cuerpo se comunica con la mente o el →alma. Kant (1724-1804) cuestionó toda discusión de tal índole afirmando que la idea misma de substancia no tiene fundamento empírico alguno, sino es más bien una categoría que la mente utiliza para clasificar y entender lo que percibe.

Sucesión apostólica. Un argumento empleado originalmente para refutar a los →gnósticos y otros maestros que pretendían haber recibido enseñanzas secretas de Jesús o de sus apóstoles. El argumento era sencillamente que, de haber existido tales enseñanzas secretas, Jesús se las hubiera comunicado a sus apóstoles, y estos a aquellos a quienes entregaron las iglesias. Lo mismo hubieran hechos sus sucesores, y así sucesivamente. Por tanto, puesto que hay ahora—en el siglo segundo, cuando este argumento se empleaba—varias iglesias que pueden mostrar una línea ininterrumpida de sucesión que les conecta con los apóstoles, son ellas las que han de establecer qué es lo que Jesús enseñó. Todas ellas concuerdan en que no existe tradición secreta. Por lo tanto, quienes pretenden tener tal tradición no han de ser creídos. En aquel entonces, esto no quería decir que aquellos obispos y otros dirigentes de la iglesia que no pudiesen reclamar para sí una sucesión apostólica directa no eran válidos obispos o dirigentes. Si sencillamente concordaban en su doctrina con los obispos que podían mostrar tal sucesión, con ello bastaba.

Empero progresivamente el argumento se fue expandiendo hasta llegar a significar que a fin de ser verdadero obispo tenía uno que ser parte de esa línea de sucesión, consagrado por otro obispo u obispos quienes ellos mismos hubiesen sido consagrados por otro dentro de la sucesión, y así sucesivamente, hasta llegar a los apóstoles.

Tal ha sido la manera más común de entender la sucesión apostólica a través de toda la Edad Media y hasta el día de hoy. Tal es la postura, no sólo de la Iglesia Católica Romana, sino también de las diversas iglesias ortodoxas, de la comunión →anglicana y de muchos protestantes.

En el siglo dieciocho Juan Wesley se convenció de que en la iglesia antigua un presbítero y un obispo eran lo mismo, y por lo tanto cuando la Iglesia de Inglaterra se negó a ordenar ministros para los metodistas en América, Wesley decidió que, puesto que él mismo era presbítero, podía transmitirles la sucesión a otros, y ordenó a dos de sus seguidores. Esto fue parte de un proceso que comenzó en tiempos de la Reforma y en el que la sucesión apostólica, aunque siempre se consideraba importante, se redefinió de diversos modos. Empero todavía, en su uso más común, conserva su sentido tradicional de una línea ininterrumpida de obispos que se remonta hasta los apóstoles mismos.

Supererogación. El ganar →méritos extra llevando a cabo →obras que no sólo "buenas", sino "mejores". Según los →consejos de perfección, hay obras, tales como el →celibato y la →pobreza voluntaria, que no se requieren de todos los cristianos, pero que son mejores que lo que de hecho se requiere. Tales obras de supererogación, no necesarias para la salvación, ganan méritos que se añaden entonces al →tesoro de méritos de la iglesia.

Supralapsarianismo. Opinión de algunos →calvinistas ortodoxos durante la época del →escolasticismo protestante, cuando los teólogos debatían sobre el orden de los →decretos eternos de Dios. Según los supralapsarios, el decreto de elección (→Predestinación) es anterior al decreto acerca de la →caída. Ese es el origen del nombre que se le da a su postura, puesto que *lapsus* significa caída. Nótese que el debate no es acerca de si la predestinación fue antes o después de la caída. En esto todos los calvinistas ortodoxos estaban de acuerdo: la elección y la condenación no son la respuesta de Dios a la caída, sino parte de los decretos eternos de Dios. El debate tenía que ver más bien con la cuestión del orden de los decretos que determinan esos acontecimientos (→Infralapsarianismo).

Sursum corda. Palabras latinas que el celebrante de la →Eucaristía le dirige a la congregación, y que puede traducirse como "levantad vuestros corazones". La congregación a su vez responde "Los elevamos al

Señor". El uso de esta fórmula aparece ya en documentos de mediados del siglo tercero.

T

Teándrico. Palabra de origen griego que une los términos "Dios" y "hombre". Se usa a veces para referirse a la presencia en Cristo de lo divino y de lo humano. →cristología.

Teísmo. Palabra acuñada en el siglo diecisiete como contraria al ateísmo, y que por tanto originalmente quería decir sencillamente creencia en Dios. Con el correr del tiempo, vino a significar también el rechazo del →deísmo y del →panteísmo, y por lo tanto significa la creencia en un solo →Dios, trascendente y personal, quien creó y conserva todas las cosas. Como tal, es doctrina común del judaísmo, el cristianismo y el islam.

Teleología. La opinión según la cual todas las cosas se mueven hacia su fin propuesto. Esta idea aparece en la filosofía por lo menos desde tiempos de Platón y Aristóteles, y fue incorporada en la teología cristiana, particularmente por el →escolasticismo, que distinguía entre la "causa eficiente" y la "causa final" de una cosa o acontecimiento. La "causa eficiente" era lo que normalmente hoy llamamos "causa": una bola de billar se mueve porque otra la golpeó. La "causa final" es la meta hacia la cual un acontecimiento o una cosa se mueve. Luego, como causa eficiente de todas las cosas, Dios las hizo al principio; pero como su causa final, Dios es también el propósito para el cual fueron creadas, y todas se mueven hacia ese propósito. La idea de la teleología y de causas teleológicas o finales cayó en desuso durante la →modernidad, principalmente debido al éxito de las ciencias físicas, que se dedican precisamente a estudiar las causas eficientes. Ya en el siglo veinte hubo algunos teólogos que subrayaron el movimiento de la creación hacia su fin propuesto. Entre ellos se destaca Theilhard de Chardin (1881-1955). Más recientemente, uno de los resultados de la crítica →postmoderna de las presuposiciones de la modernidad ha sido un nuevo interés en el pensamiento teleológico.

Teodicea. Palabra empleada por primera vez por Leibnitz en el 1710, como parte del título de un ensayo en el que buscaba refutar a quienes afirmaban que la existencia del mal prueba que no existe un Dios bueno y amante. La palabra misma se deriva de dos raíces griegas que significan Dios (*theos*) y justicia (*dike*).

El problema del mal, que es la preocupación principal de la teodicea, por largo tiempo ha preocupado a los filósofos y teólogos de persuasión →teísta. Resulta claro que si no hay Dios, no es necesario explicar el mal; y si hay varios dioses o varios principios eternos, el mal puede explicarse como resultado del conflicto entre ellos. Pero el teísmo tiene que enfrentarse a la cuestión de si Dios es bueno y omnipotente, ¿cómo es que el mal existe? En último análisis, las diversas soluciones propuestas tienden a negar al menos uno de tres puntos que parecen ser fundamentales: primero, la bondad divina; segundo, la omnipotencia divina; tercero, la realidad del mal. Puesto que los cristianos no niegan jamás la bondad de Dios, la mayor parte de los teólogos y filósofos cristianos han buscado respuesta intentando redefinir o bien el mal, o bien la omnipotencia divina. El propio Leibnitz pensaba que el mal era el trasfondo necesario para el bien, puesto que el único modo en que conocemos el bien es contrastándolo con el mal. Esto implica que lo que parece ser malo desde nuestra perspectiva no lo es desde la perspectiva divina, y por tanto esta supuesta "solución" sencillamente niega la realidad del mal. Otros, en particular algunos teólogos del →proceso, han argumentado que hemos entendido mal la omnipotencia divina, puesto que Dios está en medio de su propio proceso, y está por tanto luchando con el mal. En esta supuesta solución, Dios es bueno y el mal es real; pero cabe preguntarse si Dios es verdaderamente omnipotente.

La teología cristiana consistentemente le ha atribuido el →pecado y el mal al mal uso de la libertad, y esto se sugiere frecuentemente como solución al problema de la existencia del mal: el mal se origina en la libertad libre de las criaturas—humanas y angélicas—y no en la voluntad de Dios. Empero esto sencillamente pospone el problema, puesto que siempre hay que preguntarse, ¿por qué un Dios omnipotente y amante les daría existencia a unas criaturas dándoles al mismo tiempo la oportunidad de pecar?

Quizá la mejor solución es declarar que no hay solución, que lo que hace que el mal sea tal, lo que le da al mal su enorme poder, es el misterio mismo de su existencia, el hecho de que no puede explicarse, y sin embargo está ahí.

Teofanía. Término derivado del griego *theos*, Dios, y *phaino*, manifestarse o aparecer, que por lo tanto se refiere a la manifestación de Dios. Se usa para referirse a cualquier acontecimiento revelatorio en el que se ve la presencia de Dios, como la zarza ardiente de Moisés, la paloma en el bautismo de Jesús, y el propio Jesús—a quien la teología cristiana frecuentemente llama la suprema teofanía. (→Revelación)

Teología. La etimología de la palabra misma implica que se refiere al estudio o tratado acerca de Dios (o de los dioses). En la Grecia clásica, los poetas recibían el título de "teólogos", puesto que cantaban acerca de los dioses. En la iglesia antigua, a veces cuando se hablaba de Dios esto recibía el nombre de "teología". Empero en la mayoría de los escritos de los primeros cinco siglos del cristianismo la "teología" es la disciplina que lleva al →alma a la contemplación de lo divino. En ese sentido, un teólogo es un →místico. Sin embargo, ya en tiempos de Agustín (354-430) encontramos el uso del término como refiriéndose a la disciplina que trata acerca de Dios. Para Agustín, y para la mayoría de los escritores en los siglos que le siguieron inmediatamente, la teología no se ocupaba de todo el cuerpo de doctrina cristiana, sino sólo de la doctrina de Dios. Era reflexión y enseñanza acerca de Dios, de igual modo que la eclesiología es reflexión y enseñanza acerca de la iglesia y la cristología es reflexión y enseñanza acerca de Cristo.

Fue principalmente el →escolasticismo el que comenzó a darle al término "teología" el uso que tiene ahora, refiriéndose a todo el cuerpo de la doctrina cristiana, y a la postre a la reflexión acerca de ese cuerpo de doctrina. Es en ese sentido que se emplea el término "teología" durante la Edad Media tardía y hasta el día de hoy.

En cuanto al propósito y métodos de la teología se ha debatido mucho. Para algunos, el propósito de la teología es descubrir verdades acerca de Dios y de la vida que se pueden alcanzar mediante el solo uso de la razón (→Razón y fe)—y a veces también de la experiencia. Para otros, la teología tiene un propósito apologético, pues trata de convencer a quienes no creen o, en otros casos, trata al menos de derribar los obstáculos que se interponen a la fe. Otra postura sostiene que la teología es un ejercicio intelectual a través del cual los fieles llegan a entender mejor lo que ya creen por fe, y que por lo tanto la teología, más bien que buscar nuevas verdades, se regocija al descubrir las profundidades de las verdades que ya se creen. Para otros, la teología es la sistematización de la doctrina cristiana sobre la base de las Escrituras, o de las Escrituras y la tradición. Muchos teólogos contemporáneos sostienen que por lo menos una de las funciones de la teología es relacionar el mensaje cristiano con las situaciones históricas en que se vive, ocupándose así, por ejemplo, de la opresión de sexo, raza, o clase. Por último, algunos sostienen que la tarea de la teología es criticar y corregir la vida y proclamación de la iglesia a la luz del Evangelio.

Naturalmente, cada una de estas opiniones acerca del propósito de la teología tiene consecuencias importantes para el método que esta disciplina ha de seguir. Así, algunos sostienen que la mejor preparación para la tarea teológica es el estudio de la filosofía, mientras otros prefieren las ciencias sociales como disciplinas al menos tan importantes como la filosofía para servir de trasfondo a la teología. De igual modo, algunos afirman que la teología es una disciplina intelectual que se puede llevar a cabo aun aparte de la iglesia, mientras otros sostienen que la teología es tarea de la comunidad de los creyentes, y que los teólogos son tales sólo en cuanto están inmersos en esa comunidad y reflejan su vida.

Teología de la cruz. →*Theologia crucis.*

Teonomía. Lo que Paul Tillich (1886-1965) propone como fundamento de la existencia auténtica. Tal existencia, en contraste con la→heteronomía y la →autonomía, se construye sobre el fundamento de todo ser, Dios. Empero la plenitud de la teonomía no se alcanza durante nuestra existencia histórica, sino que sirve de esperanza que resiste nuestras tendencias hacia la heteronomía y la autonomía.

Teopasquismo. Versión de la →cristología →alejandrina que surgió a principios del siglo sexto, durante el reinado de Justiniano. Un grupo de monjes, particularmente de Escitia, propuso que la fórmula "uno de la Trinidad ha sufrido" fuese proclamada como doctrina oficial de la iglesia. Debido a su origen, a veces la controversia teopasquita se llama también "controversia de los monjes escitas". En todo caso, lo que la fórmula propuesta pretendía hacer era restaurar la afirmación alejandrina tradicional de una cristología en la que la unión entre lo divino y lo humano fuese tal que lo que se dijese de lo uno se dijese también de lo otro (lo que se conoce como el principio de la →*communicatio idiomatum*). Justiniano, cuyas metas políticas le llevaban a construir puentes entre la ortodoxia y los →monofisitas de Siria y de Egipto, le prestó su apoyo a la propuesta de estos monjes, y presionó al papa Juan II para que la afirmase, aun cuando antes la había rechazado el papa Hormisdas. Otras controversias pronto eclipsaron la cuestión del teopasquismo, y cuando un siglo más tarde las tierras donde el monofisismo había sido popular fueron conquistadas por los musulmanes, el gobierno bizantino perdió interés en una fórmula cuyo principal atractivo estaba en servir de puente hacia el monofisismo.

Teopoiesis. El proceso de volverse más semejante a Dios, también llamado a veces →divinización. La mayoría de los teólogos occidentales han rechazado tal idea, o al menos no la han subrayado, por temor de que lleve a pensar que la meta del alma es perderse y ser absorbida en la divinidad—lo cual sucedió en algunas tradiciones místicas. Se trata, sin embargo, de una idea bastante común en varios de los antiguos escritores cristianos, tales como Ireneo (murió c. 202) y Atanasio (c.295-373), y que siempre ha seguido siendo parte de la espiritualidad de las iglesias orientales, donde tiene un lugar semejante al de la →santificación en el Occidente. Su meta no es que desaparezca la distancia entre Dios y el creyente, sino capacitar al creyente para estar en presencia de Dios.

Teosis. →Teopoiesis.

Teotokos. Título que frecuentemente se le da a María, y que significa "madre [o, más exactamente, 'paridora'] de Dios". Fue el centro del debate en torno al →nestorianismo, y el Concilio de Efeso en el 431 (Tercer Concilio Ecuménico), lo afirmó como expresión válida de la →*communicatio idiomatum*. Aunque en tiempos del debate original lo que se discutía eran mayormente cuestiones de →cristología, muchos protestantes han rechazado tal título como expresión de lo que les parece ser un énfasis excesivo sobre →María y su papel en la salvación.

Tesoro de los méritos. Según la teología penitencial de la Edad Media (→Penitencia; →Satisfacción), la totalidad de los →méritos de Cristo y de los méritos que los santos han ganado por sus obras de →supererogación. Es este tesoro el que la iglesia ahora administra a través de su sistema →sacramental. Tal doctrina se encuentra en el trasfondo de la controversia sobre las →indulgencias y su venta.

Theologia crucis. Literalmente, teología de la cruz. Aunque la frase a veces se refiere al énfasis sobre la contemplación de la cruz que caracterizó la devoción hacia fines de la Edad Media, con mayor frecuencia se utiliza para referirse a la insistencia de Lutero en que a Dios se le conoce, no en su gloria o a través de la especulación metafísica o filosófica, sino allí donde Dios decide revelarse, es decir, en la debilidad y locura de la cruz. Lutero establece un contraste entre esta teología de la cruz y la falsa "teología de la gloria", y sobre esa base rechaza todo intento por parte de los teólogos y filósofos de determinar o describir la naturaleza y actividad de Dios sobre fundamentos puramente racionales. (→Razón y fe)

Tipología. Un modo de interpretar las Escrituras que ve en los acontecimientos pasados "tipos" o "figuras" de los que suceden después, y particularmente de la vida y obra de Cristo. Mientras la →profecía centra su atención sobre las palabras de un texto y cómo anuncian los acontecimientos futuros, y la →alegoría trata de descubrir sentidos ocultos en esas palabras, la tipología mira a los acontecimientos mismos como parte de un patrón de la acción de Dios que culmina en Jesucristo, pero que después continúa en la vida de la iglesia. Así, por ejemplo, los pasajes sobre el Siervo Sufriente en Isaías se ven como refiriéndose a acontecimientos en tiempos de Isaías, pero también al Siervo Sufriente por excelencia, Jesús, y por extensión a la vida de la iglesia y de los cristianos, que también han de sufrir.

Tomismo. La escuela filosófica y teológica que surge de Santo Tomás de Aquino (c.1225-74). En tiempos de Tomás muchos de los escritos de Aristóteles se reintroducían a la Europa Occidental, y esto llevó a algunos filósofos a afirmar que la razón filosófica conduce a conclusiones contrarias a las doctrinas establecidas de la iglesia (→Averroísmo). La mayoría de los teólogos reaccionó rechazando el →aristotelismo, o aceptando algunas de sus tesis e incorporándolas dentro del marco tradicional →agustiniano. Empero algunos se convencieron de que la nueva filosofía presentaba un reto y una oportunidad que los teólogos debían tomar en cuenta más seriamente. Los más notables entre ellos fueron Tomás de Aquino y su maestro, Alberto el Grande (1206-1280). Uno de los principales puntos en los que la nueva filosofía de apartaba del →platonismo tradicionalmente preponderante era su →epistemología. Mientras los teólogos tradicionales creían que el mejor conocimiento es el que no depende de la experiencia, Tomás siguió a Aristóteles al afirmar que todo conocimiento comienza en la experiencia, con lo cual le dio a la percepción sensoria un lugar importante en el proceso de alcanzar el conocimiento, y al cuerpo un papel central en la vida de la fe. Como resultado de todo esto, se puede decir que Santo Tomás abrió el camino para la investigación empírica moderna, y por lo tanto para el desarrollo tecnológico de la →modernidad.

Al tiempo que aceptaba la metafísica aristotélica, Tomás rechazaba algunas de las conclusiones de la filosofía recientemente reintroducida en Europa occidental, tales como la eternidad de la →materia, la idea de que todas las →almas son solamente una, y la afirmación que la razón, propiamente usada, puede alcanzar conclusiones contrarias a la fe. Sí creía que había algunas verdades, tales como la →Trinidad y la →encarnación, que se encuentran allende el alcance de la razón; pero esto quiere decir que están *por encima* de la razón, mas no son contrarias a ella. (→Razón y fe)

Sobre la base de la filosofía aristotélica y de la doctrina cristiana recibida de la tradición, Tomás construyó un impresionante sistema teológico cuyo principal monumento es su magna obra, *Summa theo-logica*.

El tomismo no fue generalmente aceptado de inmediato. En el 1277 el Arzobispo de París condenó 219 tesis que consideraba heréticas, y de las cuales varias eran tomadas de los escritos de Tomás. En Oxford se dieron pasos semejantes. Varios teólogos distinguidos, muchos de ellos franciscanos, escribieron contra el tomismo. Los dominicos salieron en defensa de su difunto maestro, prohibiéndoles a los miembros de la orden atacar sus ideas, y en 1309 declararon que las enseñanzas de Tomás eran la enseñanza oficial de la orden. Unos pocos años más tarde, en el 1323, el papa Juan XXII →canonizó a Tomás. En el siglo dieciséis, los jesuitas adoptaron su teología, aunque siempre hubo diferencias entre el modo en que ellos y los dominicos interpretaban el tomismo. Muchos de los presentes en el Concilio de Trento (1545-63) eran tomistas, y por lo tanto, el Concilio adoptó buena parte de sus enseñanzas y de su fraseología.

En el 1879 León XIII, en su bula *Aeterni Patris*, recomendó el estudio de Tomás a toda la iglesia, y estableció un programa para producir una edición crítica de todas sus obras. Para entonces, el tomismo sufría las consecuencias de la actitud general del catolicismo romano durante el siglo diecinueve de rechazar todo lo que fuese moderno. Por ello, aparte de los círculos eclesiásticos, el tomismo era considerado cuestión del pasado y carente de pertinencia. Sin embargo, en parte gracias a la bula de León, en el siglo veinte hubo un despertar del tomismo, dirigido primero por los neotomistas franceses tales como Jacques Martain (1882-1973) y Etienne Gilson (1884-1978), y más tarde por los jesuitas Karl Rahner (1904-1984) y Bernard Lonergan (1904-1984), quien intentó responder a la crítica kantiana de la epistemología tradicional desarrollando lo que él llamó un método →trascendental.

Tradición. El sentido original de esta palabra tiene poco que ver con la repetición de una acción, como se usa hoy. Una "tradición"—*traditio*, o en griego, *paradosis*—era cualquier cosa que se pasase de una persona a otra. Por ello se usa esa palabra cuando Pablo se refiere a lo que ha recibido de otros respecto a la comunión, y también al hablar acerca de la traición de Judas, que fue una "entrega". En tal sentido, toda enseñanza es tradición, como lo es también la comunicación de cualquier noticia. De igual modo, el pasar las Escrituras de una a otra generación, o el copiar su texto, es también *traditio*.

Durante el siglo segundo, algunos maestros →gnósticos comenzaron a reclamar que habían recibido una tradición secreta, supuestamente pasada por Jesús a algún discípulo favorito, y por él a otros, hasta llegar al maestro que ahora la enseñaba. Contra tales ideas, la iglesia proclamó la autoridad de la tradición recibida de todos los apóstoles, tal como se proclamaba abiertamente en todas las iglesias que podían reclamar origen apostólico (→Sucesión apostólica). Si alguien proponía una interpretación del Evangelio, o de algún pasaje en las Escrituras, de modo que negase alguno de los elementos fundamentales de la fe—como por ejemplo, la →encarnación—la tradición de la iglesia, el consenso que se expresaba en las Escrituras así como en las enseñanzas de las iglesias apostólicas, se empleaba para refutarle. Así surgió un método teológico en el que las Escrituras y la tradición colaboraban para conservar y defender la ortodoxia. Con el correr de los siglos, varias prácticas, creencias y perspectivas teológicas fueron apareciendo que se consideraban generalmente parte de la tradición, y por tanto completamente de acuerdo con las Escrituras. Fue la Reforma Protestante la que, en su esfuerzo por retornar a la doctrina y práctica bíblicas, señaló que muchas de esas añadiduras no eran parte de la tradición correcta de la iglesia. Con ello comenzó un debate amargo y prolongado sobre la autoridad de la tradición en comparación con la de las Escrituras. Aun entre los protestantes no hubo un acuerdo completo en cuanto al significado de la prioridad de la Biblia. ¿Quiere decir esa prioridad, como afirmaban los →anabaptistas, que todo lo que no se encuentre en la Biblia ha de rechazarse? ¿O quiere decir más bien, como pensaban los →luteranos y →anglicanos, que todo lo que es tradicional ha de continuar, excepto en aquellos casos en los que claramente contradice a las Escrituras? Por su parte, la Iglesia Católica Romana, en el Concilio de Trento (1545-63) tomó la posición opuesta, equiparando la autoridad de la tradición con la de las Escrituras.

Fue en el siglo diecinueve que este conflicto entre protestantes y católicos llegó a su punto culminante. Buena parte del →liberalismo protestante no sólo rechazó la autoridad de la tradición, sino que también llegó a interpretar las Escrituras de una manera no tradicional, dudando de su autoridad, su veracidad y a veces de su pertinencia. Por su parte, el catolicismo romano se dedicó a la defensa de la tradición, no ya sólo contra quienes decían que contradecía las Escrituras, sino también y más particularmente contra los reclamos de la →modernidad.

Durante la segunda mitad del siglo veinte este debate amainó, según ambas partes comenzaron a reconocer que las Escrituras y un sentido adecuado de la tradición son inseparables, y también que la tradición por sí misma, sin la corrección de las Escrituras, tiene la tendencia de apartarse de su sentido y contenido originales.

Traducianismo. Uno de los modos en que los teólogos de la antigüedad explicaban el origen de las →almas individuales: de igual modo que el cuerpo y sus características se heredan de los padres, así también se heredan el alma y sus características. Contra tal teoría, otros insistían en el "→creacionismo"—según el cual cada nueva alma es una creación individual por parte de Dios. Aunque a la postre la mayoría de los teólogos rechazó el traducianismo porque implicaba una visión materialista del alma, con todo y eso tal teoría tuvo un papel importante en las discusiones tempranas sobre el →pecado original. Resultaba sencillo reclamar que, de igual modo que se heredan las facciones, se hereda también el pecado.

Transignificación. Término sugerido por algunos teólogos católicos tras el Segundo Concilio Vaticano (1962-65), como un modo contemporáneo de expresar la doctrina tradicional de la →transubstanciación. Estos teólogos, particularmente Karl Rahner (1904-84) y Edward Schillebeeckx (1914-), sugirieron que, puesto que la →modernidad ya no piensa en términos de →substancia y →accidente, era mejor hablar de la →presencia real de Cristo en la →Eucaristía en términos de una "transignificación" (Rahner también sugirió el término "transfinalización"), por la cual los elementos eucarísticos ya no significan pan y vino, sino el cuerpo y sangre de Jesús. Aunque estos teólogos no negaban la presencia real de Cristo en la Eucaristía, y ofrecían estos términos, no como substitutos, sino como complementos a la transubstanciación y como un intento de mostrar que lo que el Concilio de Trento (1545-63) había canonizado no era la metafísica →aristotélica, muchos les acusaron de enseñar que la presencia de Cristo en la Eucaristía es puramente "simbólica". En el 1965, en su encíclica *Mysterium Fidei*, Pablo VI, aunque sin declarar que la transignificación era doctrina herética, advirtió contra algunos de sus peligros.

Transmigración de las almas. →Preexistencia de las almas.

Transubstanciación. La doctrina oficial de la Iglesia Católica Romana acerca de la presencia de Cristo en la →Eucaristía. Según esta doctrina, la →substancia del pan y del vino es reemplazada por la substancia del cuerpo y sangre de Cristo, mientras que los →accidentes del pan y del vino permanecen. Desde fecha muy temprana, los cristianos han sostenido que Cristo se encuentra presente en la Eucaristía de algún modo especial. Al menos hacia fines del siglo cuarto, ya era común afirmar que lo que estaba presente era el cuerpo físico de Cristo. En el siglo nueve, Pascasio Radbeto declaró que tras la consagración eucarística el pan y el vino ya no son tales, sino que se transforman en el cuerpo y sangre de Cristo—el mismo cuerpo y sangre en que Jesús nació de la virgen María y sufrió bajo Poncio Pilato. Esto fue negado por Ratramno de Corbie y otros, lo cual muestra que al menos en ese tiempo todavía tal entendimiento de la presencia real no era universal. Empero más tarde en ese mismo siglo Haimón de Halberstadt insistió en que en la Eucaristía, por acción milagrosa de Dios, "esta substancia de pan y vino se convierte sustancialmente en otra, es decir, en carne y sangre". En el siglo once, la controversia volvió a surgir, ahora en torno a la persona de Berengario de Tours, quien defendió la posición de Ratramno y se vio obligado a retractarse repetidamente. Esto prácticamente le puso fin al debate sobre la cuestión. En el 1215, el Cuarto Concilio Laterano proclamó la doctrina de la transubstanciación como enseñanza oficial de la Iglesia Católica Romana. Poco después las iglesias orientales hicieron una proclamación semejante. Más tarde en el mismo siglo la reintroducción del →aristotelismo a Europa Occidental le hizo posible a Santo Tomás de Aquino (c.1225-74) apoyar esta doctrina sobre consideraciones y clarificaciones metafísicas más cuidadosas. En el siglo dieciséis, el Concilio de Trento (1545-63) reafirmó la doctrina de la transubstanciación, por entonces atacada por los protestantes.

Trascendencia. Palabra derivada del latín, que significa sobrepasar. Se usa en teología para afirmar que, aunque Dios está presente en el mundo (→Inmanencia), Dios no es parte del mundo, ni tampoco el mundo es divino (→Panteísmo). Dios existe aparte y allende la creación.

Trascendental, método. El método teológico desarrollado por el jesuita Bernard Lonergan (1904-84). Aunque originalmente fue neotomista, Lonergan llegó al convencimiento de que la crítica kantiana al conocimiento, que según algunos hacía al →tomismo obsoleto, requería una reformulación del tomismo tradicional. Por ello centró su trabajo, como lo había hecho Kant, sobre el proceso mismo del conocimiento—o, para usar su propia frase, "una investigación de la investigación". Según Lonergan, hay cuatro operaciones en el conocimiento: la experiencia, el entendimiento, el juicio y la decisión. Aunque la última no es estrictamente una fase en el proceso de conocer, es lo que hace que el conocimiento impacte la vida. Sobre esa base, Lonergan reconstruyó la →epistemología y la →metafísica tomistas, ahora en una nueva versión post-kantiana.

En cuanto al conocimiento teológico mismo, Lonergan se mueve una vez más de la visión tradicional del conocimiento y hacia una nueva visión, que incluye el modo en que el conocimiento afecta la vida contemporánea. De igual modo que la plenitud del conocimiento conlleva decisión, así también el conocimiento teológico lleva a su interpretación contemporánea y de allí a la decisión. Cada uno de estos dos pasos incluye cuatro "especialidades". El primero incluye la investigación, la interpretación, la historia y la dialéctica. El segundo, los fundamentos, las doctrinas, la sistemática y la comunicación. Luego, cada "especialidad" al primer nivel tiene un paralelo en el segundo, como sigue: investigación/fundamentos, interpretación/doctrinas, historia/sistemática y dialéctica/comunicación. El paso de la última especialidad de la primera etapa, dialéctica, a la próxima fase es paralelo al paso del conocimiento en el sentido tradicional a la decisión, y por lo tanto involucra una especie de "conversión intelectual" que sirve como punto de partida para el resto de la tarea teológica.

Trascendentalismo. Un movimiento que se asocia normalmente con el nombre de Ralph Waldo Emerson (1803-82) como su principal fundador, y que surge del →unitarismo, pero va más allá de él en cuanto a su valoración positiva de la potencialidad humana. En términos filosóficos, el trascendentalismo fue una combinación del →idealismo con el →misticismo →panteísta, pues sostenía que todo el universo es la expresión de la "Superalma" o mente de Dios, y que lo que consideramos malo, pecado, dolor, y todas las otras realidades negativas no son más que momentos pasajeros en el pensamiento de la Superalma. Mary Baker Eddy (1821-1910), fundadora de la Ciencia Cristiana, fue impactada por el trascendentalismo.

Tridentino. Referente al Concilio de Trento (1545-63)—en latín, *Concilium Tridentinum*. Este concilio, convocado a fin de responder al reto protestante y al mismo tiempo de reformar el catolicismo romano, rechazó prácticamente todas las enseñanzas de los protestantes y decretó una serie de reformas. En esto reflejaba la actitud fundamental de la reforma católica, que al tiempo que rechazaba las doctrinas protestantes buscaba reformar la vida práctica de la iglesia, y producir eruditos capaces de refutar al protestantismo y otras herejías, así como de centralizar la administración eclesiástica bajo una serie de papas que estaban igualmente comprometidos con la teología tradicional y con la reforma de la moral.

Puesto que esa actitud prevaleció en el catolicismo romano desde tiempos del Concilio de Trento hasta el Segundo Concilio Vaticano (1962-65), es común referirse al Catolicismo durante ese período como "tridentino", y distinguirlo así tanto del catolicismo anterior como del catolicismo "postconciliar" (o →post-Vaticano II).

Trinidad. La doctrina según la cual Dios, al tiempo que es uno, existe eternamente en tres "→personas", que comúnmente reciben los nombres de Padre, Hijo y Espíritu Santo. La palabra "Trinidad" misma no aparece en las Escrituras. En griego, parece haber sido utilizada primeramente por el obispo Teófilo de Antioquía en el siglo segundo. Empero, los ingredientes fundamentales de la doctrina sí se encuentran en las Escrituras, donde se considera que Jesús es digno de adoración, y sin embargo no es el mismo a quien él se refiere como "Padre", y donde el propio Jesús promete al Espíritu como "otro Consolador". Luego, puede decirse que el desarrollo de la doctrina trinitaria es sencillamente la clarificación y definición de lo que ya estaba implícito en las Escrituras.

Por otra parte, es importante recordar que normalmente las doctrinas no son sólo el desarrollo de consideraciones puramente intelectuales, sino también un intento de expresar la fe que la iglesia experimenta en la →adoración. Sabemos que desde fecha muy temprana los cristianos se reunían en el primer día de la semana—el día de la resurrección del Señor— "para cantarle himnos a Cristo como Dios". También sabemos que los cristianos estaban convencidos de que el Espíritu que moraba en ellos era Dios. Luego, no ha de sorprendernos el que la reflexión teológica pronto se moviese en la dirección de tratar de aclarar la relación entre estos tres a quienes la iglesia experimentaba en la adoración, y cómo sin embargo esa adoración y la fe que se expresaba en ella seguían siendo →monoteístas.

Algunos de los primeros intentos de expresar la relación entre estos tres tomaron el camino de lo que más tarde se conoció como modalismo o →sabelianismo, posición que sostenía que el Padre Creador se había convertido en el Hijo Redentor en tiempos de la encarnación, y luego en el Espíritu Inspirador en Pentecostés. Estos tres son por tanto solamente tres rostros o tres "modos" en los que Dios se manifiesta a los creyentes. Tales doctrinas pronto fueron rechazadas, porque tanto en su adoración como en las Escrituras la iglesia sabía de un Hijo de Dios que es distinto del Padre y quien también prometió y envió al Espíritu. Cuando Jesús caminaba sobre la tierra, no se agotaba allí toda la divinidad. Lo que es más, los cristianos le rogaban al Padre en nombre del Hijo, y bajo la dirección del Espíritu. Un tratado muy influyente fue el escrito de Tertuliano (c.155-c.220) *Contra Práxeas*, donde empleó terminología legal y metafísica para llegar a la conclusión de que Dios es "tres personas en una substancia". Aunque tomó algún tiempo, a la postre esto vino a ser la doctrina oficial de la iglesia, de modo que la fórmula de Tertuliano se adoptó como la expresión clásica de la Trinidad.

Lo que llevó a los debates más serios acerca de la Trinidad, y a la postre a la formulación de la doctrina misma, fue el surgimiento del →arrianismo, que sostenía que, aunque al Hijo se le pueda declarar divino, no es Dios en el sentido estricto, porque no es eterno, sino que es en realidad una criatura. A esto el Concilio de Nicea (Primer Concilio Ecuménico, 325) respondió con un →credo que establecía claramente que el Hijo es "Dios verdadero de Dios verdadero; engendrado, no hecho; de la misma substancia [→*homousios*] que el Padre". Aunque a esto siguieron amplios debates en los que se propusieron otras fórmulas (→*homoiusios*) y también se debatió la divinidad del Espíritu (→Macedonios), al llegar el Concilio de Constantinopla (Segundo Ecuménico, 381), la controversia prácticamente había terminado. La fórmula final que a partir de entonces se usó en la iglesia de habla latina era la que antes había propuesto Tertuliano: "una substancia, tres personas". La Iglesia Griega hablaba de "una *usia*, tres →*hipóstasis*". Más tarde habría un renacer del arrianismo cuando los godos y otras tribus germánicas que se habían convertido al cristianismo gracias a la obra de misioneros arrianos invadieron la Europa Occidental.

Un principio importante que surgió durante la controversia es el de la →circumincesión o pericoresis, que significa que las tres personas de tal manera se interpenetran que en la acción de cada una de ellas las otras están presentes. Luego, aunque gracias a lo que los teólogos llaman las "→apropiaciones", es correcto hablar de la →encarnación de la Segunda Persona de la Trinidad, también hay un sentido en el que toda la Trinidad está presente en Jesús; y, al tiempo que es el Espíritu quien desciende en Pentecostés, es la divinidad, en la persona del Espíritu, quien mora en los creyentes.

En el siglo noveno surgió una controversia en torno al término →*Filioque*, que significa "y del Hijo". Esto le había sido añadido al Credo Niceno en el Occidente, de modo que ahora se declaraba que el →Espíritu Santo procede "del Padre *y del Hijo*". Los griegos protestaron contra esta interpolación en el Credo, que también reflejaba una visión algo diferente del lugar del Espíritu en la Trinidad, y esto a la postre fue una de las cuestiones que llevaron al cisma final entre el Occidente y el Oriente que aún perdura.

Comenzando en el siglo dieciséis, y llegando a su culminación en el diecinueve, hubo toda una serie de críticas contra la doctrina de la Trinidad, que se decía ser irracional y carente de pertinencia para la vida de los creyentes. En tiempos más recientes ha habido un despertar en el interés sobre la Trinidad, que varios teólogos ven como paradigma para la vida en comunidad, y también como principio que requiere la redefinición de la unicidad de Dios de modos que se evite la tendencia del monoteísmo no trinitario a posturas jerárquicas de extrema autoridad y hasta tiranía.

Trinidad económica. El nombre que generalmente se le da a la idea según la cual las distinciones dentro de la →Trinidad tienen que ver sólo con la actividad de Dios en la creación (*opera ad extra*), y no son intrínsecas a la divinidad (no existen *ad intra*). Tal opinión es generalmente rechazada por los teólogos ortodoxos, quienes insisten en que Dios es trino en sí mismo, y no sólo en sus relaciones externas—en otras palabras, que hay en Dios una "Trinidad inmanente". Dentro de este contexto, el término "económico" se entiende en su sentido etimológico de "administración" o "manejo", y por tanto la frase "Trinidad económica" es aquella que existe sólo en el modo en que Dios maneja o administra la creación, y no en Dios mismo.

Para complicar la cuestión, en los escritos de algunos teólogos antiguos, al tiempo que se defiende la Trinidad inmanente, se dice que Dios existe según cierta "economía" divina, y por tanto parece estarse proponiendo una visión económica o externa de la Trinidad, cuando en realidad lo que estos autores quieren decir es que la administración o manejo interno de Dios es trino—que Dios es trino porque la "economía" de Dios, tanto interna como externa, es trina.

Trisagion. Antiguo himno, que data al menos del siglo quinto, y se canta tanto en la liturgia oriental como en la galicana: "Santo Dios, Santo y poderoso, Santo e inmortal, ten piedad de nosotros." Este himno vino a ser tema de controversia hacia fines del siglo quinto, cuando el obispo →monofisita de Antioquía, Pedro el Batanero (murió 488) le añadió la frase "que fuiste crucificado por nosotros", que según algunos era una expresión extrema e inaceptable de la →cristología →alejandrina. Más tarde, la controversia en torno a esta fórmula se reavivó en el →teopasquismo.

U

Ubicuidad. La habilidad de estar presente en distintos lugares al mismo tiempo. Generalmente se incluye entre los →atributos tradicionales de Dios, donde es semejante a la →omnipresencia. En los debates después de la Reforma, este término vino a ser parte fundamental del modo en que los →luteranos entendían la presencia física de Cristo en la →Eucaristía. Lutero argumentaba que, debido a su unión con la divinidad, el cuerpo resucitado de Cristo ha recibido el poder de estar en más de un lugar al mismo tiempo, y que esta ubicuidad le hace posible a Cristo estar físicamente presente en varios servicios eucarísticos al mismo tiempo.

Ultramontanismo. Palabra de origen latino cuya raíz significa "allende los montes" y que por lo tanto se empleó, particularmente en Francia, pero también en Alemania y otras regiones del norte de Europa, para referirse al movimiento dentro del catolicismo romano que buscaba centralizar la autoridad en la ciudad de Roma y la persona del papa. Su principal opositor fue el →galicanismo, cuya defensa de "las antiguas libertades de la iglesia galicana" se oponía a los intereses ultramontanistas. Aunque el conflicto comenzó en el siglo diecisiete, fue en el diecinueve que el ultramontanismo logró prevalecer, en parte como resultado de la Revolución Francesa, en la que muchos de los dirigentes del galicanismo parecieron doblegarse ante la presión del estado, y en parte como reacción contra las amenazas del →liberalismo, el estado secular, y otras ideas modernas. La promulgación de la →infalibilidad papal por el Primer Concilio Vaticano (1870) marca la cima del ultramontanismo. Aunque esto fue un triunfo para ese partido, no alcanzó su meta de declarar al papa infalible, no sólo en cuestiones de fe y moral, como el Concilio decidió, sino también en cuestiones de administración eclesiástica.

Unidad de la iglesia. Una de las principales →señales de la iglesia, y tema de debate teológico a través de los siglos. Aunque casi todos los cristianos concuerdan en afirmar que en algún sentido la iglesia es una—si es el cuerpo y la esposa de Cristo, Cristo no tiene más que un cuerpo y una esposa—hay gran desacuerdo en cuanto a la naturaleza precisa de esa unidad. En la teología patrística, en las discusiones acerca de la unidad el énfasis recaía sobre la →Eucaristía, de tal modo que mientras las iglesias locales se aceptasen unas a otras en la mesa eucarística eran parte de una sola iglesia. Por ello la unión entre las iglesias en diversas ciudades se expresaba mediante la oración por el resto de la iglesia, y en particular por los obispos de otras ciudades, durante la Eucaristía. Los nombres de esas personas por quienes se oraba se inscribían en los "dípticos"—una lista de dos hojas es las que se inscribían los nombres de aquellos por quienes se oraba en la comunión. El excluir a alguna persona de los dípticos era considerado una acción de romper la comunión, y declaración de que la persona cuyo nombre se eliminaba no era ya parte de la iglesia. Por ello, cuando existía una ruptura entre obispos, esto se daba a conocer borrando de los dípticos los nombres de aquellos con quienes no se estaba de acuerdo.

Durante la Edad Media, la aceptación de la autoridad pontificia en el Occidente, o de alguno de los patriarcas en el Oriente, vino a ser la marca de unidad. Empero la importancia de la unidad eucarística era tal que, aunque hubo tensiones y grandes desacuerdos entre Roma y Constantinopla por largo tiempo, la división no se hizo oficial y definitiva sino en el año 1054, cuando los legados del papa rompieron comunión con el patriarcado de Constantinopla.

Durante la Reforma el énfasis cambió hacia la unidad de doctrina. Mientras el catolicismo romano continuaba insistiendo en una iglesia transnacional, la mayoría de los cuerpos protestantes se organizaron en iglesias nacionales o hasta regionales, cuya unión estaba en la concordancia de doctrina, o en aceptar alguna declaración de fe—para la tradición →luterana, por ejemplo, esa unidad estaba en la Confesión de Augsburgo. Mientras esto significó que la unidad ya no se entendía en términos puramente administrativos, es decir, en tener un solo jefe o autoridad, también implicó que cualquier detalle de doctrina podía fácilmente llevar a la división. El resultado de ello fue la proliferación de las denominaciones protestantes, algunas de las cuales reclaman que sus puntos de doctrina particulares son suficientemente importantes como para romper los vínculos con las demás, y a veces llegan a afirmar que sólo ellas son la verdadera iglesia.

En los siglos diecinueve y veinte la cuestión de la unidad de la iglesia se volvió nuevamente urgente, particularmente en lo que entonces se llamaba el "campo misionero", pero también entre los eruditos bíblicos. El resultado fue el movimiento →ecuménico moderno. Aun entonces, empero, mientras todos los participantes están de acuerdo en que la iglesia es una, y que su vida debe de manifestar esa unidad, existe gran variedad de opiniones en cuanto a lo que constituye la unidad externa que los cristianos han de buscar.

Unión hipostática. Término al parecer acuñado por Cirilo de Alejandría (murió 444) en sus debates contra el →nestorianismo. Nestorio afirmaba que hay en Cristo dos naturalezas, cada una con su propia subsistencia o hipóstasis. De no ser así, decía él, los dos elementos unidos en Cristo, su divinidad y su humanidad, hubiesen resultado en una tercera realidad, que no sería humana ni divina, y por tanto no podría hablarse ya de una "unión", sino sólo del resultado de la unión. Fue por esta razón que Nestorio insistía que en Cristo hay dos naturalezas, la divina y la humana, y dos hipóstasis en las que cada una de estas naturalezas subsisten. Fue por la misma razón que rechazó el principio de la →*communicatio idiomatum*, puesto que los predicados siempre se le aplican a la substancia, a la hipóstasis.

En respuesta a Nestorio y sus seguidores, Cirilo declaró que la unión en Cristo es tal que tanto su divinidad como su humanidad subsisten en la sola hipóstasis, que es la Segunda Persona de la Trinidad. Luego, la humanidad de Cristo no tiene hipóstasis propia (→Anhipóstasis). Al tiempo que Jesús es divino y humano, es una sola persona. Por lo tanto, todo lo que se diga de Cristo se dice de su persona, y de ahí la insistencia de Cirilo sobre la *communicatio idiomatum*.

Esta opinión fue adoptada por el Concilio de Calcedonia (451), que declaró que Cristo es divino y humano, y que estas dos naturalezas subsisten "en una persona y una hipóstasis".

Unitarismo. Movimiento moderno de tendencias →racionalistas que alcanzó gran ímpetu en Nueva Inglaterra en el siglo diecinueve. Se le llamó unitarismo o unitarianismo porque negaba la doctrina de la Trinidad; pero también negaba la divinidad de Cristo, y tendía a considerar el →pecado como una imperfección pasajera de la naturaleza humana, que es esencialmente buena. Luego, en su uso más común, el término "unitarismo" se refiere a mucho más que la negación de la →Trinidad. Por otra parte, en ciertos contextos se utiliza el mismo término para referirse a cualquier postura que niegue la Trinidad. Así, por ejemplo, puesto que hay mucha discusión acerca de la Trinidad dentro del movimiento →pentecostal, existe un pentecostalismo "unitario"—aunque esto tiene poco que ver con el unitarismo racionalista de Nueva Inglaterra.

Universales. En la filosofía medieval, las ideas que unen a los miembros de un género o especie—como por ejemplo, todos los caballos participan de la misma "caballidad" que les hace ser miembros de esa especie. La cuestión que entonces se debatía era si tales universales son reales, o si existen sólo en la mente. A un extremo, el →nominalismo sostenía que los universales son meros nombres, cuestión de conveniencia—como algunos dirían, "el viento de la voz". Al otro extremo, el →realismo sostenía que los universales no son sólo reales, sino hasta más reales que sus instancias particulares, puesto que estas útimas derivan su existencia y su naturaleza de ellos.

Cada uno de estos dos extremos planteaba dificultades serias tanto para la teología como para la filosofía. Si los universales no son más que nombres, modos arbitrarios en los que la mente junta las cosas, ¿qué es lo que nos previene de unir las cosas arbitraria y erráticamente? ¿Cómo es posible saber algo, si todo lo que conocemos son instancias particulares, y los vínculos que usamos para generalizar no tienen realidad alguna?

En el campo de la teología, el nominalismo extremo también acarreaba problemas. Si no existe tal cosa como la humanidad, sino sólo los individuos humanos, ¿cómo hemos de entender el →pecado original? ¿Cómo puede el sufrimiento de un solo hombre, Jesús, expiar por los demás? ¿En qué consiste la unidad de la iglesia?

Por otra parte, el realismo extremo lleva al →monismo. Si la realidad última de los individuos se encuentra en el universal que los une, la realidad de cada universal se encuentra en los universales más elevados—por ejemplo, la realidad del caballo está en su "caballidad", pero la realidad de la "caballidad" está en la "animalidad", y así sucesivamente. A la postre, la realidad de todos los seres ha de encontrarse en un ser supremo universal, el "ser".

En el campo de la teología, tal doctrina llevaría al →panteísmo, y algunos utilizaron el realismo extremo para afirmar que todas las almas humanas son sólo una, y a la postre se funden en Dios.

Había muchas posiciones intermedias, como por ejemplo el "conceptualismo" de Pedro Abelardo (1079-1142), y el llamado "nominalismo" de Ockham (c.1280-c.1349) y otros teólogos de fines de la Edad Media, quienes en realidad se acercaban más al conceptualismo que al verdadero nominalismo de siglos anteriores. Pero en general a través de toda la Edad Media la cuestión de los universales pareció ser un enigma insoluble en el que tanto los teólogos como los filósofos se veían atrapados.

Universalismo. La doctrina según la cual a la postre todos serán salvos, no hay condenación final, y el →infierno es sólo un estado pasajero cuya función es purificar las almas antes de que puedan estar en presencia de Dios. Su descripción de la consumación final frecuentemente toma la forma de una →apocatastasis—aunque una postura universalista no involucra necesariamente un regreso al estado original de todas las cosas, como en la verdadera apocatástasis. En los Estados Unidos y en las tierras donde han llegado los misioneros norteamericanos, el universalismo tiene relaciones históricas con las formas más racionalistas del →unitarismo.

Usía. (También Ousía). →Hipóstasis.

Utraquistas. Aquellos entre los husitas que sostenían que en la →Eucaristía todos, tanto el clero como los laicos, debían participar de ambos el pan y el vino (*sub utraque specie*). Aunque su posición fue condenada por el Concilio de Constanza en el 1415, a la postre los católicos romanos tuvieron que ceder en ese punto, y permitirles a los husitas que se reconciliaban con Roma recibir la comunión en ambas especies—concesión esta que fue repetidamente negada y reafirmada, pero que a la postre, en el siglo veinte, se volvió práctica común para toda la Iglesia Católica Romana.

V

. **Valdenses.** (También waldenses). Conocidos originalmente como los "Pobres de Lyon". Son los seguidores de Pedro Waldo, Valdés o Valdo (murió 1217), quien se dedicó a una vida de pobreza, pero a quien las autoridades romanas le prohibieron predicar. En respuesta, el movimiento se separó de la iglesia. Perseguidos, sus miembros se escondieron en los valles de Suiza y del norte de Italia, donde lograron sobrevivir. En tiempos de la Reforma, aceptaron la teología →reformada, y con ello vinieron a ser la más antigua de todas las iglesias reformadas—la *Chiesa Evangelica Valdese*.

Vestigia trinitatis. Principio desarrollado por San Agustín (354-430), según el cual hay vestigios o señales de la →Trinidad en todas las criaturas. No se trata solamente de que sea posible usar a las criaturas como ilustraciones o ejemplos de la Trinidad, sino más bien de que, precisamente porque han sido creadas por la Trinidad, todas las cosas llevan el sello del Dios Trino. El ejemplo favorito de Agustín es el de la mente, que muestra el sello de la Trinidad al ser memoria, entendimiento y voluntad. Cada uno de estos tres es distinto; pero en cada uno de ellos se encuentra toda la mente; y sin embargo, hay sólo una mente.
Los teólogos medievales desarrollaron este principio llevándolo mucho más lejos. Por ejemplo, Buenaventura (1221-74) distingue los vestigios de la imagen y de la semejanza de la Trinidad. Todas las cosas son vestigios de la Trinidad, por cuanto todas tienen ser, verdad y bondad. Todas las cosas racionales llevan la imagen en su memoria, intelecto y voluntad. La semejanza de la Trinidad se encuentra en aquellos seres racionales que tienen fe, esperanza y amor, es decir, entre los creyentes.

Victorinos. Escuela teológica centrada en el monasterio de San Víctor, en las afueras de París. Su fundador fue Guillermo de Campeaux (1070-1122), pero sus más famosos maestros fueron Hugo (c.1095-1141) y Ricardo (murió c.1173) de San Víctor. Todos estos se caracterizaron por combinar la piedad →mística con la investigación racional, y por ello se les cuenta entre los más importantes precursores del →escolasticismo.

Vida eterna. Frase que aparece repetidamente en el Nuevo Testamento, y que se refiere a una de las promesas de la fe cristiana. Estrictamente, podría decirse que la vida tras la muerte, más bien que "eterna" es →sempiterna, porque la →eternidad le pertenece sólo a Dios. Por otra parte, puede interpretarse la frase "vida eterna" como referente no sólo a la vida que continúa por siempre, sino también a la vida en Dios, a un compartir en la vida del Eterno. En todo caso, resulta claro que desde sus propios inicios y a través de toda su historia el cristianismo ha sostenido que existe vida tras la muerte, y que esta vida perdura por siempre. Por otra parte, tal vida eterna y perdurable en comunión con Dios no tiene que esperar necesariamente hasta la muerte, puesto que en el Nuevo Testamento se habla repetidamente de una "vida eterna" que comienza en la presente. Por último, es importante señalar que en la primera →escatología cristiana la vida tras la muerte se relaciona estrechamente con la expectativa de una →resurrección final del cuerpo y que, en contraste con la idea griega de la →inmortalidad del alma, esa vida tras la muerte no es algo que nos corresponda por naturaleza, sino que es más bien don de la gracia divina.

Virgen María. →María.

Virginal, nacimiento. La condición virginal de María al concebir a Jesús se encuentra en los evangelios de Mateo y Lucas, pero no en Marcos ni Juan, que no se ocupan del nacimiento de Jesús. En el siglo segundo, algunos polemistas anticristianos afirmaron que Jesús no había nacido de una virgen—*parthenos*—sino de un soldado romano llamado Pantheros. Empero la mayoría de los eruditos, incluso aquellos que niegan al nacimiento virginal, consideran que esto no es más que un poco de maledicencia inventada por los enemigos del cristianismo, puesto que no hay fundamento alguno para creerlo. En todo caso, no cabe duda de que ya en el siglo segundo—y al menos en algunos círculos durante el siglo primero, como lo indican los evangelios de Mateo y Lucas—los cristianos en general creían que Jesús nació de una virgen. El nacimiento virginal se entendía frecuentemente de manera tipológica, como el cumplimiento del tema que aparece repetidamente en el Antiguo Testamento en el cual las mujeres estériles les dan nacimiento a quienes han de ser instrumentos escogidos por Dios.

Es importante notar que la mayor parte de la oposición durante el siglo segundo a la idea del nacimiento virginal no se debía a que se objetara el que Jesús naciese de una virgen, sino más bien a que se pen-

saba que Jesús no había nacido. Lo que escandalizaba a tales personas no era que se les hiciese difícil creer que una virgen había con-
cebido a Jesús, sino más bien que Dios se dignase entrar en la matriz
de una mujer y nacer de ella. Luego, la referencia al nacimiento virginal en el Antiguo Símbolo Romano—el precursor del →Credo Apostólico—no se dirige contra quienes pensaban que Jesús tenía un padre terreno, sino más bien contra quienes pensaban que nunca nació,
sino que más bien apareció.

Ya hacia fines del siglo segundo, y cada vez más a través de los siglos,
el nacimiento virginal de Jesús llevó a centrar la atención sobre →Ma-
ría. Además, al irse introduciendo en la iglesia nociones según las cuales el contacto sexual contamina, se hizo cada vez más común afirmar que María había sido virgen, no sólo al concebir a Jesús, sino a
través de toda de su vida. La "virginidad perpetua de María" fue defendida por Ambrosio y por Hilario de Poitiers ya en el siglo cuarto.
Para el noveno, se daba por sentado, no sólo que María nunca había
tenido contacto sexual alguno, y que por lo tanto Jesús no tenía hermanos, sino que en su propio nacimiento Jesús no destruyó la virginidad física de su madre. A la postre, esto llevó a otras enseñanzas
acerca de María, tales como su →inmaculada concepción y su →asun-
ción, así como a la práctica de pedirle intercesión y hasta de llamar-
la "corredentora".

Virtualismo. Término que se emplea frecuentemente para referirse al
modo en que Calvino entiende la presencia de Cristo en la →Eucaris-
tía, que tiene lugar por el poder, es decir, en virtud, del Espíritu Santo. Aunque el cuerpo resucitado de Cristo está en el cielo, y allí permanece, en la comunión Cristo alimenta a los creyentes "en virtud del
Espíritu". Ese poder es tal, que más bien que hablar de cómo Cristo
desciende del cielo a la mesa eucarística, es posible hablar de cómo
el Espíritu lleva a la comunidad que adora a la presencia de Cristo en
el cielo, como anticipo del banquete final.

Virtudes. →Aristóteles define la virtud como "una disposición que le
hace a uno bueno". En la ética clásica griega, había cuatro virtudes
principales, frecuentemente llamadas virtudes "cardinales". Estas
son la prudencia, la justicia, la temperancia y la fortitud. La prudencia es la disposición que le permite a quien la tiene hacer juicios co-
rrectos respecto a los valores y conducta. La justicia es la práctica
de darle a cada cual lo que le corresponde. La temperancia es la virtud que le permite a quien la tiene gobernar sus propios deseos, y
en particular el deseo de abusar de lo que en sí mismo es bueno. Por

último, la fortitud capacita para practicar todas las virtudes a pesar de las dificultades, oposición o posibles consecuencias. A estas cuatro "virtudes cardinales", la tradición cristiana ha añadido las tres "virtudes teologales" que la →gracia le infunde al creyente. Estas son la fe, la esperanza y el amor. Juntas, estas siete virtudes son la contraparte de los siete pecados cardinales que son la raíz de todo pecado: el orgullo, la avaricia, la lujuria, la envidia, la glotonería, la ira y la desidia.

Visión beatífica. Literalmente, la "visión gozosa". Es la visión de Dios que según buena parte de la tradición cristiana constituye la meta de la vida humana. A través de la historia, se ha debatido tanto su naturaleza como su contenido y la posibilidad de alcanzarla en esta vida. Algunos han sostenido que una visión completa de Dios no le es posible al intelecto humano, aun en el paraíso, porque lo finito no puede comprender lo infinito. Algunos han contestado refiriéndose a una visión "en exceso"—lo cual significa una visión en la que más bien que el intelecto comprender lo divino, es lo divino lo que envuelve al intelecto humano. En cuanto al contenido de la visión beatífica, lo que se ha debatido es si en el cielo el intelecto ve todas las cosas en Dios, o las ve directamente. En cuanto al tiempo en que se puede lograr, lo que se debate es si es posible, al menos en algunos casos excepcionales, alcanzar tal visión durante la vida presente.

Voluntarismo. Palabra que tiene dos sentidos muy diferentes. En buena parte de la discusión contemporánea sobre la naturaleza de la iglesia, particularmente en los Estados Unidos, el voluntarismo es la postura según la cual la iglesia es una asociación voluntaria, formada por quienes por su propio albedrío deciden unirse a ella, y sostenida por quienes libremente deciden darle sus ofrendas y otros recursos. Frecuentemente tal voluntarismo va unido a una →eclesiología que ve la iglesia, no como parte del Evangelio, sino sencillamente como una asociación de cristianos que se unen para apoyarse mutuamente en la fe.

En su uso más tradicional, el voluntarismo es la postura que sostiene que la voluntad se encuentra por encima de la razón. Tal ha sido la posición de muchos dentro de la tradición →agustiniana, con lo cual reflejan la experiencia del propio Agustín de saber lo que era verdadero y bueno antes de estar listo a creerlo y a hacerlo. El voluntarismo recibió su expresión clásica en la teología de Juan Duns Escoto (c.1265-1308), quien sostenía que en Dios no hay diferencia entre la voluntad y la razón, pero también que desde nuestro punto de vista es mejor entender a Dios como voluntad soberana que como razón. Escoto también sostenía que lo mismo es cierto del ser humano, puesto que la razón no gobierna a la voluntad, sino que frecuentemente lo contrario es lo que sucede. Estas ideas fueron llevadas a un extremo por los teólogos medievales tardíos, quienes llegaron a decir que, dada la primacía y la libertad de la voluntad divina, resulta más correcto decir que cualquier cosa que Dios haga es buena que decir que Dios siempre hace lo que es bueno—en otras palabras, que la libre voluntad de Dios es tal que se encuentra por encima de la bondad misma. (→*Potentia Dei absoluta*).

W

Waldenses. →Valdenses.

Wesleyanos. Los herederos y seguidores del avivamiento que tuvo lugar en Inglaterra en el siglo dieciocho bajo la dirección de Juan Wesley (1703-91) y su hermano Carlos (1707-88). Esto incluye las diversas iglesias →metodistas, así como buena parte del movimiento de →santidad y del →pentecostalismo. Luego, existe gran variedad entre los wesleyanos, aunque por lo general son →arminianos, y subrayan la experiencia religiosa y la santidad de vida (→Santificación; →Perfección).

Womanista, teología. Del inglés "woman", mujer. La forma de teología →contextual y de →liberación hecha por las mujeres norteamericanas de origen africano. Tal teología está profundamente consciente del modo en que la teología y el cristianismo se han usado para justificar la opresión de los afroamericanos en general y de las mujeres afroamericanas en particular. Luego, al mismo tiempo que participa en la lucha de los negros (→Negra, teología), la teología womanista insiste en la importancia de la perspectiva femenina; y, al mismo tiempo que participa de buena parte de la lucha feminista (→Feminista, teología), insiste en mantener siempre presente la cuestión del racismo y de sus consecuencias en la esclavitud y otras formas de opresión. Por ello, la teología womanista incluye análisis de género, así como de raza y de clase. Desde tal perspectiva busca entonces reinterpretar la fe cristiana y releer las Escrituras de tal modo que reflejen las experiencias de las mujeres afroamericanas y las lleven a la liberación, así como a la liberación de otros oprimidos. Entre las principales dirigentes de este movimiento se cuentan Jacquelyn Grant (1948-) y Delores Williams (1929-).